DE

L'ÉLOQUENCE JUDICIAIRE

AU DIX-SEPTIÈME SIÈCLE

PARIS. — IMPRIMERIE SIMON RAÇON ET COMP., RUE D'ERFURTH, 1.

C.

DE

L'ÉLOQUENCE

JUDICIAIRE

AU DIX-SEPTIÈME SIÈCLE

———

ANTOINE LEMAISTRE ET SES CONTEMPORAINS

PAR

OSCAR DE VALLÉE

Procureur général à la Cour Impériale de Paris.

———

PARIS

GARNIER FRÈRES, LIBRAIRES-ÉDITEURS

6, RUE DES SAINTS-PÈRES ET PALAIS-ROYAL, 215.

———

1856

PRÉFACE

—

En donnant ce livre au public, ce n'est pas sur moi que j'appelle son attention. Je n'ai pas voulu faire autre chose que ranimer une mémoire éteinte, et je n'ai rien fait qu'encadrer une noble figure. Je m'estimerai heureux si le cadre invite à regarder le tableau. Un des plus grands écrivains de nos jours entretenait depuis longtemps un doux et platonique commerce avec quelques femmes historiques du dix-septième siècle. Je me souviens, non sans émotion, de l'avoir vu il y a dix ans, à une époque où il me témoignait quelque bienveillance, dans son grave et magnifique atelier de la Sorbonne ; il y réunissait les pierres précieuses qui devaient orner et qui ornent maintenant les portraits devenus impérissables

de madame de Longueville et de ses contemporaines. —
L'image et le souvenir de ce culte m'ont porté vers Antoine Lemaistre; j'ai osé concevoir pour lui, non pas
cette passion que des femmes seules peuvent inspirer,
même au travers des siècles, aux âmes généreuses, mais
comme une affectueuse sympathie et une admiration
sincère. J'ai d'abord fait ce portrait pour moi seul, et si,
plus tard, je me suis décidé à le montrer au public, c'est
dans l'espérance qu'il m'oublierait en le regardant.

Cependant j'en dois faire hommage aux hommes émi-
nents qui ont plus particulièrement honoré ma jeunesse
de leurs bontés, parce que, si ce travail avait quelque
mérite, ils y auraient une grande part. J'ai eu l'avantage
de commencer ma vie au barreau à côté d'un homme que
le barreau ne peut pas oublier, que la tribune a grandi,
et qui préside maintenant le conseil d'État de l'Empire.
Un peu plus tard j'ai trouvé dans le magistrat éminent
qui est aujourd'hui le chef de la justice en France, un protecteur et un appui. C'est l'amitié du fils[1] qui m'a valu
la bienveillance du père. Enfin, j'ai été assez heureux
pour gagner l'estime, oserais-je dire l'affection du plus
grand de nos jurisconsultes et du premier de nos magistrats; d'autres hommes, éloignés maintenant des affaires, un surtout, qui a été un grand orateur et un noble
caractère[2], m'ont aussi témoigné un intérêt que je n'ou-

[1] M. Charles Abbatucci.
[2] M. Odilon Barrot.

blierai pas et que je serais bien heureux de justifier;
qu'ils permettent du moins que ma reconnaissance et
mon affection aillent les troubler un moment dans leur
retraite et leur rappeler ce que je leur dois!

OSCAR DE VALLÉE.

Juin 1856.

INTRODUCTION

I

L'éloquence est une des plus grandes beautés de la nature humaine ; elle vient directement du ciel, puisqu'elle a pour foyer notre âme immortelle. Autrefois, quand les dieux se faisaient sur la terre au lieu d'y descendre pour racheter nos fautes, quand c'était l'imagination des hommes qui les créait et les plaçait dans l'Olympe, l'éloquence était déifiée comme la guerre, la sagesse et l'amour. Dans notre divine religion elle est le Verbe des livres saints. On peut la comparer aux autres formes du génie de l'homme ; elle ne le cède à aucune ; comme elle, la poésie vient du cœur, mais elle n'en sort ni aussi spontanée ni aussi ardente ; la peinture laisse deviner l'agitation intellectuelle et le sentiment qui l'ont créée ; mais, quand on l'admire, l'artiste n'est plus là et ne donne pas cet incomparable spectacle du génie dans l'enfantement. Ce qui met l'éloquence au-dessus des autres arts, c'est qu'elle seule,

en jaillissant, exalte et ennoblit le front qui lui sert de source.
Est-il, en effet, dans le domaine des beautés morales, quelque
chose qui surpasse cette création instantanée de la pensée,
de la parole, de l'harmonie, de toutes ces richesses amonce-
lées sur les lèvres et qui en sortent pour dominer les esprits et
les cœurs? Au point où nous sommes arrivés, nous comprenons mal que les contemporains de Platon, comme ceux de
Sénèque, allassent consulter dans leurs temples les prêtres
agités du paganisme, et surtout qu'ils prissent pour des
oracles les mots qui s'échappaient de ces bouches convulsives
ou inspirées. Mais cet hommage avait sa grandeur : il supposait que les dieux pouvaient passer un moment dans l'âme
de leur intermédiaire et lui dicter ses réponses. Loin de paraître alors comme à nous ridicule, cette agitation oratoire
avait quelque chose de divin. C'était après tout un symbole
païen de l'éloquence, et, si on en retranche les dieux et
la superstition, l'orateur qui crée et enflamme en même
temps sa pensée et sa parole pour les livrer à ses auditeurs
impatients n'est pas loin du trépied !

Les anciens, qui n'avaient pas, comme nous l'avons dans
notre Dieu, le type certain de la beauté, l'ont cherché avec
une admirable ardeur, et ils ont déployé dans cette recherche
toutes ces magnificences de l'esprit humain que sans Jésus-
Christ nous n'aurions jamais égalées. Quand Phidias voulut
faire son Jupiter, il imagina un Dieu, et ne prit pas de modèle
sur la terre. Pour personnifier l'éloquence, Cicéron en a fait
autant. Non-seulement il n'ose pas l'incarner en lui-même,
mais il assure que Démosthènes n'en est pas le type souverain, et que cette bouche, écoutée de la Grèce entière, ne

remplit pas toujours de sons divins ses oreilles avides de
quelque chose d'immense et d'infini[1]. — Cette part de divinité faite à l'éloquence, je vais essayer d'indiquer rapidement
ses effets humains, les plus grands, à Athènes, à Rome, parmi
nous avant Bossuet. L'éloquence judiciaire est surtout mon
sujet, et je ne dois pas l'oublier. Tout m'invite, d'ailleurs, à
resserrer ma pensée dans cette matière. L'histoire de l'éloquence, en général, est de beaucoup au-dessus de mes forces;
elle veut, pour être écrite, un érudit aidé d'un orateur. —
Dans l'antiquité l'éloquence touche à tout, non pas seulement,
comme le dit Montaigne après Tacite, parce que les choses
y sont en perpétuelle tempête, mais parce que le culte du
beau y enlève souvent la puissance à la force pour la donner
au génie de la persuasion. Je veux bien qu'on admire, et
j'admire aussi, moi, les guerriers, les législateurs, les maîtres
ordinaires du monde; mais ces grandeurs ne diminuent pas
celle de l'éloquence, elles la relèveraient, au contraire, s'il en
était besoin. Voyez la lutte éclatante que, dans Athènes affaiblie, par la seule force de la parole Démosthènes soutient
contre les armes de Philippe : y eut-il jamais un pouvoir mieux
gagné et plus noblement exercé sur les âmes?

Sorti du donjon de Vincennes, le grand abbé de Saint-
Cyran se promenait un jour avec Antoine Lemaistre, qu'il
avait conquis; et, parlant des beautés de l'esprit humain, il
lui disait : « Dieu a voulu que la raison humaine fît ses plus
grands efforts avant la loi de grâce, et il ne se trouvera
plus de Cicéron ni de Virgile ! »

[1] Cic., ch. xxix, *Orator.*

La Grèce mérite mieux encore que Rome cet éclatant et singulier hommage rendu au génie des païens par l'un des esprits les plus puissants et les plus absolus qui aient servi
Jésus-Christ et son Église. — Elle est, en effet, la terre oratoire par excellence; jamais la parole, cette tribune de la
pensée, comme on disait à Rome dans un style asiatique et
cherché, n'a déployé autant de puissance et de splendeur, ni
exercé un empire si complet et si régulier qu'à Athènes, sous
Périclès et sous Démosthènes. Plusieurs causes ont décidé ce
genre de grandeur dédaigné à Sparte, inconnu dans la Macédoine, et proscrit dans la Crète. D'abord Athènes est née sous le
souffle des dieux et elle a grandi sous leur protection; pour
se rapprocher d'eux, elle a poussé le culte de la beauté à ses
dernières limites et relégué la force parmi les divinités secondaires; elle a aimé la liberté et voulu vivre avec elle et
par elle; sans défiance contre ses agitations, sans précaution
contre ses fraudes, sans abri contre ses violences, elle a essayé, en lui livrant sa destinée, de réaliser un des rêves les
plus brillants, mais les plus souvent déçus, de l'esprit des
hommes. — Ces deux passions, celle de la beauté et celle de
la liberté, ont ouvert à l'éloquence le champ le plus vaste et
le plus admirable qu'elle ait jamais eu; car elle est à la fois
l'une des formes du beau absolu et la fille de la liberté ou
même de la licence, *alumna licentiæ*. Montaigne lui reproche
amèrement cette parenté, et, copiant Tacite ou Messala[1], il
maudit en elle la contemporaine, sinon la cause, des séditions
et des désordres. — Cette colère, qui préfère à tout la bonne

---

[1] Le *Dialogue des orateurs*.

police, la règle et le silence de l'État lacédémonien, s'exhale
comme toujours en traits ingénieux et qu'on croirait vainqueurs, tant ils trompent, eux aussi, et sont de la famille de
cet art « piperesse et mensongière; » mais elle n'empêche
pas que l'éloquence, dans Athènes, n'ait été la reine des
choses, *regina rerum*, gouvernant tout, l'opinion, la politique, la guerre, les mouvements tumultueux du peuple,
conduisant à elle seule cette démocratie athénienne que représente exactement un coursier indompté et sans frein.
Pour arriver à ce degré de puissance, la parole a dû ajouter
toutes les ressources de l'art à toutes les richesses de la nature. La raison, offerte simplement à un peuple esclave de la
beauté, ne l'eût pas dominé ; il a donc fallu l'environner d'é-
clat, la couvrir de miel attique, presque lui donner des ailes,
pour la faire pénétrer dans cette multitude indocile et souveraine. Encore était-il nécessaire que, soumis et convaincu, ce
peuple d'auditeurs ne s'aperçût pas des efforts de l'art ni de
l'usurpation de la parole. Je ne prétends pas que ce gouvernement de l'éloquence n'eût pas plus de dangers qu'un despotisme silencieux. Sans doute, on pouvait dire, à Athènes
plus qu'ailleurs, comme Zenobius : « Où vas-tu, parole humaine? vas-tu détruire ou fonder des empires? » Mais, si j'accorde le danger, il faut qu'en revanche on m'accorde l'éclat.
D'ailleurs, le principe du mal est partout : il pénètre toutes
les formes de gouvernement et s'introduit dans le silence de
Sparte comme dans le bruit d'Athènes. Du moins, si l'éloquence a entretenu le tumulte de l'Agora et livré le sort de
la Grèce aux émotions populaires, elle a créé des chefs-d'œuvre
et entassé des modèles. Cet arbre du bien et du mal a donné

des fruits que nous ne cesserons jamais de savourer, dussent-ils contenir un peu de poison. Qui oserait briser le buste de Périclès lançant la foudre et maniant le tonnerre (*fulgurans et tonans*), sous prétexte qu'il trompait les Athéniens et faisait de la parole un sceptre à peu près absolu? Qui toucherait à Démosthènes, et qui pourrait ne pas admirer la domination de ce Tyrtée oratoire sur un peuple qui ne cédait plus ni à la force, ni à l'autorité, ni à la discipline, ni à la loi, et qui ne voulait obéir qu'à la persuasion?

Du reste, si c'est la démagogie d'Athènes qui enfanta l'éloquence de Démosthènes, comme la maladie provoque le médecin, cette éloquence s'éleva bien vite au-dessus de sa source et se plaça à la hauteur de son grand rôle.

Je ne crois pas que la nature à elle seule, à moins qu'elle n'ait la rare fantaisie de créer un prodige, fasse les plus grands poëtes ni les plus grands orateurs. Elle donne la matière, fournit l'élan de l'âme, le moule harmonieux où la pensée s'étend; mais tous ces dons ne sauraient dispenser de l'art, c'est-à-dire de l'étude, de la comparaison, d'un effort constant et passionné vers la perfection. C'est ce qui faisait dire à Quintilien que l'improvisation ne produit qu'une vaine loquacité, des mots qui naissent et meurent sur les lèvres. Aussi Démosthènes, voulant faire de la parole, non pas seulement un instrument de persuasion, mais la puissance publique elle-même et le gouvernement tout entier, en étudia l'art, comme Cyrus celui de la guerre.

Je ne dois pas le suivre, malgré l'attrait du sujet, dans ses immortelles campagnes contre Philippe ni dans ceux de ses autres discours qui forment le plus riche trésor de l'éloquence politique. Tout au plus puis-je, en passant, l'écouter quelques heures devant les tribunaux d'Athènes. Rousseau, qui en théorie a prôné les mâles vertus, fait dire à son élève, parlant de Démosthènes : C'est un orateur; et de Cicéron : C'est un avocat[1]. Sous cette idée prétentieuse, il n'y a qu'un peu de vérité. Cicéron a été comme Démosthènes un grand orateur, et Démosthènes a été comme Cicéron un grand avocat. Mais l'éloquence judiciaire nous est moins connue dans Athènes que dans Rome, et nous avons l'habitude d'admirer plutôt Démosthènes dans l'Agora, combattant Philippe et défendant Olynthe, que devant les Héliastes ou devant les Arbitres, plaidant pour Phormion ou contre Timothée.

On ne l'a pas encore assez remarqué : le peuple athénien était un peuple de juges ou même de *greffiers*, comme le disait injurieusement Philippe à Parménion[2]. Le pouvoir judiciaire était, dans cette démocratie, abandonné à la multitude; elle gagnait, à l'exercer, de l'importance et des oboles. Si on en croit Aristophane, Athènes était remplie de Perrins-Dandins[3], même de Petits-Jeans, qui plaidaient pour une drachme. C'est là que Racine a pris les siens. Mais on s'étonne que, dans une république où l'idée de la justice était si grande dans la bouche de Socrate et de Platon, aussi bien que dans la vie d'Aristide, le droit de juger ait été abaissé au niveau de l'ignorance, de la pauvreté, du salaire et de la corruption. Il est encore temps de le dire même parmi nous, il n'y a pas de prétexte, ni dans la démocratie ni dans la li-

---

[1] *Émile*, l. IV.
[2] Opinion de Philippe sur Démosthènes selon Lucien.
[3] Il en comptait six mille.

berté, pour laisser la justice aux mains de ceux qui ne sont pas préparés, par le travail, la probité et la science, à tenir ces divines balances. On n'admet pas un homme à soigner la santé, à enseigner les lettres, à jouer un rôle de quelque importance dans la vie sociale, s'il n'a donné des gages de son aptitude. Comment a-t-on jamais pu, contre une idée si simple, appeler la multitude à juger comme on l'appelle à combattre ? Aussi ce fut dans Athènes une cause de ruine et de honte que cette abjection de la justice. Dans les tribunaux où il ne s'agissait pas de la patrie, mais de procès criminels ou civils, les juges formaient un foyer de corruption, de désordres et d'éloquence. Ils s'agitaient, depuis l'Archonte jusqu'au marchand d'andouilles, au gré des richesses dépensées pour les séduire ou des paroles arrangées pour captiver leurs oreilles et tromper leur conscience. On conçoit bien que, de ce milieu, Aristophane ait fait sortir ses *Guêpes*, et que, de son fouet comique, il ait flagellé cette justice démagogique ; il y avait néanmoins, dans les éléments mêmes de ces tribunaux et jusque dans leurs impuretés et leurs faiblesses, matière à éloquence. Sauf les voix achetées et vendues, ce peuple, avec ses défauts et ses qualités, n'en était pas moins un jury qui provoquait et qui enflammait la parole ; elle bondissait dans cette multitude, et, quand elle ne trouvait pas trop d'argent devant les consciences, elle y entrait en général habile et victorieux.

Au milieu de ses vices et dans ses plus grands accès d'ivresse, le peuple athénien n'a jamais perdu ni le sentiment ni l'amour du beau. Aussi il n'en a pas été pour lui comme pour le peuple romain. Aux jours de sa décadence et de sa chute, il a eu des orateurs et des avocats qui ont dépassé tous leurs ancêtres. On ne s'approchait pas plus de son tribunal sans avoir étudié longtemps l'art de parler et de convaincre qu'on n'eût osé monter sur le théâtre sans l'espoir de s'y faire applaudir. Ce fut Solon qui livra la justice au peuple et au hasard. Le sort formait à Athènes dix tribunaux : quatre pour juger les affaires criminelles, six pour les affaires civiles. Les quatre premiers remplaçaient les Éphètes que le rire avait détruits. Le plus important était celui des Héliastes, qui se tenait en face du soleil, *subdialis*, et qui se composait de cinq cents, de mille ou même de quinze cents juges, suivant la gravité des procès. Ces juges avaient au moins trente ans, leur vie était intègre, et ils ne devaient rien au trésor public. A tout prendre, c'étaient des jurés qui décidaient sous la direction des Archontes assistés d'un greffier. Ils prêtaient un serment qu'il faut que je résume, et qui ne contient pas, malgré sa longueur, beaucoup plus d'idées que le nôtre. Ils juraient de se conformer aux lois, de ne consacrer ni la tyrannie ni l'oligarchie (la politique se mêlait à tout), d'aimer et de défendre le gouvernement démocratique, de s'opposer à l'abolition des dettes et au partage des biens, de ne pas réhabiliter les bannis ni les condamnés à mort, de ne pas chasser les étrangers résidant à Athènes. Venaient ensuite des obligations qu'on peut dire administratives : ils s'engageaient à ne pas laisser un citoyen quitter ses fonctions sans rendre des comptes à la république, ni exercer deux fonctions à la fois. Enfin ils juraient, par Jupiter, Neptune et Cérès, de ne recevoir aucun présent, d'écouter également l'accusation et la défense, puis ils appelaient sur eux la vengeance divine

pour le cas où ils manqueraient à leur serment, et la faveur
des dieux s'ils y restaient fidèles. Si la justice se rendait au
milieu du peuple et par lui, c'était aussi lui qui la provoquait
dans la plupart des cas. L'idée de créer un mandataire, chargé
de poursuivre les infractions à la loi, ne pouvait pas naître
dans un pays où chaque citoyen se croyait un roi et n'était
pas loin de se croire un dieu. C'eût été comme une abdication. Chacun devait veiller au salut de l'État et se faire accusateur à son tour. Les crimes et les passions gagnaient
beaucoup à ce régime; mais au moins le principe de la souveraineté populaire n'était entamé ni par une fiction ni par
un mandat. Quand quelqu'un prenait ainsi l'intérêt public en
sa main et se portait accusateur, un héraut allait par la ville
annoncer l'assemblée des juges. Il s'écriait : « Peuple, écou-
tez ! que tout vous soit heureux et prospère ! Nous aurons une
assemblée pour juger les procès (par exemple le septième
jour du mois d'Élaphebolion). Que tous ceux qui ont intenté
des accusations viennent à l'aréopage, où la justice tirera le
nom des juges et sera avec eux. Les juges seront choisis
parmi tous les Athéniens; le salaire sera de trois oboles, le
nombre des juges variera suivant la gravité de l'accusation. »
Les plaidoyers étaient de vrais combats; les témoins avaient
à se défendre, bien qu'ils jurassent sur la tête de leurs enfants; on déterminait la durée du discours, mais la parole
avait toute licence, et ni le magistrat ni le juge ne la conte-
naient. Ce qui montre bien les effets de l'éloquence devant
ces tribunaux populaires et le prestige qu'elle exerçait sur
les oreilles athéniennes, c'est qu'on tenta par des décrets de
mutiler sa puissance. Il fut interdit de recourir à la pitié de-

vant l'Aréopage; on défendit l'Exorde et la Péroraison, sous prétexte que ces parties du discours troublaient l'esprit du juge.

Mais ces barrières augmentaient le flot au lieu de l'arrêter, et on ne put jamais, même au nom de la justice, obtenir la sécheresse. L'Aréopage jugeait toutes les affaires capitales, excepté dans deux cas : si un mari, surprenant sa femme en adultère, avait tué son complice ; si les meurtres avaient été commis hors du territoire de l'Attique. Dans ce tribunal suprême, l'Archonte roi déposait sa couronne, et, dépouillé de ce signe d'inégalité, il s'asseyait parmi les juges. On plaidait la nuit, en plein air, *sub Jove frigido*, dans le faubourg de Mars. Il y avait là, symboles étranges, mais bien placés, le siége de l'Injure et celui de l'Impudence. Une corde séparait les juges du peuple, avide de voir et d'entendre.

Tout me manque pour écrire l'histoire du barreau d'Athènes. Isocrate paraît avoir été le maître d'une foule d'avocats. N'a-t-on pas dit qu'il était sorti de son école autant d'orateurs que du cheval de Troie de grands capitaines. Mais leurs œuvres n'ont pas été gardées, et nous ne connaissons bien qu'Eschine et Démosthènes. Nous n'avons rien de ce Callistrate qu'entendit tout enfant l'élève du rhéteur Isée, qui fut ramené chez lui en triomphe après son plaidoyer, et dont la parole jeta dans l'âme de son jeune auditeur l'amour et le germe de l'éloquence. Je ne veux et je ne puis, d'ailleurs, que rassembler quelques traits épars qui donneront peut-être à d'autres l'envie d'achever le tableau. On pourrait aller chercher l'éloquence du barreau grec jusque dans Platon, qui, dans son *Gorgias*, se moque éloquemment des orateurs. On

la trouverait dans Lysias, l'avocat de Socrate, dans Démade,
dans Hypéride. Démade avait commencé par être batelier,
et il devint un des rivaux de Démosthènes. C'est lui qui, prisonnier de Philippe après la bataille de Chéronée, voyant la
joie du vainqueur éclater sans décence, lui dit : « Philippe,
vous jouez le rôle de Thersite, et vous pourriez jouer celui d'A-
gamemnon[1] ! » Hypéride fut celui qui fit fermer les portes
de l'Aréopage à l'émotion. Il plaidait pour Phryné devant les
Héliastes, et la défendait d'avoir profané les mystères d'É-
leusis; sa parole restait sans effet et sa cliente allait être
condamnée, quand il l'attire elle-même au pied du tribunal,
déchire la robe qui couvrait son sein et laisse voir aux juges
éblouis son attrayante beauté. On raconte que les Héliastes,
croyant avoir vu une prêtresse ou une suivante de Vénus,
proclamèrent Phryné innocente, et on ajoute que ce fut à
cette occasion que la justice empêcha certains artifices oratoires. Mais il faut surtout étudier Eschine et Démosthènes,
pour connaître le barreau d'Athènes. Ce sont eux qui le remplissent. La nature avait créé dans leur talent toutes sortes
de rivalités. Les passions politiques les rendirent ennemis;
la licence d'Athènes leur permit de s'accabler d'injures et de
se déshonorer, chacun de son côté, sans voir pour cela diminuer beaucoup l'autorité de leur éloquence. Le vieux Caton n'avait pas encore défini l'orateur, *vir probus dicendi
peritus*. On cherche bien loin dans les histoires les causes
qui font tomber les États. En lisant les plaidoyers de Démosthènes et d'Eschine, on voit, comme dans un miroir, la chute

---

[1] *Voy. d'Anacharsis*, 1. LXXXII.

inévitable et certaine de la république d'Athènes. Les lois y paraissent habituellement violées, la dignité humaine est ensevelie sous la prostitution des deux sexes, la vénalité des consciences étouffe le patriotisme, et cette noble cité, protégée de Minerve, s'éteint dans la dépravation. Le plaidoyer d'Eschine contre Timarque, par exemple, fait penser à ces vils instruments qui servent à découvrir les maladies les plus secrètes du corps humain; les vices les plus honteux d'Athènes, son indulgence pour les coupables, son mépris de la nature, sa taxe des prostitués, ses débauches d'où les femmes sont exclues, toute cette lèpre s'y reflète et s'y montre sans voiles. On y voit jusqu'où pouvait descendre, dans la bouche d'un Timarque, la parole humaine. Ce jeune Athénien, qu'Eschine appelait justement une courtisane, n'avait pas encore perdu le droit de parler ni dans l'Assemblée de la nation ni devant les tribunaux. Un jour, sortant des bras d'Hégésandre ou du valet du peuple Pittalacos, il avait voulu parler dans l'Agora, à moitié nu et tout à fait ivre. Comme la parole était à Athènes le signe de la puissance et qu'on en faisait un grand abus, la loi l'ôtait à ceux qui avaient encouru l'infamie, et nominativement à tous ceux qui se prostituaient. Pour en priver Timarque, Eschine l'accusa. Il était lui-même menacé par Démosthènes du grand procès de l'ambassade. Timarque était contre lui; il voulait l'écarter. Démosthènes défendait ce débauché, dont il avait besoin. Il ne faut pas songer à analyser ces plaidoyers, non plus que les autres; ils sont presque tous des chefs-d'œuvre, et, comme des chaînes fortement serrées dont chaque anneau est soudé par la dialectique, la démonstration n'est jamais interrompue et la force de la pensée brille souvent dans les images, mais ne s'y perd jamais. Si les mœurs de ce barreau sont celles de la cité elle-même, si des avocats s'y achètent, si on y paye les injures et les mouvements oratoires, si les juges se défient de ceux qu'ils entendent, si la parole est tout à fait dans le commerce, du moins l'éloquence arrive à la perfection. Rien n'a dépassé, et rien ne dépassera, ni à Rome ni chez nous, ce grand niveau de l'art oratoire. La forme du discours est d'une beauté qui atteste les effets d'un art infini ; le génie et la patience ont réuni leurs forces pour obtenir une langue si parfaite ; ce n'est pas sans raison qu'on a comparé ces grands artisans d'éloquence au graveur sur pierre ou bien à celui qui assouplit le marbre et lui donne, d'une main inspirée et infatigable, l'empreinte de la suprême beauté. Ces admirables flots de paroles n'ont pas sauvé Athènes et n'y ont pas toujours servi la justice ; mais ils ont rendu éternel le nom athénien, ils ont baigné le berceau de Rome et répandu jusque sur nous l'art oratoire.

II

L'histoire de l'éloquence dans Rome est plus longue que dans Athènes. Elle me paraît moins brillante. Jusqu'au règne des Césars l'éloquence politique y a un grand rôle, mais il est moins grand et en tout cas moins exclusif qu'à Athènes. La multitude y a bien sa puissance ; mais elle est combattue, du moins il y a des freins à la démocratie romaine : elle a ses orateurs, ses courtisans et ses esclaves ; mais elle ne décide

pas tout, et l'aristocratie peut la contenir sans avoir à la séduire. Chez nous l'éloquence judiciaire se distingue beaucoup
de l'éloquence politique ; il n'en est pas ainsi dans la Grèce
ni dans Rome. Ces genres s'y confondent, parce qu'on y parle
devant le peuple, quel que soit le sujet qu'on traite. — J'essayerai cependant, en parlant des orateurs latins et de leurs
œuvres, de ne pas trop m'éloigner du barreau.

Rome n'était pas née, comme Athènes, pour le culte des
arts. Destinée à la conquête du monde, elle devait tourner
ses forces du côté de l'action et négliger d'abord les beautés
de l'esprit. Mais le vent et les messagers de la Grèce lui apportèrent les spéculations des philosophes, les enseignements
des rhéteurs, le goût de l'éloquence. La parole ne tarda pas à
se faire place dans le tumulte du Forum. Dieu lui a réservé
partout une portion d'empire ; le malheur est qu'elle en veut
trop prendre et commander à tout. — Elle eut de bonne
heure à Rome beaucoup des avantages qui l'avaient élevée si
haut dans Athènes ; elle n'est pas précisément amie de la
paix et du repos ; elle sort de l'agitation et grandit dans la
liberté. Le peuple romain ne fut pas long à lui donner de la
matière ; il lui livra ses oreilles et son orgueil, et l'éloquence
devint ainsi un rapide moyen d'honneur et de puissance. Elle
partagea avec la guerre les faveurs publiques. Son théâtre
fut longtemps presque aussi vaste qu'à Athènes. On y parla,
sub Jove frigido aut torrido, dans le Forum, devant le Peuple
et devant les Provinces, — les triomphes et les ovations ne
manquèrent pas au succès ; le feu populaire échauffa la parole
et lui donna le mouvement et l'agitation qui la font pénétrer
dans les esprits et dans les cœurs ; — elle prit sa forme,

d'abord un peu rude, puis amollie et pleine d'élégances, dans l'étude des modèles que fournissait la Grèce, dans le soin des mères qui, comme Cornélie, nourrissaient leurs enfants moins de leur sein que de leur éloquence, *non tam in gremio quam in sermone.* Je ne l'imagine pas, Cicéron lui-même l'a dit, une des causes qui favorisèrent dans Rome l'art oratoire fut l'éducation de ces mères décidées à faire de leurs fils des orateurs ou des héros : *quarum præcipua laus èrat tueri domum et inservire liberis.* Mais ce furent surtout les institutions qui creusèrent la grande source de l'éloquence, appliquée à la politique et au barreau. A mesure que Rome avançait dans la liberté, la parole y faisait les lois, la popularité, la gloire ; on passait les nuits à la tribune ; on accusait les hommes puissants ; le peuple combattait le Sénat bien plus par ses tribuns et par ses orateurs que par la violence et les armes. En déchirant la république, tout cela exerçait l'éloquence et la récompensait ; — plus on avait de talent pour la parole, plus on obtenait aisément les magistratures, et plus, dans l'exercice de ces magistratures, on avait d'avantages sur ses collègues, de crédit auprès des grands, de considération dans le Sénat, de célébrité dans le peuple ; — les nations étrangères prenaient pour patrons les hommes éloquents, — les prétures et les consulats allaient au-devant d'eux. — L'éloquence, si l'on peut ainsi dire, faisait partie des nécessités de la vie sociale. On pouvait être à chaque instant accusé, à chaque instant forcé de se défendre, — on n'avait ou du moins on ne gardait de clients que si on était toujours prêt à élever la voix pour eux. A en croire Tacite, l'honneur lui-même dépendait du talent de parler au-

tant que du courage, et ceux qui ne l'avaient pas, en manquant la faveur, perdaient presque l'estime... *Mutum et
elinguem videri deforme habebatur* [1]. — Je crois, néanmoins,
qu'il fallut faire plus d'efforts à Rome qu'à Athènes pour y
devenir éloquent. La langue latine ne fut pas formée tout de
suite et n'eut son Homère que très-tard. On sait dans quel
mélange se trouvaient les perles d'Ennius.

Aussi, dans sa première époque, l'éloquence eut-elle à Rome
un peu de rudesse. On parle bien d'un Cethegus qui, même
avant Caton l'Ancien, charmait les oreilles de la multitude,
mêlant les grâces de la diction à la force des pensées, et
appelé à cause de cela *suadæ medulla* [2]. Mais Caton est le
premier qui pose en les pratiquant les règles de l'éloquence.
Il avait, dit-on, un style qui était à la fois agréable et puissant, paisible et passionné, gai et sévère ; il a prononcé cent
cinquante discours dont pas un seul n'a été conservé ; il faut
le juger sur les témoignages. L'éloquence est loin à ce moment de mériter le reproche, que lui fera plus tard un de ses
historiens, de rechercher les atours et le fard des courtisanes ; elle en est plutôt à la bure [3], ou du moins elle se
contente d'une grave élégance. On remarque parmi ceux qui
la cultivent Servius Fulvius, Fabius Pictor, Fabius Labeon,
Servius Galba, qui faisait un grand usage de lieux communs ;
Emilius Lepidus, un écho de la Grèce ; Quintus Metellus, qui
défendit Cotta contre Scipion l'Africain ; Lelius, qu'on aurait

---

[1] *Dial. des orat.*, § 36.

[2] *Brut.*, c. xv.

[3] Melius est oratorem hirtâ togâ induere, quàm fucatis et meretriciis ve-
stibus insignire. (*Dial. des orat.*, § 36.)

pu surnommer l'Attique. — On doit citer encore Publius
Crassus, qui tenait de Phocion, et dont la parole alourdie par
le travail pouvait faire l'effet de la cognée; Quintus Catulus,
trop abondant et très-disert; Quintus Scævola, le Dumoulin
de ce temps. — Au-dessus de cette pléiade, on aperçoit
les Gracques, avocats un moment, orateurs jusqu'à leur mort;
ils furent, dit-on, éloquents au berceau, grâce à leur mère,
dont d'Aubigné semble avoir fait le portrait en traçant celui
de la mère de notre Henri IV, « femme n'ayant de femme
que le sexe, entière aux choses viriles, l'esprit puissant aux
grandes affaires, le cœur invincible aux grandes adversités. »
— Tiberius avait une voix douce et une parole sans violence
qui n'avait nul besoin d'être tempérée par les accords d'une
lyre. — Celle de Caius, au contraire, était « terrible et pleine
d'affections, » elle était véhémente et faisait des morsures;
c'est lui qui, parlant un jour contre un Timarque de Rome et
défendant sa mère outragée, dit à son adversaire : « Elle a
été plus longtemps sans homme que toi. »—La première fois
qu'il parut au barreau, il y plaida pour son ami Vectius, et il
fut trouvé « si bien disant, que les autres orateurs parurent
des enfants. » Plus tard, dans la tribune aux harangues, il
porta une agitation oratoire inconnue avant lui, se promenant
et tirant sa robe de dessus son épaule, obligé alors, pour ne
pas trop dépasser la mesure, d'avoir à ses côtés son Licinius
qui le modérait. Déjà l'éloquence servait à tout; Caius,
comme son frère, lui dut les plus grands honneurs; il en fit
un instrument de succès auprès du peuple, auprès des soldats, dans sa questure de Sardaigne; mais, par un effet qui
se reproduira dans Rome, et dont Démosthènes a déjà été la

victime, il paya de son sang ce grand pouvoir conquis par
la parole..

Dans les Gracques, malgré les soins de leur mère et les
exercices de leur jeunesse, ce n'est pas l'art qui domine,
c'est la nature et la passion. — Après eux, avant Cicéron,
Lucius Licinius Crassus, et Marc-Antoine, l'aïeul du triumvir,
occupent le premier rang parmi les orateurs et plaident toutes
les grandes causes. Ils puisent dans l'étude approfondie des
trésors que la Grèce a laissés une langue adoucie, plus
flexible, un peu moins forte, moins originale peut-être, mais
plus ornée, plus savante, plus méthodique que celle des âges
précédents. Marc-Antoine écrit un traité inachevé sur l'art
de bien dire. — Crassus gagne à parler tant de sesterces,
qu'on ne peut pas les compter. (76 millions de francs). — A
toutes ses faveurs l'éloquence ajoutait la richesse, et Rome
se rapproche du jour où toutes ses vertus seront remplacées
par tous ses vices. La corruption commence; c'est la grande
époque de l'éloquence latine. On dirait qu'elle s'élève à une
telle hauteur pour faire à la république d'éclatantes funérailles. La liberté va bientôt passer des mains convulsives du
peuple dans celles d'un César qui les fermera sur elle. Mais,
avant de mourir, elle remplira Rome de désordres, de séditions et d'éloquence. Le barreau se ressentira de ces agitations et jettera aussi, lui, ses flammes. Les causes de toute
nature, politiques, criminelles, civiles, se plaident encore
devant le peuple et ne seront que plus tard resserrées dans
la Basilique. Tout conspire donc à la grandeur de l'éloquence;
les orateurs abondent, les avocats ne se comptent pas.
On connaît Clodius et Currion à cause du prix excessif qu'ils

mettaient à leurs paroles ; Cepasius, Eruccius, Attius, parce
qu'ils ont quelquefois plaidé contre Cicéron; Servius Sulpi-
cius, par les trois plaidoyers que Quintilien mentionne; Cal-
vus, qui, par sa taille, ses formes grêles et ses dentelles, res-
semblait à Battale, énervait son style à force de le châtier et
lui retirait tout son sang, *verum sanguinem deperdebat;* mais,
si la mort ne l'eût pas enlevé très-jeune et déjà épuisé par
l'étude, il eût été comme Hortensius le rival de Cicéron. Si
César eût voulu, il eût été le plus grand orateur de Rome,
comme il en est la plus grande figure. Il parlait beaucoup
mieux que le républicain Brutus: — Il l'emportait aussi sur
Messala, cet ami de Brutus, orateur et soldat, chef de l'armée
républicaine, et qui devait un jour, comme tant d'autres, se
soumettre à Octave. Mais Hortensius et Cicéron dominent
toutes ces bouches; leur éloquence est à peu près égale :
celle de Cicéron s'applique davantage aux grands intérêts de
l'État et défend surtout la république; celle d'Hortensius se
déploie plutôt dans les luttes judiciaires. Je ne veux peindre
ni l'un ni l'autre de ces grands orateurs : leur portrait est
partout, non pas toujours fidèle et achevé, mais avec des traits
qui les font suffisamment connaître. Hortensius était né pour
l'éloquence, dans Rome, où tant d'autres naissaient pour la
guerre; la nature ne lui avait rien refusé, et son génie, pareil
à celui de Phidias, n'eut qu'à se produire pour se faire admirer. Plus tard il rapporta d'Asie un certain éclat ou même
une certaine mollesse de style, qui créèrent des imitateurs et
formèrent un genre qu'on appela le genre asiatique. Il plaida
pendant quarante années, fut questeur, édile, préteur et au-
gure. Si on la jugeait au poids de l'or, son éloquence aurait

surpassé celle de Cicéron. Il gagna d'immenses richesses et
fit de la vie un long plaisir; mais aussi son petit-fils Hortalus
était réduit à la misère et mendiait à la porte du Sénat.
Nous n'avons aucun de ses plaidoyers, pas même ceux qu'il
prononça pour Verrès et qu'il serait si curieux d'avoir et d'opposer à Cicéron. Mais nous savons qu'il poussait très-loin le
culte de son art. L'action oratoire se partage avec le style
toute l'éloquence. Celle d'Hortensius était, dit-on, parfaite :
ce n'est pas lui dont le geste eût fait des solécismes, comme
celui du rhéteur Polémon; il servait de modèle au comédien
Roscius, tandis que Démosthènes avait reçu des consolations
et des exemples de Satyrus; à cause de sa grâce, ses ennemis
l'appelaient Dionysia, du nom d'une charmante danseuse. Il
attachait une telle importance à l'harmonie de ses mouvements, de son attitude et même de son manteau, qu'il se plaignit en justice d'un homme qui avait dérangé la correction de
son costume, un jour qu'il montait à la tribune aux harangues.
— Il avait une mémoire merveilleuse comme celle du roi
Cyrus, qui savait le nom de tous les soldats de son armée. Il
n'a pas joué comme Cicéron un grand rôle politique, mais on
sait qu'il était du côté de l'aristocratie et n'aimait pas les
excès populaires qui préparaient César.

Cicéron est l'éloquence latine dans toute sa splendeur, avec
les reflets de la Grèce, l'éclat de la langue originale, la force
de la pensée, le luxe du style, l'abondance des images, la mélodie des phrases, le choix parfait des mots. — Il faut ajouter
encore à ces beautés le sentiment moral et philosophique qui
inonde cette éloquence et lui donne, avant Jésus-Christ, quelque chose de chrétien. Ce n'est pas sans d'immenses études

que la parole humaine arrive à cette perfection qui se joue du
temps et défie la postérité. On l'a déjà dit plus d'une fois,
mais c'est l'occasion de le répéter, ce qui met les anciens,
Démosthènes dans la Grèce, Cicéron dans Rome, tellement
au-dessus de nous, c'est qu'ils ont tout appris pour avoir la
science de bien dire. Cicéron, qui, un jour, a paru dédaigner
le droit civil, l'avait appris chez Scævola. L'académicien Phi-
lon, Diodote le stoïcien, lui avaient enseigné la philosophie
et l'avaient rempli de Platon; il avait étudié la géométrie, la
grammaire, la dialectique, la physique, tout enfin; puis, pour
vaincre les ardeurs de sa parole, qui sortait comme un torrent, et pour en faire un instrument docile, il avait parcouru
la Grèce et l'Asie, suivant les maîtres, attaché aux modèles,
aidant à toute heure et de toutes façons la nature. Aussi, à son
retour, sa voix avait-elle obtenu la mesure qui lui manquait
d'abord, son style ne fermentait plus, mais avait une juste
chaleur; sa poitrine s'était élargie; la statue était achevée et
polie; elle est encore debout et tout entière, tenant à ses
pieds l'improvisation qui ne peut s'élever jusqu'à elle. Je
veux bien avec Brutus que cette éloquence n'ait pas toujours
les reins d'Hercule (*fractam et elumbem*), et qu'elle coule plus
souvent qu'elle ne frappe. J'admets avec Montaigne qu'elle
soit quelquefois « ostentatoire et parlière » elle n'en est pas
moins le comble de l'art, et, sans parler des harangues politiques qui dédommagèrent Rome des agitations de la liberté
et dont nous jouissons en paix, les plaidoyers prononcés
dans des causes civiles ou criminelles seront des modèles
pour les avocats de tous les temps; ils suffisent à justifier
le nom de divin orateur que Quintilien donne à Cicéron.

Il devait arriver à Rome comme à Athènes, comme partout : après avoir atteint une certaine limite, l'art n'avance plus, il recule. Ici, d'ailleurs, il y eut une autre cause : l'empire apaisa l'éloquence comme le reste, *disciplina principis eloquentiam, sicut omnia, pacavit;* il n'y eut plus de Forum, la plaidoirie dut perdre les airs de la harangue; Auguste la resserra dans un palais qu'il fit construire dans le faubourg de Mars; le pouvoir passa de la parole à l'action, et les orateurs ne furent plus que des avocats. Ce n'est pas que l'éloquence fût entièrement dédaignée; Auguste lui-même reconnaissait son empire en prenant des leçons d'euphonie pour donner à sa voix la séduction de la justesse. Mais la grande source de l'art oratoire était tarie, puisque la liberté publique n'existait plus; on ne pouvait parler sur un larcin, sur une formule de droit, sur un interdit, comme on l'avait fait sur la brigue des comices, les déprédations des provinces, le malheur des citoyens. Tacite lui-même reconnaît cette décadence de la parole et semble s'en réjouir comme de la paix; il trouve que les orateurs ne valent pas les tempêtes publiques au milieu desquelles on les voit briller, pas plus que les héros ne valent la guerre qui les engendre. Le goût suivit le sort de la liberté; pendant que les lettres et la poésie, s'accommodant très-bien du joug et le changeant en protection, jetaient sur le gouvernement des Césars un incomparable éclat, le barreau n'avait que des avocats médiocres, sans vigueur de pensées, sans noblesse de langage, affectés en toutes choses, fuyant la nature sans arriver jusqu'à l'art. Le style s'énerva comme les consciences. Resserrée dans le tribunal des Centumvirs et gênée par de lourds manteaux, l'action oratoire perdit son ampleur et ses

effets. Au lieu de nourrir les enfants d'éloquence, on les livra
à des serviteurs ignorants, on leur permit de préférer les gla-
diateurs et les chevaux à l'étude; les écoles des rhéteurs
étaient désertes, et ceux qui s'y rendaient y recevaient des
flatteries et non pas des leçons; le barreau devint merce-
naire, les langues s'y achetaient plus cher que jamais ; on
les paya en raison de leur servitude et du poison qu'elles dis-
tillaient. Ne pouvant plus insulter les juges, comme sous la
république, elles concentraient leurs violences sur les plaideurs. Sous le règne d'Auguste, un sénatus-consulte supprima
les plaidoyers de Cassius Severus, qui déchirait tout le monde.
L'ardeur oratoire se consumait ainsi en colères privées, en
passions sans grandeur, en injures qui n'étaient pas même
éloquentes et qui ressemblaient à des aboiements. Le peuple
n'était plus là pour inspirer l'orateur, lui donner des applaudissements, de la gloire et du pouvoir. On le remplaça par
des assistants salariés qui formèrent le bataillon des *laudi-
cœni*, conduits par un chef habile à donner le signal de l'admiration et à simuler l'enthousiasme. On fut applaudi pour
de l'argent, et ces misérables faussaires faisaient, dit-on, un
commerce très-important et très-lucratif de louanges et de
trépignements. Enrôlés au service de la médiocrité, ils n'ont
pas cessé, même aujourd'hui, de vivre aux dépens de la vanité,
et ils ne sont pas tous réfugiés au théâtre. — Ainsi l'éloquence devint frauduleuse. Rien ne se débita mieux dans
Rome que la perfidie des avocats. Ce fut le temps des déla-
teurs et des accusations. Domitius Afer, qui, sous Tibère, rappela quelquefois Cicéron, livra son éloquence pour de cruels
usages; il avait cependant gardé, dans ces jours de décadence,

le sentiment de l'art, car, entendant une fois les claqueurs de Licinius, il avait dit que l'éloquence périrait sous ces applaudissements. Quintilien assure que son style était nerveux et simple, fuyant les faux ornements et d'une rare clarté. On trouve dans les débris de ses plaidoyers un mouvement oratoire et une pensée qu'il faut recueillir pour l'opposer à toutes les faiblesses de sa vie et de sa parole. Il défendait Cloantilla, accusée d'avoir donné la sépulture à son mari, trouvé mort parmi des rebelles; il osa s'écrier en terminant sa plaidoirie et en s'adressant aux fils de sa cliente : « Et cependant, enfants, gardez-vous de ne point donner à votre mère les honneurs de la sépulture ! » Comme il était avec Africanus le plus grand avocat de Rome, Caius Caligula, qui a reculé les bornes de la fantaisie jusqu'à l'extravagance, voulut plaider contre lui et l'accusa d'un crime imaginaire. Afer s'en tira en s'avouant vaincu par l'éloquence du monstre couronné, gagna l'amitié de son accusateur et devint consul. Il ne mourut pas comme un orateur, mais comme un convive de Pétrone, *nimia repletione.*

Dans leur contact avec le prince, les avocats n'étaient pas tous aussi heureux que Domitius Afer. Son contemporain Julius Gallicus, plaidant un jour au bord du Tibre devant Claude, irrita l'empereur, qui le fit jeter dans le fleuve. — Si on en croyait les poëtes, dont il faut se défier surtout en cette matière, on aurait vu alors dans Rome une éloquence sanguinaire et lucrative, *lucrosæ et sanguinantis eloquentiæ usus,* — le *vir probus* n'existait plus. — L'avocat Suilius, ayant reçu quatre-vingt mille francs pour défendre une cause, se laissa corrompre par ses adversaires, et trahit son client. La richesse remplace au barreau l'honneur des temps passés. Marcellus Eprius et Vibius Crispus gagnaient trois cents millions de sesterces et s'élevaient néanmoins dans la faveur du prince, — quoiqu'ils fussent originaires de Capoue et de Verceil et de basse extraction, on les connaissait dans toute l'Italie et leur argent faisait plus de bruit que leur éloquence. En parcourant ce long règne des Césars qui vit naître les plus grands jurisconsultes et les plus grands poëtes de Rome, on trouve un grand nombre d'avocats dont la parole n'est pas sans puissance, Secundus, Aper, Maternus, Messala, Cœcilius, Pline le Jeune. J'oubliais ce Régulus, ami de Domitien, qui nous est signalé comme le plus méchant des hommes, *omnium bipedum nequissimus*. — L'art s'éteint chaque jour davantage ; on est arrivé au temps de Tacite à parler au barreau la langue qui se parlera chez nous, dans les antichambres de l'hôtel de Rambouillet : on appellera le jonc, l'herbe d'Ibérie ; la bouche, le vestibule de l'âme et la porte du discours, on parlera *voluptueusement*. Cependant Pline le Jeune mérite qu'on le loue. Il est si riche, qu'il plaide gratis ; il est érudit, spirituel, et protége le poëte Martial. — Ce n'est pas lui qui, par pauvreté, comme eût pu faire notre Pathelin, comme quelques avocats faisaient à Rome, au dire de Juvénal, eût conduit des mules dans l'intervalle de deux plaidoiries. Sa parole se ressentait de son opulence. — Il plaidait les grandes causes devant les quatre tribunaux réunis des Centumvirs, et, si on l'en croit, les hommes et les femmes accouraient pour l'entendre et lui faisaient des ovations, comme si on eût encore été dans le Forum. Nous connaissons les avocats qui viennent ensuite par le tableau qu'en a fait Ammien Marcellin. Il y en a de nomades, qui vont partout, qui flairent les procès et les emportent comme les chiens de Sparte et de Crète faisaient du gibier ; — d'autres sèment la discorde entre les amis et les proches pour avoir à plaider ; ceux-ci surprennent la bonne foi des juges ; ceux-là sont assez ignorants et assez pédants pour citer Trebatius, Cascellinus et Alfénus ; ils trouvent des textes pour absoudre le meurtre ; ils aboient pour de l'argent, sèment de piéges le temple de la justice et dessèchent leurs clients.

III

Aussi bien que l'État, l'éloquence avait perdu l'âme qui jadis la faisait agir. Ce ne sera pas trop, pour la ranimer, du temps qui verra grandir d'autres peuples et d'une religion toute pleine d'émotions et de nobles pensées. Dieu laissera passer la barbarie avant que le ciel d'Athènes et de Rome rejoigne celui de la France.

L'éloquence chez nous a été, en effet, bien plus lente à venir que dans les sociétés antiques ; il ne faut pas compter celle des Pères de l'Église ; celle de la tribune est toute récente, celle du barreau n'est pas fort ancienne, quoiqu'on ait dit que les Gaules étaient la terre classique des avocats, et que nous étions nés pour plaider aussi bien que pour rire.

Au douzième siècle, l'éloquence est dans l'enseignement et dans la prédication ; il s'en répand des flots entre Abélard et le grand moine de Clairvaux ; ils ne parlent ni l'un ni l'autre la langue de Démosthènes ou de Cicéron. Abélard, dans la

forme, est tout plein d'Aristote. Au fond, c'est l'esprit d'examen qui attaque la tradition et veut ébranler la foi. — Sa
logique est puissante, sa parole a toutes sortes d'attraits;
sa figure est belle, oratoire, enflammée; il jette ses nou-
veautés à des auditeurs ravis avec une force de raison, une
douceur de langage (*eloquium fluens*), une intrépidité de conviction qui font de sa chaire d'enseignement un forum in-
tellectuel; les esprits et les passions qu'il soulève l'agitent
lui-même, exaltent sa pensée, font vibrer sa parole. Mais
saint Bernard l'accable et le domine. C'est lui qui est le grand
orateur du douzième siècle. Son éloquence s'est formée dans
l'étude des livres saints. Elle a une onction inconnue à l'antiquité, un charme chrétien, des mots divins qu'Athènes n'a
jamais entendus, une langue que le Christ a parlée, avec tout
cela de la véhémence et de l'art. — On s'aperçoit que ce
n'est plus l'homme ni son génie qui sont la source de ces
beautés. Dieu y met sa sublime empreinte et y laisse descendre son souffle tout-puissant.

A côté de ces splendeurs, le barreau paraît sans éclat. Il
parle sur des intérêts qui n'arrivent pas jusqu'à la conscience
publique. Personne n'a les yeux sur lui. La royauté l'appelle
dans ses conseils : il met sa raison, sa sagesse, sa modération, son patriotisme et sa science, au service du trône; mais
tout cela ne fait pas grand bruit. Un peu plus tard, il se
donne ou il reçoit des règles qui ont pour but la probité et
l'éloquence [1]. Au commencement la chevalerie touche à cette
profession, qui deviendra le partage et l'honneur exclusif du

---

[1] Ord. du 11 mars 1344.

tiers état. C'est contre l'Église que la royauté dirige d'abord la science et les discours des avocats ; ils sont plutôt des légistes que des orateurs ; ils défendent la loi salique, combattent les prétentions de la papauté à disposer des trônes de la terre, et n'en arrivent pas moins aux plus éclatantes dignités de l'Église, parce que c'est là qu'alors le pouvoir attire l'ambition. Nous avons quelques-uns de leurs travaux, mais il n'est pas facile de juger leur éloquence. Que pouvait-elle être du reste avec une langue informe, mêlée de latin et de gaulois, dans les salles du Parlement, devant des magistrats qui interrompaient sans cesse et disaient des mots de *gausserie* ?

Les grandes causes criminelles qui auraient rempli la Grèce et Rome et fait des orateurs n'étaient pas plaidées. La torture et les commissaires avaient raison non des coupables, mais des prévenus, et, au lieu de ces voix qu'ennoblit la défense des accusés et qui rassurent le cœur des juges, on n'entendait que les cris de douleur et d'agonie arrachés aux patients. Temps barbare que n'adoucit aucun reflet de l'art antique, aucune émotion de la religion chrétienne ! — Les Templiers ne furent pas défendus, ni Enguerrand de Marigny, ni Montaigu, ni tant d'autres.

Il faut arriver au quinzième siècle pour trouver des fragments d'éloquence judiciaire. Encore sont-ils tachés de sang et montrent-ils que la monarchie a eu comme la démocratie ses excès et ses champs de carnage. On était alors beaucoup moins éloigné que nous ne le sommes du temps où Dieu avait placé la vie humaine sous la protection de ses commandements, et cependant le sang coulait à tout propos ; la poli-

tique vivait de meurtres. Jean-sans-Peur venait de faire
assassiner le duc d'Orléans à deux pas du trône, et, trois
jours après, il s'en vantait comme s'il eût travaillé au bien
public. Il fit louer son crime par un docteur de l'Université.
Nous avons ce discours. C'est plutôt une page de honte que
d'éloquence. Mais le temps s'y reflète avec ses mœurs et son
langage, et il mérite à ce titre qu'on s'y arrête un moment.—
Comme œuvre d'intelligence, c'est un vol mis au service d'un
meurtre, un indigne plagiat du *pro Milone*, un syllogisme qui
a du sang aux prémisses et à la conclusion. La première
partie est un amas de principes, propres aux assassins et
aux casuistes, divisés, subdivisés, entassés et s'étayant de
citations prises tantôt au Coran, tantôt à l'Écriture, mais
toujours détournées de leur source. Dans la seconde, il accuse le duc d'Orléans de tous les vices et de tous les crimes, il
invoque Cicéron et Boccace, et ouvre à chaque instant, d'une
main inhabile et sanglante, les livres saints pour leur faire
enseigner le meurtre. Cependant, Me Jean Petit ayant débité
ce discours devant le peuple réuni sur le parvis de Notre-
Dame, il y fut applaudi malgré le voisinage de Dieu, et quoique son style fût presque aussi barbare que sa pensée.

Un peu plus tard l'abbé de Cerisy répondit pour la duchesse
d'Orléans à cette misérable apologie du crime. Son discours
est divisé et subdivisé comme celui de son adversaire; on
trouve là comme un luxe de procédés géométriques qui viennent de la scolastique, pour laquelle on s'est passionné,
battu et brûlé. Mais le sentiment de la justice y élève la pensée et y porte l'expression. L'orateur serre son adversaire
dans des interrogations éloquentes, dont quelques-unes rap-

pellent l'éclat et le mouvement des Verrines; il l'enferme dans des dilemmes étroits et puissants. Passant du raisonnement à l'émotion, il fait du cadavre du duc d'Orléans une émouvante et belle peinture; il invoque en termes pathétiques la justice et la pitié du roi Charles V, qui n'est plus, et sa péroraison est pleine d'attendrissements et de larmes; elle intéresse tous les princes à la cause du duc assassiné, et se termine par le nom de Dieu, qui domine, agite et élève tout ce discours. L'avocat Cousinot ne put que répéter ce qu'avait dit l'abbé de Cerisy; leur cause était gagnée, mais les succès du duc de Bourgogne cassèrent l'arrêt du parlement.

A cette époque, l'éloquence de la chaire n'était pas sans éclat : Ménot, Maillard et Raulin y faisaient entendre des accents qui, sans présager la majesté de Bossuet, n'étaient pas toujours indignes du Dieu qui les inspirait. Il y avait dans ces sermons trop de familiarité, des images trop vives ou trop grossières, une agitation excessive, des paroles burlesques et des effets comiques. Mais on y trouvait aussi de belles pensées et d'éloquentes peintures. L'orateur était toujours du côté du peuple et de ses misères contre les riches et contre les grands.

Ménot fit un jour une sortie contre les magistrats de son temps, qui mérite d'être rappelée ici. « Vous, messieurs de justice, s'écria-t-il, qui avez la main dorée, qui renfermez tant d'écus dans vos bourses et dans vos maisons, d'où tenez-vous cet éclat brillant et ces somptueux festins? d'où portez-vous cette tunique de soie rouge comme le sang du Christ? Vous les tenez des dépouilles du pauvre; je vous dis que le sang du Christ crie miséricorde pour le pauvre dépouillé et

injustement affligé, et votre tunique demande vengeance
contre vous parce qu'elle est du sang du pauvre peuple. —
Mais, dites-vous, il nous faut des épices et le sel pour empêcher nos provisions de se pourrir. Voilà la source des taxes
que vous imposez ! Eh bien, ces taxes seront le sel et les
épices pour poudrer vos chairs dans l'enfer. Est-ce que Dieu
vous a donné cet état pour écorcher le prochain ? Pourquoi
le mauvais riche a-t-il été damné ? N'est-ce pas pour avoir
refusé une miette de pain aux pauvres ? Et vous, non-seulement vous ne donnez rien, mais, ce qui est plus intolérable,
vous ravissez le bien du pauvre et vous le faites mourir de
faim. »

Ce quinzième siècle eut aussi sa tribune. Les états de
1484 firent éclater l'éloquence politique du seigneur de la
Roche et de quelques autres. On s'étonne à la fois du sentiment et du style démocratiques de cet orateur du tiers état.
Son discours renferme tous les principes de la constitution des
droits de l'homme et du citoyen. Il parle comme un avocat
de 1790.

IV

Au seizième siècle, l'éloquence judiciaire se ressent du
mouvement des esprits et de la renaissance des lettres. En
toutes choses nous allons donner une édition française du génie grec et latin. La science du droit crée des rivaux à Caius
et à Papinien. Le barreau français existe enfin; il a ses tradi-
tions, ses mœurs, son importance, faut-il dire sa gloire ? Je
ne veux juger son éloquence que dans quelques plaidoyers

recueillis et qui peuvent d'ailleurs passer pour les meilleurs modèles qu'ait fournis cette époque.

Il y en a deux dans les œuvres d'Étienne Pasquier qui m'attirent surtout. Cet avocat était au premier rang de ces *braves* esprits qui opposaient leur raison à tous les excès et servaient courageusement et sagement Dieu, la France et le roi. Un jour il eut pour cliente 'la Féodalité elle-même. Il plaidait pour le duc de Lorraine contre le seigneur de Bussy d'Amboise. Il s'agissait de savoir si le duc avait pu imposer les habitants de Mouguinville, dont le sieur de Bussy était seigneur. Simon Marion, qui plaidait contre lui, avait habilement confondu sa cause avec celle de la royauté, en sorte que c'était une lutte entre le pouvoir royal marchant à la toute-puissance, et le régime féodal déjà bien affaibli. Marion avait reproché au duc de Lorraine « de faire le roy, d'anticiper sur les droits du roy, en faisant des coutumes et en prétendant rendre la justice en dernier ressort. » Il avait essayé en même temps d'abaisser la maison de Lorraine et contesté ses origines. Pasquier lui donne à ce sujet, en termes assez vifs, une leçon d'histoire, faisant en cela, comme il le dit lui-même, *acte d'historiographe et non d'advocat.* Puis il ajoute : « Je me contenteray de vous dire que, dès la première institution de ce comté, depuis érigé en duché, les seigneurs de ce pays-là ne reconnoissent pour souverain dessus eux autre que Dieu et l'espée ! » Un peu plus loin : « Quant au bailliage de Bar, quelque peinture ou masque que l'avocat du seigneur de Bussy ait voulu apporter en cette cause par une involution de paroles, il est certain que, auparavant le règne de Philippe le Bel, le duc de Bar ne reconnoissoit point le roy pour supé-

rieur. » Cependant Pasquier, qui porte les lys en son esto-
mach, comme il le dira lui-même dans une autre occasion,
aime la royauté qu'on lui oppose, et cherche à la mettre de
son côté en lui disant : « Oter de tels droits (les droits con-
testés) à celui qui les a si longtemps possédés, ce seroit injustice... il est plus utile au roy de les posséder, je le conçois,
mais moins honnête, et, en matière d'État, c'est errer de séparer l'utilité de l'honnêteté. » Marion a « sommé monsieur le
procureur général de l'assister en sa cause, » dans l'intérêt
du roi; il veut absolument que le procès qu'il plaide soit celui de la royauté. Mais Pasquier s'arme du refus qu'a fait le
procureur général, « sachant bien qu'il ne pouvoit contre-
venir à la foi publique, » et, certain de n'avoir pas la couronne
à combattre, il parle d'elle admirablement. « Je reconnoî-
tray en ce lieu, dit-il, qu'entre les choses terriennes, il n'y a
point choses après la présence de notre prince, que nous de-
vions révérer avec tant de religion, comme la souveraineté
du roy. Et si puis dire que combien que la république de
Rome ait été très-excellente en plusieurs institutions politiques, si l'avons-nous excédé en cette police comme en plusieurs autres; car tout ainsi que nous avons eu nos lois
commises beaucoup plus belles, en ce qui appartenoit à l'en-
tretènement des familles entre les nobles comme sont les
lois de masculinité, droits d'aînesse, etc.; aussi, quant au
chef de notre prince, nous avons été beaucoup plus religieux
et retenus en ce qui dépendoit de son domaine. Une chose
eut le Romain qui ne nous est pas familière, parce que les
empereurs ne permettoient pas aisément que l'on impugnast
les droits fiscaux, et à ce propos disoit un grand sénateur de

Rome (c'étoit Pline l'orateur congratulant à l'empereur Tra-
jan, lors de son avénement à l'empire) que le fisc ne perdoit
jamais sa cause que sous les bons empereurs.

« Quant à nous, nous ne trouvons nullement étrange que le
roy perde la sienne; et de fait, pour ne nous intimider point
sous le nom de Sa Majesté, nous ne plaidons point contre luy,
mais contre son procureur général que l'on tire du collége
des advocats, en quoy nos rois nous ont montré qu'ils étoient
perpétuellement débonnaires, et que, combien qu'ils eussent en grande recommandation ce qu'on disoit être de leur
domaine, si ont-ils toujours eu en plus grande estime ce qu'ils
voyoient être de la justice et de la vérité; et c'est la cause
pour laquelle, avec plus de liberté honnête, je déduiray ce
que j'ay présentement à déduire. »

Pasquier indique ensuite l'essence du pouvoir royal et
marque la limite qu'aucun droit féodal ne peut franchir; il
lui restera à prouver que les droits exercés par le duc de
Lorraine n'entament pas le pouvoir du roi. « Je dis et soutiens que combien que la souveraineté de notre prince soit
toute en tout son royaume et toute en chaque partie, si est-
ce que nous le pouvons considérer doublement. Il y a un
chef de souveraineté qui est essentiel à sa couronne, sans
lequel nous ne le pouvons reconnoître roy. Il y en a un autre
que la commodité publique a uni à la couronne, avec lequel
nous le reconnoissons roy, sans lequel toutefois nous pour-
rions le reconnoître roy.

« Le premier chef est en l'exercice de la justice.

« Quelque république que vous considériez, soit qu'elle
soit administrée par un seul prince, comme est la monarchie

de France, ou par plusieurs seigneurs, comme la seigneurie de Venise, ou par l'entremise du peuple, comme les cantons des Suisses, nous ne la pouvons considérer sans l'administration de la justice; et ce pour autant soudain que l'homme fut réduit hors les termes de son innocence, il fut accompagné de deux parties, par l'une desquelles fut représentée la perfection qui gît au cerveau (c'est la raison adopératrice de justice), par l'autre son imperfection qui fut colloquée aux parties basses, dont nous puisons la passion, l'ire, la cupidité, la vengeance, la volupté, allumettes de l'injustice. Aussi ne pouvons-nous considérer une république sans l'exercice de la justice pour réprimer l'audace de l'homme, but d'icelle république, l'intendance de laquelle justice fut mise ès mains de notre chef, c'est de notre prince; et sans icelle nous ne le pouvons nullement considérer roy; aussi les peintres, le représentant en son habillement royal, lui baillent en l'une des mains le sceptre qui est la force, en l'autre la main de justice. Nous considérons en moindre sujet la souveraineté de notre prince... »

Pasquier défend alors le droit du duc de Lorraine à l'aide de l'histoire, à l'aide de contrats et de la plus longue possession. Ce plaidoyer est une puissante démonstration. Les arguments de Simon Marion y sont pris un à un, corps à corps, et tous renversés. C'est un modèle de dialectique, une leçon d'histoire, une discussion vigoureuse et savante. Le langage n'est pas encore français, mais il a déjà de l'ampleur; il sent encore beaucoup le latin, mais il a déjà des tournures originales; c'est le gaulois imprégné des anciens et qui va devenir la langue du dix-septième siècle. Il se produisit dans ce procès un incident qui montre qu'au barreau la liberté d'outrager est assez ancienne. Simon Marion avait en plaidant et dans des mémoires imprimés *diffamé* le duc de Lorraine. Pasquier prit à ce sujet des conclusions formelles, demanda la suppression des mémoires comme injurieux et se réserva de poursuivre son confrère à raison des paroles diffamatoires qu'il avait prononcées.

Mais, pour avoir une juste idée de l'éloquence judiciaire au seizième siècle, il faut lire et même étudier les plaidoyers de Pasquier et d'Arnauld contre les jésuites. La passion anime leur parole. Il y a dans leur cause quelque chose de public; ils se croient et ils sont un peu les avocats de la France et du roi. Leur esprit, leur pensée, leur langage, tout s'élève avec le sujet. C'est après tout un grand combat que cette lutte judiciaire deux fois renouvelée entre l'université et les jésuites. On s'y dispute l'empire des âmes, puisque chacun veut avoir pour soi l'éducation de la jeunesse. C'est à qui réglera la marche de l'esprit humain et disposera de l'avenir. Il y a peu de batailles, parmi les plus sanglantes et les plus glorieuses, dont l'enjeu valût celui-là. Pasquier se croyait sûr de défendre l'Église, la France, le roi, la liberté de la pensée, la sincérité de la conscience, la dignité de l'homme, le progrès permis à l'humanité. Ses adversaires se figuraient qu'ils pouvaient tout demander et qu'ils devaient tout obtenir au nom du Dieu qu'ils servaient. Leur ardeur révélait leur foi, et, dans l'étroit commerce qu'ils avaient avec Dieu, ils concevaient l'idée d'exercer sur la terre sa puissance plutôt que sa charité.

Pasquier aborde sa cause d'un cœur ému, et, pour ne pas

laisser à ceux qu'il combat ce patronage de Dieu qu'ils invoquent, il dit à son adversaire M° Versoris : « J'estime au rebours de vous que le plus bel artifice dont je puisse user en ce lieu est de n'user point d'artifice, pour autant que votre cause est telle que vous le publiez, si elle est sans fard, si l'issue et événement d'icelle se doit tourner au profit et édification de nous tous. Je prie Dieu, l'autheur de tout bien, qu'il luy plaise réduire l'opinion de toute cette grande assistance à votre advantage. Mais si au contraire le fait de vos jésuites est plein de dissimulation et hypocrisie, que dès l'entrée de cette cause vous nous en avez donné certain advertissement par le trait qu'avez pratiqué, si leur secte n'est point pour l'avenir qu'un séminaire de partialités entre le chrestien et le jésuite, bref, si leur but et intention ne tend qu'à la désolation et surprise de l'État, tant politic qu'ecclésiastic, je prierai celui duquel ils se disent, à fausses enseignes, porter le nom, qu'il luy plaise d'exciter l'opinion des juges à notre justice et faveur. » Pasquier parle ensuite comme un homme que la postérité écoute. Au milieu de quelques vivacités gallicanes, il garde une grande modération de pensée et de langage. Il sait qu'il est historien en même temps qu'avocat. Il se tient éloigné du pamphlet et n'apporte dans la lutte que l'ardeur d'un loyal combattant. Il y a dans ses expressions de la naïveté et de la force; des mots qui nous semblent vulgaires sont encadrés par lui de la façon la plus heureuse et la plus oratoire, quand il dit, par exemple, que l'université de Paris a fait *contre teste* aux jésuites sous le nom de l'Église gallicane, ou quand il ajoute : « Maintenant voicy ces nouveaux frères qui, sous un titre splendide et un beau

masque extérieur, veulent *enjamber* sur notre repos. » Il a
de belles pensées gravement et noblement exprimées : « Les
lois, dit-il, sont frustratoires ou pour le moins de petit effet,
si elles ne prennent leur commencement et racine en une
sage conduite et prudente institution de la jeunesse. » On
s'aperçoit de temps en temps qu'il est, comme il le dit, de
ceux « qui appellent pain ce qui est pain, et vin ce qui est
vin. » Il reproche aux jésuites de prendre les enfants à la
chaudécole. Et, quand il fait une vive peinture de leur enseignement, il s'écrie : « Je diray ce seul mot pour conclusion :
nous trouvons par les registres de cette cour de parlement
qu'anciennement les advocats ès causes de marque et parade
avoient accoustumez de commencer leurs plaidoyez par
thèmes tirés de la saincte Écriture, ainsi que maintenant nos
prescheurs. Il y en eut un fort solennel, qui fut fait autrefois,
si je ne m'abuse, sous le règne de Charles sixième, pour notre
Université. Auquel l'advocat qui portoit la parole pour nous
commence par ce verset : *Tu es qui restitues hereditatem
meam mihi*. Il me plaît finir mon plaidoyé par où celui-là
commença le sien, et dire non pas que vous nous rendiez
nos héritages et possessions, mais que vous nous entreteniez
en iceux, c'est-à-dire en nos priviléges, franchises et libertés. La cause qui se traicte maintenant ne regarde point tant
le corps de notre Université que l'intérêt de nous et de nos
enfans, bref de toute la postérité. Je ne doute point que les
demandeurs, pour s'insinuer avec nous, ne masquent toutes
leurs actions de paroles amadouantes et beaux prétextes ex-
térieurs. Car aussi quelle est la secte qui n'aist toujours été
accompagnée de telle hypocrisie, quand elle a voulu se plan-

ter et habituer en quelque lieu; l'hypocrisie est ce qui fait planche à toutes nouvelles opinions et qui leur donne puis après vogue et leur accès parmy les simples femmelettes!...

« Pourquoy ? C'est à votre prudence, messieurs, de peser lequel des deux est plus expédient au public, ou que notre Université soit maintenue en ses anciennes prérogatives contre ces nouveaux moines, composés de toutes pièces, ou bien de les gratifier en leurs statuts, pleins de hasard et incertitude, au préjudice des nôtres. Car si, en cette disproportion des statuts, vous les voulez incorporer avec nous, ce ne sera pas les unir, mais bien aggréger l'Université, avec un arrogant Espagnol, avec un chatemite Italien, celuy-là ennemy ancien capital, cetuy-ci médisant perpétuel de la France, bref avecque une troupe de sophistes, qui sont entrés comme timides renards au milieu de nous, pour y régner dorénavant comme furieux lions. *Majores nostri* (car il me plaît finir ce discours par ce décret ancien de Rome, donné contre les nouveaux rhéteurs) *quæ liberos suos discere, et quos in ludos itare vellent, instituerunt hæc nova quæ præter consuetudinem et morem majorum fiunt, neque placent, neque recta videntur.* Nonobstant ce décret, ces rhétoriciens, maistres et enseigneurs d'un babil affecté, gagnèrent petit à petit crédit dedans Rome, aussi petit à petit perdirent-ils l'État, selon le jugement de tous les politics; et vous, messieurs, n'en devez pas moins attendre de ces jésuites, si n'en extirpez dès le commencement et la race et la racine! »

N'y a-t-il pas dans ces fragments d'une œuvre complète et puissante tout ce qui fait la beauté du discours, comme celle du corps humain : la force, la santé, la couleur ? Le style, il

est vrai, n'est pas encore entièrement poli; il n'a ni la régularité ni la douceur qu'il aura bientôt; mais ces défauts
mêmes donnent au langage oratoire, qui exige moins de pureté qu'un autre, une allure qui n'est pas sans charme et
comme une saveur naturelle. Il ne faut pas quitter Pasquier
sans faire remarquer combien la liberté et les saines doctrines gagnaient à être défendues par des hommes comme
lui. Son talent n'était pas mis au service de l'agitation ni des
partis ambitieux. Il ne connaissait pas l'orgueil, qui, de notre
temps, remplace si souvent la conviction. Ayant l'air de parler contre l'Église, puisqu'il combat ceux qui se disent ses
meilleurs disciples, il sent le besoin de s'agenouiller devant
Dieu, de professer sa foi et de dire : « Je suis fils de l'Église
romaine. Je veux vivre et mourir en sa foy. A Dieu ne plaise
que j'en forligne d'un seul point! » M° Versoris, son adversaire, lui répondit avec une grande sobriété de pensées et de
paroles. Parmi les moyens qu'il fit valoir dans l'intérêt de
ses clients, il indiqua la liberté d'enseignement, mais en des
termes dont la timidité contraste avec le grand bruit qu'on
a fait de nos jours sur ce sujet. « Quant au septième point,
dit Versoris, qui concerne l'intérêt de l'Université, ils (mes
clients) se soubmettent aux lois et statuts de l'Université, ils
sont prêts de subir le règlement et l'ont requis.

« Ils demandent participer et communiquer à la science;
cela ne se peut dénier de droit de nature... l'Université ne
perd rien pour cela; c'est plus d'honneur, plus on se communique. »

Versoris repousse avec dignité et bonheur le reproche
d'hypocrisie fait à ses clients. « Étant respondu à tous les

objets fors à l'hypocrisie, dit-il, je m'attendois que maistre
Estienne Pasquier, qui a commencé par cette injure, dût
cotter en quoy a paru cette hypocrisie, car l'hypocrisie est
une simulation des œuvres de l'affection; qu'on dise en quoy
les demandeurs ont desguisé leur forme de vivre, et on y répondra.

« Le cœur est cognu et ouvert à Dieu seul : c'est à luy à
en juger et non à autre, de peur qu'il ne se trompe en chose
qui lui est fermée et cachée. » Cette dernière phrase est d'une
grande beauté. Versoris parle encore sagement et bien quand
il termine : « Je dis donques qu'il n'y eut jamais collége
mieux institué, que quand on mesle avec la science la correction et l instruction des mœurs… ce qui me fait souvenir
de ce que j'avois obmis pour le catéchisme catholiquement
composé et doctement écrit, ce que vault trop mieux qu'un
de Arte amandi d'Ovide et autres livres qui corrompent la
jeunesse[1]. »

Apaisée par un arrêt de surséance qui révélait déjà toute
la puissance des jésuites et les hésitations du Parlement,
cette lutte recommença plus vive et je puis dire plus éloquente trente ans plus tard. Ce fut alors le véhément Arnauld, comme l'appelle de Thou, qui accusa les jésuites.
Son plaidoyer est une Philippique ; il est plein de passion,
de mouvement, de grandeur ; moins savant que celui de Pasquier, il est plus oratoire ; le style en est plus large, plus
libre, plus français. Qu'on en juge. « Pourquoi donc, s'écrie

---

[1] Plaidoyé de Mᵉ Pierre Versoris, advocat en Parlement, pour les prestres
et escoliers du collége de Clermont, dits jésuites, contre l'Université. (Œuvres
de Pasquier, p. 1102.)

Arnauld, différer plus longtemps un jugement auquel toute la France est attentive? On nous oppose un arrêt du Parlement qui a ordonné une surséance, il y a trente ans. Mais il n'est plus question de cette instance... l'affaire étoit dans ce temps-là toute différente de ce qu'elle est aujourd'hui : — les jésuites étoient alors demandeurs et les membres de l'Université défendeurs ; aujourd'hui les jésuites sont accusés, et c'est l'Université qui accuse. Ajoutez que le fond de ces deux affaires n'est plus le même ; il s'agissoit alors d'aggréger les jésuites au corps de l'Université ; aujourd'hui il s'agit de les bannir du royaume.

« La surséance que la Cour accorda alors donna en quelque sorte gain de cause aux jésuites; aujourd'hui si on leur fait la même grâce, c'est proprement surseoir les précautions qu'il faut prendre pour mettre en sûreté la vie du roy, qui est en très-grand danger tant que les jésuites sont en France. D'ailleurs, les temps sont bien différens : il n'y avoit alors que des gens sages qui vissent les malheurs dont on étoit menacé. Aujourd'hui qu'ils sont arrivés et qu'ils subsistent, tout le monde en est témoin. Alors les jésuites n'avoient point encore fait entrer de garnison espagnole dans la capitale, on n'avoit point encore entendu les discours furieux de leurs pères Bernard et Commolet, qui traitoient le roy d'Holopherne, de Moab, de Néron et d'Hérode, et qui crioient dans leurs sermons que la couronne se pouvoit transporter par élection dans une famille étrangère, suivant quelques passages des livres saints auxquels, par un blasphème détestable, ils avoient le front de donner un sens détourné ; que l'Esprit-Saint, qui avoit inspiré les prophètes, avoit déclaré la maison

du Bourbon indigne du trône, par ce verset du Psalmiste :
*Eripe me, Domine, de luto, ut non infigar; tirez-moi, Seigneur,
de la bourbe, afin que je n'y enfonce pas.* Ils n'avoient point
encore ce livre de vie, comme ils l'appellent, où ils écrivent
tous les secrets des familles qu'ils apprennent par la confession ; en un mot, leur faction n'avoit pas encore pris bien racine, au lieu qu'aujourd'hui elle s'est tellement fortifiée, que
nos ambassadeurs en Italie et en Espagne n'ont jamais négocié
aucune affaire qu'ils n'aient trouvé en leur chemin quelque
jésuite qui s'opposoit aux volontés du roy et à la gloire du
royaume... On dira peut-être que si les jésuites sont coupables, il faut leur faire leur procès dans les règles et les bannir ensuite. Mais, pour des maux tels que les nôtres, il ne
faut point de remèdes lents, ni de médecins timides. Quand
Pie V. abolit l'ordre des Humiliez, il se dispensa bien des
formalités qui pouvoient allonger l'affaire, parce qu'il crai-
gnoit pour la vie du cardinal Borromée. Barrière, suborné
par les jésuites pour assassiner le roy, alloit exécuter ce
détestable dessein. si la conjuration n'eût été découverte;
et l'on dira qu'il faut différer ! Qui sera assez hardy pour
parler de la sorte? Quoi ! il ne nous sera pas permis de faire,
pour la conservation de notre prince, ce que le pape a pû
entreprendre pour celle d'un cardinal ! Si nous demandions
leur mort, peut-être faudroit-il prendre d'autres mesures ;
mais il n'est question que de les bannir, c'est un expédient
pour les punir sans que les juges aient lieu de se repentir
d'aucun excès ni de douceur, ni de sévérité. Dans les crimes
qui regardent l'État, la notoriété suffit pour pouvoir prononcer la condamnation des coupables, il n'est pas alors besoin

de preuves, les maux de la république sont sensibles et palpables. Il n'est pas même nécessaire d'examiner l'origine de ces Pères; je sais qu'ils ne sont pas tous nés en Espagne, mais je compterai plutôt pour François un homme né au fond de la Scythie, qui s'intéressera pour la nation, qu'un traître qui, né et élevé dans Paris, sera un scélérat pour vouloir ruiner le lieu de sa naissance, la gloire et la liberté de ses frères. Bernard, Commolet, et les autres jésuites qui leur ressemblent, ont tant travaillé, que tous ceux qui ont sucé le lait de cette abominable société, ont dépouillé tout amour de la patrie; leur conduite, leurs mœurs, leurs affections, n'ont point d'autre but que de se conformer en tout aux volontés du pape et du Général de leur ordre. C'est leur père Varade, né dans Paris, qui a conseillé d'assassiner le roy!... »

Se tournant ensuite vers les juges, Arnauld les exhorta à montrer qu'ils étaient véritablement hommes à saisir l'occasion et à se souvenir qu'ils étaient membres du plus respectable sénat de l'univers. Il leur représenta que le temps était venu, trop tard à la vérité pour l'honneur de la nation, mais enfin qu'il était venu, et si à propos, qu'il n'y avait pas un moment à perdre; que l'avis qui irait à expédier cette affaire le plus promptement possible était celui qu'on devait suivre; que le temps des grandes révolutions était propre aux grandes entreprises; que les médecins ne laissaient rien dans un corps qu'ils avaient guéri qui pût en troubler l'harmonie; qu'il fallait à leur exemple couper tout ce qui menaçait notre liberté; que l'unique moyen de rétablir la discipline des écoles françaises, qui avait été ruinée par nos guerres, était de détruire l'école espagnole, vraie sangsue altérée du sang de nos étudiants, et que ces colléges qu'ils ouvraient dans tout le royaume étaient autant de saignées qui tiraient le suc et le sang de l'Université de Paris[2].

Dans cette longue et saisissante peinture qu'Arnauld fait des jésuites, qu'il me soit permis de prendre encore un trait : il a une vivacité particulière que je n'approuve ni ne blâme, mais il sort à coup sûr d'une bouche éloquente. « C'est moins à instruire nos enfans qu'ils (les jésuites) travaillent qu'à corrompre leurs mœurs sous prétexte de les former à la piété. Ils leur inspirent avec le lait des erreurs pernicieuses, et leur font avaler le poison avec le miel; ils leur apprennent à tremper les mains dans le sang des rois, à se moquer des magistrats, à exciter les peuples à la révolte, à haïr le nom françois et à avoir pour les Espagnols une affection criminelle. Ces préceptes qu'on inspire dans un âge tendre jettent de profondes racines dans le cœur. Ces enfans, dont l'éducation leur est aujourd'hui confiée, deviendront dans peu des hommes faits, et apporteront au gouvernement de l'État ou de l'Église ces passions d'amour ou de haine qu'ils auront puisées à leur école. Depuis que ces novateurs se sont emparés de l'esprit de notre jeunesse, les mœurs de nos pères ont changé, non plus insensiblement comme autrefois, mais avec une rapidité surprenante. Et que nos familles n'ont-elles pas à craindre d'eux ? Ils arrachent tous les jours les enfans de la maison de leurs pères et d'entre les bras de leurs mères; et, après s'être rendus maîtres de nos héritiers, ils s'emparent encore de nos héritages ! »

On entendit dans ce procès deux autres avocats : celui des

[1] De Thou, t. XII, p. 258.

jésuites, Mᵉ Duret, qui fut plus sobre encore que ne l'avait
été Versoris, et celui des curés de Paris, intervenans dans
l'instance et concluans comme l'Université, Mᵉ Dolé, qui, si on
en croit de Thou, parla avec autant de force qu'Arnauld, et au
nom de la religion même. « Rien n'est plus propre, dit-il,
à renverser la religion que de voir dans le service divin des
usages que n'ont point connus nos ancêtres. L'austérité et des
yeux baissés vers la terre, qu'on regarde ordinairement
comme des marques de modestie et de mépris qu'on fait des
biens de ce monde, ne sont dans ces Pères qu'un voile qui
couvre leur faste et leur ambition. Ils ne baissent les yeux que
pour envisager les biens et les honneurs de la terre. Il n'est
pas possible que nous vivions avec des gens qui renversent la
discipline de nos églises et qui ont des sentimens inconnus
à notre climat. Ce sont eux qui nous ont fermé le ciel... » En
finissant, Dolé ajouta : « Pour toutes ces raisons, les curés de
Paris, à l'exemple des anciens pontifes, qui étoient obligés
de donner avis au sénat de tous les prodiges qui arrivoient,
afin qu'il en ordonnât l'expiation, supplient et conjurent la
Cour d'ordonner aussi, avec sa prudence ordinaire, l'expiation du prodige que nous voyons de nos jours, c'est-à-dire de
réprimer ces maîtres pernicieux qui enseignent à leurs disciples qu'il est permis de tuer les rois; et si elle ne juge pas à
propos de les bannir du royaume comme l'Université le demande, de leur défendre au moins d'administrer à l'avenir
les sacremens, et de faire aucune des fonctions qui appartiennent aux curés. »

Si, voulant parler de l'éloquence judiciaire du seizième
siècle, j'ai pris mes exemples dans ces procès plutôt qu'ail-

leurs, ce n'est pas à coup sûr dans l'intention de ranimer une querelle éteinte, c'est seulement pour montrer sous son vrai jour la langue oratoire et judiciaire de cette époque. Nous touchons maintenant au siècle suivant, et je puis, sans autre transition, arriver à Lemaistre

DE
L'ÉLOQUENCE JUDICIAIRE
AU DIX-SEPTIÈME SIÈCLE

ANTOINE LEMAISTRE

ET SES CONTEMPORAINS

CHAPITRE PREMIER

Mars 1594. L'avocat général Simon Marion. — Son plaidoyer pour l'impression des œuvres de Sénèque. — Sa définition du droit de propriété. — Les débuts d'Antoine Lemaistre. — La langue de Pascal au berceau. — Les Carmélites. — Magdeleine de Poissy enlevée par un apothicaire de Beaumont. — La puissance paternelle. — L'ordonnance de Henri II sur les mariages clandestins. — Un procès d'exhérédation.

En relisant un des plus beaux chapitres des *Essais*, celui que Montaigne, avant Rousseau, consacre à l'éducation des enfants, et qu'il écrit pour madame Diane de Foix, qui va devenir mère, on y trouve grandement exprimée la joie que procure l'étude[1]. « Votre élève, dit-il, pratiquera, par le moyen des histoires, les grandes âmes des meilleurs siècles. » N'est-il pas

---

[1] Liv. Ier, ch. xxv, *de l'Institution des Enfants*, à madame Diane de Foix, comtesse de Gurson.

4

vrai, en effet, qu'on goûte un rare bonheur dans la fréquenta-
tion de ces esprits d'élite, aisément oubliés du vulgaire, que
ranime une tendresse studieuse, et qui, touchés du soin qu'on
prend de les connaître, vous donnent en échange la plus douce
des compagnies et les meilleurs exemples? J'ai du moins
éprouvé ce bonheur en étudiant, une fois de plus, la vie et les
œuvres d'Antoine Lemaistre, qui fut le plus grand avocat et la
plus noble conscience de son temps. D'ordinaire, quand on dé-
taille une figure qui n'est plus, on s'aperçoit que l'histoire a
des complaisances, comme en ont les peintres, et qu'elle altère
un peu pour embellir! J'ai reçu l'impression contraire en exa-
minant de près cette belle et originale physionomie. Il est difficile d'en concevoir une plus noble et plus pure. Elle est de
celles qui séduisent et attirent les âmes tendres et les esprits
religieux; plus on la regarde, plus on y trouve de beautés et de
véritable grandeur. Les yeux ont de la peine à s'en détacher,
comme d'un rare et parfait tableau. Notre siècle aurait peu
d'admiration pour ce grand avocat, devenant de lui-même et
sans dépit un grand solitaire. Il aime trop le succès et honore
avant tout les fortunes bruyantes. La richesse et la puissance
sont à peu près sans rivales. Nous en sommes là, après avoir
régénéré la vieille société, changé vingt fois l'autorité publique
au nom des idées et des mœurs, marché de révolte en révolte,
sous prétexte de progrès, et afin de ne reconnaître d'autre empire que celui du meilleur et du plus juste! On succomberait à
la tristesse qu'inspirent une telle iniquité et tant d'agitations
stériles, si Dieu, qui nous tient tous, ne devait pas mettre chacun à sa place; il a pour auxiliaire, dans cette œuvre de réparation, le temps qui, suivant Mirabeau, rend justice à tout le
monde!

Quoi qu'il en soit, Antoine Lemaistre est un type accompli
de grandeur morale; et rappeler son talent et sa vie, c'est même

aujourd'hui, loin de ce que le vulgaire idolâtre, lui assurer le respect et l'admiration des nobles esprits et des nobles cœurs. Il y a quelque piété et quelque intérêt à le faire. Il faut montrer qu'on se souvient des hommes dont la conscience a été plus grande que leur fortune. On se console ainsi de voir poussé si loin le culte des faux dieux, et on s'aperçoit que, moins sensible au succès, rendue impartiale par l'éloignement, la postérité défait bien des grandeurs qu'avait formées la flatterie contemporaine, et qu'elle s'attache de préférence aux pures renommées.

Antoine Lemaistre eut pour mère Catherine Arnauld ; ce fut elle qui soigna son enfance. Il est permis de croire qu'involontairement, au milieu des douces caresses et des douces leçons, cette femme si malheureuse laissa tomber sur l'âme de son fils quelques gouttes de cette tristesse qui remplissait sa vie, et qu'elle prépara de loin ce cœur à la religion et à la solitude. L'inconduite de son mari la força de réunir dans ses mains l'autorité du père à la tendresse maternelle; elle l'exerça avec un rare bonheur, comme il arrive souvent à ces femmes que grandit l'infortune et que Dieu dédommage de leur isolement et de leurs malheurs en donnant à leurs fils une célébrité qu'elles partagent.

A vingt et un ans, au mois de juillet 1629, Antoine Lemaistre se levait au milieu de la Grand'Chambre du Parlement de Paris, non loin de M. l'avocat général Bignon, « dont la vaste suffisance passait pour un prodige[1]. » Le grand siècle était bien commencé, mais ni Corneille ni Descartes n'avaient encore écrit. La langue de Rabelais et de Montaigne était plutôt ingénieuse et savante que limpide et oratoire. Elle avait profité

---

[1] Issali. (Dédicace des plaidoyers de Lemaistre au premier président de Bellièvre.)

de son long et studieux commerce avec l'antiquité grecque et
latine, et, en y mêlant beaucoup de sel gaulois, elle avait déjà
pris des airs d'originalité et de grandeur; mais elle ne s'était
pas encore assimilée toutes ces richesses du passé, de manière
à les faire en partie oublier; elle n'avait pas pris dans la bouche
de Bossuet, ni sous la plume de Pascal, l'éclat incomparable
qui en fera bientôt le plus parfait instrument de la pensée!

Lemaistre débutait en même temps que l'hôtel Rambouillet,
qui s'ouvrit, si je ne me trompe, dans l'année 1630; son début
eut presque autant de succès que le *Cid*, qui parut un peu plus
tard[1]; et, si l'on en croit les contemporains, tout Paris se mit à
écouter ce jeune et brillant avocat; la chaire elle-même, jusque-
là maîtresse exclusive de l'attention publique, vit ses auditeurs
l'abandonner pour courir à la Grand'Chambre. Tant d'admiration supposait un rare et précoce talent. Lemaistre se montra,
en effet, dans le premier de ses plaidoyers, si savant, si philosophe, si éloquent, qu'il faut y regarder de bien près pour s'a-
percevoir des progrès qu'il aura faits plus tard. A peine ado-
lescent, il a tout étudié, et il sait si bien, que quand il cite
Aristote, Platon, Démosthènes, saint Jean Chrysostome, il n'a
pas l'air de leur emprunter; on dirait un cadre qu'il ajoute à
sa pensée! Nous nous moquons aujourd'hui de cette science
qui encombre un peu ces plaidoyers, mais nous oublions
qu'elle seule pouvait faire d'un si jeune homme un maître im-
provisé dans l'art de la parole; d'ailleurs, sa pensée, son style,
sa forme, tout est à lui, et, s'il a beaucoup semé et beaucoup
recueilli, il use de sa récolte comme le plus légitime propriétaire. Sans parler des autres qualités dont il est doué, il possède déjà une langue épurée, oratoire et française. Avant de
montrer les beautés de pensée et de style qui éclatent dans ce

[1] 1636. (Tout Paris pour Chimène a les yeux de Rodrigue.)

premier plaidoyer, je ne résiste pas à la tentation d'un rapprochement; il est de nature à grandir Lemaistre, sans diminuer pourtant le mérite d'un avocat général qui fut son bisaïeul maternel, Simon Marion, baron de Druy, conseiller du roi.

Simon Marion est une physionomie à peindre à côté de celles de Guillaume du Vair, du procureur général Molé, de l'avocat général Servin. Elle a toute la noblesse de la douceur et de la tolérance, dans une époque de passions violentes et sanguinaires. C'est un médaillon du chancelier Lhospital. En lisant les plaidoyers de Simon Marion [1], édités en 1609 par le libraire qui avait été son client, et qui demeurait rue Saint-Jacques, à l'Escu de Basle, on s'aperçoit que son âme était pleine d'élans oratoires; mais son style, qui n'a que quarante ans de plus que celui de Lemaistre, est surchargé de latinité, de mythologie et de locutions bibliques; il ne manque pas d'un certain lyrisme; mais, si on le compare à la langue que va parler Lemaistre, il est informe et rudimentaire.

Nous sommes au mois de mars 1594; la Ligue est vaincue, Henri IV vient d'entrer dans Paris épuisé; mais on entend encore le dernier écho de ce tocsin meurtrier dont un roi, père de ses sujets, avait donné le signal dans la nuit du 24 août 1572. La France est toute criblée des blessures qu'on lui a faites, au nom du Dieu de paix et de miséricorde. Marion écrit alors la préface de ses plaidoyers, et, les dédiant à cette France qui a tant souffert, il s'écrie :

« Chère patrie, France vénérable autrefois, splendide sur les autres provinces comme un œil du monde, et maintenant triste et désolée, sanglante et hideuse comme prête à mourir... ne

---

[1] Plaidoyers de M. Simon Marion, baron de Druy, cy-devant advocat au Parlement et depuis conseiller du roy en son conseil, et son advocat général; revus, corrigés et augmentés; chez Michel Sonnius, à l'Escu de Basle, 1609.

serais-je pas stupide et impie si, voyant aujourd'hui la Majesté
sainte qui vous soulait rendre vénérable à tous vos enfants et
formidable aux étrangers, polluée et violée de tant de brigandages, de faux, de ruines et de saccagements... l'horreur du
fait ne déliait ma langue, eût-elle été muette et empêchée dès
sa naissance, pour crier hautement, d'une voix émue de dépit
et d'angoisses, aux uns : C'est votre sœur; aux autres : votre
fils; et aux plus enragés, race de vipères, génération furieuse
et dénaturée : C'est votre mère qui vous a enfantés et tendre-
ment nourris! et finalement à tous en commun : C'est une reine
auguste et sacrée, ce serait sacrilége, ne la tuez pas! »

On ne peut méconnaître ni le lyrisme, ni le ton oratoire, ni
la saveur de ce langage ; mais ce n'est pas le vol plein et assuré
de la pensée; un peu plus loin, les mêmes qualités se montrent
avec les mêmes défauts : c'est de la chrétienté qu'il parle :

« Soyez jaloux, s'écrie-t-il, de son nom, de sa gloire, de son
honneur, de sa célébrité. Contendez, débattez à qui s'en mon-
trera plus ardemment épris, qui lui sera plus dévot et fidèle,
plus humble, plus franc, plus obséquieux, plus obéissant! Mais
que cette émulation, se proposant une si belle fin, y tende par
moyens qui ne soient point indignes! Car cette maîtresse, hautement élevée par-dessus la boue de ce monde terrestre...,
n'approuvera jamais que ses corivaux combattent entre eux de
l'amour qu'ils lui portent, par l'épée, le sac et le feu, par la désolation de ses royaumes, villes et provinces, par la pollution
de ses églises, ses autels, ses mystères, bref par les immanités
qui tirent à leur suite les armes matérielles, sales et vilaines,
en un sujet si céleste et divin. Dépouillez-les donc comme un
fardeau nuisible, qui aggrave vos âmes et tarde leur volée par-
dessus la chair, la terre et le monde, et, au lieu de ce fer horrible et pesant, vêtez, ce qui les rend belles et agiles, la charité, la douceur, l'innocence, la foi, la justice, la modestie,

l'union, la concorde, les jeûnes, les aumônes, les vœux, les
prières, la sainte doctrine, et, en un mot, toutes les vertus et
toutes les bonnes œuvres !... »

J'ajoute une dernière citation, et on aura une idée de cette
éloquence tourmentée, qui tient de la prédication et du forum,
et qui n'a encore ni la sécurité ni la sobriété limpide de la véritable éloquence. Cette fois, Simon Marion plaide pour Jacques Dupuis, et Gilles Beys, libraires en l'Université de Paris;
il s'agit de l'impression des œuvres de Sénèque, revues et an-
notées par Marie-Antoine de Muret; il parle de la décadence de
Rome païenne et de l'éclat de Rome catholique :

« La grandeur immense de son premier empire, sujette à la
loi des choses de ce monde terrestre, n'a pu éviter les effets ordinaires de sa nature caduque et muable, tellement que, ses
mœurs s'étant peu à peu trouvées corrompues, ses provinces
rebelles, ses chefs désunis et sa force énervée, elle-même enfin,
prise et reprise, honnie et villenie, a souvent enduré le sac et
l'épée, le feu et la ruine, sous laquelle les arts sont demeurés
morts et ensevelis, et par ce moyen la terre couverte d'ignorance et de barbarie, tant l'éclipse de cette ville auguste a en-
gendré de ténèbres au monde! Depuis, Dieu l'ayant revêtue
d'ornements plus illustres que ses premiers triomphes et ra-
nimé la vigueur des esprits, les uns, enflés de nouvelles pensées
vraiment sublimes, ont enfanté dans ces derniers siècles des
inventions plus subtiles et plus utiles que n'avaient jamais vues
les âges précédents; les autres, seulement adonnés à la recherche des choses passées, ont déterré les vieux monuments des
bons livres, fait parler derechef les langues mortes, et remis
les anciennes sciences en leur première splendeur et dignité; ce
qui a rendu toutes les lettres aujourd'hui florissantes, comme
un ample et délicieux jardin, où nous devons premièrement
choisir les fruits sacrés des saintes Écritures, pour la nourri-

ture céleste de nos âmes, et après y recueillir, pour nous ré-
créer, les fleurs profanes, dont les plus viles contentent seulement la curiosité... mais les autres, outre l'élégance, rendent
encore une douce odeur qui nous inspire les sages préceptes des
bonnes mœurs. Et tel est ce livre autrefois né à Rome, et depuis peu restitué à Rome, laquelle toutefois ne peut se glorifier
d'avoir été mère, mais hôtesse de l'auteur... d'autant que Sénèque, qui l'a premier produit, était Espagnol, et Muret, qui
l'a dernièrement revu et illustré, était Français ! »

Après ce long exorde, qui n'est pas sans éclat, dans lequel
les expressions bizarres se mêlent aux expressions heureuses, et
qui offre un grand aspect historique sous des images qui étonnent notre goût et sous des mots à moitié latins, que Lemaistre
naturalisera bientôt, Marion détermine l'origine de la propriété
littéraire avec un sens exact et profond et un rare bonheur de
langage.

Il ne commet pas cette grande erreur, échappée à Montesquieu et répétée par Mirabeau, audacieusement exploitée de
nos jours, émise hier encore et toujours combattue[1], de placer
le principe de la propriété dans le droit civil; il en a un sentiment plus social et plus juste :

« Si l'homme est né libre, dit-il, on ne le peut après asservir; la raison en est que les hommes, les uns envers les autres,
par un commun instinct, reconnaissent chacun d'eux en son
particulier être seigneur de *ce qu'il fait, invente et compose...*,
de manière que l'auteur d'un livre en est vraiment maître, et,
comme tel, en peut librement disposer, même le posséder toujours sous sa main privée, ainsi qu'un esclave, ou l'émanciper
en lui concédant la liberté commune, et la lui accorder ou pure
et simple, sans y rien retenir, ou bien à la réservation, par une

[1] Voir le remarquable écrit de M. Troplong sur la propriété.

espèce de droit de patronage, qu'autre que lui ne pourra l'imprimer qu'après quelque temps. »

On le voit, et si nous cédions au plaisir de continuer ces citations, on le verrait bien mieux encore, ce sont des perles semées dans des broussailles; c'est une langue qui chancelle et tourbillonne; nous la retrouverons bientôt sous la plume et dans la bouche de Lemaistre, émondée et affermie; elle sera enfin le miroir simple, fidèle et pur de la pensée qui se montre. De temps en temps, une image ambitieuse et quelques mots non encore dépouillés de leur vieille forme pourront bien l'obscurcir, mais ce sera déjà la langue de Pascal au berceau !

Un gentilhomme du Vexin, Claude de Poissy, avait, en l'année 1612, fait entrer aux Carmélites une de ses filles, appelée Magdeleine, alors âgée de vingt-deux ans. Elle n'avait pu supporter l'austérité de cette règle, sous laquelle ont vécu tant de créatures adorables, et se sont courbés tant de fronts charmants! Elle rejoignit une de ses sœurs qui gouvernait l'Hôtel-Dieu de Beaumont, et chercha, dans cette maison plus séculière et plus douce que le couvent de la rue Saint-Jacques, l'habitude de la vie religieuse; mais la nature ne permet pas toujours et favorise rarement cette entière abdication des sens et ces pieuses violences de l'âme sur le corps: elle résiste et se défend, et souvent il arrive que, dans cette lutte mystérieuse, elle prend pour triompher les plus singuliers instruments. Un cœur de femme que Dieu n'a pas pu remplir et qu'on veut opprimer s'attache à ce qui se présente, sans choix et violemment, et ne suit pas les lois communes de la tendresse et de l'amour! C'est ainsi que Magdeleine de Poissy conçut, dans sa nouvelle retraite, une passion déréglée pour Claude Vaillant, apothicaire ordinaire de l'Hôtel-Dieu de Beaumont. Le 4 février 1620, elle se sauve avec lui; ils courent se marier à Saint-Germain-en-Laye, sans qu'elle ait demandé l'avis de ses parents.

Son père meurt et la déshérite elle et les siens. Elle attaque ce testament. Antoine Lemaistre le défend contre elle. Il commence, et dans la première de ses phrases il a résumé avec éclat et dans un style exemplaire la grandeur de sa cause.

« Il est véritablement étrange, dit-il, que l'intimée, après avoir violé l'honnêteté publique, la révérence paternelle et la discipline de l'Église; après avoir déshonoré sa maison, flétri la noblesse de sa naissance et mérité l'exhérédation la plus rigoureuse, vienne aujourd'hui se plaindre de son père, déchirer sa mémoire, l'accuser de faiblesse d'esprit parce qu'il l'a déshéritée, et que, n'étant pas contente de l'avoir comblé d'afflictions durant sa vie, elle ose encore troubler son repos après sa mort! »

Il continue, et tout l'exorde mérite d'être cité; toutes les expressions en sont justes et belles, le mouvement en est oratoire, chaque mot est à sa place, on ne remarque pas un effort, et l'air circule librement dans ces phrases larges, pleines et harmonieuses :

« Elle prétend, messieurs, qu'une fille âgée de vingt-cinq ans est exempte de tous les devoirs naturels, et qu'elle n'est point tenue d'avertir son père, ni de penser même s'il est au monde, lorsqu'elle désire de se marier. Et moi, je soutiens qu'une fille majeure est encore fille; que l'ordonnance du roi Henri II est une loi inviolable, et que l'autorité des pères, établie par toute la justice divine et humaine, n'est pas une chimère, une imagination, un songe, mais quelque chose de vrai, de solide et de sacré !

« Elle estime que la seule qualité de fille, quoique coupable, quoique indigne, quoique dénaturée, vous touchera plus sensiblement que celle d'un père innocent, affligé, méprisé, et que vous jugerez qu'il devait se souvenir d'elle dans son testament, avec des témoignages de bienveillance et des éloges d'honneur, quoiqu'elle l'ait oublié dans un mariage par un mépris injurieux et par un orgueil insupportable.

« Et moi, je soutiens, au contraire, qu'une fille ne peut rien prétendre aux droits de la nature quand elle les a violés, qu'elle est autant obligée d'honorer son père parce qu'elle en a reçu la vie que lui de l'aimer parce qu'il lui a donné la vie; et par conséquent qu'il n'est plus obligé d'avoir les sentiments d'un père pour elle lorsqu'elle n'a plus ceux d'une fille pour lui. Ainsi, messieurs, j'espère de votre justice un arrêt qui conservera les dernières, mais les plus précieuses reliques de l'autorité paternelle, et l'intimée en désire un qui les efface ! »

Quand il a exposé les faits, comme on dit aujourd'hui, il les resserre et les réunit dans une seule phrase dont on ne retrancherait pas un mot sans supprimer une idée ou un effet oratoire : ·

« Vous voyez une fille qui, par une affection indirecte, foule aux pieds la pudeur de son sexe, abuse de la sainteté du sacrement du mariage, viole les décrets des sacrés conciles, abandonne la dignité de sa race et le respect que Dieu dans ses saintes lois, la nature dans son cœur, et le roi dans une ordonnance, lui commandent de porter à son père ! »

Quand il arrive à la discussion du droit, son style s'embarrasse de quelques citations, mais il ne perd ni sa clarté ni sa beauté originale. Ce jeune orateur, qui, le lendemain de son début, deviendra un modèle, est dans l'âge où l'esprit reçoit beaucoup, mais ne rend pas encore. Aussi faut-il admirer plus qu'on ne l'a fait jusqu'ici, comme au jour même de ce succès, la familiarité puissante avec laquelle Lemaistre interroge la science et la fait parler.

L'ordonnance du roi Henri II, qui défend les mariages clandestins, exige pour les mineurs le consentement exprès de leurs père et mère, et commande « aux fils excédant l'âge de trente ans, et aux filles ayant vingt-cinq ans accomplis, de requérir l'avis et le conseil de leursdits père et mère, » a une origine assez curieuse, et qu'il n'est pas sans intérêt de connaître. Un grand seigneur, connétable de France, ami du roi et possédant son cœur, avait un fils qui voulait épouser une femme de condition inférieure à la sienne. Ne pouvant l'en empêcher par la persuasion, il avait obtenu de Henri II l'ordonnance de 1556. Il faut voir comment Lemaistre élève cette loi au-dessus de l'intérêt privé qui lui a donné naissance, la rattache aux principes fondamentaux de la religion et de la société, et couvre son berceau, si je puis parler ainsi, de science, de droit et de philosophie :

« Vous voyez, dit-il, que l'ordonnance a pour fondement l'honneur et le respect que les enfants doivent à ceux qui leur ont donné la vie, honneur si juste que Dieu, outre l'obligation naturelle, l'a voulu graver dans ses lois pour le faire observer encore plus religieusement, et si sacré, qu'il en a mis le précepte dans la première de ses tables. »

Il emprunte à Salomon ces belles paroles :

« C'est la prudence des pères qui doit former les mœurs de leurs enfants, éclairer leurs pas, régler leur conduite. »

Puis, parlant humainement et trouvant au fond du cœur la matière de cette loi :

« N'est-il pas honteux, dit-il, qu'il ait été besoin d'une ordonnance pour les exciter (les enfants) par la crainte des peines à un devoir qui est si juste, et que la raison naturelle leur doit demander si puissamment et même arracher avec violence ? »

Il est impossible de mieux définir l'autorité de l'ordonnance :

« Les lois doivent être pleinement et entièrement obéies, mais principalement les ordonnances de nos rois, qui règnent aussi souverainement que leurs armes, qui conservent le repos de leurs sujets, la splendeur des familles et la gloire de l'État, qui sont leur sceptre le plus auguste, les colonnes de la monarchie, les sources de la félicité publique, et dont la justice et l'équité doivent trouver un respect aussi général dans nos sujets que leur autorité suprême une parfaite obéissance dans nos volontés. C'est, messieurs, ce que l'intimée ne peut ébranler, c'est ce qui rend vains tous ses artifices, c'est ce qui rend inutiles tous ses efforts. »

Quand il réfute les moyens qu'on lui oppose et qu'il redoute la pitié qu'excitera la sœur de ses clients réduite à la misère, environnée de ses enfants, à l'audience même, il cite avec bonheur Valère-Maxime, et, adressant aux juges la plus haute et la plus éloquente flatterie, il ajoute :

« La sagesse et la gravité de la Cour l'élèvent au-dessus des mouvements indiscrets et sans raison qui sont propres et ordinaires à la légèreté des peuples. Elle n'est non plus capable de faiblesse que d'injustice. Il n'y a que l'injuste miséricorde qui regarde le malheur et l'infortune sans en considérer la cause, et il n'y a que les âmes lâches qui se laissent aller à cette molle passion, qui croient qu'un enfant, quel qu'il puisse être, doit toujours être héritier de son père. »

On a remarqué que Démosthènes finissait simplement ses immortels discours. Lemaistre avait déjà ce secret de l'art oratoire, que n'enseignent pas les rhéteurs et que l'instinct de l'éloquence fait seul deviner.

« Ne faites pas, messieurs, dit-il, qu'ayant enveloppé dans une offense générale le commandement de Dieu, l'ordre de la nature, la discipline de l'Église, l'éclat de sa race et la puissance des lois, l'intimée y ajoute encore le mépris de votre justice; que son insolence ne triomphe pas de tant de choses sacrées; que le vice ne demeure pas victorieux de la vertu, l'ingratitude de l'affection, la fille du père, et la sujette des lois.

« Vous voyez, messieurs, que cette cause est très-importante,
tout exemplaire, toute publique; qu'il n'y a pas de père qui ait
un fils à qui un semblable malheur ne puisse arriver, et que
cette licence effrénée ne peut recevoir d'autres bornes que celles
que vous lui donnerez par votre arrêt, qui, confirmant, comme
je l'espère, le testament que je soutiens, conservera les dernières volontés des morts, la majesté de l'ordonnance, et
rendra l'autorité des pères sainte et inviolable à tous les enfants. »

Je termine ces citations. Ceux qui n'aiment pas la poussière
des vieux livres me sauront gré de les avoir prodiguées. Elles
justifient d'ailleurs la vivacité de mon admiration pour Antoine
Lemaistre, et montrent qu'aux dons les plus heureux de la nature ce jeune homme avait déjà su joindre toutes les ressources
de l'art et tous les effets de la science. Si on les rapproche des
plaidoyers de Simon Marion, elles les font ressembler à une
vieille armure, belle au fond, mais gâtée par les proportions,
les détails et les ornements; et, quant à elles, elles ont déjà l'aspect et l'éclat de ces armes modernes, belles, simples, tran-
chantes! Il ne faudrait pourtant pas juger Lemaistre sur ce
premier témoignage. Il y a dans ses œuvres, recueillies par une
main pieuse, et sous l'autorité d'un grand magistrat [1], des
beautés que les lettres semblent ignorer [2]; et qui, suivant nous,
sont de nature à leur faire envie. Dans un plaidoyer, dont je
parlerai plus tard, qu'on dirait prononcé plutôt dans le Forum
que dans la Grand'Chambre, il y a des traits d'histoire admirables, et le plus grand style [3]. Il y parle des longues rivalités de

[1] Le premier président de Bellièvre, si aimé du barreau, dont, suivant
Issali, il adoucissait les emplois laborieux par une civilité si obligeante.
[2] M. Sainte-Beuve nous paraît avoir mal jugé Lemaistre et méconnu tout
à fait le mérite de ses plaidoyers.
[3] Plaidoyer trente-sixième, pour l'exécution du traité de paix de 1606 entre
la France et l'Angleterre.

la France et de l'Angleterre, de la foi due aux traités ; avant Montesquieu, de la barbarie du droit d'aubaine, du principe de la réciprocité entre les États, et, son pinceau rencontrant la grande figure de Charles-Quint, il répand sur elle quelques couleurs que ne connaissent sans doute pas les récents et heureux historiens de ce prince[1]. J'y reviendrai pour mon plaisir et pour ceux qui aiment à comparer un beau et vieux tableau, un peu effacé par le temps, aux peintures contemporaines. Je parlerai aussi des tristesses qui voilèrent le cœur de ce jeune et incomparable avocat, et je signalerai encore une fois à l'indifférence de nos âmes et de nos jours son grand et mémorable renoncement, sans permettre qu'on l'affaiblisse en le comparant aux conversions et aux retraites que notre temps a louées et connues !

[1] M. Mignet ; mon ami M. Amédée Pichot.

CHAPITRE II

Un écrivain éminent, qui a beaucoup jugé ses devanciers et ses contemporains, qui récemment encore tenait chaque semaine des assises littéraires, en ce moment interrompues, M. Sainte-Beuve, a parlé de Lemaistre; il le traite avec la sévérité d'un juge qui se croit souverain et qui est mal instruit. Il aura pensé sans doute qu'on pouvait critiquer un avocat sans le connaître, blâmer ses œuvres sans les avoir lues; peut-être même aura-t-il trouvé piquant de juger en cette matière sur l'étiquette du sac, croyant d'ailleurs ne s'exposer à nulle contradiction, puisque la renommée de celui qu'il attaquait n'intéressait pas les gens de lettres! Il semble supposer que Lemaistre a servi de modèle à Racine écrivant les *Plaideurs* et faisant parler l'*Intimé*. Il mêle à son jugement, pour lui donner un air d'autorité, l'opinion de Racine lui-même. Cette coalition ne trouble ni n'embarrasse mon admiration : l'arrêt qui vient d'elle n'est pas motivé, et, des deux juges qui l'ont rendu, l'un était passionné, l'autre ignorait la cause.

J'admire autant que personne le génie de Racine, mais je ne suis pas bien sûr de l'excellence de son cœur. Dans ses œuvres mêmes, dont la forme harmonieuse et sublime arrache à Voltaire des cris d'enthousiasme, on ne sent pas partout l'*âme de Mithridate!* il fut plus d'une fois ingrat, et il ne sut pas rester grand devant la disgrâce.

Sa tante [1] avait recueilli à la Ferté-Milon, dans le cours de l'année 1638, Antoine Lemaistre et son jeune frère, M. de Séricourt, poursuivis comme jansénistes; Racine dut à cette circonstance d'être élevé à Port-Royal, où il eut pour instituteurs Antoine Lemaistre lui-même, M. de Sacy, Nicole, M. Hamon et Claude Lancelot. Il puisa dans cette école ces trésors d'érudition qui devaient faire de lui, non pas l'imitateur, mais le rival et le contemporain d'Euripide; il y prit aussi ces semences de piété et d'abnégation qui, étouffées pendant sa jeunesse, devaient, à la fin de sa vie, amener son repentir et adoucir sa mort. Mais, ayant de bonne heure les faiblesses du poëte, avant même d'en avoir mérité la gloire, il se croit attaqué par Nicole dans la personne de ce Desmarest qu'il aura bientôt l'injustice d'opposer à Lemaistre, et, tournant contre ceux qui ont soigné son enfance et nourri sa jeunesse son talent et son cœur, il lance sur Port-Royal des traits qu'on dirait empruntés à Pascal! Boileau, son ami, s'afflige de ce succès que l'esprit obtient aux dépens du cœur. C'est dans cette querelle, qu'a fait naître la vanité prématurée du poëte et qu'envenime l'ingratitude de l'homme, que Racine, chéri d'Antoine Lemaistre, dénigre le talent et la conscience de ce grand avocat. Desmarest de Saint-Sorlin était un poëte à la journée; il fai-

---

[1] Madame Vitard.

sait des vers qu'il vendait ou qu'il prêtait à Richelieu ; il avait
fait d'abord des comédies et des romans que la morale janséniste avait blâmés ; c'est pour le défendre et pour le louer que
Racine rendra sa plume ingrate, satirique et blessante.

« Je n'ai point, dit-il dans une de ses petites lettres contre
Port-Royal, prétendu égaler Desmarest à M. Lemaistre ; il ne
faut point pour cela que vous souleviez les juges et le Palais
contre moi ; je reconnais de bonne foi que les plaidoyers du premier sont sans comparaison plus dévots que les romans du second. Je crois bien que si Desmarest avait revu ses romans depuis sa conversion, comme on dit que M. Lemaistre a revu ses
plaidoyers, il y aurait peut-être mis de la spiritualité ; mais il
a cru qu'un pénitent devait oublier tout ce qu'il a fait pour le
monde [1]. »

La passion et l'injustice éclatent dans ces lignes que M. Sainte-
Beuve, d'un ton railleur, trouve *méchantes*, et qui me paraissent à moi détachées d'un pamphlet. Comparer Lemaistre à
Desmarest de Saint-Sorlin, le représenter comme un pénitent
en proie à la vanité, refaisant dans sa solitude ses plaidoyers
mal faits, y mettant du talent et de la spiritualité après coup,
c'était méconnaître la vérité, outrager sans raison, oublier
sans scrupule ! Racine le sentait bien en écrivant, puisqu'il
allait au-devant du Palais et des juges, soulevés par ses injustices. Serait-il vrai que, poussant plus loin encore l'ingratitude
et la colère, Racine aurait, dans les *Plaideurs*, couvert de ridicule celui qui avait été son maître et que tout le monde avait
admiré ? Cette fois, je le pense, l'imagination de M. Sainte-
Beuve l'isole et l'égare, et il fait Racine, dirai-je plus *méchant*
ou plus maladroit qu'il ne faut ? Qui oserait, en effet, retrouver

[1] Deuxième lettre de Racine contre Port-Royal, celle dont Boileau empêcha la publication.

dans l'*Intimé*, ce portrait exagéré et bouffon dans une comédie bouffonne, un seul des traits de ce grand avocat, qui enleva des auditeurs à la chaire et qui en fit regorger la Grand'-Chambre? Parmi ces auditeurs se trouvaient les Bignon, les Séguier, les Talon, les Molé, et non loin de là ce public dont on ne surprend pas les suffrages et qui consacre librement les renommées. D'ailleurs, en écrivant cette comédie, pour laquelle aussi le public a pris parti, puisque sa mémoire en a retenu tous les vers, Racine n'a rien copié, si ce n'est peut-être Aristophane. Il a trouvé, dans la force comique de son imagination et dans quelque rancune judiciaire, un tableau de fantaisie, assez semblable à une farce italienne, qu'il a su immortaliser par des traits charmants, des vers inimitables et le rire éternel des plaideurs de tous les temps! Mais, en fait de ridicule, et si on allait au fond des choses, les lettres ont eu leur part, comme le barreau. Quand du Bartas appelait les vents les *postillons d'Éole*, et les poissons, les *bourgeois de l'empire des ondes*, et que Ronsard lui donnait la réplique, ces poëtes-là étaient un peu de la famille de *Petit-Jean* et de l'*Intimé*.

Quant à M. Sainte-Beuve, il n'a pas les mêmes raisons que Racine pour dénigrer Lemaistre, et peut-être n'en aurait-il eu aucune si Racine ne lui avait donné les siennes. Il prétend que les plaidoyers de Lemaistre ne supportent pas la lecture, *malgré de longues parties incontestablement graves et saines*. Au Palais, où on connaît la portée, sinon toujours le sens académique des mots, on prendrait cette phrase pour un aveu; on jugerait que M. Sainte-Beuve n'a pas lu ces plaidoyers et qu'il a aperçu d'un peu loin *ces longues parties incontestablement graves et saines*. Il critique, au nom de la morale éternelle et de la vraie rhétorique, l'exorde du premier de ces plaidoyers, que j'ai transcrit et cité; il ne dit pas ce qu'il y trouve de contraire à la langue judiciaire et oratoire; mais, faisant un détour et s'apercevant qu'Antoine Lemaistre, après avoir plaidé contre Magdeleine de Poissy, a préparé pour elle, à titre d'exercice, un plaidoyer imaginaire, il se dresse de toute la hauteur d'un homme qui n'a jamais eu deux opinions sur le même sujet, et s'indigne réellement d'une palinodie fictive. Ailleurs, il reproche à Lemaistre son mauvais goût, son emphase, sa véhémence sans vraie chaleur, des rapprochements d'érudition sans vraie finesse et *sans esprit*, et, soulignant ce dernier mot, il invoque dans ce sens l'opinion de d'Ablancourt écrivant à Patru, et attribuant les défauts de Lemaistre *au manque de chaleur et d'esprit bien subtil!* Ce que dit d'Ablancourt n'a pas cette portée ; d'Ablancourt est à Leyde, inoccupé, cherchant à se délasser de l'étude de la langue hébraïque qui l'avait accablé ; il ne se trouve pas l'esprit assez vif pour composer ; il sent que, s'il écrivait quelque chose, il le remplirait de citations et de passages, et, comme Montaigne est son auteur favori, il ajoute en le copiant un peu :

« On ne saurait fondre la matière : à cause de cela, il faut se contenter de la souder, et il n'y a rien de si vilain que quand cette soudure paraît, car vous voyez après clairement la différence des métaux, l'or et l'argent des anciens d'avec notre cuivre et notre étain. C'est une rapsodie de plusieurs membres qui tiennent ensemble par des attaches, en un mot, la chose la plus vilaine et la plus contraire à la nature. Je ne veux pas dire que la pièce de M. Lemaistre eut cela, mais celle que je ferais à présent l'aurait [1]. »

Je regrette presque d'avoir affaibli le reproche fait à Lemaistre par M. Sainte-Beuve et emprunté à d'Ablancourt, en reproduisant le texte lui-même. Je veux bien que tous deux

---

[1] Montaigne avait dit : « Les escrivains indiscrets de notre siècle qui, parmi leurs ouvrages de néant, vont semant des livres latins des anciens auteurs..... » (Essais, ch. xxv.)

aient pensé et écrit que Lemaistre n'a montré dans ses plaidoyers ni originalité *ni esprit*, et je vais donner la preuve qu'ils se sont trompés. Il ne faut pas l'aller chercher bien loin. C'est le second plaidoyer qui me l'offre.

Il s'agit de savoir si ce sera un savant ou un ignorant qui sera principal du collége de la Marche. Lemaistre est pour le savant M. Alphonse Lemoyne, prieur de Sorbonne, recteur de l'Université, contre M. *Philibert Pasténa*, qui invoque les termes du statut et l'intention du fondateur. Le statut disait que « le principal serait toujours, ou de la ville de la Marche, ou de la plus proche sujette au duc de Bar, s'il s'en rencontre d'habile, ou au moins de la province de Reims ou de Sens, selon l'usage de l'Église. » Déjà vingt-trois ans plus tôt *Philibert Pasténa* avait voulu être principal du collége de la Marche, et il avait soutenu et perdu le même procès contre un savant homme, M. Laurent Bourceret, qui n'était même pas du duché de Bar. Il s'était consolé de cet échec en l'attribuant à son jeune âge [1]. Lemaistre ne veut pas lui laisser cette consolation; il la lui ravit, d'abord avec une gravité savante, puis avec une ironie contenue que ne désavoueraient pas ceux qui sont de nos jours les plus accrédités dans l'art de ridiculiser ou de noircir un adversaire.

Il atteste Platon qu'à vingt-sept ans on peut être principal du collége de la Marche, si on a la valeur que cet emploi demande, puisque Platon dit quelque part « qu'il ne faut point s'informer si un précepteur est jeune, pourvu qu'il soit sage et savant. » Il fait aussi parler Sidonius, évêque d'Auvergne, qui déclare « que, dans l'élection des évêques, il faut considérer plutôt le bien du public que l'âge du prélat, et le mérite de sa vie que le nombre de ses années. » Les premiers coups portés

---

[1] Il avait alors vingt-sept ans.

avec des armes étrangères, nous allons voir celles qui lui sont
propres et l'usage qu'il en va faire :

« La Cour, dit-il, reconnut (en 1607) que Pasténa n'avait
pas assez d'esprit pour cette charge, et qu'il manquait également de la science et de la conduite qui y sont nécessaires.
C'est la véritable cause de son arrêt, laquelle si Pasténa eût
bien considérée, il ne paraîtrait pas une seconde fois en ce
lieu.

« Mais il lui faut pardonner, messieurs, s'il dit aujourd'hui
que la Cour n'eut égard qu'à son âge, parce qu'il sait lui être
aussi facile de montrer que le nombre de ses années s'est accru
depuis ce temps, comme il lui est impossible de faire voir que
sa suffisance soit augmentée, et qu'il reconnaît que le temps,
en diminuant les forces de son corps, n'a pas changé en force
et en vigueur la faiblesse naturelle de son esprit.

« Les années donc, messieurs, ne l'ont pas rendu autre qu'il
était; c'est toujours M. Philibert Pasténa; et elles n'ont point
mis d'autre différence entre lui en 1607 et lui-même en 1630,
sinon qu'elles ont fait voir que son insuffisance ne peut être
attribuée qu'à son naturel.

« Il vous dira qu'il a étudié depuis votre arrêt, et appris
plusieurs choses qu'il ignorait. Mais, encore qu'il y ait grande
différence entre un homme savant et un homme habile... je
suis obligé de vous faire voir quelle est sa science. Il est vrai
qu'il a quelque teinture des lettres et qu'il sait quelque chose
dans la grammaire; il a fait jusqu'à la troisième au collége de
la Marche, mais aussi n'a-t-il jamais passé cette classe, si ce
n'est depuis quelque temps qu'il s'est jeté de la grammaire
dans la philosophie. Il s'avise de vouloir pénétrer dans le secret de cette science, lorsque, s'il avait quelque pointe d'esprit,
elle serait émoussée. C'est un homme qui commence à cinquante ans ce que les autres ont fait à vingt, un arbre qui ne

fleurit qu'en automne et qui ne porte point de fruits. Il a seulement appris quelques définitions et quelques maximes générales que sa mémoire a plutôt retenues que son jugement ne les a comprises, et, avec cette suffisance, il fit semblant l'année dernière de commencer un cours au collége de la Marche, avec une reconnaissance si ingénue de son incapacité, qu'il envoya les boursiers et les pensionnaires de la Marche au collége de Navarre pour les mêmes études de philosophie.

« Quant à cette année, la considération de ce procès l'a porté à faire une espèce de physique toute nouvelle, dont, ainsi que du reste, je suis très-marri d'être contraint de parler, et ne ferais s'il n'était absolument nécessaire pour la défense de ma cause.

« Pasténa, messieurs, se trouvant réduit à lui tout seul, s'il eût voulu attendre que sa réputation lui amenât des écoliers, il a tiré d'une troisième deux boursiers aussi capables d'apprendre la philosophie comme lui de l'enseigner, lesquels il oblige à prendre ses belles leçons. Il vient en classe, et, après avoir préparé l'attention de cette grande assemblée, dont il fait la troisième partie, il commence à lire quelque question d'une physique imprimée qu'il anime d'un ton grave et d'une voix haute.

« Cette solitude ne lui abat point le courage, considérant peut-être, comme disait un ancien, que le soleil n'éclaire pas moins les déserts que les villes, que chaque personne est un assez grand théâtre à un autre, et qu'un philosophe répondant à celui qui lui reprochait le petit nombre de ses auditeurs, qu'encore que son concert fût rempli de peu de voix, l'harmonie, néanmoins, en était excellente.

« Mais que dis-je? Cette solitude lui augmente le courage, parce qu'il n'a que deux témoins de son peu de suffisance. Ayant lu, messieurs, quelque espace de temps, et collationné les copies de ces deux écoliers avec l'imprimé, et sans expliquer ce qu'il a dit, il les renvoie ainsi très-glorieux d'avoir un cours si parfaitement correct.

« Je ne dis point ceci, messieurs, pour blâmer Pasténa, je sais qu'en ce point il n'est pas coupable et qu'on ne saurait forcer la nature ; mais, pour vous faire voir sans déguisement jusqu'où s'étend sa capacité, et qu'il ne doit pas tirer avantage de ce prétendu cours, si ce n'est qu'à cause qu'il sait lire une physique imprimée, on lui veuille donner la qualité de lecteur en philosophie.

« Mais peut-être qu'il n'est pas ignorant dans le reste des lettres humaines comme il l'est en cette science? A cela je réponds que, s'il est vrai qu'il soit savant, il n'y a que lui dans l'Université qui le sache. Car, s'il eût eu quelque réputation, ne lui eût-elle pas amené des écoliers? Et ce même Pasténa, qui n'a que cinq ou six boursiers pour auditeurs quand il fait la troisième au collége de la Marche, et deux quand il y fait la philosophie, rétablirait-il ce même collége par sa réputation?... lui qui, sans les boursiers de la Marche, n'aurait pu lire qu'aux murailles de sa classe, rétablirait-il ce collége par la grande opinion qu'on aurait de sa science?...

« ... On peut devenir savant par le temps; la science est comme une eau de citerne; mais cette somme et cette fermeté d'esprit (nécessaires à la charge de principal) ne peuvent être que naturelles. C'est une pure lumière du ciel; c'est un flambeau que Dieu seul peut allumer; aussi Pasténa peut devenir savant par l'étude et par le travail, mais non habile homme : parce qu'il trouvera bien dans les livres de quoi remplir sa mémoire, mais non pas de quoi relever la bassesse de son génie et la faiblesse de son jugement[1]. »

_____

[1] La cause fut plaidée les 19 et 27 juin et 11 juillet 1636. M. Alphonse

Cette citation est longue, mais elle était nécessaire contre des opinions aussi redoutables que celles qui ont refusé à Lemaistre toute espèce de goût et d'esprit. Elle montre, suivant moi, qu'aucune des ressources de l'éloquence judiciaire n'a manqué à ce grand avocat. Je ne prétends pas que ces phrases aient la rapidité de l'éclair, ni que chaque mot soit une flèche empoisonnée. Cette raillerie, j'en conviens, a même l'allure un peu lente et parfois contournée; mais sa vivacité n'est pas commune, elle a de l'urbanité, puisque le mot vient d'être inventé par Balzac[1]; elle n'emploie ni les gros mots ni les injures; plus tard, elle deviendra, si l'on veut, plus acérée et plus vive, mais aussi plus plébéienne et plus vulgaire, et alors Beaumarchais lui reprochera, non sans raison, de dégrader le plus noble institut[2].

Si je ne me fais pas d'illusion, d'Ablancourt est maintenant hors de combat, à moins que l'*esprit subtil* qu'il refuse à Lemaistre ne soit pas l'*esprit de tout le monde*.

Lemoyne gagna son procès, sur les conclusions conformes de M. l'avocat général Talon.

[1]
> Et Voiture et Balzac, si savants en beaux mots,
> En cuisine peut-être auraient été des sots.

[2] Le *Mariage de Figaro*.

CHAPITRE III

Les procès en séparation de corps ont toujours été l'une des plus riches matières de l'éloquence judiciaire; la passion du client y gagne l'avocat; le public écoute comme à un spectacle, les juges eux-mêmes s'apprêtent à l'émotion; on enlève au foyer domestique ses mystères jadis divinisés, et on doit montrer le bonheur perdu d'une famille, le repos détruit d'une maison! Le roman passe souvent à côté de ces réalités et s'en effraye, tant elles sont pleines d'amère vérité, de tristesse et de dégoût! Aussi n'est-il pas rare de voir la parole, la plus heureuse d'ailleurs, s'égarer et se perdre dans les entraînements et les excès de ces causes. L'avocat, ardent dans ses désirs et d'un goût imparfait, ajoute au drame et prend dans son imagination des couleurs et des blessures; nous l'avons vu de nos jours; un magistrat, qui est un écrivain, l'a dit dans un livre charmant, à l'occasion d'un procès qui fit beaucoup de bruit vers 1840; il s'agissait, si on se le rappelle, d'une femme qui n'avait pas pris le temps de renouer sa ceinture entre deux adultères; les avocats y épuisèrent toutes les ressources d'un rare esprit et d'une imagination plus riche que contenue; mais on assure qu'ils s'égarèrent. Nous n'avons pu voir, dit leur historien, sans une sorte d'angoisse, des avocats engagés dans une cause de cette nature, où le talent le plus fin, le plus exercé, le plus brillant, perd quelque chose de sa puissance, parce qu'il semble perdre quelque chose de sa dignité [1].

J'ai voulu comparer en ce genre le passé avec le présent, et arracher à l'oubli un des plus beaux plaidoyers qu'ait prononcés Antoine Lemaistre. C'est, suivant moi, un modèle, en y comprenant même les citations empruntées à Aristote et au *Péripatéticon*. Je préfère de beaucoup cette érudition féconde à notre savoir de la veille, et ces citations à celles qu'aujourd'hui on prend sans gravité, sans goût et sans effort, dans les romanciers à la mode.

En 1628, le sieur de Mailly, de la maison de Mailly, l'une des plus nobles de Picardie, ayant du bien, rechercha la fille de Charles de Merelessart, écuyer, gentilhomme d'ancienne maison, et de dame Claude du Puis. Cette fille, élevée par sa mère, femme d'une innocence et d'une piété reconnues, avait ensuite eu l'honneur de demeurer pendant trois années avec madame de Longueville, cette princesse dont la vertu était encore plus illustre que la naissance, bien qu'elle n'eût pas d'autre source que le sang de saint Louis; elle avait alors vingt ans et tous les charmes de son âge; elle était noble et possédait de grands biens. Le sieur de Mailly avait un vice honteux, il aimait le vin à la folie; avant d'être marié, il se contraignit comme tous

[1] M. le conseiller Pinard (l'*Histoire à l'audience*).

les amants, se força dans son humeur, montra un faux visage,
but de l'eau comme Cassius, l'un des meurtriers de César. Il
trompa aisément son monde; les pères et mères d'alors ressemblaient aux nôtres : on ne cherchait pas plus qu'aujour-
d'hui le bonheur dans le mariage, et la tendresse maternelle,
si soupçonneuse en d'autres cas, ne songeait pas même à pénétrer le cœur sur lequel allait s'asseoir ce grand et chance-
lant édifice de la félicité conjugale; en revanche, on discutait
avec un soin minutieux, comme aujourd'hui, à grands ren-
forts de notaires et d'hommes de loi, les intérêts, c'est-à-dire
ce qui divise le plus les hommes et résiste davantage aux affections et aux sentiments. Il est tout simple qu'avec de tels fondements la moitié des maisons s'écroule, et que les vices des
hommes et les faiblesses des femmes croissent au milieu de ces
ruines.

Le sieur de Mailly resta huit jours chez son beau-père, puis
il courut pendant trois semaines les cabarets de Saint-Quentin,
se plongeant dans les débordements les plus horribles et sans
que, durant tout ce temps, il ait été un seul instant raisonnable.

La peinture de son ignoble passion prend dans la bouche de
Lemaistre un caractère violent et sombre. La cause s'élève
d'elle-même, et aussi par le talent qui la féconde, à toute la
hauteur d'une longue et palpitante tragédie. Les souffrances
de cette jeune fille qui, comme les autres, en se mariant, se
croyait destinée au bonheur, remplissent quatre années, et Lemaistre a dû faire vingt fois pleurer l'audience en les racon-
tant. On sent d'ailleurs que dans ce récit son cœur enflamme
sa parole; il y a sans doute des effets et une grande recherche
de style, mais c'est une âme visiblement émue qui agite et
déroule ces riches et abondantes périodes.

Quand il commence, il a devant les yeux la sainteté du mariage; on dirait que cet admirable sacrement, qui va l'avoir

un moment pour adversaire, le trouble et l'embarrasse ; il l'attaque avec peine et avec un éloquent respect : « C'est, dit-il, avec un extrême regret que l'appelante, qui, jusqu'ici, ne s'est défendue des violences du sieur de Mailly, son mari, qu'avec les gémissements et les larmes, est forcée d'avoir recours aux paroles et aux plaintes pour trouver, dans une séparation, l'assurance de sa liberté, de ses biens et de sa vie.

« Elle sait que son mariage, qui a donné au sieur de Mailly une autorité suprême sur sa personne et un empire absolu sur ses volontés, ne lui a laissé en partage que la gloire de l'obéissance, et elle envie le bonheur de celles qui, n'étant que médiocrement malheureuses et souffrant des mots supportables, honorent ce grand sacrement d'une patience muette. »

Je le demande aux maîtres de l'art, est-il possible de donner à une femme suppliante, et d'un seul coup de pinceau, une physionomie plus accablée et plus religieuse? Pouvait-on mieux dire pour désintéresser tout de suite la religion, qu'on ne voulait pas avoir contre soi? Lemaistre est déjà sûr de l'intérêt du juge; l'excès de ce malheur, que le sentiment du devoir et la piété réunis ne font même pas supporter, est éloquemment annoncé, et l'émotion commence. Comme elle a dû s'accroître quand Lemaistre s'écrie : « Les outrages qu'a soufferts ma cliente ont été si grands en nombre, si horribles en leurs excès, si étranges en leur espèce, si continuels en leur durée, si indignes à la qualité de gentilhomme, si honteux à la nature, que vous ne reconnaîtrez, messieurs, que l'intimé est mari de ma partie qu'à cause de la liberté qu'il a eue d'exercer sur elle les actions d'un tyran, et ne jugerez qu'il est homme que parce que les bêtes ne sont pas capables des débordements du vice dans lesquels il ensevelit et la dignité de sa maison et l'éminence de sa race. »

Il y a, si l'on veut, un peu d'ambition dans ce langage, plus de science et d'art que d'abandon et de naturel, mais la pensée est belle, ample et noblement vêtue! Ce n'est pas de la pompe et seulement du discours, c'est l'exposition saisissante, faite en peu de mots, mais en mots énergiques et puissants, du drame domestique qui va suivre!

Viennent ensuite des réflexions et toute une théorie sur l'ivresse, théorie savante, historique, ingénieuse et profonde; Lemaistre met à contribution les écrivains profanes et sacrés; mais qui donc pourrait s'en étonner et s'en plaindre? La Bruyère, répétant Horace ou Despréaux, n'a-t-il pas dit à ceux qui l'en blâmaient, avec sa finesse sentencieuse : « Ne puis-je penser après eux une chose vraie et que d'autres encore penseront après moi?... Tout est dit, et l'on vient trop tard depuis plus de sept mille ans qu'il y a des hommes qui parlent et qui pensent... il faut chercher seulement à penser et à parler juste[1]! »

Le premier trait que Lemaistre lance sur son adversaire, il l'emprunte à Sénèque, mais il me semble qu'il a bien emprunté : « On peut dire du sieur de Mailly ce que Sénèque disait d'un autre : qu'il semble être né plutôt pour boire que pour vivre; que ce n'est pas un homme, mais un vase qui s'emplit sans cesse; qu'il est plus dangereux que Philippe de Macédoine, et que Démosthènes ne lui préférerait pas une éponge, comme il le fit autrefois à ce prince! »

Voulant ensuite montrer à quel point d'abjection et de débauche vulgaire est descendu le mari de sa cliente, il parle de l'ivresse qui trouble la raison sans pousser au crime, avec une haute et noble tolérance, et il l'oppose à l'ivresse ignoble et presque meurtrière du sieur de Mailly :

« ..... Sans doute la pureté de l'âme est corrompue lors-

---

[1] La Bruyère, ch. Ier, des Ouvrages d'esprit.

qu'elle est trempée dans cette liqueur (le vin); elle doit demeurer sèche pour demeurer vierge; c'est une glace de miroir dont l'éclat est terni par ces vapeurs grossières et impures!... Mais combien s'en est-il trouvé qui, étant sujets à ce défaut, ont été, au reste, raisonnables et généreux! »

Et il cite Tiberius Cossus, l'un des plus graves et des plus modérés sénateurs de Rome et des plus intempérants, et Caton, le modèle vivant de la vertu romaine, dont l'antiquité a préféré les actions héroïques aux paroles de Socrate! Puis il ajoute : « Ce n'est pas, messieurs, qu'il ne soit honteux à qui que ce soit, et plus encore à un homme de qualité tel que le sieur de Mailly, de voir que le vin fasse dans son esprit des désordres non moins étranges que ceux qu'une ville prise souffre de l'insolence d'un victorieux : que la raison soit chassée de son royaume, qu'on l'enchaîne comme une captive, que la pureté de l'âme soit violée, que les vertus soient étouffées comme des enfants entre les bras de leur mère!... Toutefois le mal serait supportable si le vin faisait seulement souffrir sa domination au sieur de Mailly. Mais vous jugerez qu'il y a moins de différence entre les actions d'un sobre et celles d'un intempérant ordinaire qu'entre les actions d'un intempérant ordinaire et celles de l'intimé. »

Nous quittons maintenant les idées générales; la nature et la gravité de la cause ont été indiquées avec éclat; celui qu'il s'agit de combattre et de vaincre est peint dans toute l'horreur du vice qui le possède; nous arrivons aux faits : le sieur de Mailly rentre chez son beau-père, après un long séjour dans les cabarets de Saint-Quentin; Lemaistre raconte ce retour : « Il revint, messieurs, ayant la fureur dans le cœur, le feu dans les yeux, l'écume dans la bouche, les menaces dans le visage! Il attaque Dieu avec des blasphèmes horribles : c'est ainsi qu'il honore son nom. Il salue ma partie avec des injures

insupportables : ce sont les compliments qu'il lui fait ! Il lui
donne plusieurs soufflets : ce sont les baisers qu'il lui présente ! Il lui rompt les dents dans la bouche, il remplit son
sein de sang, il la meurtrit de coups : ce sont les caresses dont
il la flatte ! Toutes ces circonstances sont vérifiées, comme je
prétends, par les informations qui sont entre les mains de
messieurs les gens du roi... Qu'y a-t-il de plus cruel que ces
inhumanités? Est-ce être mari que de les commettre? Est-ce
être gentilhomme que d'y penser seulement? Le sieur de
Mailly devrait-il traiter plus cruellement qu'une servante celle
qui est la compagne de sa vie, qui porte un nom de dignité,
de respect et de révérence, qui est la moitié de son corps, et
qui, au moins, devait être en ce temps-là toutes les délices de
son âme? N'est-ce pas une espèce de parricide d'outrager celle
qu'on doit préférer à son père et à sa mère? N'est-ce pas être
barbare que de dévisager avec ses mains le visage qui devrait
être le plus aimable objet de sa vue; d'imprimer des marques
de haine sur ce qui ne devrait porter que des témoignages de
son amitié, et d'accoutumer aux larmes des yeux qui lui devraient être aussi chers que les siens propres? »

Après avoir ainsi décrit ce qu'il appelle lui-même le premier
acte de cette longue tragédie, avec une richesse de couleurs
que je laisse à juger et une véhémence dont la chaleur ne me
paraît pas fausse, il fait connaître les habitudes du sieur de
Mailly, et l'accable : « Excepté trois mois qu'il (le sieur de
Mailly) fut malade d'un coup d'épée que son intempérance lui
fit recevoir, il a été presque toujours (pendant quatre ans) sub-
mergé dans le vin, et agité de ses passions.... Il assemble dans
les lieux publics la fleur de tout Saint-Quentin, c'est-à-dire les
plus débordés de la lie du peuple; car il n'y a de gentilhomme
que le sieur de Mailly qui se prostitue à ces infamies! Il n'a
pour compagnons en cette lice si honorable que des artisans

et des paysans. Ce lui sont des hommes illustres dont il révère
la vaillance, ce sont des vertus vivantes qu'il ne peut s'empêcher d'envier; leurs trophées ne le laissent point dormir; il
est émulateur de ces grands exemples : *facinus, quos inquinat,
æquat*. On n'entend parmi eux que des jurements, on ne voit
qu'un déluge de vin. Il n'est pas plutôt chez lui qu'il remplit
toute sa maison de bruit, d'horreur et de crainte; il rompt ses
meubles, il court après un valet, il poursuit sa belle-mère, il
tâche d'étrangler sa femme. *Ausus tam notus contemerare
manus*. En cet état, les remontrances l'irritent, les obstacles
qu'on lui présente redoublent sa force et sa manie, et les
larmes de l'appelante allument sa colère au lieu de l'éteindre;
si elle demeure avec lui, elle s'expose aux violences d'un furieux; si elle s'enfuit, il court aussitôt après; il la ramène
comme en triomphe, il la traîne comme sa captive, il l'outrage comme si en fuyant sa fureur elle se fût déclarée son
ennemie. Le vin a causé des mouvements si étranges au sieur
de Mailly, qu'il a presque toujours été en perpétuelle tempête.
On l'a vu revenir chez lui d'ordinaire l'épée à la main, on l'a
vu faire prendre la fuite à sa belle-mère et à sa femme; on l'a
vu les poursuivre comme une furie. Il était plein de vin et
était néanmoins altéré du sang de ses proches. On l'a vu
mettre son épée nue dans son lit auprès de lui; on l'a vu se
lever tout d'un coup et vouloir déchirer l'appelante. On n'entendait d'ordinaire que des cris et des hurlements de lui, des
plaintes et des soupirs d'elle. »

Le temps laisse vivre les œuvres de l'esprit, mais il efface
les émotions ! Il serait donc peu raisonnable d'espérer qu'on
s'intéressera, en lisant ces lignes, à la femme victime de tant
d'atrocités; et cependant quelle peinture ! N'y voit-on pas ce
gentilhomme toujours aviné, violent jusqu'à la folie, suspen-
dant à toute heure une mort sans cause sur la tête de sa mal-

heureuse compagne? Mais bientôt la puissance oratoire ira si
loin, qu'à plus de deux siècles d'intervalle elle aura conservé
son principal effet, et il ne sera plus possible, je ne dis pas d'entendre, mais de lire sans émotion. Le 15 août 1629, le jour
de la Notre-Dame, c'était la fête du village de Fontaine, dont
le sieur de Mailly était seigneur; il avait prié à dîner son beau-
père et sa belle-mère, et un grand nombre de gentilshommes
et de dames. Après le dîner, il quitta la compagnie et s'en alla
au cabaret, d'où il revint si furieux, qu'en présence de plusieurs
personnes de condition il donna un coup de pied dans le ventre
de sa femme, qui était grosse de plus de six mois. A ce sujet,
Lemaistre indigné s'écrie :

« Les vivants peuvent-ils éviter sa fureur, puisqu'elle le
pousse jusqu'à faire périr ceux qui ne sont pas encore nés? Sa
femme peut-elle être en sûreté, étant exposée à ses outrages,
puisque son enfant n'y était pas, étant enfermé dans les entrailles de sa mère, puisque peut-être la première chose qu'il a
sentie a été la cruauté de son père? Un déclamateur, accusant
une femme d'avoir commis adultère étant grosse, lui dit élégamment que, si elle n'était chaste pour son mari, elle le devait être pour son fruit. Ne pouvons-nous pas dire de même à
l'intimé : Si vous n'êtes pas doux à votre femme, soyez-le au
moins à votre enfant. Si vous êtes le plus inhumain de tous les
maris, ne soyez pas le plus barbare de tous les pères! Contentez-vous d'un seul crime. Si vous voulez tuer l'appelante, ne
lui ôtez pas la vie lorsqu'elle est en état de la donner à un autre! Ne perdez pas en un même temps celle qui est votre chair
et celui qui est votre image! Ne commettez pas deux parricides
en une seule personne! »

On se croit arrivé aux derniers et aux plus grands effets
oratoires que, dans une cause de cette nature, un avocat puisse
calculer et produire. Cependant le talent de Lemaistre, sou-

tenu par l'intérêt éminemment dramatique des faits, ménage de nouveaux étonnements et de nouvelles émotions à ceux qui l'écoutent : c'est l'art de la gradation, appliqué avec un rare bonheur, et fournissant un rare et beau modèle. Le sieur de Mailly s'est pris de querelle en sortant d'une orgie, et il a reçu un coup d'épée; sa femme, oubliant ses injures, amassant sa piété, l'a soigné comme s'il eût été bon; à peine est-il guéri, qu'elle accouche, le 1er janvier 1630.

« Il la vint voir le second, dit Lemaistre, il lui frappa la tête contre le dossier de son lit; il revint le lendemain, il lui ôte sa couverture, il jette ses draps dans sa chambre, il la réduit à sa chemise, il l'outrage devant tout le monde. Représentez-vous, s'il vous plaît, messieurs, l'état déplorable d'une femme qui sent encore les douleurs de l'accouchement, qui languit dans une extrême faiblesse, et qui se voit tourmentée par son mari, elle qui, en cet état, ferait compassion à ses plus grands ennemis; qui se voit en un moment exposée presque toute nue aux yeux de plusieurs personnes. Cette injure est-elle médiocre à une femme de vertu et de condition? »

Un dernier trait, et j'aurai résumé dans toute son horreur ce drame judiciaire qui a dû agiter les contemporains, et dont il ne reste aujourd'hui qu'un modèle d'éloquence; le portrait du sieur de Mailly sera achevé, la cause sera plaidée, et de ce gentilhomme abject, si complétement dépeint et flétri par Lemaistre, il ne restera plus qu'un monstre !

« Son père, messieurs, étant à l'article de la mort, il entre dans sa chambre, chasse les Capucins qui l'assistaient, et, lui ouvrant la bouche de force, à lui, messieurs, à qui la mort avait déjà serré les dents, il lui voulait faire boire du vin, et, n'en pouvant venir à bout, il usa contre lui de toutes les imprécations imaginables!... Mais peut-être que le sieur de Mailly ne laissa pas d'être affligé lorsque son père fut mort? Vous le jugerez, messieurs, par ses actions! L'ayant laissé expirant, comme je vous l'ai représenté, il retourna au cabaret, où il demeura le reste du jour. Ce fut en ce lieu qu'on lui vint dire qu'il était mort. A peine eut-il appris cette nouvelle, qu'il demande aussitôt du vin et boit à l'instant à sa santé et continue toujours de même, jusqu'à ce que ma partie l'envoya querir pour se trouver à l'enterrement. Il vint, mais avec le visage et la contenance d'un homme fort affligé, car à peine pouvait-il se soutenir, tant la douleur l'avait rendu faible; et, quoiqu'il n'eût point de dessein de paraître triste, il ne put toutefois faire en sorte que ses yeux parussent secs : ils étaient rouges et étincelants de pleurs; son corps était agité d'un tremblement perpétuel, et la tristesse qu'il avait bue le saisit enfin de telle force, qu'au milieu de la cérémonie il fallut que quatre personnes le reportassent chez lui. De sorte qu'en une même heure on vit deux convois et comme deux enterrements : l'un du père et l'autre du fils, l'un d'un mort et l'autre d'une personne vivante. On les porte tous deux également : le corps de celui-là est dans une bière, l'âme de celui-ci est dans son corps comme en un cercueil; on conduit celui-là au tombeau, celui-ci fait qu'il est lui-même le tombeau de sa raison; en celui-là, il n'y a que la partie mortelle qui soit morte, en celui-ci l'immortelle est ensevelie; celui-là n'a point de sentiment parce qu'il n'a plus d'âme, celui-ci a encore la sienne, et néanmoins il est insensible; celui-là est regretté de tout le monde, celui-ci est moqué de tous les hommes. Y a-t-il un plus misérable spectacle à des yeux de chrétien? dit saint Basile. »

Le peintre qui restaure un vieux tableau y trouve, dit-on, des beautés absentes et se passionne pour des détails inaperçus; il est possible que j'en fasse autant et que je mette un peu d'amour dans mon admiration. Il me semble pourtant que le fond de cette éloquence est riche et que la forme en est belle, même aujourd'hui. Qu'on y joigne la noblesse du geste, l'éclat de la voix, l'intérêt du moment, l'audience sénatoriale de la Grand'Chambre, l'expressive figure de Lemaistre, peinte par Philippe de Champaigne, on aura une idée de cette grande cause et de ce grand succès oratoire.

Comme presque toujours la péroraison est simple et belle.

« Tirez ma cliente, s'écrie-t-il, d'une demeure qui la rend toujours triste, toujours pâle, toujours tremblante... Finissez, messieurs, tous les tourments, toutes les indignités, tous les opprobres de ma partie par une séparation qui sèche la source de tous ses maux. Otez-lui le sujet de ses continuelles douleurs. Essuyez une partie de ses larmes en la mettant en un lieu de sûreté où elle puisse au moins pleurer sans péril l'extrême infortune de son mariage, et mourir plutôt d'une lente affliction que périr en un moment par une mort violente et précipitée! »

Ce procès fut complétement gagné; M. l'avocat général Omer Talon, celui qui osa faire et prononcer devant Louis XIV cette phrase prétentieuse mais libre : *Les oreilles des rois sont à leurs genoux*, déclare que les faits allégués par Lemaistre étaient vérifiés par les informations qu'il avait vues, et il conclut à la séparation, qui fut ordonnée au mois de juin 1633. Pendant la durée de cette lutte judiciaire, la Cour avait confié la dame de Mailly à la duchesse de Longueville, sans doute la première femme de ce duc de Longueville, le plus grand seigneur de France après les princes du sang, celui qui eut l'imprudence, d'ailleurs si commune, d'épouser à quarante-sept ans la ravissante mademoiselle de Bourbon, laquelle fait encore aujourd'hui des conquêtes. Lemaistre est amené à parler de cette princesse dans un des incidents de ce grand procès, il la défend contre les injures de ses adversaires; il la montre retirant chez elle sa cliente, embrassant sa protection, donnant des louanges à sa vertu et des plaintes à sa misère. Puis il ajoute :

« Si les éminentes qualités de madame de Longueville, que toute la France respecte comme un rare exemple de vertu, n'étaient aussi inaccessibles aux outrages de la calomnie que la lumière du soleil l'est aux vapeurs de la terre, l'appelante repousserait avec plus de force et de paroles une imposture si noire; mais elle se contente de dire qu'on ne persuadera jamais que la pureté se puisse corrompre dans une maison où la corruption même se purifierait, et que la Cour croira toujours que l'honneur de demeurer avec une personne que sa naissance et sa vertu rendent également illustre est la marque la plus honorable et le témoignage le plus glorieux qu'une dame puisse souhaiter de son innocence et de sa sagesse. »

Peut-être eût-il été difficile de parler ainsi de cette femme belle, noble et touchante dans ses égarements, et dont le cœur alla donner contre l'égoïsme théorique et pratique du duc de la Rochefoucauld; mais il ne s'agissait pas d'elle; l'avocat parlait d'une des princesses de cette famille qui fonda le couvent des Carmélites, cet asile des cœurs brisés, des amours éteints, de toutes ces ravissantes épouses que la vocation ou la douleur donne au Dieu qui aime et pardonne toujours!

Lemaistre avait dû demander pour sa cliente la garde de sa fille, que le père voulait retenir, et il le fit dans le plus pathétique langage.

« C'est, messieurs, une mère qui vous demande sa fille; c'est la plus tendre et la plus violente de toutes les affections qui parle par sa bouche. S'il faut qu'elle n'ait point sa fille, étant séparée d'avec son mari, elle aime mieux s'exposer encore aux tourments qu'elle a soufferts.

« *Stat casus renovare omnes, omnemque reverti,*
« *Per Trojam, et rursus caput objectare periclis.* »   (Virg.)

« La conservation de son enfant lui est plus chère que la

sienne propre; et les douleurs étant bornées et les appréhensions infinies... la crainte qu'elle aurait pour sa fille la rendrait encore plus misérable que les maux qu'elle souffrirait en la compagnie de son mari. Si elle ne peut éviter sa fureur, au moins elle empêchera par ses soins que sa fille n'en soit la victime. Elle défendra son sang au péril de son sang et de sa vie, et votre arrêt lui fera courir une même fortune que sa fille ou les mettra toutes deux en sûreté.

> « *Unum et commune periclum,*
> « *Una salus ambabus erit.* »

Il n'est peut-être pas inutile de connaître les anciens pour faire ainsi parler les mères, et je plaindrais ceux qui n'admireraient pas dans ces paroles un reflet d'Euripide et un souvenir d'Andromaque, longtemps avant Racine!

CHAPITRE IV

L'éloquence dans Athènes. — *Verbum caro factum est*. Démosthènes de Peania.
— La populace. — Denys d'Halicarnasse lisant un discours de Démosthènes.
— L'opinion de l'abbé Maury sur les avocats. — L'éloquence politique et
l'éloquence judiciaire. — Les écrivains. — .M. Cuvillier-Fleury. — Pélisson,
le premier avocat du barreau français. — Lemaistre plaide contre le roi et
les religieuses Hospitalières pour les héritiers du baron de Lustrac. — L'égalité devant la justice. — La justice aux prises avec la charité. — Les hôpitaux.
— L'éloquence de Lemaistre concilie les plaideurs.

Au temps du paganisme, l'Éloquence avait sa place parmi
les dieux avec la Poésie, entre la Sagesse et l'Amour; elle était
la messagère des divins commandements, le souffle inspirateur
des grandes actions, le mobile des âges héroïques, l'âme des
peuples-rois! Dans la quatrième année de la quatre-vingt-dix-
huitième olympiade, elle se fit homme (*et verbum-caro factum
est*) dans la personne de Démosthènes de Peania, et, comme
alors il n'y avait pas très-loin du ciel à la terre, elle ne perdit
rien à cette incarnation. Elle a, en effet, sur ce nouveau visage,
gardé les traits de l'Immortalité, et la domination qu'elle va
exercer par cette bouche aura une grandeur surhumaine. Athènes, dans les excès de sa démocratie, est devenue la ville des
légèretés, de l'indiscipline et de l'ingratitude. Elle a perdu ces
mâles et guerrières vertus qui étaient jadis ses plus solides rem-

parts, et qui suffisaient à repousser le flot sans cesse renouvelé
des barbares d'Asie. L'autorité n'est plus dans ces régions élevées qui sont sa demeure naturelle, où Dieu l'inspire et la consacre, et d'où elle apporte aux peuples la foi, la santé et la force;
elle s'est répandue et divisée sur la place publique, au sein de
cette populace, qui n'avait pas changé au temps de Cicéron, et
qu'il appelait « cette sangsue du trésor public, affamée de discours, misérable et toujours à jeun[1]. » C'est cette démocratie
énervée, sans frein, soupçonneuse, jalouse, ingrate et vaine,
que Démosthènes ranime et fait vivre à coups d'éloquence. Le
Barreau est loin de cette parole qui gouverne, non pas une assemblée d'hommes, mais un peuple, qui décide la paix et la
guerre, crée des alliances, réunit des légions, dicte des impôts,
soulève et apaise à son gré les passions populaires et combat à
elle seule le roi de Macédoine[2]. J'avais raison, et les contemporains l'affirment, cette éloquence tenait des dieux. « Lorsque
je prends un discours de cet orateur, dit Denys d'Halicarnasse,
je suis, il me semble, possédé d'un dieu; je cours çà et là, emporté par des passions opposées, la défiance, l'espoir, la crainte,
lé dédain, la haine, la colère, l'envie; je reçois toutes les émotions qui peuvent maîtriser le cœur de l'homme, et je ressemble
aux Corybantes, aux prêtres de la grande déesse célébrant les
mystères, soit que la vapeur ou le bruit ou le dieu agite leur
âme et la remplisse de mille images diverses. »

C'est aux pieds de cette statue, à une assez longue distance et
dans l'attitude de l'admiration, qu'il faut placer l'éloquence
judiciaire. Un homme qui a été quelquefois éloquent à force de
courage, que son audace et sa sincérité plutôt que son talent
ont fait le rival de Mirabeau, l'abbé Maury, disait qu'il avait

---

[1] *Lettres à Atticus*, liv. Iᵉʳ, lettre xvi.
[2] Voir le décret du peuple athénien pour honorer la mémoire de Démosthènes.

suivi le Palais et qu'il y avait entendu quelques avocats assez éloquents, mais un bien plus grand nombre de ces rhéteurs diserts
que Cicéron appelait *non oratores, sed operarios linguâ celeri
et exercitatâ*, non des orateurs, mais des ouvriers exercés à une
grande volubilité de langue[1]. C'est tout simple; le Barreau n'est
ni l'Agora ni le Forum; il n'a pas leurs vastes horizons, non
plus leur auditoire, cette foule impatiente et tumultueuse d'où
les passions s'échappent et montent à l'orateur pour redescen-
dre sur elle en ardeurs et en flammes! Il est de la famille, mais
son foyer est plus étroit, ses habitudes diffèrent; il n'emploie
pas aussi souvent l'imagination qui crée et les grandes pensées
qui agitent : il n'en a pas moins ses richesses, son histoire et
ses orateurs. Un écrivain d'un vif talent, suivant en cela la tradition de la république des lettres, le rabaissait naguère d'un
mot spirituel, mais injuste[2]; il disait : « Il y a cette différence
fondamentale entre l'orateur politique et l'avocat, que c'est la
passion qui fait l'orateur politique, et que c'est l'avocat qui fait
sa passion. » Non, l'avocat éloquent ne fait pas sa passion, il la
prend dans sa cause, à sa source naturelle, au cœur de son
client; l'orateur politique, il est vrai, n'a pas besoin de l'aller
chercher, il la trouve en lui-même. Est-ce à dire qu'elle soit
toujours meilleure? Au lieu d'être empruntée à l'intérêt
qu'inspire un droit méconnu, la vie d'un homme injustement
accusé, la liberté d'un autre, elle l'est à des sentiments person-
nels, l'orgueil, le goût du pouvoir, l'amour de la popularité,
enfin à tout ce qui nous fait mouvoir dans la politique et ailleurs.

Il faut donc retrancher cette pensée sans méconnaître la supériorité de la Tribune sur le Barreau; peut-être même, en

---

[1] *Essais sur l'éloquence*, p. 88. La traduction est aussi de l'abbé Maury.
[2] M. Cuvillier-Fleury, *Études historiques et littéraires*, p. 294.

cherchant attentivement, avec une légère partialité, trouve-
rait-on dans l'éloquence judiciaire des mérites secondaires et
des beautés de détail qui manquent quelquefois à sa grande
sœur. La politique, comme la chaire, fournit à l'éloquence une
riche et noble matière; mais il n'y a pas, au point de vue du
langage au moins, une grande variété dans ces sujets; voyez
Bossuet, il est toujours sublime comme la matière qu'il trans-
forme en immortels discours; mais n'y a-t-il pas, je le demande
humblement, une inévitable et magnifique monotonie dans ce
grand style, toujours solennel, inspiré et debout? Mirabeau,
dans les deux années qui ont fait sa gloire, du mois de mai
1789 au 22 mars 1791[1], n'a-t-il pas toujours parlé la même
langue? Son sujet dans ses variétés était toujours le même; il
parlait aux mêmes passions, des mêmes choses, et son style n'a-
vait pas besoin de souplesse : il se contentait d'emportement et
d'éclat. Dieu me garde de faire cette remarque pour diminuer
en rien ces génies merveilleux! je le fais pour qu'on reconnaisse
à l'éloquence du Barreau, loin de ces grandeurs et de ces pompes, les difficultés qui la distinguent et les beautés qui doivent
la faire remarquer; elle est condamnée à la variété, et, sans assurer qu'elle y trouve toujours le moyen d'éviter l'ennui, j'af-
firme qu'elle y rencontre un obstacle et un aliment.

Les procès n'ont, en général, qu'un intérêt privé; ils n'en
ont jamais d'autre pour les avocats, mais ils sont infinis, et, si
on les plaidait tous avec le même style, on aurait l'air d'un
homme qui n'a qu'un vêtement pour toutes les circonstances
de sa vie; le talent et la difficulté consistent à donner à chaque
affaire sa physionomie et son langage, à passer, par conséquent,
des plus graves accents aux plus doux, de l'argumentation savante et nue à la phrase ornée et piquante, du récit à l'émotion,

[1] Date de sa réplique à Barnave, sur la Régence : il est mort le 3 avril.

de la Grand'Chambre au mur mitoyen, des grandes causes aux
petites, du criminel au civil. Il y a là un obstacle qui pourrait
embarrasser plus d'un orateur politique, et qui, vaincu, donne
à la parole, à défaut de grandeur soutenue, de la variété, de la
souplesse, des couleurs diverses, des tons différents, ce qui
charme et persuade, sinon ce qui frappe et domine. Sous ce
rapport, l'avocat se rapproche de l'écrivain, sans jamais se confondre avec lui, et il peut, plus souvent qu'on ne pense, supporter ce rapprochement et cette comparaison. L'abbé Maury,
que je viens de citer, déclare, du haut de sa rhétorique, « que
les gens de lettres ont une supériorité marquée sur les avocats,
toutes les fois qu'ils partagent leurs fonctions. » Pour justifier
cette opinion, il a l'imprudence d'ajouter : « Ce n'est, en effet,
ni Lemaistre, ni Patru, qui occupent le premier rang au Barreau français. Cet honneur est réservé à Pélisson, qui sut mériter une gloire immortelle en composant des mémoires pour
le surintendant Fouquet. » Ce jugement et l'exemple qui l'accompagne n'ont aucune autorité et sont d'un homme qui n'a
pas réfléchi. Les gens de lettres n'ont jamais su être avocats, et
il s'est trouvé des avocats qui ont été, en parlant, des écrivains.
Pélisson, qui, si on en croyait son louangeur téméraire, devrait
avoir la palme et surpasser Lemaistre, n'aurait jamais, s'il eût
été avocat et connu les secrets de l'art qui les forme, prononcé
sous le feu de l'audience cette phrase dont la grandeur de
Louis XIV ne justifie pas le ridicule : « Vouloir, dit-il écrivant
pour Fouquet, qu'un roi, un grand roi, un roi tel que Votre
Majesté, prenne ombrage d'un de ses ministres, c'est mal concevoir sa force et sa grandeur, c'est juger trop négligemment
et trop bassement d'une si haute puissance. J'aimerais autant
que le maître d'un grand et ample héritage se mît en peine
du travail, de l'empressement, de l'union, de la diligence, des
amas et des retraites de quelques *misérables fourmis*, comme

s'il ne pouvait pas *les écraser du pied quand il lui plaît ou les
disperser en moins de rien du souffle de sa bouche.* »

Pour être éloquente, une flatterie a besoin de la dignité de
celui qui l'adresse, autrement elle perd toute noblesse et tombe
dans l'avilissement. Lemaistre ne l'a jamais oublié. Plus d'une
fois en parlant il a prouvé qu'il savait écrire, et son style a une
ampleur oratoire qui vient en ligne directe des grands modèles;
la variété de son talent suit la variété des causes qu'il a plaidées, et il a été éloquent sur tant de sujets, que, tout bien pesé
et tout compte fait, il n'est pas très-sûr que son éloquence soit
beaucoup au-dessous de la chaire et de la tribune. Je l'ai montré déployant pour madame de Mailly toutes les richesses de
son imagination, après qu'il avait accablé Pasténa de sarcas-
mes choisis; le voici maintenant qui plaide contre le roi et les
religieuses Hospitalières. Un sieur le Mairat, baron de Lustrac,
avait deux filles naturelles qui avaient témoigné le dessein d'être
religieuses; son héritier légitime était M. Louis de l'Espinette
le Mairat, son frère utérin. Le baron de Lustrac avait, par son
testament du 14 mai 1624, légué deux mille cinq cents livres
à chacune de ses deux filles, pour le cas où elles seraient religieuses. Elles entrèrent au monastère des Hospitalières; mais
l'une d'elles mourut avant d'avoir fait profession. La communauté pensa que la somme qui lui avait été léguée par son
père lui était acquise, et que, laissée dans sa succession, cette
somme revenait au roi par droit de bâtardise. La communauté
l'obtint ensuite de la libéralité du roi; mais alors M. de l'Espinette le Mairat soutint que, la légataire n'ayant pas été religieuse, elle n'avait jamais eu droit au legs; que, la valeur de ce
legs n'étant pas dans sa succession, le roi n'avait pas pu l'y
prendre, ni conséquemment la donner aux Hospitalières. Lemaistre a senti les difficultés de cette cause, dont l'intérêt pécuniaire est d'ailleurs fort médiocre; il les surmonte avec un

rare bonheur. Il a le roi pour adversaire, il s'en inquiète oratoirement; mais, comme il a le sentiment, alors bien prématuré, de l'égalité devant la justice, il l'invoque noblement et courbe sous ce niveau la royauté, que Richelieu vient de faire si dominatrice et si grande. « ... Le prince et les sujets, dit-il, plaident devant le même tribunal de justice... Nos rois ont été si modérés dans l'usage de leur puissance que de recevoir pour juges dans les affaires civiles ceux mêmes qu'ils avaient donnés à leurs peuples... Le roi, qui ne veut que ce qui est juste, n'emploie que des raisons dans les affaires civiles, et, n'en trouvant point, n'a pas recours à sa puissance et n'allègue pas pour toute raison qu'il est roi. »

Pouvait-on si librement et si bien penser, et pouvait-on mieux dire? N'est-ce pas l'idée très-adoucie de saint Augustin écrivant : *Regna à justitiâ remota quid sunt, nisi magna latrocinia?* Aujourd'hui que nous avons rêvé et voulu, sans les mériter et sans les obtenir, toutes les émancipations, cette doctrine nous paraît naturelle, et nous avons peine à croire qu'elle ait exigé le moindre effort de conscience pour naître, le moindre calcul de langage pour se produire ; mais alors c'était une nouveauté hardie, et il faut admirer également le sentiment qui la suggère et la forme contenue et respectueuse qui lui livre passage. Si rien n'est plus commun que la témérité des idées dans une société sans principes, à une époque de foi, au contraire, et dans le grand siècle de l'obéissance, rien n'était plus rare. Ce temps avait encore sur nous un singulier avantage : nous parlons de l'égalité comme des envieux, et dans un style agité et déclamatoire ; alors on en parlait avec dignité, non pour abaisser la puissance, mais pour la modérer ; il y avait, dans le langage comme dans les mœurs, dans les cérémonies et dans les costumes, une heureuse solennité qui obligeait toutes les hardiesses de la pensée à l'étiquette et au respect.

Lemaistre s'est toujours conformé à cette règle bienfaisante du temps qui l'écouta ; il a, sans passer la mesure, remué ses auditeurs, et, si sa parole a des habitudes d'obéissance, elle en exerce peut-être plus d'empire et plus d'autorité.

Quand il a de la sorte placé la loi au-dessus du roi, Lemaistre discute librement et en jurisconsulte la thèse qui doit faire triompher son client ; il soutient que la demoiselle le Mairat n'était légataire de son père que si elle devenait religieuse, et que, comme elle est morte sans l'avoir été, la condition du legs ne s'est pas accomplie. Puis, il sent bien qu'il a, dans ces sœurs hospitalières, un redoutable adversaire pour qui combat la charité à défaut de la loi ; il conjure éloquemment ce danger, et parvient à force d'art, de belles pensées et de touchantes paroles, à vaincre la charité même, dirigée contre lui ; il parle des Hospitalières : « Elles ne doivent point, dit-il, prendre autant de peines à faire voir que la cause d'un hôpital est très-favorable, et que ce don ne doit pas être considéré comme fait seulement à elles en particulier, mais comme fait aussi à toutes les pauvres femmes qu'elles nourrissent, aux filles qu'elles retirent, aux malades qu'elles assistent et aux affligés qu'elles consolent.

« Je sais que les hôpitaux sont des asiles ouverts à l'infirmité humaine contre la rigueur des saisons, contre les défauts de la nature, contre la longueur des maladies, contre les misères de la pauvreté ; que les princes et les rois devraient chercher l'immortalité de leur mémoire dans l'établissement de ces maisons saintes plutôt qu'en des bâtiments superbes, aussi inutiles au public qu'à leur réputation particulière ; que leurs sujets ne sauraient consacrer les biens que Dieu leur donne à un usage plus excellent et plus noble qu'au soulagement des misérables, et qu'il se peut dire qu'en ceci c'est être ménager que d'être prodigue.

« Mais il n'est pas question maintenant de faire un éloge des
hôpitaux et de la charité, dont le mérite est généralement reconnu de tout le monde. Cela pourrait être à propos, s'il fallait seulement justifier, en la personne des appelantes, la gra-
tification qu'elles ont reçue du roi ; mais il s'agit de la justifier
en la sienne. Il s'agit de montrer qu'il a droit de prétendre
cette somme de deux mille cinq cents livres. Qu'elles fassent
voir que sa cause est bonne, et on ne doutera pas, après cela,
que la leur ne soit favorable. Qu'elles fassent voir que cette
somme, que le frère de l'intimé a léguée, *afin que cette fille
soit religieuse*, ainsi que le porte le testament, ait appartenu
à cette fille, quoiqu'elle soit morte avant que de l'être, avant
que de faire profession, et elles l'emporteront sans doute.

« Mais, puisque la prétention du roi, qui est la seule qu'elles
puissent avoir, n'ayant que son droit, est sans fondement, sans
prétexte, sans couleur, elles auront plus de sujet de craindre
que leur cause ne soit odieuse que d'espérer de la rendre favorable par cette seule qualité de religieuses hospitalières.

« Car n'est-il pas étrange de dire, comme on vous l'a dit,
messieurs, qu'à cause que ma partie a hérité de son frère, et
que les appelantes sont plus pauvres qu'il ne serait à désirer
pour le bien public, il faut leur adjuger cette somme, quoiqu'elle ne leur appartienne en aucune sorte? Les richesses sont-
elles une cause légitime de perdre son bien, et la pauvreté un
titre valable pour acquérir celui d'autrui?... »

Il insiste en terminant, et continue à mettre la justice aux
prises avec la charité; sans lui, la lutte serait inégale et la charité victorieuse; elle a, dans cette cause, la douce et séduisante
image de ces filles qui ne sont qu'à Dieu et qui le servent, en
aidant les pauvres et soignant les malades. Peut-elle avoir tort
et demander ce qui ne lui est pas dû? Personne d'abord ne le
croira, et chacun, suivant son premier mouvement, se rangera

de son côté. J'ai vu tout récemment des magistrats secourir une infortune en consacrant un droit incertain, et pencher, presque malgré eux, vers l'aumône et vers la pitié en s'éloignant de la justice. Il est toujours dangereux pour le droit, quand les juges sont des hommes, d'avoir à lutter contre les invincibles mouvements de la conscience et les excusables entraînements du cœur. Lemaistre le sait bien, et, contre le séduisant ennemi que sa cause lui donne, il redouble d'efforts, fait une statue de la justice pour qu'elle ne soit pas vaincue, et, intéressant ensuite pour elle la conscience même des saintes filles qu'il combat, il leur interdit d'enrichir leur pauvreté au mépris des droits de son client :

« Le souffrirez-vous, messieurs ? sera-t-il dit que des personnes puissent usurper le bien d'autrui parce qu'elles ont renoncé au leur ? que tous leurs intérêts soient légitimes parce qu'elles ont fait vœu de pauvreté ? et qu'elles ne puissent perdre leur cause, quoique insoutenable, parce qu'elles prennent dans le ciel des armes pour soutenir une injustice sur la terre, parce qu'elles se servent de la faveur des choses saintes pour s'emparer des choses profanes ?

« Nous parlons devant des juges qui sont ministres de la justice publique, et non pas de la charité particulière, qui conservent également le droit aux riches et aux pauvres, aux grands et aux petits, et qui appelleraient tyrannie l'injustice d'obliger un homme sans sujet à être charitable par force.

« Il faut qu'on ne voie dans les maisons saintes que des dons d'une piété toute volontaire. Il n'est pas juste d'opprimer ceux qui ont du bien, sous prétexte de vouloir soulager les pauvres, et d'offenser Dieu dans sa justice, sous ombre de la secourir en ses membres. »

Quel ciment autour de la justice ! Comme il la rend invincible en lui donnant sa majesté de souveraine ! Quel juge, ayant

7

entendu ainsi parler, pourrait encore écouter les molles passions de son cœur et s'égarer dans l'équité? Je l'ai dit, la justice, dans ces mots, devient une statue éclatante et visible qui
tient la charité à ses pieds.

Avant de finir, et une fois qu'il a assuré le succès de son
droit, Lemaistre se tourne vers ses adversaires, et, louangeur
ingénieux et profond, il leur fait honneur d'avoir combattu;
mais ensuite il les amène, en louant leurs vertus, à abandonner leurs armes et à cesser la lutte.

« L'on ne peut pas trouver mauvais, dit-il, que les appelantes souhaitent que leur hôpital devienne riche. On a sujet
de croire que ce n'est pas l'amour des richesses qui les touche;
et l'on sait qu'elles ne seraient pas hors du monde si elles ne
les avaient point méprisées; mais que c'est que l'hospitalité
n'est pas une vertu purement spirituelle; qu'elle a bien le ciel
pour objet et une fin toute divine, mais qu'elle ne saurait agir
que par des moyens humains, et que ce serait entreprendre
d'unir deux choses qui semblent contraires que de vouloir être
charitable et ne vouloir pas être riche...

« Mais, néanmoins, elles doivent prendre garde de n'embrasser pas toutes sortes d'occasions, et principalement celles
qui blessent l'équité publique, de ne suivre pas des conseils
indignes de leur vertu, et de ne chercher pas l'établissement de
leur maison dans le violement des lois et dans les ruines de la
justice.

« Elles doivent considérer que le Sauveur du monde leur a
dit, aussi bien qu'à tout le reste des chrétiens : *Gardez-vous de
toute avarice;* que Dieu leur a dit, aussi bien qu'à tout le reste
des hommes : *Poursuivez justement ce qui est juste;* et que
saint Paul leur a prescrit, aussi bien qu'à tout le reste des fidèles, *de ne point faire de mal, afin qu'il en arrive du bien.* »

Les *bonnes religieuses* entendirent la voix de la justice et écoutèrent le conseil donné par Lemaistre au nom de la religion : elles renoncèrent à leurs prétentions. Lemaistre devint leur avocat, et il eut, en plaidant pour elles un peu plus tard, le bonheur qu'il avait eu contre elles : il força leurs adversaires à s'avouer vaincus avant que les juges eussent prononcé. Des succès de ce genre sont rares au Palais ; c'est le lieu du monde où on s'accorde le moins, et s'il arrive aux avocats d'y convaincre les juges, ils ne persuadent guère les plaideurs. Il en est d'un procès comme d'un défaut : on ne le voit pas bien quand on l'a soi-même.

CHAPITRE V

Une partie de l'histoire, et ce n'est pas la moins curieuse, se
fait, se parle et s'écrit à l'audience : la société s'y montre avec
toutes les passions qui l'agitent; on y voit sa force et sa faiblesse,
sa grandeur et sa décadence, ses richesses et sa pauvreté, ses
joies, ses larmes, ses préférences, son passé, son présent et
même son avenir! Ailleurs, dans les rapports du monde, tout
s'adoucit et s'efface, le vice et la vertu; là, au contraire, les
masques sont levés, les visages à nu, et les portraits se font
d'après nature; c'est comme un grand atelier d'observation, de
science et d'anatomie morale où les sujets abondent et varient
sans cesse; si on veut y étudier le cœur humain, on est placé
pour voir et pour apprendre, comme le médecin qui soigne
les plaies les plus différentes et les souffrances les plus diverses
dans ces asiles que leur ouvre la charité publique; en y recueil-

lant ses impressions et ses souvenirs, on écrirait, presque sans
erreurs, la vie morale de son temps; l'histoire n'est pas toute à
la guerre, ni dans le cabinet des princes; elle est aussi dans
les querelles privées et dans les luttes judiciaires; c'est surtout
au Palais qu'on peut chercher et prendre *les caractères de son
siècle !*

L'homme y paraît sous tous ses aspects, il y est tour à tqur
fils, époux, père, agresseur ou victime, oppresseur ou opprimé,
propriétaire ou voleur, grand ou petit, riche ou pauvre, indus-
triel ou poëte, bon ou méchant, serviteur ou maître, charitable
ou mendiant, meurtrier ou sauveur; c'est un pêle-mêle universel de mœurs, de passions, de combats, de violences; les
vices se rencontrent avec les vertus, la justice avec l'iniquité,
le droit avec la force, toutes les misères avec toutes les richesses. Les romanciers de nos jours ont pris la peine d'aller
chercher bien loin et souvent bien bas ce qu'ils ont appelé les
types de la comédie humaine; ils auraient trouvé au Palais le
fond de toutes leurs toiles, et la vérité prise à pleines mains les
eût dispensés de la fiction.

Sans doute l'histoire d'Athènes, celle que le vulgaire connaît,
est plutôt dans les discours politiques de Démosthènes que
dans ses plaidoyers civils. Cependant, quand, au nom d'un
vieillard outragé et frappé jusqu'au sang sur l'Agora du Céra-
mique, devant le temple des filles de Léos, il attaque et poursuit le débauché Conon devant le tribunal des Quarante, il fait
une peinture animée et vivante de cette société athénienne qui
n'a jamais eu, même au temps de sa gloire, le sentiment et le
respect de la dignité humaine [1]. On peut prendre dans ce tableau plus d'un trait pour l'histoire, et y trouver, ce qu'avant
tout il faut chercher dans la vie des peuples, le secret de leur
grandeur et de leur chute.

[1] Plainte contre Conon.

L'inimitié qui trois ans plus tard éclata dans une scène de
violences nocturnes, sur la grande place d'Athènes, a pris naissance à Panacte, dans une vie de garnison. Les fils de Conon y
donnent ou plutôt y sont l'image de ces soldats efféminés, sans
discipline et sans mœurs, et presque sans courage, qui ne résistent pas à Philippe; ils sont ivres à l'heure où les honnêtes
gens se mettent à table; ils insultent et battent les esclaves et
les cuisiniers d'Ariston; on les signale au stratége, ils conti-
nuent; on les réprimande, ils redoublent leurs injures; on va
chercher les Taxiarques, ils ont peine à les contenir. De retour
à Athènes, tout près de Sparte, Ariston déjà vieux est attiré
dans un guet-apens par Ctésias, fils de Conon. Il se promenait
avec un de ses amis, vieillard comme lui, comme lui sans défense. Chez le foulon Pamphile buvaient ensemble Conon, un
certain Théotime, Archébiade, Sprintharos, fils d'Eubule, Théo-
gène, fils d'Andromène, et plusieurs autres, tous jeunes et débauchés. Ctésias leur fait signe. Ils se jettent sur Ariston, le
foulent aux pieds et l'accablent d'outrages et de coups. On le
relève mourant. Conon chante en contrefaisant les coqs victorieux, et ses complices, que le sang de leur victime n'empêche
pas de rire, lui crient plaisamment : « Bats-toi les flancs avec
les coudes en guise d'ailes. »

Ceux qui ne voient l'histoire que dans les victoires et conquêtes, dans la vie des princes, dans les révoltes des sujets, dé-
daigneront cette peinture; mais ceux qui sauront trouver dans
ces détails les signes visibles de la dégradation de la ville de
Minerve ne les mépriseront pas.

En se défendant, Conon va peindre à son tour (on croirait
qu'il a la plume de Juvénal) la jeunesse luxurieuse et dépravée
d'Athènes. Il attribue au hasard la rencontre de ses fils et d'A-
riston, leur querelle à une ivresse commune et à des rivalités
d'amours mercenaires.

« Il y a, dit-il, dans notre ville, beaucoup de fils de bonnes
familles, folâtre jeunesse, qui se donnent les sobriquets de
Phallus et de *Parasite*; quelques-uns ont des maîtresses; mon
fils est de ce nombre. Souvent, pour des courtisanes, il a été
battant ou battu. Les jeunes gens sont ainsi faits; mais, chez
Ariston et ses frères, l'ivresse est morose, la pétulance farouche. »

Que pouvait être l'autorité des pères qui parlaient ainsi?
Que pouvaient valoir des hommes qui étalaient leurs débauches
devant la justice et se donnaient gaiement des noms de déshonneur? La force et la prospérité des États ne dépendent pas seulement de la protection divine : elles tiennent à la conduite des
citoyens, à la vigueur des âmes, à la dignité des consciences, au
respect des lois. Quand l'homme s'affaiblit et se dégrade, la
patrie devient languissante et malade. Nulle part peut-être, en
y comprenant même les comédies grecques, la dépravation individuelle des Athéniens n'est mieux et plus éloquemment in-
diquée et décrite que dans ce plaidoyer. On y voit mépriser le
serment si longtemps respecté dans Rome vertueuse, et faire du
parjure un métier lucratif et joyeux. Conon fait mentir ses amis
les débauchés et ses amis les hypocrites, que Juvenal aussi devait peindre [1]. Ils ont, le jour, une figure austère, un manteau
rapé, des sandales, des airs de Spartiate; la nuit, dans leurs
conciliabules, on trouve toutes les turpitudes et tous les vices;
ils conviennent de se parjurer et forment la société des *Tri-
balles* [2].

Cicéron, plaidant pour Cluentius, donnait aussi, lui, à l'histoire les plus riches et les plus précieux matériaux. Il résumait
les causes, non pas de la grandeur, mais de la décadence des
Romains. Il montrait dans une petite ville des bords de l'A-

---

[1] Satire deuxième.
[2] Peuple de Mœsie qui passait pour avoir des mœurs infâmes.

driatique, les divorces, les incestes, les faux, les empoisonne-
ments, les juges corrompus, les mères dénaturées, pour tout
dire, la société romaine décomposée, avilie et déchue. On pressent et on voit dans ce plaidoyer, comme sous la plume indi-
gnée et répressive du poëte, le grand et irréparable naufrage
de Rome : *Luxuria incubuit, victumque ulciscitur orbem* [1] !

De tout temps et partout la société s'est reflétée dans les
procès. Nous pourrons étudier, dans ceux que Lemaistre a plai-
dés, celle du dix-septième siècle dans sa jeunesse, avant la
Fronde, après les agitations religieuses, quand elle se prépare
au calme et à la majesté de sa merveilleuse vieillesse. Dans un
plaidoyer qui n'est pas de Lemaistre, mais qu'il a recueilli dans
un héritage de famille, on aperçoit un coin de l'âge précédent
et un tableau d'histoire. Après Pasquier, Antoine Arnauld plaida
contre les jésuites. Son exorde est une peinture de la Ligue.
Il résume les principes et montre les mœurs ensanglantées par
la fureur religieuse; autant qu'ailleurs, on distingue dans ce
plaidoyer l'état de la société française, dans sa première crise
de liberté civile, en proie à toutes les convulsions de la révolte,
mêlant la prière au crime, agitée par la science et par la religion, poussant le fanatisme jusqu'au régicide, dédaignant en
toutes choses la modération et la sagesse de ce grand chancelier [2], qui ressemble à un gouvernail impuissant dans une horrible tempête !

Quand Lemaistre parle, la tempête a cessé : Dieu a donné au
navire menacé un pilote qui commande aux flots. Richelieu a
raffermi l'autorité royale et imposé partout l'obéissance et la
crainte. La démocratie hâtive et sanguinaire qu'a engendrée la
Ligue, s'est retirée, comme un torrent artificiel, devant la
royauté et devant la patrie, sans déposer dans les lois civiles ses

---

[1] Satire sixième, vers 293.
[2] L'Hospital.

principes révolutionnaires et ses règles d'occasion. On admire comment, de tout ce poison des guerres religieuses, presque rien n'est entré dans l'organisation de la famille, dans l'autorité des pères, dans l'obéissance des fils ! La famille reflète l'État, elle se gouverne à peu près comme lui; il y a entre eux tous les rapports des fondements à l'édifice : si la licence est dans l'État, elle descend dans la famille; de la famille, elle monte à l'État. Cicéron le savait bien, quand, parlant d'un peuple enivré de liberté qui nomme les magistrats des esclaves volontaires, il ajoute :

« Il faut nécessairement que, dans une telle société, la liberté afflue partout, et qu'au sein des familles toute autorité disparaisse. ... »

Qu'on regarde avec attention ce qui se passe au coin du foyer domestique, on y surprendra la vie même des gouvernements et des peuples; j'ai eu déjà l'occasion de l'écrire : « Comment veut-on que l'enfant qui ne respecte pas la puissance paternelle que la nature institue, respecte le pouvoir que fondent la politique et les lois [1] ? » Je parlais pour nous, et non pour les contemporains de Lemaistre.

Quant à lui, il a déjà défendu l'autorité des pères en plaidant pour Jacques de Poissy contre sa fille égarée. Nous allons le voir maintenant montrer les abus de cette autorité, qui, prenant exemple sur la domination fiévreuse du grand Cardinal, veut asservir la conscience, dompter la nature, commander à la chair, enchaîner l'âme d'un fils dans des vœux éternels, sa fortune et sa vie dans un cloître. La religion et le pouvoir des pères sont ligués contre la liberté civile, qui triomphera plus tard dans la loi. Lemaistre ose affronter cette ligue, et, combattant son ennemi avec respect, il le force de céder à la raison et à la sa-

---

[1] *Revue de législation,* 1852 ; de la Puissance paternelle.

gesse, qui, seules dans l'ordre moral, assurent les longues et durables victoires. Cette lutte présente un intérêt de plus; on y découvre comme un pressentiment, personnel à l'avocat, de cette vie religieuse qui jouera un si grand rôle dans le siècle, et, si je puis ainsi dire, comme un préparatif de Port-Royal. Lemaistre ne veut pas qu'on opprime la conscience, mais il comprend déjà que, d'elle-même, émue, éclairée et libre, elle aille s'ensevelir, loin des hommes, dans la pénitence et dans l'amour de Dieu.

Jean Marpault, sieur de la Bonnelière, et Louise Chapelet, sa femme, n'aimaient pas un de leurs enfants, qui s'appelait Louis et qui était né le 27 février 1610. Ils conçurent l'idée « de le chasser de leur maison et du monde, » pour enrichir ses frères de sa dépouille. Quand il avait neuf ans, ils le firent entrer au couvent des Cordeliers de Laval, dont le provincial était leur ami et devint leur complice. A peine entré, il prit l'habit, à l'âge de la première enfance !

Je cède la parole à Lemaistre, il va raconter les faits.

« Il y a peu de personnes, dit-il, qui ne se promettent, avec le temps, une plus douce condition; mais cet enfant gémissait dans sa captivité présente et était encore plus tourmenté par l'appréhension de l'avenir. Il pressait sa mère et ses frères (son père était mort) de le retirer des Cordeliers, y séchant de tristesse et de langueur; et la résistance continuelle qu'il témoignait de jour en jour au dessein qu'ils avaient de le faire religieux à quelque prix que ce fût, était ce qui les animait davantage à l'exécuter, et, parce qu'ils craignaient à toute heure qu'il ne leur échappât et qu'il ne sortît du monastère avant qu'ils l'eussent lié à la religion, non par un vœu effectif, puisqu'il n'avait pas l'âge, mais au moins par une ombre et une apparence de vœu, ils résolurent de prévenir un âge marqué par les conciles et par les ordonnances; pour cet effet, ils s'avisèrent d'un moyen tout à fait étrange et inouï jusqu'à notre siècle.

« Son véritable extrait baptistaire, qui a été tiré, avec toutes les formes de la justice, du registre des baptêmes de l'église de la Trinité à Laval, et délivré par le curé même de la paroisse, porte qu'il est né le 27 de février 1610 (M. l'avocat général l'a présentement entre les mains). Mais sa mère et ses frères, ne pouvant se résoudre d'attendre, jusqu'au 28 de février 1626, qu'il eût seize ans accomplis, résolurent, dès le mois de juin 1625, huit mois auparavant, de lui faire faire profession.

« On avait besoin d'une fausseté pour cet effet. Car il fallait prouver au père Moreau, gardien de ce couvent de Laval, que ce pauvre enfant avait seize ans accomplis, lorsqu'il n'en avait que quinze et quatre mois. Ils n'osèrent s'adresser au curé de la paroisse, mais ils corrompirent un nommé Jean Herbert, l'un des marguilliers de cette église, qui leur délivra un extrait prétendu de son baptême, qui porte qu'il a été baptisé le 7 de juin 1609; les parrain et marraine y sont nommés, et le certificat de ce faussaire est écrit en ces termes... »

Lemaistre lit le certificat et raconte que la mère de son client, accompagnée de maître Michel Girard, sieur des Fontaines, avocat à Laval, a présenté cette pièce fausse au gardien du couvent de l'Observance-de-Saint-François, le 15 de juin 1625.

« L'enfant, qui cherchait les moyens de fuir du monastère où il était captif, avant qu'il eût seize ans, fut tout surpris quand, sur ce faux extrait de son baptême, on le veut ravir en un matin comme on ravissait autrefois les jeunes filles malgré elles, pour les faire vestales. »

Son avocat voit, dans cette insigne fausseté et dans cette horrible précipitation, la preuve de la violence exercée sur lui. Mais, avant de montrer les splendeurs oratoires de ce plaidoyer, résumons tous les faits de cette cause, dont Lemaistre signale la grandeur en disant :

« Il ne s'est point encore vu parmi les désordres de notre
siècle un exemple aussi célèbre d'une tyrannie exercée sur un
enfant pour le jeter en religion. »

Les larmes et les prières du novice n'ont pas touché sa mère.

« Il a crié qu'on le bannissait malgré lui de la maison de son
père, et qu'il ne voulait point être cordelier. Mais... ces armes
sont bien faibles contre la puissance paternelle et maternelle,
animée d'une passion qui est sourde aux gémissements et à la
voix d'un enfant qu'on veut rejeter de la famille, qu'on veut
déshériter, qu'on veut traiter d'étranger ! »

Le novice est devenu religieux par un indigne abus, sans
son consentement et malgré son âge; comme il savait la nullité
de ses vœux, il demande à sa mère de les rompre; il supplie le
provincial de lui ôter l'habit qu'il ne peut porter; et, comme il
ne trouve autour de lui que violence et dureté, un jour, ne pouvant plus souffrir une si rude captivité, il rompt ses liens, passe
par-dessus les murailles du couvent et fuit. On le cherche, le
trouve, le frappe, le ramène avec toutes sortes de violences. Il
atteint sa seizième année, on lui fait ratifier par la force, par la
contrainte, des vœux qu'on savait prématurés ou nuls. La ratification n'est pas entourée des solennités et des garanties qui
doivent l'accompagner. Elle ne se donne pas après avoir été
demandée en plein chapitre, devant les religieux capitulaire-
ment assemblés, après un grand discours du supérieur, qui représente les austérités de la règle, au milieu d'une messe où la
ratification commence. On l'obtient, ou plutôt on l'arrache dans
une chambre particulière, loin de ces pompes et de ces images
qui doivent faire cesser toute violence. A peine l'a-t-il laissé
surprendre, que Louis Marpault, sans congé et sans obédience,
court au couvent de Clisson, se jette aux pieds du provincial et
réclame contre son vœu devant tous les religieux assemblés. Le
provincial, qui était le père Leclerc, ami de la famille Marpault,

au lieu de l'excuser, lui donne la discipline en plein chapitre, le met en prison sans formalité, et l'y tient douze jours au pain et à l'eau. Malgré cette cruelle défaite, Marpault suit le provincial à l'abbaye d'Ardon en Bretagne, et lui adresse les mêmes supplications, sans réussir davantage. Il retourne à Laval, on l'y persécute; il s'échappe et vient à Paris; on l'y poursuit, on l'y arrête et on le ramène lié sur un des chevaux du messager! Mais Dieu, qui « écoute les gémissements des captifs, » lui ouvrit aussi la porte du monastère. Le père Leclerc, qui s'était déclaré contre lui, fut déposé, et le père Alain Sauvé fut élu à sa place comme provincial. Il écouta les plaintes de Marpault, reçut sa requête et l'assigna à l'assemblée générale de toute la province. Devant ce tribunal ecclésiastique, la liberté civile gagna sa cause. La profession de Marpault fut déclarée nulle, comme ayant été faite par la contrainte de ses parents et contre les constitutions canoniques, le concile de Trente et les statuts de l'ordre des cordeliers; il put enfin quitter l'habit religieux.

Sa mère et ses frères, infatigables dans leur persécution, appelèrent comme d'abus au parlement; mais ils trouvèrent devant eux la grande et victorieuse parole de Lemaistre.

Elle a rarement été plus éloquente et plus belle; elle n'a jamais été plus émue. La vie religieuse a eu des peintres plus complets, elle n'en a pas eu dont le pinceau tremblât davantage sous la main qui s'en sert et sous la conscience qui l'inspire!

On devine, en l'écoutant, qu'il sera un jour pénétré par la grâce et se donnera librement à Dieu : en attendant, il fait pleurer sur les misères de son client et élève au-dessus de l'autorité paternelle, alors si respectée, la dignité et la liberté de l'âme humaine. J'ai dit qu'on verrait dans ces lignes un coin du dix-septième siècle, l'intolérance obstinée, mais vaincue; la religion renonçant aux violences qui l'ont compromise, la liberté civile faisant ses premiers pas, soutenue par l'éloquence contre le despotisme paternel !

Quand Lemaistre commence, il est ému, sa parole est vibrante; elle a gardé sa majesté habituelle, mais elle a perdu son calme et elle s'enfle d'indignation et d'attendrissement; on y trouve même de la colère.

« Ce n'est pas sans sujet, dit-il, que les appelants comme d'abus voudraient que cette victime de leur cruauté n'ait point aujourd'hui de langue. Ils l'ont rendue muette durant six ans. Ils ont, depuis, souffert avec peine ses gémissements, ses cris et ses plaintes, qui ont touché le nouveau provincial et toute l'assemblée des supérieurs de la province. Ils craignent encore bien davantage que cette victime, après avoir été gémissante et criante devant les gardiens des maisons religieuses, soit parlante devant des juges équitables et souverains, qui remettent toutes choses dans leur ordre naturel et ne souffrent point qu'on opprime la liberté des enfants.

« Ils craignent ce tribunal de la justice royale, devant lequel un fils ne craint point ceux mêmes qui lui ont été des objets terribles toute sa vie.

« Ils savent, en leur conscience, qu'il ne s'est point encore vu, parmi les désordres de notre siècle, un exemple aussi célèbre d'une tyrannie exercée sur un enfant, pour le jeter en religion, que celui de cette cause.

« Et c'est ce qui me porte, messieurs, à élever d'autant plus ma voix, que je parle pour un fils qui, après l'oppression qu'il a soufferte durant six années, n'a recouvré pleinement qu'en cette Grand'Chambre l'usage de la parole; qui n'a commencé qu'en ce lieu de respirer librement, et qui, depuis presque qu'il a eu l'usage de la raison, a toujours été forcé en sa volonté, n'ayant rien de libre que les larmes. De sorte qu'à l'heure même que je plaide, le triste souvenir et l'image si funeste de

tant de violences qu'il a souffertes en laisse encore une impression si forte en sa pensée, qu'à peine peut-il concevoir la
faveur que la Cour lui fait de lui permettre de se plaindre.
Car, bien que cette liberté soit naturellement acquise aux personnes affligées, et que les plus cruels ennemis la laissent à ceux
qu'ils ont rendus misérables, néanmoins elle lui a toujours été
refusée par ses plus proches et avec des traitements si injurieux,
que j'ose dire qu'ils méritent les vengeances du ciel!... »

L'image de cet enfant, *n'ayant rien de libre que les larmes*,
est pathétique et grande; elle est faite pour tenter le plus riche
pinceau, et il faudrait un grand art pour reproduire sur la toile
cette jeune figure avec la seule liberté des larmes. Lemaistre y
est arrivé par la plus touchante et la plus heureuse expression.

Il vient d'appeler, tant son indignation est grande, et dès le
début de son discours, les vengeances du ciel sur les persécu-
teurs de son client; il justifie aussitôt cette imprécation en signalant la cause odieuse et vile de cette persécution.

« Pourquoi ce père et cette mère ont-ils choisi ce pauvre enfant pour le mettre aux Cordeliers dès neuf ans? Pourquoi ne
l'ont-ils pas gardé chez eux comme tous ses autres frères? S'ils
l'avaient aimé autant qu'eux, pourquoi ne l'auraient-ils pas
laissé dans la même liberté de demeurer dans le monde et de
prendre une condition proportionnée à sa naissance, à son inclination et à son bien?

« Ç'ont été ses frères, messieurs, qui, poussés de l'esprit
d'intérêt que saint Basile condamne, l'ont assiégé sans cesse
lorsqu'il a approché de quinze ou seize ans. Ils sont venus le
menacer de l'empoisonner s'il sortait du cloître, et de le *faire
dormir à la façon des grands.* Ce sont les propres termes qui
sont rapportés dans la sentence du provincial, par laquelle on
lui a ôté l'habit. Je sais bien que vous n'avez garde de l'avouer;

Aussi ne le disiez vous pas alors, pour en demeurer d'accord un jour dans une audience. Mais Dieu veut que les mêmes menaces dont vous avez usé envers votre jeune frère pour le mettre en servitude lui servent aujourd'hui pour conserver sa liberté... S'ils eussent été conduits par les mouvements de l'affection naturelle et de la modération ordinaire des personnes équitables et chrétiennes, eussent-ils eu une si extrême impatience de le voir bientôt chargé d'un joug qui est si pesant lorsqu'il est imposé par la force et par la contrainte; de le voir bientôt confiné dans un cloître pour y gémir tout le reste de ses jours; de le voir bientôt retranché de leur maison et séparé d'avec eux pour toute sa vie? Eussent-ils été si empressés, que de ne pas seulement attendre que, selon le cours naturel, il fût capable, au moins par son âge, de ne pas faire avec légèreté, avec témérité, avec irrégularité, une action si grande et si importante?

« Mais, comme l'avarice avait causé un déréglement général dans la raison de cette mère et de ces frères, et une altération universelle dans les mouvements de leur cœur envers l'intimé, il ne faut pas s'étonner si ce trouble intérieur qu'ils ressentaient leur en fait causer un extérieur et sensible dans la discipline de l'Église; si, l'injustice de leur passion s'étant élevée sur les ruines de l'affection du sang, ils ont aussi bien voulu établir son vœu sur les ruines de la disposition des conciles et des ordonnances, et si ce dessein criminel de la force et de la volonté, pour profiter de son bien, a été capable d'une fausseté publique et d'un crime honteux et punissable :

« . . . . . Scelera ipsa, nefasque,
« Hâc mercede placent. »

LUCAN.

Combien de fois ces frères ont-ils eu regret de ce qu'il était plus jeune qu'il ne leur était utile, de ce qu'il était venu au monde huit ou dix mois plus tard qu'il ne le fallait ! Il est aisé de juger, messieurs, que, s'ils eussent pu avancer le cours du soleil et lui faire faire huit mois en huit jours, ils eussent pris plaisir à causer ce déréglement dans les saisons de cette année pour leur utilité particulière, pour enchaîner avec plus de force par les liens d'un vœu légitime, selon l'apparence et la forme extérieure, ce pauvre garçon pour lequel je parle, dont ils dévoraient déjà le bien par leur désir et leur espérance.

« Mais, comme ils pouvaient contraindre sa liberté, et non pas forcer la nature, qui n'est pas esclave de la passion des hommes ainsi que la faiblesse d'un jeune enfant l'est de sa mère et de ses frères ; ne pouvant avancer véritablement les huit mois qui lui restaient à passer jusqu'à l'âge de seize ans, ils résolurent de reculer de huit mois le jour de sa naissance et de son baptême, par un artifice détestable et par une fausseté insigne ! »

Lemaistre invoque ensuite, au nom de son client, la liberté, qui seule peut produire la vie religieuse, telle que Dieu doit la vouloir et l'aimer ; il le fait avec une telle magnificence de pensée, de sentiments et de langage, qu'il faut citer encore, pour l'honneur de l'éloquence judicaire et pour l'instruction de ceux qui croient tout savoir.

« Jugez encore par là, messieurs, combien toutes les louanges qu'ils (ses adversaires) ont données à l'excellence de la vie religieuse sont vaines et ne servent qu'à les rendre plus coupables ; car, si les monastères sont, comme ils vous ont dit, et comme le dit un empereur, des académies de la plus élevée et de la plus sainte philosophie qui soit dans le monde, combien leur tyrannie vous doit-elle être odieuse d'y avoir jeté l'intimé, sans que Dieu l'y appelât par cette grâce particulière qui est absolument nécessaire pour être capable d'une vie si excellente et si relevée au-dessus de l'humaine condition ; sans qu'ils vissent de lui au-

8

cune trace de cette vertu surnaturelle et de cette résolution héroïque que l'on ne peut attendre que du ciel, qui porte un
homme tout terrestre à se détacher entièrement de la terre, et
un jeune enfant, qui n'aime naturellement que la liberté, le jeu
et le plaisir, à renoncer pour toujours à sa propre liberté, à
tous les divertissements et à tous les plaisirs qui sont permis
dans le siècle, et à se résoudre de souffrir sans murmurer un
nombre sans nombre d'incommodités et de peines !

« Ne faut-il pas, non-seulement une liberté tout entière, mais
une force extraordinaire pour donner solennellement à Dieu son
bien par vœu de pauvreté, son corps par celui de chasteté, son
âme par celui de l'obéissance; pour ne se réserver que ce qu'on
ne peut s'ôter, c'est-à-dire que sa vie, et encore une vie que
saint Jérôme appelle un *martyre continuel*, et qui doit durer
jusqu'à notre mort ! »

Après la liberté, l'avocat inspiré place Dieu lui-même entre
ses adversaires et son client, et il fait planer sur l'audience cette
divine image et cette divine intervention.

« Quoi, messieurs, s'écrie-t-il, la misère d'obéir pour son
propre mal aux injustes volontés des hommes, c'est-à-dire de
ses parents, devait-elle le toucher autant que la gloire d'obéir
pour son propre bien aux justes et adorables volontés du Maître
des hommes? Et, lorsqu'il voyait clairement que c'était le démon de l'avarice qui les animait, pouvait-il croire que c'était
Dieu qui lui parlait par leur bouche pour lui faire prendre
malgré lui la condition de religion ? Et l'aurait-il pu croire sans
pécher contre le Saint-Esprit même, puisqu'il aurait attribué à
la volonté de Dieu, qui est le père des vertus et des lumières,
l'ouvrage de son ennemi, qui est le père des péchés et des ténèbres ?

« Souffrirez-vous, messieurs, que des mères et des frères
veuillent se faire ainsi les dieux de leur fils et de leur frère, et

obliger de pauvres enfants d'adorer leur cruauté, de se soumettre à leur tyrannie, de se rendre religieux par force pour
les satisfaire, c'est-à-dire de se rendre les plus misérables de
tous les hommes pour leur complaire et pour les enrichir? »

C'était une grande et éloquente conscience que celle d'où
jaillissaient de telles images et de telles paroles; des parents
qui *veulent se faire les dieux de leurs fils*, n'est-ce pas la langue des Chrysostome et des Bossuet?

De ces hauteurs, l'avocat descend à la question de forme que
le procès soulève, à l'irrégularité des vœux; mais, à peine y tou-
che-t-il, qu'il remonte avec elle dans sa région familière, celle
des principes et des fortes pensées. « Lorsque les lois civiles
ou les canoniques, dit-il, établissent des temps pour les actions
des hommes, on ne peut légitimement ni les passer ni les prévenir. La nature souffre plusieurs choses défectueuses et irré-
gulières; mais la justice n'en reçoit point dans les actes qu'elle
ordonne et qu'elle autorise, non plus que Dieu dans les vertus
qu'il demande et qu'il approuve. Elle veut que toutes ses règles soient gardées comme Dieu les siennes. La profession d'un
enfant mineur de seize ans et violenté n'est point tenue pour
un vœu de sa part, ni pour un acte légitime qui subsiste, mais
pour une action illégitime qui est détruite par l'autorité des
lois qu'elle enfreint, la justice, non plus que Dieu, dont elle est
l'image, ne mettant aucune différence entre ce qui n'est point
du tout et ce qui n'est pas comme il doit être! »

Il revient ensuite, et en lisant ces lignes on ne s'en plaindra
pas, sur le caractère des vœux religieux (on dirait qu'il parle,
après avoir quitté lui-même, par un élan de son âme, le monde
qui ne lui suffisait plus); il y a du jansénisme dans ce passage,
et en tout cas une grande beauté.

« N'est-ce pas bien en vain, messieurs, qu'on vous a parlé
de la sainteté et de l'obligation indispensable des vœux, puis-

que, le consentement étant, selon tous les Pères, le sceau, la
source et l'âme du vœu, ce n'est rien que la bouche le prononce
en la présence des hommes ; ce n'est rien que la main l'écrive,
si en même temps le cœur ne le prononce devant Dieu, et si la
volonté, qui est comme la main de l'âme, ne le grave dans l'âme
profondément ; le reste n'est qu'une image et une pénitence.
Les marques d'un véritable vœu y paraissent au dehors, ainsi
que dans un tableau ; mais l'esprit qui anime le dedans et qui
donne le mouvement n'y est pas, et Dieu ainsi ne le reçoit
point, parce qu'il ne regarde pas le corps, mais l'âme seule,
ses yeux ne s'arrêtent qu'au cœur ; et, au lieu que les hommes
jugent du cœur par les paroles, il ne juge au contraire des paroles que par le cœur ! »

Il continue, et va trouver un mouvement si dramatique, que
la scène pourrait le lui envier et le lui prendre. « … On vous
a fait des discours étudiés de la sainteté et de la douceur de la
vie religieuse ! Malheureuse hypocrisie, que vous couvrez de
l'ombre d'une profession qui est très-sainte en elle-même, et
très-douce à ceux à qui Dieu en donne la volonté, l'esprit et
l'amour, les rigueurs inhumaines que souffrent de pauvres enfants à qui il n'en donne aucun mouvement et que les parents
y font entrer à coups de pied, qu'ils y lient avec les chaînes de
la crainte et de la terreur, et qu'ils y retiennent par la même
force, par la même appréhension qu'ils leur donnent des prisons et des supplices !…

« … Selon cela, jugez, s'il vous plaît, messieurs, quelle a
été durant tout ce temps la vie de celui pour lequel je parle.
Certes, ce n'est pas avoir vécu que d'avoir langui de la sorte ;
et, s'il (son client) avait eu la liberté d'aller trouver sa mère et
ses frères, et que les parents eussent le pouvoir de tuer quelquefois leurs enfants et leurs frères par compassion, lorsqu'ils
en seraient priés et conjurés par eux, afin de finir par cette

voie leurs tourments et leurs misères, il a été quelquefois réduit à de tels mouvements de désespoir, qu'il se serait allé jeter à leurs pieds et qu'il leur aurait demandé qu'ils lui ôtassent plutôt la vie que la liberté, qui à des hommes libres est plus chère que la vie; et qu'ils le fissent mourir comme leur fils et leur frère, puisqu'ils ne voulaient pas le laisser vivre dans le monde comme tel.

« Il leur aurait pu dire : Au lieu de continuer à me tenir enfermé comme une bête farouche dans cette prison, où mon âme et mon corps souffrent sans cesse, séparez plutôt mon âme de mon corps, afin qu'elle au moins soit libre et ne soit plus tourmentée. Les autres mères et les autres frères tueraient leurs enfants par colère, par rigueur, par cruauté; mais, pour vous, vous me tuerez par douceur, par grâce, par miséricorde : *Figite me si qua est pietas.* Vous ne finirez pas tant ma vie que ma langueur et mon supplice ; accordez-moi le poison dont vous m'avez tant de fois menacé; faites-moi plutôt souffrir une seule mort que plusieurs, une mort courte qu'une mort longue et perpétuelle ! »

En terminant, l'avocat imprime une dernière flétrissure à la mère et aux frères de son client; sa colère, amassée et souvent contenue dans ce long plaidoyer, éclate en mots vengeurs et en dures paroles ; la conduite récente de ces parents inhumains met le comble à son indignation, et élève son langage jusqu'au mépris et à l'injure ; son client, ayant d'abord gagné sa cause devant le provincial Alain Sauvé, voulut rentrer chez sa mère, mais... *sensit medios delapsus in hostes*, et Lemaistre s'écrie :

« Il y a trouvé, non une mère tendre, mais une marâtre impitoyable ; non des frères doux, mais des ennemis inhumains; c'est-à-dire, messieurs, il y a trouvé, non des parents, mais des avares, des voleurs, qui voulaient, à quelque prix que ce fût, être héritiers de leur frère encore vivant, et le faire mourir de faim dans le monde, puisqu'il ne voulait pas leur abandonner sa part en se faisant mourir soi-même d'une mort civile et misérable hors du monde ! Ils lui ont fait souffrir tant d'outrages, que, si la liberté, quelque remplie qu'elle soit d'afflictions et de malheurs, n'était toujours plus agréable que la plus belle servitude, il aurait presque regretté sa première condition. Il s'est trouvé réduit, messieurs (extrémité vraiment déplorable !), à mendier son pain, comme le plus pauvre de tous les hommes, quoiqu'il soit d'une des plus honnêtes et des plus accommodées familles de Laval, pour pouvoir venir en ce lieu implorer votre justice, et vous demander une provision de deux cents livres ; ses mêmes parents, qui lui avaient jusqu'alors refusé l'usage de la liberté, lui refusant celui de la vie.

« Ainsi, messieurs, vous le voyez, abandonné de toute la nature, n'ayant pour retraite sur la terre que cette Grand'Chambre, et pour fondement de sa subsistance à l'avenir que son bon droit soutenu par votre justice, et sa faiblesse armée de votre puissance ! »

Lemaistre a fini, et ses dernières phrases, ouvrant le cœur des juges, ont dû soulever à la fois d'émotion et d'orgueil les bancs de la Grand' Chambre. « Il (son client) espère, messieurs, que vous ne souffrirez pas que ses frères profitent de leur tyrannie et qu'ils s'enrichissent de ses dépouilles. Il espère que vous aurez en horreur cet emportement aveugle et si impie des pères, des mères et des frères, qui leur fait vouloir que les inspirations divines suivent les impressions humaines et que le Dieu des chrétiens favorise une barbarie que les païens même auraient abhorrée. Et enfin, messieurs, il espère que dans un royaume comme le nôtre, où la mort est moins odieuse que la servitude, et dans ce Parlement auquel les peuples ont recours comme à l'asile inviolable de la faiblesse opprimée, il trouvera l'assurance de sa liberté, la conservation de son bien et le soulagement de ses misères! »

La Cour, par son arrêt du 8 avril 1631, suivant les conclusions de l'avocat général Jacques Talon, admit Louis Marpault au partage de la succession de son père, et condamna aux dépens sa mère et ses frères.

Me suis-je trompé, et n'y a-t-il pas là un vif tableau d'un des côtés du siècle où ces faits s'accomplirent? N'y voit-on pas au sein de la famille, à la place de cette affection que l'égalité soutient et fortifie, l'abus de la puissance qui s'éloigne de la nature et s'abrite sous la religion? Ne faut-il pas que le Parlement, *cet asile inviolable de la faiblesse opprimée*, devance un peu l'avenir, pour sacrifier à la justice l'autorité qui, sous Richelieu, ne se discutait pas? Il est vrai que, vers le même temps, au nom de cette autorité alors si jalouse, la justice impuissante, asservie ou trompée, laissait tomber au milieu des tortures la tête, à peine coupable, d'un ministre de Dieu [1].

La religion n'a pas encore tout à fait désarmé; mais comme, en écoutant Lemaistre parler avec ardeur, mais avec tolérance, avec respect, mais avec la noble indépendance de la conscience, du service de Dieu, on se sent déjà loin de la Saint-Barthélemy! On est également loin, tant ce dix-septième siècle incline à la modération et dédaigne l'excès, de cette peinture tourmentée et violente qui devait tomber plus tard de la plume de Diderot [2]. C'est le temps des grands et calmes esprits, le règne des idées graves, le siècle, je l'ai déjà dit, de l'obéissance, mais de cette obéissance qui laisse à l'âme toute sa dignité, et conduit, plus sûrement que l'orgueil, à la véritable grandeur et à la véritable liberté!

[1] Urbain Grandier.
[2] La *Religieuse*.

CHAPITRE VI

La conscience au barreau. — Un avocat doit tout savoir. — Les deux plus grands avocats de Rome au temps de Tacite, Marcus Aper et Julius Secundus. — La physionomie est l'homme. — Les figures sèches. — La beauté d'Antoine Lemaistre. — La Cour des aides. — Les assesseurs en la maréchaussée de Senlis. — La nécessité est un mauvais législateur. — Les vagabonds et les voleurs de grand chemin. — La police en 1633. — Une leçon donnée aux conquérants par Lemaistre. — Barnave. — Un mot de frondeur.

La souplesse d'esprit et la variété de talent qu'exige le barreau ont été bien souvent et sont encore chaque jour tournées à mal; on y voit les effets d'une conscience affaiblie par l'intérêt et d'un jugement faussé par l'habitude; cette rigueur se remarque principalement chez les hommes qui, sans nécessité, sans que leur profession les y convie, et par la seule mobilité de leur esprit, changent sans cesse d'opinion et d'idole; mais c'est là un effet ordinaire du cœur humain, qui explique, sans la justifier, la contradiction que je blâme et l'injustice que je regrette; quoi qu'en ait dit la sagesse antique, les défauts qu'on connaît le mieux sont ceux qu'on a soi-même; on parvient à se les cacher à force de ménagements pour son amour-propre; mais, dès qu'ils paraissent dans autrui, on reconnaît en eux des habitants mal cachés de sa maison, des hôtes familiers, des

compagnons intimes. Les avocats ont pour ennemis les soldats
et les poëtes. Cependant, si dans cette opinion il y a un peu
d'aveuglement et d'envie, il y a aussi un point de vérité; le barreau est un théâtre, on n'y monte pas toujours impunément,
on n'y réussit pas sans danger. Le grand nombre et la diversité
des causes offrent un piége à la conscience et peuvent l'altérer;
il peut arriver que, dans ce mélange d'opinions et d'idées, elle
ne sache pas résister et se laisse pénétrer et vaincre par l'indifférence et par l'incertitude; mais, au barreau comme ailleurs, ces effets ne se produisent que sur les âmes communes;
les autres sont à l'abri de ces influences, et, planant au-dessus
d'elles avec une vigoureuse probité, elles s'asservissent les
causes et n'en sont pas esclaves; elles font de la parole un
instrument assoupli, mais libre; autrement on s'éloigne de l'é-
loquence et on tombe dans ces langues mercenaires qui donnent des produits industriels et reçoivent en échange un salaire
approprié! Mais en général, même aujourd'hui, ce qui s'étend
et s'élargit au barreau, c'est l'esprit, et non pas la conscience!

On a dit, en exagérant, qu'un avocat devrait tout savoir; il
est vrai qu'il peut être forcé de tout apprendre. Ce ne sont pas
seulement les passions humaines qui aboutissent au Palais, ce
sont aussi les intérêts qui se mêlent à tout, aux sciences les
plus exactes, aux arts les plus parfaits, à tous les fruits du génie, à tous les calculs du commerce, aux prodiges de l'indus-
trie, aux œuvres les plus exquises et les plus idéales de l'esprit
et de la pensée! Pour être le champion de tant de monde et
n'avoir pas l'air d'un combattant emprunté, il faut apprendre
à manier sûrement bien des armes; les forces de la raison ne
suffisent pas toujours; cette dialectique, qui se croit invincible,
est souvent impuissante. Si l'esprit élargi ne se remplit pas
vite des choses qu'il ignore et qu'il doit savoir, si, les ayant ap-
prises rapidement, il n'a pas l'air de les posséder en maître, il

est au-dessous du barreau et ne peut pas atteindre à l'éloquence judiciaire! Partout il est rare de réunir des qualités qui semblent s'exclure; il y faut parvenir, quand on veut être l'organe utile et distingué de l'infinie variété des procès qui se plaident. Nous avons, et on a toujours eu, la faiblesse de dire, sinon de croire, que le talent s'altérait dans cette universalité qu'impose le barreau; mais c'est encore une erreur qu'il faut combattre. Sous Domitien, les deux plus célèbres avocats de Rome étaient Marcus Aper et Julius Secundus. Tacite, qui était très-jeune, les admirait beaucoup, et les suivait partout, à l'audience, en public et chez eux; il recueillait jusqu'aux moindres traits de leurs entretiens familiers. Secundus, exact, précis et savant, avait aussi de la facilité et de l'abondance; Aper avait une éloquence naturelle, et montrait moins sa science, quoiqu'il en eût beaucoup; ils étaient complets l'un et l'autre; cependant nous savons, par leur jeune et ardent auditeur, que la malignité romaine[1], qui se retrouve partout, refusait à Secundus, en lui accordant la science, la facilité et la promptitude de la parole; à Marcus Aper, son rival, elle accordait un génie facile et des dons heureux; elle lui refusait les avantages du savoir et de l'étude! Cette injustice s'est souvent renouvelée depuis Rome, parce que la malignité qui l'a produite est une intarissable source; il est apparemment désagréable à nos cœurs, malgré le charme qu'y trouve notre esprit, de rencontrer et de reconnaître un talent invulnérable et parfait; ces rares et beaux miroirs nous montrent trop vivement nos propres imperfections! Si, du grand siècle où se tient ma pensée et où je dois rester pour peindre la physionomie d'Antoine Lemaistre, je descendais au nôtre, je marquerais du doigt, sauf le degré de talent,

---

[1] *Quamvis plerique maligne opinarentur*. Tacite, *Dial. des Orateurs*, § 2.

dans la magistrature et au barreau, Marcus Aper et Julius Secundus.

Quant à Lemaistre, je suis bien sûr de sa conscience; elle
n'a rien perdu, dans les luttes judiciaires, de sa noblesse ni de
sa pureté. Mais au premier abord on pourrait être tenté de refuser à ce grand avocat la souplesse d'esprit et la variété de talent qui placent l'orateur judiciaire au niveau de toutes les
causes, l'élèvent avec les plus grandes, et le mettent d'accord
avec les plus petites, sans cependant qu'il s'abaisse. Ceux qui
ne l'ont vu qu'à Port-Royal, au milieu des austérités invariables
de sa pénitence, absolu dans sa foi, inébranlable et même violent dans sa piété, ayant, comme Arnauld, quelque chose du
lion, *insani leonis vim*, se le représentent difficilement au Palais, plaidant les causes les plus diverses avec un égal talent; sa
figure elle-même, fière, inspirée, un peu vaste, un peu tendue,
éloigne l'idée d'une âme et d'un esprit faibles. Je n'ai jamais
pensé que le style fût l'homme, malgré l'autorité et l'exemple
du grand écrivain qui a formulé cette opinion; ce serait à peine
vrai si tout le monde écrivait naturellement, mais le style
abonde en déguisements; c'est la parure et le masque des
hommes, *ils en font vanité*, et se cachent si bien dans leurs
écrits, que Molière lui-même ne les y reconnaîtrait pas toujours. La physionomie est une image bien plus fidèle de
l'homme et de son talent; elle montre surtout l'orateur; il y a,
en effet, entre elle et lui des rapports fréquents et immédiats,
une influence directe et réciproque, et une agitation mutuelle.
Il serait facile, aujourd'hui même (et ce serait une piquante
étude), de montrer que le talent oratoire de la tribune et
du barreau a tous ses reflets sur la physionomie, et que
jamais la véritable éloquence, celle que l'esprit puise dans
le cœur ému, n'a jailli de ces têtes sans harmonie et sans
grandeur, intelligentes si l'on veut, mais froides et sans

un seul de ces rayons de soleil qui colorent la pensée, suivant la belle expression de Cicéron : *Sentio... orationem meam quasi colorari*[1]. Je vais plus loin, puisque aussi bien cette idée m'entraîne, et je prétends que les défauts du cœur qui se lisent sur le visage se retrouvent dans le discours. Tout le monde a connu des orateurs, et surtout des avocats, portés au premier rang par l'esprit des affaires, qui n'ont jamais pu éviter, en parlant, la sécheresse attachée à leurs traits!

La physionomie de Lemaistre n'échappe pas à cette loi, que je crois générale; ses caractères dominants sont la passion et la solennité. Lemaistre avait, comme le jeune et brillant ami de Montaigne, une « âme pleine et qui montrait un beau visage; » aussi le jour de son triomphe sera-t-il celui où, faisant un dernier effort, blessé dans sa dignité par le blâme et par l'envie d'un avocat général qui ne sut pas l'égaler, il plaidera, tourné vers lui, l'accusant et le dominant du regard, le bras fiévreux et tendu, ouvrant à la passion les portes de son âme, la laissant pour cette fois enflammer tout à fait son visage, et tout resplendissant enfin d'un éclat oratoire qui inonda la Grand'Chambre, aveugla M. Talon et se répandit au dehors! En attendant, Lemaistre, né pour les grandes causes, sait aussi plaider les petites; il est bien vrai qu'il les élève toujours et leur fait perdre assez souvent la simplicité qui semble leur convenir; mais peut-on s'en étonner en songeant à la nature, quoique assouplie, de son talent? Peut-on s'en plaindre en se rappelant l'éloge que Cicéron fait de l'éloquence : *Summa autem laus eloquentiæ est amplificare rem ornando?*

Jusqu'ici nous l'avons vu plaidant au Parlement; nous allons le voir maintenant devant la Cour des aides. C'était une juri-

---

[1] Cicéron, *Traité de l'orateur.* Il met cette phrase dans la bouche de l'avocat Antoine.

diction souveraine, comme le Parlement lui-même; Louis XI lui avait successivement donné et retiré ce titre, que des lettres du 29 juillet 1474 avaient définitivement confirmé; elle connaissait de toutes les questions relatives aux *aides* et *gabelles;* comme le Parlement, elle avait ses grandes audiences et ses célébrités, et on trouve dans ses annales plus d'un nom qu'a recueilli l'histoire, par exemple ceux de Barentin et de Malesherbes.

Le client de Lemaistre est un sieur Charles le Clerc, conseiller à Senlis et assesseur en la maréchaussée; il plaide contre les habitants mêmes de Senlis, pour être exempté de la taille en sa qualité d'*assesseur.* Son avocat signale l'origine de cette fonction utile et modeste; les *prévôts des maréchaux* étaient chargés de la poursuite des vagabonds, des déserteurs, des voleurs de grands chemins, des sacriléges et des faux monnayeurs. Pour adoucir les effets de leur féodale ignorance, les ordonnances de Moulins et d'Orléans avaient voulu qu'il y eût à côté d'eux un conseiller du siége présidial, un avocat, ou une personne graduée, présente aux instructions des procès; mais personne ne voulait prendre cette peine, par la raison qu'en donne ingénieusement Lemaistre, « tout le monde fuyant naturellement le travail auquel la récompense n'est pas attachée et n'y ayant, d'ordinaire, rien à gagner avec des soldats et des vagabonds que prennent les prévôts des maréchaux! » (Cette remarque est plus vraie et plus fine que l'illusion de Montesquieu, croyant que l'honneur suffit pour décider à servir le public dans les gouvernements monarchiques.) Il fallut remédier à ce mal et stimuler, avec le nerf ordinaire des actions humaines, le patriotisme défaillant des avocats et des gradués; ce fut surtout nécessaire à la suite des guerres religieuses, dont Lemaistre nous donne, en raccourci, un saisissant tableau. « La Cour sait, dit-il, combien les guerres de la Ligue, depuis l'année

1588 jusqu'à la réduction de Paris en 1594, avaient apporté
de licence. La France alors était plutôt une retraite de bêtes
sauvages qu'un royaume de peuples civilisés. Les lois étaient
muettes parmi les armes. Les Français eussent trouvé plus de
sûreté parmi les plus barbares des étrangers qu'ils n'en trouvaient dans leur pays même et parmi leurs propres concitoyens. Les voleurs étaient maîtres de la campagne. On courait autant de fortunes dans les voyages qu'on fait maintenant
dans la guerre; et qui eût voulu peindre la France n'avait qu'à
représenter une forêt où des tigres et des lions se déchirassent
eux-mêmes. »

Sans doute le ton du procès est dépassé dans cette peinture,
mais n'est-elle pas en elle-même admirable d'éclat et de simplicité? C'est alors, au 18 juin 1596, que le roi Henri IV créa
des assesseurs dans chaque juridiction de prévôt des maréchaux. L'assesseur devait être un homme d'expérience et gra-
dué; il était obligé d'aller à la campagne pour signer les inven-
taires des biens saisis sur les criminels et pour assister à l'entière
confection des procès; pour ce métier fort pénible et assez subalterne, « qui exigeait l'entretien d'un cheval sur lequel, par
parenthèse, il fallait monter à toute réquisition du prévôt des
maréchaux[1], » il était fort mal payé; on avait été forcé, les
finances étant mauvaises, et quoique le budget de l'État fût
alors sans contrôle, de supprimer une place d'archer pour lui
donner deux cent quarante livres; de plus, il était exempt des
tailles. Faisant l'éloge de cet édit, Lemaistre met un pied dans
la politique, et s'y élève très-haut, comme on en va juger.

Sous l'ancienne monarchie, la nécessité, qui était plus particulièrement alors le besoin d'argent, a produit bien des lois,
et surtout bien des charges. Lemaistre n'honore pas cette ori-

---

[1] En vertu d'un arrêt du Parlement.

gine, et il la répudie pour l'édit qu'il invoque, dans une langue passablement doctrinaire. « Il n'y a, dit-il, que la raison et la justice qui produisent des effets toujours louables et toujours bons en eux-mêmes. La nécessité en produit quelquefois de salutaires, mais elle ôte toujours du prix et de la valeur à ceux à qui elle donne l'être : *Quod necessitas facit depreciat ipsa...* Les édits qu'elle fait naître ressemblent aux orages et aux torrents qui viennent d'une cause violente, et qui doivent cesser le plus tôt qu'il est possible... L'édit de création de l'office d'assesseur a été bien différent de ceux-là; car il y en a eu fort peu qui aient été moins à charge à qui que ce soit, et plus utiles au public. » Il y a dans ces paroles un grand sens et une grande portée; elles attaquent ouvertement la loi sans cesse invoquée du salut public, et ce qu'il y a en elles de particulier, de piquant et de beau, c'est qu'elles sont prononcées presque à l'oreille de Richelieu, et à propos d'un assesseur en la maréchaussée de Senlis !

On trouve dans ce même plaidoyer une peinture des vagabonds et des voleurs de grand chemin qui n'est pas à dédaigner, même aujourd'hui. « Ce sont eux (les prévôts et les assesseurs) qui purgent la France de ces méchants dont la main est toujours armée pour les meurtres et les sacriléges; dont les violences font sentir les effets les plus cruels de la guerre dans la douceur de la paix; qui traitent comme leurs plus grands ennemis ceux qui ne les ont jamais offensés; qui troublent le commerce et le trafic par leurs rapines et leurs brigandages; qui sont errants et vagabonds, sans retraite, sans loi, sans maison; pour user des termes d'Homère, qui regardent le joug des lois comme celui d'une insupportable servitude; qui triomphent publiquement de la puissance royale et de celle de la justice; et, en attendant une fin honteuse, en font souffrir une violente à ceux qui tombent entre leurs mains. »

Il parle ensuite de la police et du système qui consiste à prévenir plutôt qu'à réprimer les crimes, mais avec une simplicité
qu'on chercherait vainement dans les livres de nos réformateurs et de nos philanthropes; il a relevé les services de son
client, a montré qu'ils étaient plus utiles et plus nécessaires
que les tailles mêmes et les subsides, et placé au premier rang
des besoins de l'État la sécurité publique, cette sécurité que
nous aimons tous, qui faisait dire à Barnave éclairé qu'en
France on lui sacrifierait toujours la liberté[1], et il ajoute ces
grandes paroles : « Encore qu'il semble qu'il n'y ait rien de
plus glorieux que de vaincre et de conquérir, ce ne doit pas
être néanmoins le but de la politique (une leçon aux conquérants dans un plaidoyer devant la Cour des aides, vers l'an de
grâce 1633), mais la félicité de l'État... Le premier devoir d'un
politique n'est pas de forcer à obéir, mais d'ordonner ce qui
est nécessaire pour rendre la vie de ceux qui obéissent de tous
points heureuse. » Je ne peux pas me soustraire à l'idée que
Richelieu a entendu cette dernière phrase, et que Lemaistre,
qui pourtant va devenir un des plus grands exemples de l'o-
béissance humaine, pensait à lui en la prononçant! Quoi qu'i
en soit, elle est d'une rare beauté, quand bien même on juge-

---

[1] La pensée de Barnave est trop belle, surtout aujourd'hui, pour que nous
ne cédions pas au désir de la reproduire textuellement. « Il y a deux choses
dont les peuples généreux et policés ne peuvent se passer : l'une est la tranquillité, l'autre est la liberté; mais, pour le commun des hommes, la tranquillité est plus nécessaire que la liberté; pour le commun des hommes, la
tranquillité est le premier besoin; *la liberté politique n'est qu'un superflu
qui fait le bonheur*, mais qui n'est pas rigoureusement nécessaire. Si vous
ne les mariez pas ensemble, si vous les rendez incompatibles, si vous présentez à la nation la perte de la tranquillité dans l'établissement de la liberté, craignez de voir bientôt *cette majorité* détruire la liberté plutôt que
de se condamner à un état perpétuel d'agitation et d'incertitude! » Que d'enseignements dans ces paroles ! (Discours de Barnave, sur les Pouvoirs consti-
tuants, séance du 31 août 1791.)

rait qu'elle n'est pas à sa place. Il fallait un grand bon sens et un grand courage pour parler ainsi en pareil temps. Les grandes âmes ne font *la leçon aux rois* que quand les rois sont absolus et tout-puissants; c'est le propre des petites, au contraire, de les attaquer quand ils sont faibles, et c'est ce dernier spectacle qu'a donné notre siècle.

Le développement d'une dernière idée amènera un trait d'une vivacité qui étonne et qui prouve que Lemaistre ne manquait pas, quand il le voulait, d'esprit *subtil* et gaulois. L'exemption a été accordée par l'édit, mais un règlement général des tailles, fait quelques années plus tard (1600), semble l'abroger; une déclaration du roi, du 10 janvier 1629, la rétablit, à la condition par les assesseurs de payer nouvelle finance. Lemaistre rappelle à la royauté ses engagements : « *Dieu ne eut tromper*, dit Tertullien, *quoiqu'il puisse toutes choses.* C'est en cette divine impuissance que les souverains, qui sont ses images sur la terre, le doivent particulièrement imiter !... Il est un peu rigoureux que les assesseurs aient acheté deux fois cette exemption... Mais ce n'est pas à la bonté de nos princes qu'il faut attribuer ce désordre, ils en sont sans doute plus fâchés que nous. *Aversi tenuere facem.* Ils ne demandent rien tant à Dieu que le soulagement de ces maux; c'est la nécessité de leurs affaires qu'il faut accuser ! » (Avais-je raison, et cette flatterie ne vaut-elle pas mieux que les *fourmis* de Pélisson et de Racine[1] ?)

Enfin le trait arrive, et on dirait qu'il s'échappe d'une assemblée de Frondeurs, tenue quelques années plus tard chez

---

[1] Racine cherchait un jour à persuader à la Fontaine que la puissance des rois était absolue, qu'ils pouvaient nous regarder comme des *fourmis*; et, comme le bonhomme hésitait à le croire, Racine forgea, pour le convaincre, cette adulation latine, qu'il prétendit être tirée des Écritures : *Tanquam formica deambulabitis coram rege vestro !*

Longueil ou chez Retz : « Si nous devons être taillables comme les autres, dit Lemaistre, au moins que nous le soyons gratuitement comme les autres; et que nous ne soyons pas les seuls dans le royaume qui donnent de l'argent au roi pour payer la taille. »

La Cour, par un arrêt du mois de février 1633, consacra l'exemption au profit de l'assesseur en la maréchaussée de Senlis, lequel d'ailleurs méritait bien de gagner sa cause. « Il (M. Le Clerc) se servait des armes aussi bien que de la plume,» et, au moment de son procès, il venait d'arrêter résolûment, au péril de sa vie, « un des plus signalés voleurs qui fût en toute la France, » et dont messieurs les prévôts avaient peur.

On le voit, à mesure que je les déroule, ces procès donnent jour sur le dix-septième siècle et rehaussent singulièrement la mémoire de Lemaistre.

CHAPITRE VII

Il y a dans notre langue un certain nombre de mots brillants qui ont l'air d'une pensée[1], et qui, sans satisfaire l'esprit, agitent l'imagination et la troublent. Que de fois dans les livres, à la tribune, sur la place publique, pour plaire au peuple, on a parlé du progrès de manière à enflammer les esprits, tromper les souffrances, accroître les illusions, préparer les révoltes ! Ainsi employé, ce mot mérite mieux que la raillerie de Figaro ; il est brillant, vide et parfois séditieux. Sans doute il s'est accompli de grands progrès autour de l'homme et par lui, dans les sciences et dans leur application, dans les lumières et dans le développement matériel des sociétés ; mais dans

---

[1] Tacite avait devancé Beaumarchais ; parlant de Cicéron et de ses mots à effet : *Rotam fortunæ esse videatur*, il dit : *Illud pro sententia positum.* (*Dialog. sur les Orateurs*, § 23.)

l'homme lui-même rien n'a changé ; il est resté ce mélange de
limon et de divinité dont parle le poëte et dont les proportions
ont à peine varié depuis le *Paradis perdu* ; qu'on l'étudie dans
les portraits qu'en a faits Théophraste, il est, à peu de chose
près, le même que sous le crayon de notre la Bruyère. Le
temps et les événements ne changent en lui que la direction, et
non pas la nature de ses passions et de ses mœurs. « Les hommes, en un sens, ne sont point légers... ils changent de goût
quelquefois ; ils gardent leurs mœurs toujours mauvaises, fer-
mes et constants dans le mal ou dans l'indifférence pour la
vertu [1]. »

La religion seule a pu entreprendre d'améliorer le cœur humain ; elle n'y a guère mieux réussi que la sagesse ; son influence a adouci les lois, mais elle a laissé au cœur de l'homme
tous ses mouvements et toutes ses passions. En étudiant la société du dix-septième siècle, plus rapprochée que la nôtre des
influences religieuses, on y trouve l'homme obéissant comme
aujourd'hui à ses instincts et à ses sentiments ; parfois il se
redresse au milieu de cet esclavage, et on le voit s'isolant du
monde, qui cherche à devenir maître de lui ; mais en général
il vit dans cet asservissement universel que nous crée notre
propre nature ; il cherche le bonheur où nous le cherchons
nous-mêmes, et emploie pour y arriver les mêmes moyens ; il
a nos vices et plaide pour les mêmes causes que nous ; ce qui
donne une éternelle jeunesse aux œuvres de Molière, c'est qu'il
a peint précisément cet homme immuable dans ses passions, et
que dans les beaux et fidèles miroirs qu'il a placés devant ses
contemporains, on reconnaît la figure des nôtres.

La vie intime ne se modifie que dans les détails ; au fond,
elle se compose toujours des mêmes choses ; on en trouve la

---

[1] *Les caractères* de la Bruyère, t. II, p. 2 ; édit. d'Amsterdam, 1754.

preuve jusque dans les plaidoyers de Lemaistre. J'ai déjà dit
que les romanciers et les historiens n'étaient pas seuls à recueillir les habitudes, les passions, les mœurs de leur époque ; ils
le font d'ailleurs à leur manière, avec quelque ostentation, et
méritent en général le reproche que Montaigne fait à Cicéron
et à Pline[1]. Dans un plaidoyer, tous les ornements disparais-
sent ; il n'y a pas beaucoup de place pour le mensonge ; on ne
se propose ni d'instruire ni d'amuser ; c'est la peinture exacte
des effets causés par des passions qui se rencontrent réellement
et se livrent dans le monde de vrais combats.

Dans une œuvre charmante que d'habiles éditeurs viennent
de faire revivre[2], on aperçoit, sous le verre un peu grossissant
de l'imagination, les mœurs de la bourgeoisie au dix-septième
siècle : elles ressemblent beaucoup aux nôtres ; on s'y aime
comme aujourd'hui, on s'y marie de la même manière et par
les mêmes raisons ; la séduction coûte un peu moins cher, mais
au demeurant elle a les mêmes procédés ; on y trouve sur les
filles à marier un *tariffe* qui n'aurait besoin, pour être juste en
ce moment, que d'être modifié suivant la valeur relative de l'argent. Ce qui m'a frappé en lisant ce livre précieux et achevé,
pendant que je poursuivais mes études sur Lemaistre, c'est
que Furetière prend presque toute sa matière au Palais. On
n'ignore pas qu'alors le Palais était un grand foyer d'agitation
intellectuelle et d'aventures ; on y rencontrait Tartufe ; Vadius
et Trissotin s'y donnaient rendez-vous pour se battre en latin
et en grec chez l'imprimeur Barbin ; les galeries du Palais
étaient à la mode ; on y commençait et on y finissait des romans ; la galanterie et l'amour vivaient au milieu des exploits ;
la poésie n'était pas éloignée du greffe.

---

[1] Il appelle leur philosophie *ostentatoire et parlière*, C. 39.
[2] Le *Roman bourgeois*.

Il y a donc quelque intérêt à chercher et à trouver dans les plaidoyers du plus grand avocat de ce temps la vie intime de cette bourgeoisie, dont le cœur et les habitudes ont beaucoup moins changé qu'on ne pense. On verra, dans l'analyse que j'en vais faire, que deux siècles n'ont guère réalisé de progrès, et que l'homme devant la passion est et restera toujours le même.

Il s'agit de séducteurs et de jeunes filles séduites. A ce point de vue particulier de l'amour et des mœurs, on croirait que nous sommes encore en 1630. Lemaistre plaide contre un *ravisseur*; on dirait des feuilles détachées du *Roman bourgeois* qui a paru trente ans plus tard; il indique d'une façon charmante la position sociale de sa cliente et celle de son adversaire qui veut s'en faire accroire : « L'intimée est, dit-il, d'une famille honnête entre les artisans d'Angoulême; elle est fille d'un maître pâtissier, petite-fille d'un marchand; l'appelant est fils d'un sergent, petit-fils d'un maréchal de la même ville d'Angoulême. Vous jugerez, messieurs, si la naissance de l'un est beaucoup plus élevée que celle de l'autre. Quant aux biens, il se peut faire que l'un en ait davantage, et que ce sergent et ce maréchal ont été, ou plus intelligents, ou plus heureux, ou plus avares, ou plus trompeurs que ce pâtissier et ce marchand. Quoi qu'il en soit, le mariage est une conjonction de personnes, et non pas de biens! »

Cette dernière phrase, si heureusement amenée à la suite de la plus fine ironie, allait contre le goût du temps ; car Furetière écrivait :

« Sachez donc que, la corruption du siècle ayant introduit de marier un sac d'argent avec un autre sac d'argent, en mariant une fille avec un garçon, comme il s'était fait un *tariffe* lors du décri des monnaies pour l'évaluation des espèces, aussi lors du décri du mérite et de la vertu, il fut fait un tariffe pour l'évaluation des hommes et pour l'assortiment des parties. »

Furetière donne cette table ou *tariffe*, qui contient, en effet, sous la forme la plus commerciale, l'*évaluation des parties sortables pour faire facilemennt des mariages* [1].

Le ravisseur que poursuivait Lemaistre s'appelait François du Montet ; il était fils d'un sergent et commis chez le lieutenant criminel d'Angoulême ; il avait sa place au tarif : *un petit commis ou sergent* pouvait prétendre à *une fille ayant deux mille livres en mariage ou environ jusqu'à six mille*. En ce temps-là, soit dit en passant, les présidents au mortier tenaient le haut du tarif, en compagnie des *vrais marquis, des surintendants et des ducs et pairs* ; ils étaient pour celles qui avaient depuis cent mille jusqu'à deux cent mille écus.

Louise d'Escluseau, la cliente de Lemaistre, était très-belle ; elle avait cette félicité du corps dont parle Tertullien [2]. Employée dans la maison du lieutenant criminel d'Angoulême, elle n'avait pourtant pas assez de biens pour figurer avantageusement au tarif ; mais elle était de celles pour qui l'auteur du *Roman bourgeois* faisait une exception à la règle. « Il arrive, dit Furetière, que quelquefois le mérite et la beauté d'une fille la peuvent faire monter d'une classe, et celle de trente mille livres avoir la fortune d'une de quarante mille. »

Quant aux moyens de séduction employés par du Montet, ils seraient assez communs sans un trait qui les anime et qu'on retrouve trente ans plus tard dans ce même *Roman bourgeois*. Je les rapproche en commençant par le roman. « Le marquis aimait Lucrèce et voulait la posséder ; il n'épargnait ni soins, ni cadeaux, ni serments : il la conduisait souvent à Saint-Cloud, Meudon, Vaugirard, qui étaient alors les grands chemins par où l'honneur bourgeois allait droit à Versailles [3]. »

---

[1] Page 53 du *Roman bourgeois*, édit. Janet.
[2] Livre II *de Cultu fœminarum*.
[3] Aller droit à Versailles signifiait tomber, être renversé.

Lucrèce, que Furetière appelle la Bourgeoise, pour la distinguer de la Romaine, méritait un peu son nom ; elle faisait une belle résistance et ne donnait que de petites douceurs qu'il fallait que le marquis prît pour argent comptant. Alors celui-ci fut contraint, vaincu de sa passion, « de lui faire une promesse de l'épouser, signée de sa main et écrite de son sang pour la rendre plus authentique. » Le romancier ajoute : « C'est là une puissante mine pour renverser l'honneur d'une fille, et il n'y a guère de place qui ne se rende sitôt qu'on la fait jouer ! »

Passons maintenant à la réalité, c'est-à-dire au plaidoyer. Le petit commis du lieutenant criminel d'Angoulême a, si on en croit Lemaistre, et sans avoir jamais lu Platon, employé tous les artifices qu'indique ce peintre divin de l'amour. « Les séducteurs, dit Lemaistre, émeuvent par leur amour ; ils charment par leurs discours ; ils attendrissent par leurs larmes ; ils assurent par leurs serments ; ils échauffent par leurs prières ; ils allument par leurs services ; ils embrasent par leurs caresses ; ils consument par leur assiduité ! » Ajoutez à cela que le petit commis faisait des promesses de mariage, qui valaient alors plus que certains billets, et qu'au bout de ces promesses inexécutées il y avait d'assez gros dommages-intérêts. Furetière dira que cette mine fait sauter l'honneur des filles ; Lemaistre, parlant de sa cliente, s'écrie : « Comment pouvait-elle résister, sans une assistance particulière de Dieu, aux promesses de mariage que l'appelant lui jetait sans cesse ? » Mais la passion du commis devait aller plus loin et prendre le ton du roman : « La fureur de l'amour, dit Lemaistre, le porta jusqu'à cet excès de lui dire (à sa maîtresse) qu'il était prêt à lui signer une promesse de son sang ; et, lui disant ces paroles, il lui donna un canif, et la pria de percer elle-même une veine de son bras ou de sa main ! » Cet emploi du canif est un trait de mœurs, pris dans la réalité, trop vulgaire pour le roman, mais très-expressif dans les amours d'un commis de lieutenant criminel et d'une dame de compagnie. C'est l'arme de la petite bourgeoisie dans les scènes d'amour.

Lemaistre n'admet pas qu'une jeune fille puisse résister à l'usage d'un pareil moyen, et il dit :

« Combien se peut-il trouver de filles qui seraient abusées comme celle-ci l'a été par les marques d'une affection si violente! Ma cliente mérite qu'on la loue d'avoir eu horreur de cette action brutale, et qu'on la plaigne tout ensemble d'avoir ajouté quelque créance à ce témoignage de frénésie plutôt que de fidélité. »

Il y a dans le plaidoyer un détail qui manque au roman, et qui est assez piquant. Dans la famille du Montet, la séduction était héréditaire; le père de l'appelant, dans la même maison du lieutenant criminel d'Angoulême, avait séduit une demoiselle; il l'avait rendue grosse, puis il avait réparé ses torts en l'épousant; son fils, fort de cet exemple ou de ce précédent, en avait fait un artifice, et laissé croire à Louise d'Escluseau qu'elle aurait le même sort que sa devancière, et que la séduction finirait bien.

A cette liaison, comme à tant d'autres, alors comme aujourd'hui, vint se mêler la pensée d'un crime. La jeune fille était devenue grosse; son séducteur, effrayé de ce résultat et voulant le détruire, acheta pour quatre pistoles du serviteur d'un nommé Cibard Courant, chirurgien d'Angoulême, une fiole pleine d'une eau verte de fort mauvaise odeur, et voulut que sa maîtresse en fît usage; mais elle refusa.

Le lieutenant criminel, qui joua dans toute cette affaire un rôle indigne d'un magistrat et qui fut flétri par l'arrêt, envoya le chirurgien Cibard Courant s'assurer auprès de la jeune fille de son état de grossesse. A ce moment eut lieu une scène des plus dramatiques :

« Elle (la jeune fille) sortit de violence hors de sa chambre, alla chercher son amant, l'amena devant le chirurgien, lui dit qu'il l'avait débauchée sous des promesses de mariage qu'elle le supplia de remplir. Le chirurgien rappela du Montet à l'honneur. Un instant ému et troublé, celui-ci reprit bientôt son sang-froid et jura qu'il était innocent. Comme le dit Lemaistre, il osa prendre pour témoin et pour juge de sa perfidie le même Dieu qu'il avait pris pour témoin et pour juge de sa constance, lequel ne rit pas des serments des amoureux comme faisaient les dieux des païens !... La jeune fille, qui n'avait pas éteint tout l'amour qu'elle avait pour lui, le poursuivit publiquement jusqu'au bout de la maison, mêlant ses cris avec ces mots : « *Mon fils, n'es-tu pas bien méchant de me refuser ce que tu* « *m'as promis tant de fois !* »

« Ces paroles, ajoute Lemaistre, ne donnent-elles pas de la pitié? Une fille qui n'aurait point été abusée serait-elle dans ce transport? Ne voit-on pas que c'est le cœur, que c'est la nature qui parle? Ne fait-elle pas connaître l'amour qu'elle lui a porté par le nom qu'elle lui donne, et son infidélité par le reproche qu'elle lui fait? Ses larmes ne montrent-elles pas son infortune? Sa poursuite si violente ne témoigne-t-elle pas sa douleur?

« Cette pauvre fille était si malheureuse, et tenait tellement à l'honneur, qu'elle dit plusieurs fois au lieutenant criminel : « Qu'il m'épouse et me sauve mon honneur qu'il m'a ôté; qu'il « fasse après de moi ce qu'il voudra; qu'il me fasse mourir s'il « veut entre quatre murailles, j'en serai contente ! »

Ce goût de l'honneur, qui va jusqu'à appeler la mort, est relevé par Lemaistre avec un peu de complaisance; mais il le méritait bien :

« Ne sont-ce pas là, s'écrie-t-il, les sentiments d'une fille généreuse? Autrefois les filles avaient le choix de la mort ou du

mariage de leur ravisseur! et celle-ci demande au sien qu'il
l'épouse et qu'il la fasse mourir; elle demande un mari et un
tombeau, un mari qui couvre sa faute, un tombeau qui finisse
sa misère; elle sera satisfaite d'être l'objet de ses vengeances,
pourvu qu'il soit son mari avant que d'être son tyran, et de
perdre sa vie entre ses mains, pourvu qu'elle sauve sa pudeur,

> « *Majus hoc voto meo est*
> « *Salvo ut pudore manibus immoriar tuis.* »
>   Senec. Trag.

« Elle ne lui demande pas de vivre avec lui comme sa femme,
mais seulement de mourir sa femme. »

Le procès s'est engagé le 15 juillet 1633. Le séducteur nie
la séduction et se défend en attaquant. Lemaistre l'accable
sous une fine et éloquente raillerie :

« Après qu'il a joué deux mois le personnage d'un ravisseur,
il vient jouer celui d'un homme grave et sérieux. Si l'on veut
croire ce qu'il a répondu devant le juge, il est aussi sage que
Socrate, il n'est amoureux que de la beauté de l'esprit, et non
pas de celle du corps (un trait des *Femmes savantes*); il regardait ma partie comme un tableau, il regardait une beauté vivante comme une beauté peinte. Ce qui brûle les autres ne
l'échauffe pas seulement; ce qui a fait, dit Socrate, que l'on
adore les filles comme des divinités, et que l'on se tient plus
heureux de leur obéir que de commander aux hommes, n'a
point de charmes pour une vertu aussi héroïque que celle de
l'appelant.

« Les sages ont perdu leur sagesse, les saints leur piété, les
invincibles leur force; mais l'appelant ne perd point la sienne
dans les occasions les plus dangereuses; les plus hauts cèdres
sont tombés, le torrent de la volupté les a mis par terre, dit
saint Augustin, et voici un sapin qui ne tombe pas! »

La raillerie s'aiguise et devient plus directe et plus pénétrante. « L'appelant dit, dans son interrogatoire, *que la tante de ma partie l'a souvent prié de lui faire des remontrances, afin qu'elle fût aussi modeste que belle.*

« N'est-ce pas là, messieurs, un censeur de l'âge et de la vertu qu'il faut pour faire des remontrances à une fille? Qui ne croira que ce n'est pas l'âme d'un jeune garçon et d'un clerc, mais d'un vieux philosophe stoïcien qui anime le corps de l'appelant? Ne mérite-t-il pas qu'on lui donne la garde des jeunes filles d'Angoulême? N'est-il pas bien propre pour être leur maître et leur précepteur, pour leur faire des leçons de chasteté et pour les instruire à l'honneur et à la vertu comme il a fait l'intimée, et les corrompre en les rendant grosses par ses remontrances?

« Il dit que *c'est lui qui a donné le premier avis au lieutenant criminel de la grossesse de ma partie;* mais certes il le pouvait bien faire, il en savait plus de nouvelles que personne.

« Quand on lui demande s'il n'est pas vrai qu'il l'a corrompue, il répond *qu'il ne s'est jamais amusé à elle et qu'il n'avait garde de s'y amuser parce qu'il était occupé aux affaires du lieutenant criminel.* Belle raison, certes, comme si l'amour qui sait dérober l'honneur ne savait pas dérober le temps!

« Lorsqu'on lui demande s'il n'est pas vrai qu'il l'a caressée fort souvent, il répond qu'il n'y a jamais pensé, qu'il ne l'a jamais baisée en particulier; *qu'il se peut seulement que le lieutenant criminel, faisant venir ses serviteurs le soir, pour jouer à quelques jeux, il l'a pu baiser, mais par le commandement du lieutenant criminel et en sa présence, et qu'il s'en souvient si peu, qu'il ne croit pas que cela soit arrivé deux fois.*

« Voilà l'esprit d'un fourbe, voilà le langage d'un perfide, voilà l'hypocrisie d'un ravisseur! Il n'ose avouer qu'il l'a caressée quelquefois, quoique cette confession sincère lui nuirait moins que cette dénégation si fausse et si affectée. Mais c'est l'impudence ordinaire de tous les coupables, parce qu'ils ne peuvent se défendre que par le mensonge, qui est l'instrument de tous les crimes; ils désavouent toutes sortes de vérités, quelque indifférentes qu'elles soient, parce qu'ils les craignent toutes; et, en s'agitant de vaines craintes, ils témoignent qu'ils en ont de véritables :

« *Qui pavet vanos metus,*
« *Veros fatetur.* »

« La seconde faute qu'ils font est de se porter toujours dans l'excès contraire au crime dont on les accuse : si c'est d'une violence, ils veulent paraître plus doux que ceux qui n'en ont jamais commis aucune; si c'est d'une impiété, ils ne se contentent pas d'une simple vertu morale, ils veulent qu'on révère en eux une parfaite dévotion chrétienne; si c'est d'un rapt, ce ne sont pas des hommes d'une chasteté commune, ce sont des philosophes insensibles, des Xénocrates, des statues; ils n'ont presque pas pensé à caresser la fille qu'ils ont ravie; pour faire qu'ils l'aient baisée une ou deux fois, il faut qu'un magistrat se joue avec ses serviteurs et ses servantes et qu'il le commande absolument. Afin qu'un clerc quitte sa gravité et se familiarise avec une fille, il faut qu'un lieutenant criminel quitte la sienne et se familiarise avec ses valets, et encore, s'il témoigne quelque affection et quelque civilité à cette personne, ce n'est pas qu'elle lui plaise, quoique elle soit parfaitement belle, mais c'est qu'il n'oserait déplaire à son maître qui le veut.

« Il ne s'y porte pas par son propre mouvement, mais seulement par obéissance. Il a de la peine à s'y résoudre : il force son âge, son sexe, son humeur; mais le moyen de résister au commandement d'un lieutenant criminel!... Ce que les autres

ne font que trop souvent par la seule inclination corrompue
de la nature, celui-ci, homme grave et sérieux, ne le fait que
rarement et par ordonnance de justice. A-t-on jamais vu un
clerc de vingt ans aussi chaste et aussi sévère que l'appelant? »

Tout ce passage est parfait de fine analyse et de dédain con-
tenu; on pourrait en faire un chapitre intitulé : du *Menteur
judiciaire*, et l'ajouter à la Bruyère. Quant au clerc, il est traité
avec cette ironie qu'a déjà éprouvée M. Pasténa et qui contre-
dit, une fois de plus et avec un rare bonheur, l'opinion de d'A-
blancourt et de Racine sur Lemaistre.

Enfin, un dernier trait s'échappe de cette plaidoirie; il appartient à la réalité aussi bien qu'au roman; il pénétrerait notre
temps aussi bien que celui de Lemaistre. Du Montet fait remarquer qu'il n'a pu promettre le mariage à une fille aussi
pauvre que Louise d'Escluseau, et « qu'il n'aurait eu garde
d'abaisser la grandeur de sa naissance et l'éclat de sa condition
jusqu'à celle de l'intimée. » Lemaistre a déjà rabaissé cette
vanité d'un sergent et d'un clerc, et il rétablit bien vite, dans
un langage juste et doux, l'équilibre que veut rompre l'orgueil
pécuniaire de la famille du Montet.

« Elle a moins de biens que lui, dit-il, cela est vrai ; et n'en
voit-on pas tous les jours qui préfèrent la beauté d'une fille à
l'argent d'une autre, les richesses du corps à celles de la fortune? Que l'appelant n'allègue donc point le peu de biens de
l'intimée, puisque les avantages dont on dit que la nature l'a
enrichie peuvent l'avoir excité à l'épouser, et à faire une folie
(si c'en est une) que tant de sages ont faite avant lui, et que
tant de sages feront après! »

Ce qui ajoute du charme à cette dernière pensée, c'est que
Lemaistre connut un jour et vers cette époque ce sentiment
dominateur et doux, qui passe aux yeux du vulgaire pour de

la folie, et qui n'est que la nature agrandie par la passion. Il aima mademoiselle de Cornuailles et voulut l'épouser; mais sa tante, la mère Agnès, le rejeta vers Dieu dans des lettres plus mystiques que tendres.

Enfin il termine ce plaidoyer, qui, comme les autres, reflète certaines réalités de son temps, à peine modifiées du nôtre, par un mouvement oratoire qui résumait sa cause et flétrissait M. le lieutenant criminel d'Angoulême, étrangement compromis dans ce procès.

« Ne laissez pas, s'il vous plaît, messieurs, la misère de cette fille sans ressource; la douleur si juste et si violente de ce pauvre père sans consolation. Un père est bien malheureux qui voit les funérailles du corps de sa fille; mais celui-là l'est bien davantage qui voit les funérailles de son honneur. Il est plus funeste de la pleurer vivante que de la pleurer morte... Ne rejetez pas ses plaintes! Avancez par votre arrêt la preuve d'un crime si odieux, que le lieutenant criminel a voulu étouffer par ses injustices. Ne souffrez pas que l'appelant ait ravi l'honneur à ma partie; qu'il ait corrompu sa vertu; qu'il ait trompé sa crédulité; qu'il ait voulu lui faire perdre son fruit; qu'il ait déchiré sa réputation; qu'il ait attenté à sa vie; et que toutes ses actions, qui doivent être expiées par la mort ou le mariage, soient couronnées par l'impunité.

« Qu'il ne triomphe pas de la faiblesse de l'intimée, des larmes de ce pauvre père, de la puissance de votre justice. Mais que votre arrêt apprenne à mes parties qu'il suffit d'être offensé pour recevoir la vengeance d'une injure; à l'appelant, qu'il suffit d'être ravisseur pour éprouver la sévérité des lois; et au lieutenant criminel, qu'il suffit de favoriser un rapt pour participer à la honte de l'expiation qui doit s'en faire! »

J'ai dit que les mœurs ne changeaient guère et qu'on retrouverait dans un plaidoyer du dix-septième siècle l'homme

tel que nous le voyons chaque jour. Les lois, au contraire,
changent ou se modifient. En général, les nôtres se sont adoucies; elles ne menacent plus de mort les amants et les ravisseurs; à leur tolérance, on reconnaît l'esprit philosophique qui
les a inspirées; elles défendent passablement la vie et la fortune; elles sont beaucoup trop molles contre les blessures de
tous genres qui sont faites à l'honneur. On dirait qu'elles n'aiment pas à prendre parti dans ces rapports, d'ailleurs si déli-
cats, où l'honneur se ravit, se perd ou s'abandonne. C'est une
faiblesse dont il serait bien facile de montrer les mauvais effets, si, pour le faire, je n'avais pas à me détourner de mon
sujet.

Les clients de Lemaistre gagnèrent complétement leur procès. M. l'avocat général Bignon conclut pour eux; le 17 juin
1634, la Cour rendit un arrêt qui rejetait l'appel comme d'a-
bus, formé par du Montet, condamnait le lieutenant criminel
aux dépens d'une procédure vexatoire, qu'il avait injustement
dirigée contre Louise d'Escluseau, et ordonnait enfin que le
maire d'Angoulême instruirait sur une violence de nuit allé-
guée contre le ravisseur.

CHAPITRE VIII

Encore une séduction. — Les lois contre le rapt au dix-septième siècle. — Le marquis de Tavannes. — La chasteté des femmes. — La licence des collégiens. — Le séducteur se fait un moment capucin pour éviter la justice. — Le couvent des Filles-Pénitentes. — Lucrèce. — Jean Bedout, avocat sans emploi et facile à tromper. — L'image de Dieu défigurée. — L'Évangile. — Les mœurs des artisans au dix-septième siècle.

Lemaistre plaida une autre fois contre un ravisseur. Le rapt était alors un cas royal et un crime public : « Les filles, dit un jurisconsulte qu'à sa définition on pourrait prendre pour un écrivain, sont ravies de deux manières : lorsque, malgré leur résistance, elles succombent sous les efforts d'une incontinence brutale qui fait violence au corps sans souiller l'âme ni laisser de tache à l'honneur ; ou bien, lorsque, ayant trouvé le secret de leur plaire par des soins artificieux, et après avoir chaque jour apprivoisé leur pudeur par des privautés nouvelles, l'on se prévaut enfin, dans une occasion favorable, de ces moments de faiblesse où le cœur n'a plus la force de soutenir la vertu contre les appâts de la volupté. » Les ordonnances du royaume étaient très-sévères contre ces crimes et prononçaient aveuglément la peine de mort ; Lemaistre venait de quitter le Palais,

10

quand une déclaration du roi, du 26 novembre 1639, confirma cette sévérité et plaça le châtiment au-dessus des réparations privées ; elle voulait que les peines fussent *encourues
nonobstant les consentements qui pourraient intervenir, puis
après de la part des pères, mères, tuteurs ou curateurs.* Le
marquis de Tavannes fut condamné, d'après cette loi, à perdre la tête, pour avoir ravi et enlevé la demoiselle de Brun, sa
cousine, *du consentement d'icelle, et l'avoir ensuite conduite
hors du royaume, aussi de son consentement.*

Le procès que va plaider Lemaistre n'a pas cette gravité ;
sur le rapt, les parties seront mises hors de Cour et de procès, conformément aux conclusions de l'avocat général Omer
Talon ; le séducteur sera condamné seulement à payer à sa victime douze cents livres pour toutes réparations, deux cents
livres aux prisonniers de la Conciergerie, et à nourrir et élever
l'enfant, fruit de la séduction. Toutefois ce plaidoyer contient
des détails pleins d'intérêt et de véritables beautés oratoires.
Nous ne sommes plus, comme à Angoulême, dans l'hôtel du
lieutenant criminel, au milieu de petits bourgeois qui vivent
à l'aise, et qui sont bien près de faire de la passion un agré-
ment et un luxe. La scène se passe dans un assez pauvre logis.
Jean-Pierre Preudhomme et Marie Fromentin, sa femme,
n'ayant pas d'enfants, avaient prié les époux Ponset de leur
confier Jacqueline Jupin, leur fille. Ils avaient reçu cette enfant le 12 février 1618 ; elle était alors âgée de neuf ans ; ils
l'avaient élevée et nourrie. Preudhomme était mort en 1626 ;
sa veuve avait épousé Louis Bretonne, qui avait un fils d'un
premier mariage, Éloy Bretonne, le séducteur. Cette séduction
prit naissance dans une mansarde, sous l'œil du père, oublieux
de ses devoirs envers la jeune fille confiée à son honneur et à
sa garde. Il y a de nos jours des familles de pauvres, et même
d'artisans, qui vivent pêle-mêle dans d'insuffisants réduits, la

misère chasse la pudeur de ces étroites demeures, et la corruption s'y développe naturellement, sur une terre faite pour elle.
Quel magistrat ignore ce détail douloureux de la vie du pauvre
au milieu de nos grandes cités, qui ressemblent tant à la beauté
d'Horace, *formosa superne?*...

Lemaistre expose que sa cliente a été condamnée à cette im-
pure cohabitation : « Ils (sa cliente et son séducteur) demeuraient, dit-il, en même logis, et, pour comble d'infortune, ils
ne demeuraient pas seulement en même logis, mais le père de
l'intimé les faisait coucher en même chambre, la fille avec une
femme âgée de quatre-vingts ans, et l'intimé dans un autre lit ;
Louis Bretonne père a été contraint de le reconnaître et s'est
voulu excuser sur ce qu'il n'avait que deux chambres ; mais il
est vrai qu'il en avait trois, et que dans une autre, fort petite,
il faisait coucher une servante ! »

Malgré le voisinage de la vieille femme, la jeune fille ne tarda
pas à devenir grosse. Le 30 septembre 1630, ses parents se
portèrent demandeurs en rapt ; le séducteur, pour éviter l'o-
rage, entra aux Capucins et y prit l'habit. Son père alors tâcha
de persuader à Jacqueline Jupin qu'elle ne pouvait plus espérer de réparation, que ce qui lui restait à faire était de se rendre religieuse. Elle le crut et entra aux Filles-Pénitentes. Mais
Éloy Bretonne n'était qu'un faux capucin ; il l'était devenu
pour les besoins du procès, comme on dirait aujourd'hui. Dès
qu'il crut le danger éloigné, il sortit du couvent et se crut hors
d'affaire ; mais sa victime avertie fit comme lui, et la lutte s'engagea devant le Parlement. Le séducteur osa soutenir qu'il
avait été séduit, « à cause que la fille avait vingt mois plus que
lui. » Lemaistre trouve cette défense ridicule et la repousse par
l'étude du cœur humain : « L'adversaire, dit-il, combat une
présomption naturelle ; car on doit plutôt présumer qu'un garçon devient amoureux d'une fille que non pas une fille d'un

garçon... Les filles ont plus de soin que les hommes de conserver leur chasteté, parce que tout leur honneur ne consiste
presque qu'en cette vertu-là seule... c'est leur gloire, c'est leur
partage. Aussi, comme Aristote dit élégamment qu'un homme
n'est pas assez généreux quand il n'a que le courage d'une
femme, on peut dire aussi qu'une femme ou qu'une fille n'est pas
assez chaste si elle n'a que la chasteté d'un homme ; il faut
qu'elle possède cette vertu à un degré souverain ; et c'est pour
cela que Dieu lui a donné la pudeur comme un rempart qui la
défend. Les yeux de ses parents et la honte naturelle à son sexe
la retiennent, dit saint Augustin... Que si on considère les hommes, il est certain qu'ils se croient dispensés du soin si exact
et si scrupuleux que les femmes doivent avoir de garder leur
chasteté.

« On peut dire avec saint Augustin qu'*en ce point ils ont cru
que l'éminence de leur sexe consiste dans la liberté de faillir.*
Caton se plaignait autrefois de ce qu'un mari pouvait tuer sa
femme, la trouvant en adultère, et qu'elle n'osait pas seulement le toucher du doigt lorsqu'elle le rencontrait en la même
faute. Et saint Grégoire de Nazianze condamne cette loi comme
très-injuste, ajoutant qu'*elle n'est favorable aux hommes que
parce que ce sont les hommes qui l'ont faite contre les femmes.*
Ils se sont réservé les vertus de l'esprit, les ayant crues les plus
nobles, et ont laissé aux femmes celles du corps, comme les es-
timant moins excellentes.

« La corruption des mœurs a fait croire pareillement que
l'honneur et la réputation des jeunes hommes n'est pas attachée à leur chasteté comme l'est celle des filles... Ils sont si perdus, qu'ils croient encore aujourd'hui que leur âge les dispense
des commandements de l'Église. Ils appellent galanterie ce que
l'Église et les lois appellent rapt et impudicité. Le premier
usage auquel ils emploient d'ordinaire leur rhétorique est à

persuader à une fille de contenter leurs désirs. Ils font profession d'être aussi hardis que celles de ce sexe sont timides. S'ils ont quelque honte, c'est d'être honteux. Ils croient qu'il y a de l'honneur à déshonorer une fille. »

Il paraît qu'alors les jeunes gens étaient au moins aussi précoces qu'aujourd'hui, et que Corneille, qui écrivait le *Cid* à ce moment, aurait pu dire de l'amour ce qu'il allait dire de la valeur; car Lemaistre continue :

« Ce qui est si véritable, que, dans le grand nombre de causes de rapt qui se présentent tous les jours, on ne voit point de ravisseurs qui ne soient extrêmement jeunes; et les deux derniers dont les causes ont été plaidées en cette Chambre n'avaient que dix-sept ans lorsqu'ils commirent le crime. N'étant pas assez sage pour n'être pas vicieux, et, se dégoûtant des voluptés publiques et infâmes, ils se passionnent d'ordinaire pour quelque fille. Ils s'échauffent et s'irritent par les *difficultés* qu'ils y rencontrent, comme dit Sénèque (*Ep*. 92). Ils se piquent de cette criminelle vanité d'en corrompre plutôt une chaste que d'abuser d'une déjà corrompue... Après cela, croira-t-on l'intimé lorsqu'il voudra persuader que c'est cette fille qui l'a corrompu? Les vingt mois qu'elle a de plus que lui sont-ils plus considérables que la faiblesse du sexe? que la pudeur qui lui est naturelle? que la crainte de perdre son honneur, qui tient lieu de tout à une fille? que l'appréhension de devenir grosse? »

Bretonne ajoute pour sa défense qu'il n'a pas pu songer à épouser cette fille, puisqu'il avait depuis deux ans retenu sa place au couvent des Capucins. Lemaistre voit dans ce mensonge le mépris de cette vie sainte dont il allait bientôt être lui-même un grand exemple, et il en prend occasion pour flétrir son adversaire et placer au-dessus de ses feintes la véritable vocation religieuse :

« Bretonne n'a-t-il pas commis une impiété de s'être servi
d'une maison sainte, où l'on adore Dieu en simplicité de cœur,
pour faire réussir sa tromperie, et d'avoir fait du temple la retraite d'un larron qui, après avoir dérobé l'honneur à une fille
par des promesses trompeuses, veut encore lui en dérober la
réparation et la vengeance par un sacrilège punissable; qui
n'est pas entré dans ce couvent avec les saintes pensées de ces
heureux fugitifs des dérèglements du siècle (on sent, sous ces
paroles de Lemaistre, les premiers tressaillements d'une âme
qui, dégoûtée du monde, fuira bientôt ses misères dans le sein
de Dieu), mais avec celles d'un criminel que suit l'épée mena-
çante de la justice séculière; qui n'a pas eu pour motif d'y
trouver plus de sûreté pour faire son salut, pour être toujours
fidèle au souverain Maître, mais seulement d'y trouver plus de
sécurité pour être infidèle à ma partie; et enfin qui, de cet habit vénérable, lequel ne doit couvrir que des personnes toutes
pures et en qui la piété a éteint le feu de l'amour du monde, a
voulu revêtir la corruption de son esprit et de son corps, en
déguiser un ravisseur au lieu d'en couvrir un religieux et
jeter la cendre sur les flammes de ses passions pour les conserver plutôt que pour les éteindre? *Ignis suppositus cineri
doloso.* »

A côté ou plutôt en regard de ces mensonges et de ces
fraudes, de ces travestissements et de ces impiétés, que Lemaistre reproche à son adversaire, il place la conduite simple,
droite, naïve, honnête, de sa cliente. Il la montre entrant de
bonne foi, par les conseils mêmes du père de son séducteur, au couvent des Filles-Pénitentes, comme si elle eût
été au rang des prostituées pour qui cet asile était fait; puis il
ajoute :

« Considérez, messieurs, le procédé de ma partie; il a été
bien différent de celui des filles de condition, qui, étant nour-

ries dans le luxe et n'étant pas assez riches pour satisfaire à leur vanité, souffrent qu'un jeune homme riche leur parle d'amour, tirent de lui une promesse de mariage, et, ayant déjà l'esprit corrompu, ne se soucient guère après de conserver la pureté de leur corps, mais la perdent très-volontiers dans le désir dont elles brûlent de gagner un mari qui ait du bien.

« Le procédé de ma partie a été bien différent de celui-là : aussi faut-il reconnaître que la corruption du siècle n'est pas encore venue jusqu'aux artisans, et que leurs filles sont d'ordinaire plus vertueuses et moins fines que les autres. »

Il y a en effet très-loin de la naïveté de cette pauvre fille, allant au monastère des Filles-Pénitentes et se faisant ainsi plus coupable qu'elle n'est, à la *finesse* de la *Lucrèce* de Furetière, qui se retire bien au couvent après avoir été séduite, mais qui, à force d'hypocrisie et d'artifice, y restaure sa virginité, remplit d'amour le cœur de *Jean Bedout*, avocat riche et sans emploi, et se fait épouser par lui comme la plus pure et la plus invincible des religieuses.

Jacqueline Jupin ne paraît pas non plus indigne de l'éloge que lui donne Lemaistre quand il dit : « Si elle eût aimé la volupté sensuelle, elle n'avait que vingt ans, elle était dans la fleur de l'âge, il restait encore des hommes au monde, Bretonne n'y étant plus; mais Dieu l'a fait naître chaste. Il n'y eut jamais que l'intimé qui, par la violence de son amour, accompagné des serments qu'il lui faisait sans cesse de l'épouser, ait pu ternir la pureté de son âme. Aussitôt que cette violence a cessé, elle a repris sa première chasteté; lui seul a vaincu sa résistance; elle a triomphé de tous les autres en se retirant dans ce monastère. »

Le père du héros de cette séduction était un simple serrurier et très-mal logé, comme on a pu le voir. Moins pauvre qu'il ne le paraissait, ambitieux et vain, il pouvait, dès 1634, servir de modèle à cette classe, qui grossit sans cesse, de parents pauvres, vivant mal du travail de chaque jour, et se privant du nécessaire pour faire de leurs fils, qui eussent été très-bien à la charrue ou dans l'atelier, des avocats sans cause, des médecins sans malades, d'impatients oisifs, des fils ingrats et des citoyens dangereux ou inutiles. Pendant qu'il faisait des serrures, son fils faisait ses humanités, et peut-être même sa philosophie. C'est au sortir de ses humanités qu'Éloy Bretonne s'est fait séducteur, absolument comme l'écolier de Bérenger. Lemaistre trouve dans ces détails une veine oratoire des plus heureuses, et il enlève aisément à ce jeune coupable les avantages de son âge et de ses humanités :

« Vous viendrez dire, s'écrie-t-il, ce que disent tous les ravisseurs, que vous ne l'avez réduite à cette misère qu'en voulant vous divertir, que ce sont des jeux d'un écolier en philosophie, que ce sont des folies d'un indiscrète jeunesse ?

« Est-ce ainsi que vous pensez vous moquer de la justice ? Lui ferez-vous passer un rapt pour un jeu ? Souffrira-t-elle des plaisirs si criminels, des divertissements si funestes ? Sera-t-il libre à tous les écoliers en philosophie de dix-neuf et de vingt ans, comme était Bretonne, de se désennuyer en ravissant l'honneur des filles ?... Suffira-t-il que Bretonne dise qu'il n'a point pensé à épouser l'appelante, mais seulement à passer son temps, et qu'encore qu'il l'ait cent fois conjurée de croire qu'il ne la voulait pas perdre, qu'il n'était porté que d'un bon dessein; qu'il voulait seulement changer l'ordre et commencer le mariage par ce qui le devait finir? (Il était en cela de l'avis de Magdelon dans les *Précieuses ridicules,* qui s'indigne qu'on prenne le roman par la queue.)

« Suffira-t-il qu'il se porte à des vanités ridicules ? qu'il dise que cette fille n'est pas si noble que lui ? Y a-t-il autant d'inégalité entre deux artisans qu'entre un gentilhomme et un roturier? Sera-t-il dit que les fils des uns pourront avec toute sorte de liberté corrompre les filles des autres? Suffira-t-il qu'il allègue qu'il est fils unique, qu'il a étudié en humanité, qu'il a voulu depuis peu se mettre dans les ordres ecclésiastiques? Il est vrai qu'il est fils unique, mais il a été aussi l'unique corrupteur de ma partie. Il a étudié en humanité, mais il valait mieux pour l'appelante qu'il n'eût jamais fait que son métier, que de la réduire à cet état déplorable! Un peu de latin qu'il sait le mettra-t-il au dessus des lois?... Les lettres humaines doivent détourner un homme de faire des crimes, mais non pas l'empêcher d'être puni. »

J'avais oublié de le dire; nous sommes dans la Chambre de la Tournelle; Lemaistre demande la punition du coupable et ne veut pas se contenter d'une réparation en argent; il ne pense pas qu'on puisse payer l'honneur avec cette monnaie, et il dit :

« Souffrirez-vous, messieurs, que l'intimé ne soit pas sujet à la juste sévérité de lois qui toutes punissent le rapt comme un crime capital? Mettra-t-on dans la balance une petite somme d'argent avec toute la réputation d'une jeune fille, ce qui n'est presque rien à l'intimé avec ce qui est tout à ma partie, avec sa virginité perdue, *qui lui tenait lieu,* comme dit Libanius, *de mariage, de mari, d'enfants, d'espérance et de vie?* Égalisera-t-on la bassesse de l'argent à la dignité de la personne, et un ouvrage insensible de la terre à l'image vivante de Dieu que l'on a défigurée? »

L'image de Dieu défigurée est une admirable peinture, et il y a une égale noblesse et une égale grandeur dans la pensée qui met la dignité de la personne au-dessus de la bassesse de l'argent, et dans l'expression qui traduit et colore cette exquise pensée.

Lemaistre va finir; on lui a fait une objection de la misère

et de l'état de sa cliente, on lui a dit qu'elle n'était qu'une servante, et qu'on avait pu en abuser impunément. Sans doute
on s'est gardé de donner une portée si odieuse à l'objection, on
aurait soulevé l'indignation des juges les plus patriciens; mais
Lemaistre force l'argument, ce qui est permis au Palais, pour
le réfuter plus sûrement et avec plus d'éclat. Toutefois il n'est
pas impossible qu'on ait alors soutenu qu'on pouvait impunément abuser d'une servante. J'ai eu récemment la douleur, en
recueillant l'écho d'une délibération du jury, d'apprendre
qu'un coupable avait dû l'impunité à un argument analogue.

C'est Lemaistre qui, l'Évangile à la main, va flétrir cet
étrange oubli de la dignité humaine, ce grossier mépris d'une
religion qui nous fait tous égaux et place seulement, par une
préférence divine, l'humble et le pauvre au-dessus de l'orgueil-
leux et du riche.

« Je soutiens, dit-il, que, quand ma cliente aurait été servante, elle serait bien fondée en son action, car on ne doit pas
traiter les servantes qui sont parmi nous comme les esclaves
des Romains. Le Dieu des chrétiens est le Dieu de liberté. En
prenant la forme d'un serviteur, il nous a tirés de servitude; il
a rompu nos chaînes; il nous a fait marcher la tête levée...
Comme ce royaume n'est pas tant celui de France que celui
de Jésus-Christ, et que nos rois ont plus estimé leur qualité de
très-chrétiens que toutes les autres, ils n'ont point voulu qu'il
y ait d'esclaves en toute l'étendue de leur État. Leur *couronne*,
comme disent les docteurs français, est la couronne de gloire
et de liberté. N'est-il donc pas injurieux de vouloir traiter une
servante, qui ne sert que librement, comme les esclaves romaines qui servaient par une nécessité involontaire et forcée? »

La péroraison est simple et courte, et ne mérite d'être citée
qu'à ces titres :

« Qu'il ne soit pas dit qu'elle (sa cliente) a reçu de l'honneur d'avoir été déshonorée par le fils d'un serrurier. Considérez, messieurs, ce qu'elle deviendrait si l'intimé demeurait impuni. Sa vie ne lui serait-elle pas un supplice? Pourrait-elle vivre en religion, Dieu ne l'y appelant pas? Pourrait-elle vivre dans le monde, Bretonne lui ayant ravi son honneur? Y aurait-il quelqu'un assez barbare pour ne la plaindre pas dans cette funeste extrémité?

« Ne vaut-il pas mieux qu'il soit justement puni de son crime, que non pas qu'elle en soit injustement misérable? Il y a deux ans qu'il se joue de la simplicité de cette fille. Il l'a trompée avec un habit de capucin, et, depuis, avec celui d'ecclésiastique. Il lui a voulu ôter l'espérance du mariage. Il est temps qu'il reçoive la récompense de ses illusions et de ses fourbes, qu'il ne fasse plus ses délices des douleurs de ma partie, qu'il ne rie plus de ses larmes, qu'il ne triomphe plus de ses misères. »

Au milieu de ce plaidoyer, on l'a peut être remarqué, Lemaistre est amené à louer les mœurs des artisans de son temps; il déclare que la *corruption du siècle n'est pas encore venue jusqu'à eux;* en retenant cet hommage comme un fait historique et certain, et en regardant autour de nous, on s'attriste involontairement, et on doute plus que jamais que l'homme s'améliore dans les révolutions et dans le temps. Nous ne pouvons plus dire, en effet, que la corruption du siècle n'est pas venue jusqu'aux artisans. Ils ont bien leurs flatteurs qui le proclament; mais les faits résistent à ces louanges. La corruption, qui suit l'incrédulité et l'orgueil, s'est introduite dans les rangs du peuple, sous les noms d'émancipation et de liberté; elle y a fait de grands ravages, surtout depuis qu'elle a pour auxiliaires ces théories qui font la guerre à Dieu, à la patrie, au sens commun, à la vertu sous toutes ses formes. Je regrette de le dire, mais toute vérité cachée est un danger; aujourd'hui les crimes

analogues à celui que poursuivait Lemaistre contre le fils du
serrurier Bretonne ont pour principaux théâtres l'atelier et la
mansarde. La justice ne les connaît pas tous; mais elle en voit
assez pour qu'on ne puisse plus renouveler l'éloge de Lemaistre aux artisans de son temps, et pour confirmer la doulou-
reuse réflexion à laquelle je viens de m'abandonner.

CHAPITRE IX

Voici un plaidoyer qui nous place au milieu de la guerre de 1628, non plus dans la région anecdotique, mais sur la terre ferme de l'histoire, côte à côte avec Louis XIII et Richelieu : il va nous montrer l'horreur des luttes religieuses et civiles, les haines personnelles se donnant les plus criminelles satisfactions à l'ombre du drapeau, les châteaux incendiés par les chaumières, un duc et pair frappé dans sa puissance et dans sa fortune par ses vassaux qui le détestent et qui croiront cacher leur vengeance dans la guerre. Puis nous verrons planer au-dessus de ces drames, si complétement historiques, les plus grands principes du droit public, éloquemment invoqués, réglant déjà, presque comme aujourd'hui, les devoirs et la responsabilité des communautés d'habitants.

On connaît les Mémoires du sieur de Pontis, qui a servi cin-

quante-six ans, sous les rois Henri IV, Louis XIII et Louis XIV.
Il a, avec Lemaistre, un point de ressemblance qui me décide
à dire un mot de lui ; d'ailleurs, il assistait, comme lieutenant
aux gardes, à cette guerre de 1628, et il en a recueilli quelques traits qui s'encadrent dans le sujet de ce plaidoyer. La vie
du chevalier de Pontis fut presque aussi agitée que celle du chevalier d'Artagnan. Mais à la fin Dieu le toucha de sa grâce, le
dégoûta du monde et le plongea dans la retraite. Après cin-
quante-six ans de services militaires et glorieux, ayant reçu
dix-sept blessures, il se retira, dit l'éditeur de ses Mémoires, en
une maison de campagne pour ne s'y plus occuper que de la
pensée de la mort. Il s'entretenait souvent avec un de ses amis,
à qui Dieu avait fait la même grâce de quitter le monde ; cet
ami, comme Issali pour Lemaistre, finit par obtenir du chevalier
de Pontis la permission de publier ses Mémoires. Les pénitents
d'alors, qu'ils vinssent de l'armée, du barreau ou d'ailleurs, se
détachaient sincèrement du monde, et, loin de garder une
seule pensée d'ambition et de gloire, ils redoutaient comme
un danger d'appeler l'attention sur eux et de se souvenir de
leur vie. Il fallait toute la violence et tous les artifices de l'amitié pour les distraire de leur intimité avec Dieu, et les arracher un instant à leur prédilection pour le silence et pour la
solitude. Le chevalier de Pontis avait l'humeur altière et douce
que donne habituellement le ciel de la Provence qui l'avait vu
naître ; il avait pris à la même source un esprit ardent et fin
qui double l'intérêt de ses récits : il était au siége de la Rochelle avec le roi et le cardinal de Richelieu. C'est pendant ce
siége que s'accomplissent les faits d'où naîtra, cinq ans plus
tard, le procès que va plaider Lemaistre pour M. le duc de
Vantadour. « Le roi, dit de Pontis, résolut, en l'année 1627,
d'aller en personne assiéger la Rochelle, pour ôter à l'hérésie
le plus grand rempart qu'elle avait en France. » Une fois déjà

Lemaistre a dû peindre les horreurs de ces guerres qu'anime et qu'ensanglante la passion religieuse, et qui soulevèrent l'âme douce et méthodique de Boileau au point de lui faire dire :

> Cent mille gens zélés, le fer en main courants,
> Allèrent attaquer leurs amis, leurs parents,
> Et sans distinction, dans tout sein hérétique,
> Pleins de joie, enfoncer un poignard catholique ;
> Car quel lion, quel tigre égale en cruauté
> Une injuste fureur qu'arme la piété [1] ?

Le chevalier de Pontis en cite un trait qui fait frémir à deux siècles d'intervalle, et qui suffit pour justifier toutes les haines et toutes les vengeances privées qu'engendre la guerre civile. C'est de Pontis qui parle :

« Le temps arriva enfin que la Rochelle, qui était toute l'espérance et tout l'appui du parti des hérétiques, devait tomber entre les mains de son prince légitime. L'extrémité où elle se trouva réduite par la famine fut telle, qu'un très-grand nombre de personnes moururent de faim; et je dirai ici sur cela ce que j'appris ensuite de la propre bouche de mon hôte, étant entré dans la Rochelle. Car, voulant me faire connaître quelle avait été l'extrémité de leur misère, il me protesta que, pendant huit jours, il s'était fait tirer de son sang et l'avait fait fricasser pour en nourrir son pauvre enfant, s'ôtant ainsi peu à peu la vie à soi-même pour conserver celle de son fils. »

Cette guerre, dont la prise de la Rochelle fut le coup décisif, alla finir dans le midi de la France. Le duc de Rohan, à la tête des huguenots, venus en partie du Vivarais, y tint la campagne devant Montpellier. Il crut un moment s'emparer de cette ville à l'aide d'une trahison ; mais le traître sur lequel il comptait n'avait pris ce rôle que pour le trahir lui-même ;

---

[1] Satire XII.

enfin le duc de Rohan couronna ces hontes en s'arrangeant pour cent mille écus avec le roi de France, suivant l'expression d'un historien[1].

Le duc de Ventadour avait pris part à ces luttes du côté catholique. Comte de Charlat et baron de Chaumeyrac en Viva. rais, il avait exposé sa vie à l'attaque de Privas et devant d'autres places rebelles.

Ce duc était sans doute le père de celui que la Bruyère a maltraité dans son chapitre : *Des biens de fortune;* on sait, en effet, que l'auteur des *Caractères* parle du duc de Vantadour quand il dit :

« Un homme est laid, de petite taille, et a peu d'esprit : l'on me dit à l'oreille : Il a cinquante mille livres de rente. Cela le concerne tout seul, et il ne m'en sera jamais ni pis ni mieux; si je commence à le regarder avec d'autres yeux, et si je ne suis pas maître de faire autrement, quelle sottise[2] ! »

Avec les détails que de Pontis nous donne sur les cruautés qui signalèrent cette guerre, et en supposant que le duc de Vantadour ressemblât au portrait que la Bruyère a fait de lui ou de son descendant immédiat, on ne s'étonne pas trop du procès qui va naître.

Les vassaux du duc ne l'aimaient pas, ni comme seigneur, ni comme catholique; ils profitèrent de la guerre pour démolir les châteaux de son comté de Charlat et de sa baronnie de Chaumeyrac, sans doute avec l'espoir de mettre ces actes de vengeance particulière sur le compte des révoltes publiques; leur procédé n'était pas nouveau, et il a dû être ou plutôt il a été bien souvent imité après eux; c'est peut-être là ce qui déshonore le plus les guerres civiles; mais c'est en même temps ce qui montre que la puissance doit être exercée doucement,

---

[1] M. Michelet, *Histoire moderne.*
[2] La Bruyère, *Caractères,* p. 507, édit. 1754.

et que, si pas un n'est à l'abri, dans une tempête publique, du coup que lui réserve et que lui porte la main d'un lâche, il faut au moins, en ne les provoquant pas, laisser à de tels ennemis la honte entière de leurs crimes. Le duc de Vantadour n'y regardait pas de si près, et d'ailleurs ses ennemis étaient ses sujets ; dans les idées de son temps et de sa naissance, il ne devait rien à leur faiblesse ni à leur dignité; il usait d'un pouvoir légitime et semait légalement la haine.

Presque toutes les époques de notre histoire ont plus ou moins connu le socialisme; il a été, suivant les temps, théorique ou pratique, audacieux ou craintif, faible ou violent. Ce qui doit étonner les esprits complaisants ou généreux, qui trouvent un progrès sous chaque pas que fait l'humanité, c'est que ce détestable rival de la société grandit à mesure que la puissance publique est plus douce et la société mieux réglée. Il n'entre pas dans mes idées de justifier les inspirations du socialisme, même en présence d'une théocratie absolue ou d'une impérieuse féodalité. Partout où il se montre, il est au fond l'implacable ennemi de la justice. Cependant on comprend mieux qu'il s'agite dans la guerre de 1628 que de nos jours. L'oppression directe et systématique du régime féodal, le trouble causé dans les esprits par les querelles religieuses ou par le sang répandu, au nom d'un Dieu commun, diversement expliqué et servi, pouvaient jeter les ignorants et les faibles dans la violence et le mépris des lois. Le socialisme pouvait se cacher derrière la liberté de conscience, sans qu'il fût alors bien facile de distinguer son déguisement. L'excès, d'ailleurs, était un peu partout. Domat lui-même, ce grand et doux esprit, allait écrire, comme un principe de droit absolu et certain, ces lignes qu'ont effacées la raison et la tolérance. « Les souverains catholiques peuvent se servir de l'autorité temporelle pour empêcher les hérésies... Un des meilleurs

moyens dont ils puissent se servir est d'ôter aux hérétiques
les lieux où ils s'assemblent... Il est aussi très-naturel qu'un
prince catholique ne permette point aux hérétiques d'y tenir
des charges, des emplois honorables et d'exercer des profes-
sions distinguées[1]... »

Toutes ces causes environnent et atténuent la conduite des
vassaux du duc de Vantadour ; c'est en vain que Lemaistre,
plaidant contre eux, prononcera ces sages et paisibles paroles :

« Quel profit peut-on trouver à démolir une maison? Y a-
t-il rien de plus odieux que cette méchanceté? Oter la vie à
un homme pour lui ôter son argent, c'est un crime punissable; mais lui ôter la vie sans avoir dessein de profiter de sa
mort, c'est le comble de la cruauté. Et, comme la vertu héroïque consiste à être bon gratuitement, aussi le vice le plus
détestable consiste à être gratuitement méchant. Dans ces
guerres, et comme dit Montaigne, dans ces maladies populaires, on peut distinguer, sur le commencement, les sains des
malades; mais, quand elles viennent à durer, tout le corps s'en
sent, et la tête et les talons : aucune partie n'est exempte de
corruption; car il n'est rien qui se hume si goulûment, qui
s'épande et pénètre comme fait la licence[2]. »

Aussi ces vassaux et ces protestants coupables ne furent-ils
l'objet d'aucunes poursuites criminelles. Les *Édits de pacification* les couvraient de leur grâce. Le roi avait donné, en 1629,
une *déclaration d'amnistie et d'oubliance*. Lemaistre a compris qu'il ne peut plus ni demander ni provoquer le châtiment
des coupables :

« M. le duc de Vantadour, dit-il, ne veut point faire revivre, par le discours, ce monstre de rébellion qui est enseveli

---

[1] Domat, Supplément au *Droit public*, liv. V, p, 202. Id.

[2] Montaigne, *Essais*, liv. III, ch. XII, de la Physionomie.

pour jamais dans les ruines de la Rochelle. Il ne demande point le châtiment d'un crime. Sa Majesté les a tous pardonnés. Ce serait être mauvais sujet que de vouloir abattre une partie des trophées de sa clémence, et cruel citoyen que de poursuivre la punition de ceux qui ont trouvé miséricorde. »

Mais il soutient que son client a contre ses vassaux une action civile « pour réparer la perte qu'il a reçue; » il établit ce droit avec une fermeté de raison et une sûreté de principes qui font, aujourd'hui même, de cette partie de son plaidoyer, l'expression brillante d'une des règles les plus certaines de notre législation. « Dans le concours d'une action civile et d'une action criminelle, après en avoir intenté une, on peut encore intenter l'autre, parce que *l'une regarde l'intérêt des particuliers, et l'autre la vigueur de la disciple publique.*

« Si, par la grâce du prince, la peine du crime est remise, le criminel ne peut pas se délivrer des créanciers auxquels il était obligé avant ses lettres de rémission. Si un procès criminel, touchant une fausseté, vient à être assoupi par l'abolition et par la grâce du prince qui remet le crime, on ne laisse pas de pouvoir agir pour le civil.

« Les princes protestent qu'ils ne veulent point faire tort à autrui en accordant leurs faveurs et leurs bienfaits; leur main ne doit pas blesser un de leurs sujets quand elle en guérit un autre. Il vaut mieux qu'elle ne sauve pas un coupable que de ruiner un innocent. Les rois sont bien malheureux lorsqu'ils méritent plus de blâme que de louange de leurs bienfaits. Ils peuvent être cléments, mais ils doivent toujours être justes. C'est pour cela que, lorsqu'ils accordent des lettres de rémission, ils laissent toujours à la partie civile à poursuivre son intérêt, et que l'Église, qui a la garde des trésors de la miséricorde infinie, et qui est bien plus douce que les rois, ne pardonne jamais l'offense qu'on a commise envers Dieu, si par la restitution l'on ne répare l'injure commise contre le prochain. »

Arrivant à la portée des édits de pacification, Lemaistre émet une doctrine très-sensée, mais qui n'est plus la nôtre. Suivant lui, ces édits, qui sont de véritables amnisties, doivent avoir moins d'effet que des grâces individuelles; il en donne de graves raisons; mais, pour nous, la politique a énervé ces règles; la puissance publique a eu tant et de si singuliers retours, que les crimes politiques ont joui d'une certaine faveur, et se sont fait une place à part dans l'opinion et dans la loi; quand l'amnistie s'applique aux châtiments, dont on les frappe d'une main si incertaine et si faible, elle en efface presque tous les effets, et va beaucoup plus loin que la grâce.

Lemaistre en jugeait autrement et exprimait un sentiment contraire avec une grande élévation d'idées et de langage :

« Les édits de pacification sont des rémissions générales ; et la différence qui s'y rencontre est que les particulières ne s'accordent d'ordinaire qu'aux malheureux, qu'à ceux qui, par hasard ou par leur faute, ont commis quelque homicide, au lieu que celles-là ne se donnent qu'aux grands coupables qui ont violé leur serment de fidélité, qui ont pris les armes contre celui pour lequel ils devaient exposer leur vie, et qui ont couronné ce crime par une infinité d'autres crimes. Ce n'est pas que l'on ne doive approuver les édits de pacification, comme des remèdes salutaires pour calmer les orages des guerres civiles [1]. Il en est des rois comme de Dieu, ils ne refusent point le pardon à ceux qui leur demandent et qui implorent leur miséricorde; ils ne les traitent plus comme des sujets rebelles, mais

---

[1] Ces Édits succédèrent aux Ordonnances de François Ier et de Henri II, qui portaient qu'on condamnerait les hérétiques à des peines afflictives.

comme des enfants prodigues qui se sont retirés de leur devoir
et qui se repentent de leurs crimes.... Oubliant la qualité de
roi pour ne se souvenir que de celle de père, ils choisissent
plutôt de pardonner à des peuples que d'égaler la peine à leur
insolence et de faire d'une grande province une grande solitude. »

Cependant Lemaistre reconnaît que ces édits effacent les
crimes commis *par la chaleur de la guerre;* mais alors il éta-
blira que ce n'est pas en accomplissant la révolte et par entraî-
nement que les vassaux du duc de Vantadour ont incendié ses
châteaux :

« Nous reconnaissons, dit-il, que le dommage que les particuliers peuvent souffrir par ces édits de pacification, qui imposent silence à toutes les personnes et publiques et privées pour
les pertes qui sont venues de la chaleur de la guerre et de la
violence des armes, est récompensé par l'utilité qui en revient
à l'État et par la réunion de tous les sujets dans l'obéissance ; –
qu'il vaut mieux que quelques particuliers souffrent que non
pas tout le royaume, et que leurs plaintes et leurs larmes semblent en quelque sorte importunes parmi les chants de victoire
et les acclamations publiques. »

Quand il a fait cet éloquent aveu, l'avocat détermine exactement le fait d'où va naître le droit de son client et prouve que
la guerre n'a pas été la cause, mais le prétexte de la dévastation
de ses châteaux :

« Il ne s'agit pas en cette cause d'un acte d'hostilité publique.
M. le duc de Vantadour souffrirait avec patience l'extrême perte
qu'il a reçue, si elle était arrivée par le commandement d'un
chef de parti contraire ou par l'insolence des soldats armés
contre le service de Sa Majesté. Si ses maisons avaient été dé-
molies de cette sorte, il les considérerait comme si elles avaient
été ruinées par le tonnerre ou par un débordement. Il ne s'en

plaindrait non plus que l'on fait contre l'air et contre l'eau, lorsqu'ils produisent ces tristes effets.

« C'est la malice de ces habitants qui en a été la seule cause;
ils ont été les seuls auteurs de la démolition de ces châteaux :
ce sont eux qui l'ont demandée, eux qui l'ont poursuivie, et ce
sont eux-mêmes qui l'ont faite, ainsi qu'il est justifié par l'en-
quête...

« Les châteaux qu'avait M. le duc de Vantadour lui donnaient
de l'autorité. C'était un objet peu agréable à ces habitants séditieux. Il y avait longtemps qu'ils avaient dessein de les ruiner; les marques de seigneurie les importunaient autant que
celles de souveraineté. La paix les avait détournés de les abolir;
ils attendaient un remuement, afin que, dans le trouble et l'o-
rage, ils exécutassent leur dessein avec plus de sûreté, et qu'ils
enveloppassent la rébellion contre leur seigneur dans celle que
les autres rebelles commettaient contre leur prince. »

Ce n'est pas sans peine que la conscience de Lemaistre renonce au châtiment qui, dans les temps ordinaires, aurait atteint les habitants de Charlat et de Chaumeyrac; dans cette re-
nonciation même, il trouve une grande force pour son droit et
le fait resplendir, si l'on peut ainsi parler, au milieu même de
l'impunité que la déclaration du roi assure à ses adversaires :

« Que ces habitants soient glorieux d'avoir fait impunément
contre leur propre seigneur et un duc et pair de France ce
qu'ils n'auraient pu faire en un autre temps contre un simple
particulier sans attirer sur leurs têtes toutes les peines de la
justice; qu'ils se réjouissent de conserver même leur liberté
après une action qui eût pu légitimement leur faire perdre la
vie; qu'ils triomphent, dans leur humeur insolente, de n'être
point punis de leur crime contre leur seigneur, à cause de la
rébellion qu'ils ont commise contre leur prince, c'est-à-dire de
n'être point punis parce qu'ils ont été trop criminels, et de

n'éprouver pas la vengeance d'une loi parce qu'ils ont violé
toutes les lois. Mais que cette faveur extrême ne soit pas couronnée d'une injustice extrême envers M. le duc de Vantadour. »

Ayant ainsi ramené sa cause aux termes qui lui conviennent,
et le fait étant bien dégagé, il soutient qu'il a pour lui le texte
même des lois, et rappelle que « les assassinats, les larcins et les
voleries sont exceptés des édits de pacification, de ceux mêmes
où la nécessité du temps a porté le roi Charles IX et le roi
Henri III à reconnaître pour leurs bons et fidèles sujets ceux
qui leur avaient donné des batailles, et à avouer la plus insolente rébellion qui fut jamais, comme faite pour leur service. »
Il insiste sur deux édits donnés dans l'année 1563, l'un à Amboise, l'autre à Orléans, par le roi Charles IX. Le premier remet tout ce qui a été fait par M. le prince de Condé et pour l'occasion de la guerre, ordonne que tous les prisonniers seront
mis en liberté, *en ce non compris les voleurs, les larrons, les
brigands et les meurtriers*. Le second, celui d'Orléans, s'exprime
ainsi et étend le pardon à la ruine des temples : « ... Ne pourront être poursuivis, pour la démolition des temples et semblables ruines. Tous les prisonniers, pour le fait de guerre,
seront renvoyés sans rançon, hors les voleurs et les assassins :
avouant tout ce qu'ils ont fait et tout ce qui s'en est suivi
comme fait pour notre service. »

Lemaistre triomphe avec ces textes et les attire à lui en disant : « Si les édits exceptent les crimes particuliers, les larcins, les assassinats, pourquoi la démolition d'une maison ne
sera-t-elle point exceptée, lorsqu'elle n'est pas faite par la licence
des armes et la violence de la guerre? Est-ce un plus grand
crime d'ôter l'argent à un homme que de ruiner sa maison? »

Cette cause n'était pas sans précédents : au mois d'avril 1568,
ceux de la religion réformée avaient brûlé le monastère des

cordeliers d'Olonne. Les cordeliers ayant soutenu que leurs adversaires avaient agi par l'animosité particulière d'un procès
qu'on avait eu contre eux, ils perdirent néanmoins leur cause
en la Chambre de l'Édit[1], le 13 février 1602, sur les conclusions de l'avocat général Servin, celui qui appelait le concile de
Trente un conciliabule. Lemaistre le savait, et il réfute l'objection qu'on pouvait tirer de cet exemple; il fait remarquer
que, dans le procès des cordeliers, seize ans avaient séparé le
crime de la plainte, et que d'ailleurs il s'agissait d'église et de
monastère incendié par des protestants, qui croyaient faire la
guerre en démolissant les temples. « Ils ont cru, dit Lemaistre,
mériter devant Dieu d'abattre ces maisons saintes que leurs
pères avaient bâties, que leurs rois avaient fondées et que la
France révérait depuis tant de siècles! » Telle n'était pas évi-
demment la position des vassaux de Charlat et de Chaumeyrac.

Vaincus sur le terrain du droit, ces paysans révoltés s'adres·
seront à la clémence du duc de Vantadour en mettant en avant
celle du roi; mais Lemaistre leur répondra, en signalant en
quelques mots les devoirs et les obligations des gentilshommes
et en plaçant fièrement le droit d'un duc et pair à côté, sinon
au-dessus de la puissance royale elle-même.

« Si l'on dit que, le roi ayant remis toutes ses injures, M. le
duc de Vantadour doit remettre aussi toutes les siennes, je réponds qu'il faut faire différence entre le prince et ses sujets,
quelque grands et quelque illustres qu'ils puissent être. Selon
le droit civil, dit Sénèque, tous les biens du peuple sont au roi;
ce qu'il explique en disant qu'ils possèdent par puissance et

---

[1] Les Chambres de l'Édit, qu'on nommait ainsi parce que c'était une juridiction créée par l'Édit de Nantes, se composaient moitié de magistrats catholiques, moitié de protestants. On y jugeait les causes de ceux-ci. Louis XIV
les supprima en 1670. Le Coigneux, père de Bachaumont, était président à
l'Édit. (Tallemant, *Histor.*, id., in-8°, t. III, p. 107.)

par empire ce qu'eux possèdent par propriété[1]. On ne peut pas dire cela de leurs peuples et des grands de leur royaume, qui peuvent s'enrichir et s'appauvrir par eux-mêmes, au lieu que les princes ne sauraient être riches ou pauvres que par leurs sujets. Si Dieu élève quelques particuliers à une condition plus éminente que l'ordinaire, ils sont d'autant plus obligés à la conservation de leurs biens, que c'est l'instrument le plus nécessaire à la fortune des grands. Sans lui leur grandeur n'est que bassesse, et ces illustres maisons, qui doivent être les colonnes de l'État, deviennent inutiles et méprisables; ce sont des machines qui, n'ayant point de ressort, ne peuvent se remuer. »

Ne croirait-on pas que c'est le duc de Vantadour lui-même qui parle? on le croirait bien plus quand son avocat ajoute avec l'orgueil d'un grand vassal : « M. le duc de Vantadour n'aurait pas souffert cette violence d'un prince; faut-il que non-seulement il la souffre de ses propres vassaux et de ses sujets, mais qu'il ne puisse pas même contester pour le civil? »

Lemaistre a fini, et sa péroraison résume éloquemment sa cause :

« M. le duc de Vantadour ne demande point qu'on fasse brèche à la déclaration du roi, et si le roi voulait punir le crime de ces habitants, il implorerait pour eux sa douceur et sa clémence. Mais il vous demande, messieurs, qu'une violence qui, bien que faite en temps de trouble, a été faite néanmoins par une animosité particulière et par un acte de félonie que les édits n'effacent jamais pour le civil, ne soit pas confondue avec celles qui viennent de la licence des armes et de la fureur

[1] Il faut remarquer ici le soin avec lequel Lemaistre affaiblit la doctrine de Sénèque, qui est aussi celle d'Horace, qui fut celle de Louis XIV et de Montesquieu, mais qui n'en est pas moins fausse et dangereuse, et que nous avons déjà combattue dans un article, publié dans le *Droit* du 3 novembre 1848, sur le livre de M. Thiers.

de la guerre, que les édits abolissent entièrement; et que, si vous souffrez que des rebelles aient méprisé les menaces de leur prince, et par une humilité forcée aient obtenu le pardon de leurs insolences volontaires, vous n'enduriez pas au moins qu'en ce qui touche l'intérêt civil et le tort qu'il a reçu de la démolition de ses châteaux, des sujets de fief triomphent de leur seigneur, et de simples particuliers d'un duc et pair de France! »

Si ces derniers mots échappaient aujourd'hui à l'avocat d'une cause patricienne, ils soulèveraient l'indignation de ceux (et le nombre en est grand) qui sont devenus, au moins en théorie, amoureux de l'égalité. Les habitants du Vivarais prirent mieux la chose, et ils passèrent condamnation avant l'arrêt; ils acceptèrent les conséquences d'un principe de droit aujourd'hui consacré par une loi formelle[1], reconnurent leur responsabilité et composèrent avec M. le duc de Vantadour en janvier 1634.

---

[1] Le décret du 10 vendémiaire an IV, article unique sur la police intérieure des communes.

CHAPITRE X

Les substitutions au dix-septième siècle. — Dumoulin. — Montesquieu. — La préface de l'*Esprit des lois*. — Le testament de M. de Sanzelles. — M. de Montholon, l'Aristide du Palais. — L'opinion de Montaigne sur les substitutions. — La loi voconienne. — Marculfe. — Les fidéicommis. — Les substitutions et le régime féodal. — Domat. — Les ordonnances de Moulins et d'Orléans. — L'opinion de Lemaistre sur les substitutions. — Il les attaque au nom de la religion. — M. Bigot de Préameneu en 1804. — M. de Bonald, M. Pasquier, Manuel, à propos des substitutions. — Lemaistre sur le droit de tester.

Lemaistre vient de plaider pour un duc et pair contre ses vassaux révoltés; il a défendu le droit et les priviléges du duc de Vantadour, mêlé à sa cause l'éloge de la noblesse, signalé l'étendue de ses obligations et de ses charges, justifié ses prérogatives et insisté particulièrement sur la nécessité où elle était d'avoir de grands biens, pour soutenir son rang dans l'État. Nous allons le voir maintenant attaquer avec éclat l'une des bases les plus solides du régime féodal. Ce changement d'attitude et de front réjouira sans doute les hommes dont j'ai déjà parlé, qui croiraient perdre l'honneur s'ils modifiaient leurs idées, et qui méprisent dans l'avocat le soldat de plus d'un drapeau; je ne m'en inquiète pas; la contradiction d'ailleurs n'est qu'apparente. Lemaistre reste dans les deux causes

un libre et noble esprit; il respecte, il aime et il défend avec
sincérité le droit partout où il le trouve; mais sa raison s'agite,
et, cherchant à l'occasion le défaut de ces lois écrites qui soutiennent le système féodal, elle ose blâmer celles qui s'éloignent de la conscience et contrarient les principes de la religion et de la justice.

Dumoulin l'avait devancé dans cette critique, Montesquieu
le suivra. Mais les uns et les autres, et c'est le cas de le remarquer, joindront l'éloge au blâme, et n'attaqueront qu'avec
respect; leur raison était aussi indépendante et aussi fière que
la nôtre, mais elle était moins orgueilleuse; fortifiée par une
science vaste et sûre, et non pas énervée par la passion, elle
apercevait le défaut des lois, mais elle le montrait avec ména-
gement, et se gardait bien de crier : Aux armes! Nulle part,
ce grand et paisible rôle de la raison et de la science, accomplissant leur œuvre d'utile et patiente réforme, au milieu de
l'obéissance, n'a été tracé aussi bien que dans la préface de
l'*Esprit des lois*.

Montesquieu a mis vingt ans à faire ce livre immortel, d'où
l'on pourrait tirer un code pour chaque peuple; il sait très-bien
qu'il va dissiper des erreurs, détruire des abus, affaiblir des
lois, préparer le changement ou la ruine des institutions, mo-
difier les mœurs, et placer tout le long de l'histoire, au-dessus
des événements, des faits, des pouvoirs établis, le flambeau de
sa raison si brillante et si sûre; cependant il rend grâce au
ciel « de ce qu'il l'a fait naître dans le gouvernement où il
vit, et de ce qu'il a voulu qu'il obéisse à ceux qu'il lui a fait
aimer. » C'est que, quand il jette ses grandes leçons,
il les livre à l'homme, non pour le pousser à la révolte, mais
pour l'engager à s'étudier et à se connaître. Après l'avoir lu,
on découvre aisément les vices des institutions et des lois qui
régissaient la France, quand il écrivait; il ébranle malgré lui

le gouvernement; mais à l'instant même, par un sentiment de
devoir et d'obéissance, qui peut sembler une contradiction aux
yeux du vulgaire, mais qui est, en réalité, l'admirable explo-
sion d'une âme docile et respectueuse, il s'écrie :

« Si je pouvais faire en sorte que tout le monde eût de nouvelles raisons pour aimer ses devoirs, son prince, sa patrie, ses
lois, qu'on pût mieux sentir son bonheur dans chaque pays et
dans chaque gouvernement, dans chaque poste où l'on se
trouve, je me croirais le plus heureux des mortels.

« Si je pouvais faire en sorte que ceux qui commandent
augmentassent leur connaissance sur ce qu'ils doivent pres-
crire, et que ceux qui obéissent trouvassent un nouveau plaisir
à obéir, je me croirais le plus heureux des mortels. »

C'est avec des sentiments pareils, et sans oublier ce qu'il a
dû dire pour la défense du duc de Vantadour, que Lemaistre
va plaider pour les légataires de madame d'Orsay, et laisser
tomber sur la loi des *substitutions* les réflexions les plus libérales et les plus sages.

M. de Sanzelles, qui devait être un personnage, avait eu
successivement trois femmes, tenant toutes les trois à la noblesse de robe : la première, madame Claude Mangot, lui avait
donné une fille, madame d'Orsay; de sa seconde femme, madame Marie de Grené, il avait eu une seconde fille, madame
L'Huillier; enfin, ce veuf infatigable, et dont les alliances gran-
dissaient malgré ses précédents et malgré son âge, avait épousé
en troisièmes noces madame Catherine de Montholon, fille de
M. de Montholon, garde des sceaux de France, celui qu'on appela l'*Aristide* du Palais; et il avait eu de ce mariage la dame
de Forax, celle qui plaidera contre les clients de Lemaistre,
de lucro captando. Cet homme, trois fois mari et trois fois
père, avait, dans son testament, prié madame d'Orsay, sa fille
aînée, de ne point aliéner son bien; allant au delà des formes

employées par les testateurs romains dans les fidéicommis, et, quittant la prière, il le lui avait commandé.

Cependant madame d'Orsay, en mourant, avait légué sa fortune au sieur Lebeau, écuyer, à maître René Chalopin, président de la Cour des Monnaies, et aux religieuses Hospitalières. Sa sœur consanguine, madame de Forax, voulut faire annuler ces legs, et elle soutint, mais vainement, devant une première juridiction, que les biens laissés à madame d'Orsay par leur père commun, M. de Sanzelles, l'avaient été à titre de substitution, et que dès lors celle-ci n'avait pu en disposer. La lutte recommença devant le Parlement et y remplit les deux audiences des 18 et 19 avril 1633. La cause fut ensuite appointée au Conseil, et le testament de madame d'Orsay fut confirmé par arrêt.

Mais, avant de laisser la parole à Lemaistre (on me le pardonnera), je veux, sur cette matière des substitutions, la donner à Montaigne; l'intervention d'un tel avocat ne saurait déplaire. S'il m'arrive quelquefois de mêler à ces études les idées et les opinions de cet incomparable esprit, c'est que l'auteur des *Essais* a presque tout dit, et qu'en le fréquentant on trouve dans ses œuvres de divines clartés, ou du moins d'admirables lueurs sur chaque sujet.

Tous ceux qui me liront connaissent l'origine et l'histoire des *Substitutions*; ils savent, de plus, que toute loi relative au droit de succession reflète toujours, suivant l'heureuse expression du président Troplong, le principe social dominant [1].

Si on en croit Montesquieu, l'ordre de succession dans les premiers temps de Rome fut établi en conséquence d'une loi politique, et un citoyen ne devait pas le troubler par une vo-

---

[1] *De l'influence du Christ sur le droit civil des Romains,* deuxième édition, p. 544.

lonté particulière. Cependant, comme il eût été dur qu'on eût été privé dans ses derniers moments du commerce des bienfaits, on trouva un moyen de concilier à cet égard les lois avec les volontés des particuliers [1]. A dater de ce moment, le pouvoir testamentaire prit, en quelque sorte, la place de la loi ; il passa dans les mœurs, dans les préjugés religieux et domestiques, dans l'orgueil du peuple romain ; il se fit, souvent contre la nature, l'auxiliaire de ces combinaisons civiles qui avaient pour but, non la justice et le bonheur des familles, mais la force et la grandeur de l'État. On tint à honneur de ne pas mourir sans avoir fait d'héritiers, et dans la crainte d'en manquer, on substitua à ceux qu'on avait d'abord appelés, et pour le cas où ils ne prendraient pas l'hérédité, des successeurs éventuels. C'est dans ce préjugé, qui tient au droit strict de Rome, aux lois des Décemvirs, que prit naissance la *substitution vulgaire.*

Le fidéicommis, au contraire, qui deviendra, sous le régime féodal et en France, la *substitution graduelle,* a une tout autre origine ; il se rattache à cette législation supplémentaire de Rome que la conscience adoucie mêla aux règles du Droit rigoureux pour les tempérer ; il voulut notamment éluder cette loi *voconienne,* qui ne permettait pas d'instituer une femme héritière, pas même sa fille unique, cette loi que saint Augustin appelle injuste [2], que Marculfe traite d'impie [3], et qui a inspiré à Montesquieu cette grande et belle réflexion : « C'est un malheur de la condition humaine que les législateurs soient obligés de faire des lois qui combattent les sentiments naturels mêmes [4] ! »

On chargea, par des prières, en s'adressant à leur bonne foi

---

[1] Montesquieu, liv. XXVII, *Esprit des lois.*
[2] *De Civitate Dei,* liv. III.
[3] *Des Formules,* liv. II, ch. xii.
[4] Montesquieu, liv. XXVII.

et dans un pieux concert de fraude, les héritiers institués de transmettre l'hérédité à des incapables. Mais nous ne sommes pas encore arrivés à la substitution telle que Montaigne et Lemaistre vont la combattre ; — elle se complétera en se modifiant et se mélangera de l'élément féodal et aristocratique de l'ancienne société française ; elle perdra même entièrement dans ce mélange.le caractère d'équité qu'elle avait à Rome ; loin de venir au secours des sentiments naturels et des affections, elle viendra en aide à la puissance politique, à l'organisation aristocratique des familles, à l'inégalité des enfants, à l'immobilité des patrimoines. Dans les pays de Droit écrit on la prend comme moyen de conserver les biens dans les maisons, on s'en sert comme d'une mesure d'économie domestique ; c'est *Domat* qui nous l'apprend : « Comme cette sorte de substitution, dit-il, a ces effets de conserver les biens dans les familles, l'usage en est fréquent dans les provinces qui se régissent par le Droit écrit, non-seulement dans les familles de qualité, mais *parmi les moindres du peuple.* »

Dans la France coutumière, elle devient une institution politique et l'un des anneaux les plus solides de cette chaîne féodale, qui lie si étroitement l'obéissance au pouvoir, l'asservissement à la domination. Avant l'ordonnance d'Orléans, quand la raison altière, pénétrante et un peu radicale de Dumoulin, attaquait ce droit comme inique, les substitutions s'étendaient souvent jusqu'à quatorze degrés. C'était comme un séculaire réseau d'immobilité qui couvrait les terres nobles, et mettait à l'abri de tout commerce et de toute volonté la puissance politique attachée à ces terres. L'orgueil de l'homme et les caprices du suzerain se plaisaient dans l'exercice de ce pouvoir posthume ; on arrivait à trahir la nature même en mourant. C'est contre ces excès, mêlés au droit de tester, favorisés par les lois politiques, que s'élèvent, dès le seizième siècle, la droiture, l'équité, la sagesse, le style incisif de ce penseur de *bonne foi*, dont le livre a été si justement appelé le *Bréviaire des honnêtes gens* [1].

Montaigne parle de l'*affection des pères aux enfants*, et il est amené à dire :

« En général, la plus saine distribution de nos biens me semble être de les laisser distribuer à l'usage du pays ; les lois y ont mieux pensé que nous ; et vaut mieux les laisser faillir en leur élection, que de nous hasarder à faillir témérairement en la nôtre. Ils ne sont pas proprement nôtres, puisque, d'une prescription civile et sans nous, ils sont destinés à certains successeurs. Et encore que nous ayons quelque liberté au delà, je tiens qu'il faut une grande cause et bien apparente, pour nous faire ôter à un ce que la fortune lui avait acquis, et à quoi la justice commune l'appelait ; et que c'est abuser outre raison de cette liberté, d'en servir nos fantaisies frivoles et privées... Il y a des gens qui se jouent de leurs testaments comme de pommes ou de verges, à gratifier ou châtier... *Nous prenons un peu trop à cœur nos substitutions masculines et proposons une éternité ridicule à nos noms !* »

Lemaistre était trop instruit pour ne pas savoir que, dans la lutte qu'il va soutenir contre le droit de substitution, il avait pour auxiliaire l'auteur des *Essais* ; cependant il ne l'invoquera pas. Si on l'a remarqué, Lemaistre n'en appelle jamais à l'opinion de ses contemporains ou des auteurs français qui l'ont précédé [2] ; il a, comme Montaigne lui-même, son arsenal dans l'antiquité ; il y joint les richesses qu'il emprunte aux Pères de l'Église ; ce sont, avec les inspirations de sa raison, ses seuls matériaux.

La critique de Montaigne, ou plutôt celle de Dumoulin porta

[1] C'est ainsi que le cardinal du Perron a appelé les *Essais*.
[2] Il ne cite guère que Bodin.

ses fruits. L'ordonnance d'Orléans, si difficilement obtenue
par le chancelier Lhospital, au milieu de la frénésie universelle
dont, suivant l'expression de Voltaire, ce grand homme fut le
sage et inutile médecin, avait réduit à deux degrés le droit de
substitution [1]. Sur ce point comme sur d'autres on éluda la
sagesse de cette belle et mémorable loi, ancêtre de nos Codes,
et ce qui appelle l'attention en éveillant la curiosité, c'est
qu'elle fut notamment éludée par le duc de Guise au profit du
second fils du duc de Lorraine. Ce prince avait dans son testament ordonné au dernier substitué de renouveler la substitution, et les deux degrés avaient été de la sorte franchis par
un détour. Le roi lui-même avait dérogé à l'ordonnance pour
la maison de Mortemart et pour d'autres. De nombreux procès
avaient d'ailleurs suivi la prohibition introduite par Lhospital ;
il y remédia dans l'ordonnance de Moulins [2], en consacrant le
passé, mais il maintint en même temps pour l'avenir la défense
de substituer au delà du quatrième degré.

On reconnaît dans cette œuvre la main de ce sage et grand
esprit qui conçoit et qui accomplit, au milieu des plus horribles disputes, la réforme des lois, abolit la vénalité des charges
de justice, adoucit le sort des débiteurs, exige des preuves écrites de l'existence des contrats, poursuit l'usure et le jeu, et ose,
à la cour de Charles IX, réprimer le luxe qu'on prend toujours
pour le signe de la richesse d'un État, et qui ne révèle, à vrai
dire, que le degré de sa corruption.

Au mois de janvier 1629, quelques années seulement avant
le procès que Lemaistre va plaider, une nouvelle ordonnance,
conçue dans le même esprit que celle de Moulins et d'Orléans,
essaya de diminuer encore la liberté des substitutions, si sou-

---

[1] Ordonnance d'Orléans, 1561, art. 57.
[2] Ordonnance de Moulins, 1566, art. 57.

vent dirigées contre les affections de la nature, toujours si
dommageables aux intérêts de l'agriculture et du commerce;
elle décida que les degrés se compteraient par têtes et non par
souches, que les fidéicommis n'auraient pas lieu pour les choses mobilières, excepté pour les pierres précieuses de très-grand
prix, et que ces substitutions n'auraient pas d'effet dans le testament des personnes rustiques; mais le système politique, les
habitudes et les mœurs détruisirent cette nouvelle digue; on
obtint seulement que les dispositions contenant des substitutions fussent publiées et enregistrées, afin que les tiers ne fussent pas trompés en traitant avec des possesseurs de biens
substitués et ne les prissent pas pour des propriétaires incom-
mutables.

C'est alors que Lemaistre prend la parole, et qu'avant d'établir en droit et en fait que le testament de M. de Sanzelles ne
renferme pas de défense d'aliéner, il amasse contre les substitutions des traits qu'il prend dans la philosophie, la religion,
la politique, le bon sens, l'équité.

«N'est-il pas vrai, dit-il, que, lorsque l'on considère les substitutions d'un esprit élevé au-dessus des erreurs du monde,
et d'un œil que le faux éclat des apparences n'éblouit pas, on
les regarde comme des moyens peu solides dont les hommes
se servent pour s'affranchir de la condition commune des
hommes, pour rendre immortel, s'ils pouvaient, le nom de
personnes qui sont mortelles?... Est-ce une entreprise bien
sage et bien chrétienne de vouloir rendre aussi durable que le
marbre et que l'airain une *maison* qui n'est que de *boue*, pour
user des termes de l'Écriture? de vouloir comme fixer et arrêter la mobilité des familles et des races qui sont toutes cou-
lantes et passagères, et de s'amuser à faire divers degrés de substitution par lesquels nos biens descendent à des successeurs
d'idée et de fantaisie qui changent et passent de temps en

temps, au lieu de faire, par nos actions vertueuses et charitables, des degrés qui nous servent à monter jusqu'au séjour de
la vérité, qui est immuable? »

C'est plus beau que Montaigne, parce que le cœur se mêle
à la raison, et que le sentiment du chrétien remplit, en l'éle-
levant, l'esprit du politique et du philosophe. Comme l'orgueil
de cette loi est mis à découvert, comme le néant de ses calculs
est religieusement et simplement montré! Lemaistre continue :

« M. de Sanzelles a été bien éloigné de ces vains desseins, qui
ne devraient entrer, comme dit M° Charles Dumoulin, que dans
les esprits aveuglés par les ténèbres du paganisme, et qui n'ont
aucune vue des biens célestes et éternels. Son testament est
rempli de pensées toutes chrétiennes. Il ne parle ni de substitution ni de fidéicommis en façon quelconque; il laisse ses enfants ses héritiers, et ne leur en donne point, mais s'en remet
à Dieu et à la nature. Et ce qui le portait encore à cela, c'est
qu'il n'avait que des filles... On ne fait d'ordinaire de substitutions que lorsqu'on a des enfants mâles. C'est ce qui excite
les mouvements d'une ambition déréglée, c'est ce qui nous
flatte de l'espérance de vivre encore après notre mort. »

. Lemaistre examine ensuite le testament en lui-même et n'a
pas de peine à prouver que ses termes excluent l'idée d'une
substitution; M. de Sanzelles chérissait sa fille aînée, madame
d'Orsay; il l'avait mariée à un prodigue, et en mourant il avait
voulu mettre à l'abri des prodigalités du mari la fortune qu'il
transmettait à la femme; telle était la cause de la défense
d'aliéner contenue dans son testament. Lemaistre l'exprime
ainsi :

« Voyant que M. d'Orsay, son mari, se portait à des profu-
sions immenses et se jetait dans le jeu, qui a toujours été la
mer où se font les plus grands naufrages, et qui engloutit si
souvent le bien de la femme avec celui du mari, son affection

paternelle, comme dit la loi, prit un conseil salutaire pour sa fille. Il lui voulut laisser un avertissement de ne pas vendre ni aliéner son bien, c'est-à-dire de ne se laisser pas aller aux importunités de son mari, qui l'y porterait sans doute pour soutenir ses dépenses et satisfaire cette passion qui n'a point de bornes, et qui se termine le plus souvent à une misère déplorable.

« Il la prie, il la conjure, il lui commande de *ne vendre point son bien ni de l'aliéner*, car il n'use que de ces deux termes. Il dit que *ce qu'il en fait n'est que pour elle*. Ce qui vous montre, messieurs, qu'il ne pensait, en aucune sorte, à favoriser les deux sœurs par une substitution, et au dernier article il ajoute *qu'il lui réitère cette prière et ce même commandement, afin qu'elle ait plus d'occasion de résister aux importunités qu'elle pourra recevoir de faire le contraire.* Il ne veut pas dire aux importunités de son mari ; il épargne l'honneur et la réputation de son gendre. Mais son silence le dit assez, la chose parle d'elle-même... »

Au moyen de fait, pour employer la langue du palais, succède le moyen de droit. En droit, il n'y avait pas de substitution, si à la défense d'aliéner ne se joignait la vocation directe, et par le testateur, du tiers appelé à profiter de la substitution ; c'est ce que dit Lemaistre après une assez longue excursion dans le droit romain :

« On ne doit pas s'étonner si ces mêmes jurisconsultes ont rejeté les défenses d'aliéner, qui sont *toutes nues et toutes simples, sans expression de raison et sans nomination de personnes.* »

Il revient ensuite aux vices politiques, économiques et religieux que la raison découvre dans les substitutions, et c'est par là que son plaidoyer prend un véritable intérêt historique :

« Outre cette considération très-puissante, quoique générale, dit-il, il y en a eu encore une autre qui a porté les jurisconsultes à mépriser en cette rencontre la volonté toute nue d'un testateur, savoir que ces défenses d'aliéner sont extrêmement odieuses, parce qu'elles nous ôtent la libre disposition de notre bien, et nous arrachent en effet la propriété de ce que nous possédons. »

C'est, à peu de chose près, la thèse qui prévaudra en 1792, que M. Bigot de Préameneu développera, au conseil d'État, en 1804, dans un style qui ne vaut pas celui de Lemaistre; dans les luttes politiques de la Restauration et du gouvernement qui l'a suivie, ce sera une matière à combat; les hommes qui voudront renouer la chaîne des temps et placer dans les lois civiles quelques barrières destinées à contenir la démocratie triomphante et la liberté qui déborde demanderont le rétablissement du droit de substitution; M. de Bonald dira, avec sa raison élevée, mais absolue :

« Si la démocratie repousse les majorats et même la primogéniture, c'est que, dans cet état précaire, l'homme ne peut avoir tout au plus que des idées de succession individuelle et aucune de pepétuité sociale : les majorats et les substitutions sont dans les intérêts de la famille, parce qu'ils assurent sa perpétuité; ils sont, par la même raison, dans l'intérêt de l'État, qui ne doit pas compter ses forces par individus, mais par familles [1]. »

Un orateur, tout plein du feu de la Révolution, reprendra avec quelque violence les idées de Dumoulin et de Lemaistre, ne soupçonnant peut-être pas que son opinion avait de tels ancêtres; il appellera les substitutions et les majorats « un privilége odieux qui dépouillait les enfants d'une même famille au

---

[1] Séance du 8 janvier 1819 à la Chambre des députés.

profit d'un seul, un privilége immoral qui permettait à l'héritier substitué de se jouer de ses créanciers et de leur soustraire sa fortune [1]. » Mais, dans aucune de ces circonstances, on ne songea à invoquer la douce et chrétienne raison que nous allons trouver dans la bouche de Lemaistre. Ce n'est pas d'hier qu'est né le sentiment de l'égalité ; déposé dans la loi divine et répandu dans les cœurs, n'ayant encore aucune place dans les institutions ni dans les lois, il a pourtant apaisé l'orgueil et adouci la puissance ; il vivait dans l'âme de Lemaistre, et se montrait dans sa pensée et dans son langage, mais avec discrétion et retenue ; il n'avait pas encore l'empire, comme il l'a eu depuis ; il ne parlait pas en maître et n'essayait pas le despotisme pour son compte. Aussi Lemaistre l'opposait bien au droit de substitution, mais il ne le jugeait pas capable de triompher tout seul, et il se hâtait de lui donner les plus touchants auxiliaires, la bienfaisance et la charité. Ce passage est vraiment un trait qui appartient exclusivement au temps et à l'homme, et qu'on ne trouvera ni dans les sèches déductions de l'orateur de 1804, ni dans les axiomes égalitaires qui viendront ensuite.

« Ce qui doit encore, dit Lemaistre, rendre les substitutions odieuses, c'est qu'elles nous ôtent (ce que je supplie la Cour de remarquer) l'usage d'une des vertus les plus excellentes, savoir de la libéralité, et nous réduisent à un état qui est insupportable aux bons naturels, à une espèce d'avarice forcée. Elles nous interdisent absolument cet illustre commerce des bienfaits (ce sera l'expression même de Montesquieu); elles nous empêchent l'exercice de cette espèce d'échange si noble dont parle l'une de nos lois, de la reconnaissance avec le plaisir qu'on a reçu, et détruisent ce temple des Grâces qu'Aristote

[1] Réponse de Manuel à M. Pasquier.

nous apprend qu'on bâtissait contre les ingrats... Elles nous
dérobent, par leur rigueur, ce principal *fruit des richesses,
d'en pouvoir faire part aux autres...*

« C'est une source dont les ruisseaux ne coulent pas en public... ce sont des biens hors du commerce que l'avarice des
morts a amassés et que la libéralité des vivants ne peut donner... Si donc, au jugement même des païens, ces défenses d'a-
liéner sont si peu favorables parce qu'elles empêchent l'exercice de la libéralité et d'une charité civile, combien doivent-elles
être plus odieuses dans l'Église, puisqu'elles empêchent l'usage
d'une vertu toute céleste, qui est comme l'esprit et le cœur du
christianisme!... »

Lemaistre, en finissant, jette sur le droit de tester une douce
lueur de spiritualisme et même une certaine poésie; il se sépare
de Montaigne :

« Les lois, dit-il, souffrent plutôt qu'on ôte à un homme la
liberté de donner son bien entre vifs que de lui ôter celle de le
laisser par testament, quoique l'un et l'autre soient fort odieux;
parce que, si un homme ne peut aliéner son bien tant qu'il vit,
au moins il en peut user; mais il en perd l'usage lorsqu'il
meurt. De sorte que lui en ôter encore la disposition, c'est lui
ravir la seule consolation qui lui reste; c'est ajouter une nouvelle rigueur à celle de la mort même; c'est lui faire perdre
l'exercice de sa volonté en même temps qu'il perd celui de la
vie; c'est être aussi inhumain sur cette partie de son âme que
la mort l'est sur son corps; c'est faire, si j'ose le dire, qu'il
meure plus que les autres. »

Puis il termine en louant sa cliente d'avoir pensé aux pauvres:

« Elle a imité par son testament l'esprit si chrétien et si sage
que suivit autrefois saint Grégoire de Nazianze dans le sien, lequel feu M. le président Brisson a le premier donné au public,

où cet excellent Père conjure sa nièce, qu'il aimait avec une tendresse si particulière qu'il l'appelle sa très-chère fille, *de lui pardonner s'il ne peut rien lui laisser de son bien, l'ayant destiné aux pauvres*. Voilà le saint modèle du testament que je soutiens; celui-là est révéré de toute l'Église; j'espère que celui-ci sera confirmé par votre justice. »

CHAPITRE XI

Les grandes causes politiques au temps de Lemaistre. — Gaston d'Orléans. — Le président Lecoigneux. — L'avocat Michel Roger. — Marguerite de Lorraine. — Le premier président Nicolas Lejay. — Le comte de Chalais. — Louis de Marillac. — Henri de Montmorency. — Un portrait du cardinal de Richelieu par Voiture. — Cause plaidée devant Louis XIII entre la duchesse d'Elbeuf et son fils, le comte d'Harcourt. — Lemaistre loue le roi et le cardinal de Richelieu. — Encore les substitutions. — Le *Distinguo* de Montaigne. — Lemaistre défend les substitutions. — Son plaidoyer pour l'illustre maison de Chabannes. — Une page d'histoire écrite par Lemaistre. — La noblesse sans argent est un corps sans âme. — Le masculin l'emporte sur le féminin. — Me Pierre Chamillard, avocat savant.

Malgré l'éclat de son talent et malgré sa renommée, Antoine Lemaistre n'eut à plaider aucune de ces causes qui font pour tout le monde des pages d'histoire, se mêlent au gouvernement de l'État, et se partagent, avec la religion, la politique et la guerre, l'attention publique. Moins heureux ou plus sage que les Pasquier, les Pithou, les Arnauld, il n'a pas eu, ou il a évité l'occasion d'exposer sa mémoire et son nom au jugement des partis; c'est à peine si, de temps en temps, il laisse deviner, dans l'avocat, l'admirateur et l'élève de Saint-Cyran et de Jansénius. Il est tout au Barreau; la politique l'oublie ou le respecte dans ce cercle brillant, mais rétréci; on ne trouve non

plus, dans sa clientèle, ni rois, ni princes, ni proscrits. S'il
eût vécu plus tard, à la fin du dernier siècle, ou même parmi
nous, il eût été sans doute, comme le plus éloquent, le défenseur de ces grandes et mémorables infortunes que la politique,
tenant la place de la morale et de la loi, a momentanément
changées en crimes ; son nom se lirait à la place des noms de
Malesherbes et de Chauveau-Lagarde. Il eût peut-être aussi défendu, contre la victoire, ce jeune et héroïque soldat [1] qui,
dans la Chambre de 1815, tourné vers les maréchaux de l'Empire, affaiblis par leurs dignités, laissa tomber de son âme in-
trépide ces belles et virginales paroles : « Mon cœur est de
ceux qui ne se donnent qu'une fois! » Au dix-septième siècle,
le hasard et son goût lui ont fait une destinée plus douce ; il ne
paraît dans aucune des occasions qui amenèrent alors la politique au barreau. On s'en étonne, en songeant à la supériorité
de son talent et au besoin qu'ont les plus grandes causes des
plus grands avocats.

Mais Lemaistre ne devait prendre parti que pour la religion ;
il était indifférent aux agitations de la cour, aux divisions semées à côté du trône, et il demeurait neutre au milieu d'elles ;
son âme, destinée à Dieu, était de celles que Richelieu lui-même
ne pouvait effrayer ; mais son patriotisme et sa raison devaient
le tenir éloigné des ennemis de ce grand et redoutable ministre. Qu'aurait-il fait, avec le président Lecoigneux, dans le
parti de ce Gaston d'Orléans qui oublia ses amitiés et ses
amours, viola ses serments, laissa mourir ses compagnons
d'armes, et se livra, les pieds dans le sang, au jeu prolongé
des conspirations avortées et des pardons obtenus pour lui
seul? Aussi ne fut-il pas son avocat. Quand, dans l'hiver de
1631, pendant que la reine mère était captive à Compiègne,

[1] Labédoyère.

le duc d'Orléans se retira en Lorraine aux cris de : Vive Monsieur et la liberté du peuple! le roi fit déclarer, par le Parlement de Dijon, les partisans de son frère criminels de lèse-majesté, et il voulut faire vérifier cette déclaration par le Parlement de Paris, qui s'y refusa. Gaston, se méprenant sur ce signe de résistance, et rabaissant d'ailleurs la dignité de sa rébellion aux proportions d'un litige, eut l'idée de porter sa cause contre le roi, et le cardinal devant le Parlement ; il se serait vainement adressé à Lemaistre pour un pareil rôle, il fit présenter son étrange requête par un avocat nommé Michel Roger, que cette bizarrerie seule a pu tirer de l'obscurité.

Dans une autre occasion, autrement grave et autrement belle, ce même duc d'Orléans aurait pu, ou plutôt il aurait dû plaider. Réfugié en Lorraine à la cour du duc Charles, il y avait librement et publiquement épousé la sœur de ce prince, cette Marguerite d'une si rare et si idéale beauté, qu'on disait d'elle qu'elle eût été reconnue sous le déguisement d'un ange [1]. Le roi résolut de faire annuler ce mariage, et il enjoignit à *ses gens* de soutenir que son frère mineur avait été victime d'un rapt, ce qui était un grossier et ridicule mensonge. Le duc cependant le laissa juger ainsi par contumace ; il ne défendit ni son amour, ni son honneur, ni ses serments. On regrette cette fois qu'il n'ait pas opposé à la volonté du roi la parole d'Antoine Lemaistre. Au service d'une pareille cause, ce jeune et sincère avocat eût déployé toutes les richesses et toutes les passions de son talent. Prenant Dieu pour auxiliaire, il eût placé la sainteté du mariage au-dessus des calculs et des parjures de la politique ; son éloquence eût troublé la Grand'Chambre et embarrassé jusqu'au zèle un peu servile du premier président

---

[1] C'est, si je ne me trompe, Richelieu lui-même qui a parlé ainsi de la beauté de Marguerite de Lorraine. Benserade en a dit autant de madame de Grignan dans un mauvais quatrain.

Nicolas Lejay, qui appartenait à Richelieu. J'aurais aussi voulu le voir assis à côté de ce jeune et charmant coupable, le comte de Chalais, dont la tête, animée et embellie par le succès et par l'amour, fut si tôt, si mal et si cruellement tranchée par les mains du bourreau ; ce n'est pas que je pense qu'il l'eût arraché à l'inexorable volonté qui l'avait fait poursuivre ; il eût vainement aussi défendu Louis de Marillac à peine coupable, Henri de Montmorency, cet héroïque rebelle, adoré du peuple et de ses troupes, coupable pour avoir écouté le frère du roi et suivi ensuite les entraînements de son âge et de son courage. Mais que de grandes et belles paroles eussent précédé ces supplices si Lemaistre avait été chargé de les conjurer ! Qui peut dire ce que la gloire de Richelieu y eût perdu, ce que l'humanité y eût gagné ! Après tout, il n'y a pas de cœur qui soit précisément à l'abri de la véritable éloquence, et Richelieu pouvait être ému, malgré sa rigueur étudiée et les cruelles précautions de sa volonté contre son cœur.

D'ailleurs, l'histoire savante et profonde a beau dire. Ces condamnations sans défense, ces exécutions sans merci, n'étaient pas nécessaires, et le génie de la royauté n'avait pas besoin, pour accomplir son œuvre, de ce sanglant concours ; si Lemaistre eût plaidé, l'éloquence et l'humanité eussent tenu ce langage à la raison d'État et à la politique. Le cardinal était digne de l'entendre, s'il est vrai qu'il méritât les éloges que lui prodigue, un peu par supposition, un écrivain que la Bruyère proclame « difficile à atteindre. » Voiture vivait en même temps que Lemaistre, et, dans une lettre du 24 décembre 1636, il donne à Richelieu le cœur d'Henri le Grand et de Louis le Juste. Dussé-je le faire entrer un peu par violence dans mon sujet, je citerai ce passage, qui est d'une rare beauté, qui fait le plus grand honneur à la plume de Voiture, qui trace un admirable programme de gouvernement après la guerre, et le donne comme celui du cardinal, devenu clément et pitoyable :

« Si la guerre peut.finir... il (Richelieu) s'avisera d'une sorte d'ambition qui est plus belle que toutes les autres et qui ne tombe dans l'esprit de personne, de se faire le meilleur et le plus aimé d'un royaume, et non pas le plus grand et le plus craint. Il connaît que les plus nobles et les plus anciennes conquêtes sont celles des cœurs et des affections... il voit qu'il n'y a pas tant de sujets de louange à étendre de cent lieues les bornes d'un royaume qu'à diminuer un sol de la taille, et qu'il y a moins de grandeur et de véritable gloire à défaire cent mille hommes qu'à en mettre vingt millions à leur aise et en sûreté. Aussi ce grand esprit, qui n'a été occupé jusqu'à présent qu'à songer aux moyens de fournir aux frais de la guerre, à lever de l'argent et des hommes, à prendre des villes et à gagner des batailles, ne s'occupera désormais qu'à rétablir le repos, la richesse et l'abondance. Cette même tête qui nous a enfanté Pallas armée nous la rendra avec son olive, paisible, douce et savante, et suivie de tous les arts qui marchent d'ordinaire avec elle. »

Je n'ose pas espérer que Lemaistre eût mieux dit, mais au moins la voix d'un avocat se serait fait entendre au pied de tous ces échafauds, et elle eût rappelé, quand on l'oubliait, que la justice et la pitié sont, d'après Dieu lui-même, les tempéraments de la puissance ; elle eût donné à Richelieu l'occasion de justifier tous ces éloges.

Loin de ces procès, d'où le sang coule en abondance, il y eut une circonstance pacifique, mais cependant solennelle et royale, où je m'afflige encore de ne pas entendre Lemaistre. On était dans l'année 1635 ; bien qu'on négociât, on se préparait à la guerre, et le roi avait besoin d'argent ; suivant l'usage, il créa des charges pour s'en procurer ; le Parlement se plaignit de cet abus, et M. l'avocat général Bignon osa dire, devant le roi lui-même, qu'il était funeste à la justice et aux magistrats. L'édit n'en fut pas moins enregistré. Louis XIII voulut ensuite se donner le plaisir de faire plaider devant lui une cause civile, et on plaida une demande d'interdiction intentée par le comte d'Harcourt contre la duchesse d'Elbeuf, sa mère, qui favorisait outre mesure son fils aîné, en ce moment rebelle. Le roi n'entendit pas le plus grand avocat de son règne, celui qui, quelques jours après, le 10 janvier 1636, présentait au Parlement son nouveau chancelier, Pierre Séguier, et prononçait à cette occasion un admirable discours. On ne comprend pas comment Louis XIII n'a pas exigé que ce procès, auquel il s'intéressait, fût plaidé par Lemaistre. Il y aurait gagné, et le cardinal aussi, une de ces flatteries que l'art de bien dire rend toujours précieuses, et qui émeuvent en tout temps le cœur fatigué des rois et des ministres, et nous, nous aurions un plaidoyer de plus.

Lemaistre trouva, d'ailleurs, presque aussitôt, une occasion de parler du cardinal et du roi, en présentant le chancelier, et il le fit dans les termes qui méritent qu'on les rappelle, et qui durent inspirer au prince, et surtout au fondateur de l'Académie, le regret de ne l'avoir pas entendu.

« Quelque élevée, dit-il, que soit la dignité de chancelier, il faut reconnaître que l'honneur d'y être appelé par un roi dont la prudence n'est pas moins signalée que le courage y ajoute encore beaucoup de splendeur. Le choix d'un si grand monarque, qui est un effet de son jugement, semble être encore plus glorieux que la charge de chancelier, qui n'est qu'un effet de sa puissance ; parce que son jugement ne peut estimer que les grandes choses, au lieu que sa puissance peut élever les petites... C'est un redoublement de gloire d'être chancelier d'un si grand prince, qui n'est pas moins au-dessus des autres rois par la grandeur de ses actions que par la dignité de son

sceptre ; qui, ne pensant à conserver son royaume que par la
même grâce de celui qui le lui a mis entre les mains, attire sur
sa personne les bénédictions du ciel et les félicités de la terre,
et n'étonne pas moins l'Europe par les merveilles de ses vertus
que par les miracles de son règne. »

Vient ensuite le tour du cardinal, et, comme d'habitude et
de raison, c'est lui qui est le mieux traité : « Que s'il est glorieux à M. le chancelier de servir un aussi grand prince qu'est
Sa Majesté, ce lui est un bonheur rare et un avantage sans pareil de servir avec un aussi grand ministre qu'est M. le cardinal
de Richelieu, qui affermissait l'autorité du roi par la sagesse
de ses conseils, et formant, par l'agitation perpétuelle de sa
prudence, la tranquillité dans cet État et les orages chez nos
ennemis, affermit aussi par même moyen la puissance de la justice et des lois, qui veille sans cesse pour son prince et pour la
France, et procure la sûreté à quelque partie du royaume,
lorsqu'on se figure qu'il sommeille... Mais, si sa prudence est
redoutable aux ennemis de cette couronne, sa magnanimité ne
l'est pas moins, et je m'en tairais, messieurs, si eux-mêmes
n'en parlaient avec autant d'admiration que de douleur. C'est
elle qui arme tous ses conseils, qui ne le rend capable que des
desseins les plus nobles et les plus illustres, qui se redouble
dans les périls et croît à mesure qu'ils augmentent, qui lui fait
trouver la France petite pour la grandeur de son maître et la
puissance de son génie, qui ne reconnaît point pour bornes de
cet État celles que la nature semble avoir marquées par les
montagnes et par les fleuves, mais celles que la justice des rois
leur trace au delà de leurs frontières. C'est elle enfin, messieurs, pour dire tout en un mot, qui lui inspire des pensées
assez généreuses pour Louis le Juste. »

Malgré cette dernière phrase et la précaution dont elle témoigne, il est visible que pour Lemaistre, comme pour la pos-

térité, Richelieu conduisait et dominait Louis XIII; mais, il
faut le remarquer aussi, Lemaistre, qui a parlé de la bonté, des
vertus chrétiennes [1] et de la piété du roi, n'exalte que la prudence du ministre, et montre, sous une belle expression, cette
prudence telle que nous la voyons d'où nous sommes, *dans une
agitation perpétuelle*. Il ne va pas si loin que Voiture, qui faisait partie de l'Académie [2], et qui écrivait sous l'émotion de la
reconnaissance ; il dit du génie de Richelieu, dans des phrases
d'apparat, ce que nous en pensons, nous qui, n'ayant pas été
les témoins de ses cruautés, jugeons ce qu'il a produit et non
ce qu'il a fait; mais il ne parle pas de son cœur et ne loue pas
ses vertus chrétiennes.

En voici assez pour faire regretter que Lemaistre n'ait pas
eu à plaider une de ces causes qui élèvent l'éloquence judiciaire
à la hauteur de la chaire et de la tribune, ou qui, sans aller si
loin, obtiennent du talent ses suprêmes efforts et ses fruits les
plus riches. Du reste, il a eu, dans sa clientèle, de grands noms
et d'illustres maisons. Tout à l'heure il a défendu le duc de
Vantadour, l'un des trois généraux chargés de combattre et de
vaincre les protestants du Midi, l'un des pairs qui accompa-
gnaient le roi au Parlement le 13 août 1651. Maintenant il va
défendre la maison de Chabannes, et soutenir pour elle « la
cause la plus considérable en matière de substitution qui se soit
plaidée depuis cinquante ans. »

Ici, je suis forcé d'en convenir, Lemaistre va se mettre en
contradiction flagrante avec lui-même et mériter le blâme
qu'on jette si volontiers sur l'inconstance des opinions du barreau. On vient de le voir attaquer, au nom des légataires de
madame d'Orsay, le droit de substitution, et je lui ai rendu ce

---

[1] Le roi allait placer son royaume et sa personne sous la protection de la
sainte Vierge.

[2] Tout récemment fondée.

témoignage qu'il n'a pas, sur ce point, laissé grand'chose à dire à ses successeurs. Il a fait cette attaque librement, sans aucune contrainte, sans que sa cause l'y obligeât absolument et par le seul mouvement et la seule libéralité de son esprit. Quatre ans plus tard, il retourne en arrière, et le droit de substitution va trouver en lui un défenseur qui est certainement éloquent et qui paraît convaincu. Je pouvais bien cacher cette faiblesse, et ceux dont j'appelle l'admiration sur Lemaistre ne l'auraient peut-être pas découverte. J'ai mieux aimé la laisser voir et la défendre par des raisons humaines, communes aux avocats et à leurs clients. A qui n'arrive-t-il pas, en effet, et sans qu'on le lui demande, de changer d'opinion et d'avis? On suppose que les avocats le font par intérêt, et on répète sans cesse, comme si elle n'était faite que pour eux, cette idée ingénieusement exprimée par un vieil auteur, et appliquée par lui aux disputes ecclésiastiques : « L'intérêt remue la langue de la plupart des hommes qui parlent ou qui écrivent sur des matières contentieuses. »

Mais, je l'ai déjà dit, les langues mercenaires sont plus rares qu'on ne pense, et il n'est pas permis de supposer que celle de Lemaistre l'ait jamais été. Chargé un jour d'une cause qui laissait voir les abus du droit de substitution, il les a vivement aperçus et montrés. Appelé plus tard à soutenir une des plus vieilles et des plus grandes maisons de France, menacée dans sa fortune, et conséquemment dans sa noblesse, il aura oublié ses pensées libérales et un peu démocratiques, pour défendre un droit essentiel à l'existence et au maintien de l'aristocratie.

Sous cette matière de substitution, il y avait alors ce que nous appellerions aujourd'hui, dans notre langue devenue prétentieuse, l'esprit du passé et l'esprit de l'avenir. Les attaquer, même au nom du christianisme, c'était un peu l'œuvre d'un révolutionnaire, et il est possible que, comme tant d'autres,

Lemaistre, avant vingt-cinq ans, ait été légèrement atteint de cette maladie d'orgueil et de jeunesse ; mais il s'en sera guéri bien vite, et, quand le procès de l'illustre maison de Chabannes lui aura montré la grandeur, quoique artificielle, de ces lois qui concentraient la puissance et qui entouraient la monarchie comme de nobles remparts, il aura pu, sans apostasie, devenir conservateur et trouver bon ce qu'il avait blâmé. N'est-ce pas la raison, adoucie par l'expérience, qui dit avec Montaigne : « Le vent des accidents me remue selon son inclination. Nous flottons entre divers avis ; nous ne voulons rien librement, rien absolument, rien constamment... *Distinguo* est le plus universel membre de ma logique. »

D'ailleurs (et je n'ajoute ceci que pour le barreau, les puritains de la politique et du monde le prendraient mal), il y avait dans la cause d'Henri de Chabannes un attrait capable de séduire et de troubler un avocat ; le droit y était noblement défendu par le fait.

Le nom de Chabannes allait se perdre dans les femmes si Lemaistre n'avait pas gagné sa cause ; la fortune et la noblesse de cette glorieuse famille se détachaient de son tronc, plusieurs fois séculaire, pour se partager et se fondre dans les mains de plusieurs filles, qu'une union malheureuse avait introduites dans cette maison. C'était un naufrage que la monarchie elle-même eût ressenti ; car elle ne s'était pas encore tout à fait séparée de ces puissants vassaux qui la soutenaient en l'inquiétant, et qui la défendaient au moins contre le flot inévitable de la démocratie.

L'illustration de cette maison avait commencé dans le sang. Étienne de Chabannes, capitaine des gens d'armes, sous Charles VII, avait été tué à la bataille de Crevant, près Auxerre, dans les premières années de ce règne, qui commençait si mal et qui devait finir si glorieusement ; son frère Jacques le remplaça dans le commandement de cette compagnie de gens d'armes, « qui ne se donnait d'ordinaire qu'aux princes et aux officiers de la couronne », et, suivant Lemaistre, d'accord avec l'histoire, ce gentilhomme « fit paraître durant trente années, c'est-à-dire depuis 1423 jusqu'à 1453, une grandeur de génie et une magnanimité d'esprit et de cœur si noble et si rare, qu'on écrivit sa vie et celle d'Antoine, son frère puîné, comme de deux merveilles de leur siècle. »

Lemaistre ne résiste pas à la tentation de donner « un tableau raccourci de cet homme illustre; » et, passant sur ce que Jacques de Chabannes a fait d'éclatant dans les deux premières parties de sa vie, il ajoute :

« Je ne parlerai ni de l'honneur qu'il eut de commander une partie de l'avant-garde dans cette fameuse entreprise de la divine amazone dont Dieu se servit pour secourir Orléans et assiéger les Anglais qui l'assiégeaient, ni des conquêtes qu'il fit dans l'Ile-de-France, étant en garnison à Creil avec Antoine, son frère, où ils commandaient six cents gendarmes, avec lesquels ils prirent Corbeil, le bois de Vincennes, Saint-Denis, et mirent en fuite Talbot, l'Achille de l'Angleterre ; ni du fameux duel où il soutint l'honneur de la noblesse française contre Floque, l'un des plus vaillants chevaliers anglais, qui l'avait appelé pour se battre, et qui y perdit la vie, ni de tous ses autres combats, qui lui firent mériter les deux charges si honorables de gouverneur et sénéchal du Bourbonnais, et de grand maître de France. »

Cette peinture ne dépasse pas, en effet, la dimension d'un tableau raccourci, mais elle n'en a pas pour cela moins d'éclat, et je la trouve précieuse, comme ces vieilles miniatures qui reproduisent en un étroit espace, par un effort du talent et de l'art, toute la grandeur et toute la noblesse d'une physionomie. Lemaistre continue, et il arrive au « fait particulier de sa cause, » à l'origine des biens substitués. Il raccourcit encore l'histoire, mais sans lui rien ôter de sa vivacité ni de son intérêt.

« Après que le roi Charles VII eut conquis la Normandie, il porta ses armes victorieuses dans le Périgord et dans la Guienne, vers la fin de l'année 1450 et en 1451, où les mémorables actions qu'y fit ce grand maître de France dans la prise des villes de Blaye et de Bourg, dont il fut fait gouverneur, engagèrent le roi Charles à lui faire le don si honorable de la seigneurie de Curton, qu'il avait conquise sur Louis de Beaumont, connétable de Navarre, qui en était possesseur et qui, soutenant le parti des Anglais, donna lieu, par sa révolte, à la confiscation de tous ses biens. Ce don fut fait par des lettres patentes, datées du 4 de juin 1451 à Lusignan, et vérifiées en la Chambre des comptes, à Paris, le 29 avril 1452.

« Mais, comme il n'y a rien qui embrase plus le feu d'une générosité naturelle et militaire que de voir un prince reconnaître les services d'un des officiers de sa couronne par une magnificence toute royale, messire Jacques de Chabannes, voulant faire honneur au jugement si avantageux que Sa Majesté avait porté de lui et se témoigner plus digne que jamais de sa libéralité, s'efforça de surpasser l'éclat de ses actions passées par de nouvelles encore plus éclatantes.

« Le roi l'ayant joint aux comtes de Foix et de Dunois dans le fameux siège de Bayonne, il contribua autant que nul autre à la prise de cette ville si importante, et dom Jean de Beaumont, chevalier de Saint-Jean de Jérusalem, frère de ce Louis de Beaumont, connétable de Navarre et gouverneur de Bayonne pour les Anglais, fut mis prisonnier entre les mains de ce grand maître de France. Ce fut, messieurs, durant ce siège, lequel Dieu releva par le miracle de cette croix blanche qui parut en l'air lorsqu'il était tout serein, lequel se trouve encore vérifié par un témoignage manuscrit de ce seigneur, que Geoffroy de Chabannes, son fils aîné, fut fait chevalier par le comte de Foix, et qu'Antoine de Chabannes son frère, comte de Dammartin, fut fait sénéchal de Carcassonne, bailli de Troyes et grand panetier de France.

« Enfin, messieurs, Dieu lui donna le moyen de couronner sa vie par un dernier service qu'il rendit à cet État, et le dernier coup fatal qui fut donné à la puissance des Anglais dans ces provinces.

« En 1453, le 13 de juillet, ce grand maître, accompagné de l'amiral de Bueil et des maréchaux de Lohéac et de Jalognes, assiégea Castillon en Périgord sur la Dordogne, qui était tenu par les Anglais. Mais l'illustre Talbot, général des troupes anglaises, étant venu avec une armée de douze mille hommes pour le forcer à lever le siége, il fit fortifier le camp, ayant résolu de soutenir son effort, et, l'étant allé reconnaître avec quelque cavalerie, qui fut repoussée par son avant-garde, il s'avisa d'un stratagème qui trompa toute la prudence de ce vieux et très-sage capitaine. Il fit monter tous les valets du camp sur les chevaux de leurs maîtres, et les fit sortir, comme si c'eût été toute la cavalerie française qui eût quitté les lignes et levé le siége. De quoi Talbot averti, il donna aussitôt de furie avec toute sa cavalerie dans le camp français, qu'il pensait trouver vide et abandonné. Mais il y trouva le grand maître de Chabannes, qui était à pied à la tête des archers, et qui le repoussa vivement. De sorte que, s'étant piqué d'honneur, et ne voulant pas témoigner que la surprise de trouver toute l'armée française rangée en bataille où il croyait ne trouver personne l'eût étonné, il opiniâtra le combat avec le grand maître, et fut abattu de son cheval d'un coup de couleuvrine, et après tué. En suite de quoi la moitié de ses troupes fut taillée en pièces, et l'autre fut mise en fuite. Le lendemain, Castillon se rendit, et Libourne après.

« Le grand maître, qui eut l'honneur d'avoir préparé la victoire par une si glorieuse tromperie, eut encore celui, qui était plus estimable, d'avoir défait et vaincu Talbot, et de retourner du combat chargé de la dépouille de ce brave chef : *redit exuvias indutus Achillis*. Car il prit le hausse-col du général anglais et l'envoya au roi Charles, lui faisant ce don comme pour reconnaissance de la seigneurie de Curton qu'il avait reçue de Sa Majesté, mais qui était bien plus précieux, puisque c'était le gage d'une victoire qui termina la guerre dans la Guyenne, y rétablit pour jamais la domination de la France, et conserva, par même moyen, cette grande terre dans la maison de Chabannes.

« Ce grand homme, qui, dans la république romaine, eût mérité, par ce dernier exploit de guerre, l'honneur du triomphe, mourut peu après, laissant une mémoire de lui aussi glorieuse et aussi triomphante dans ce royaume que sa longue vie, toute passée dans les armes, avait été noble et martiale. Il fut fort regretté du roi, dit l'histoire qui en a été composée, et de tous les bons Français, et principalement de la noblesse. Il était fort homme de bien, sage, craignant Dieu, de sorte qu'il ne permettait aucun désordre aux troupes qu'il commandait. Il était fort riche; et avait à sa mort pour soixante mille livres de prisonniers anglais. Voilà, messieurs, quelle a été la fin de cet illustre donataire de Charles VII, qui a été le premier possesseur de la baronnie de Curton, la première de ces quatre terres substituées. »

Il serait difficile et surtout dangereux d'ajouter quelque chose à ce récit et à ces pages, qui reflètent Froissart, le seigneur de Trainel, et même Alain Chartier. Tous les mots sont choisis et pesés avec art; c'est un fragment de ces belles chroniques qui, sous un air de simplicité, cachent la véritable grandeur et toute la poésie de l'histoire. Rien n'y manque; la réflexion politique y sert d'encadrement aux détails de ce glorieux stratagème qui abattit Talbot. L'occasion est bonne pour rappeler aux princes qu'ils doivent aux grands services de grandes récompenses, et Lemaistre ne la laisse pas échapper. La croix blanche, « vérifiée par un témoignage écrit du sire de Chabannes, » mêle à ce bruit d'armes un gage de la foi qui animait nos aïeux et portait vers le ciel leurs regards et leur cœur au moment de combattre. Notre science a dissipé cette douce et pieuse crédulité; mais y avons-nous beaucoup gagné? Enfin Jacques de Chabannes, envoyant au roi le hausse-col de Talbot, l'Achille de l'Angleterre, marque bien ce temps de chevalerie, de nobles prouesses et de fervents hommages.

Il y a ou il y avait dans le château d'une petite ville du Bourbonnais, appelée la Palisse, l'épitaphe de ce grand capitaine avec la date du 30 octobre 1453. Ceux qui l'y ont placée, pour honorer la loyauté et la valeur, ne se doutaient pas qu'à quatre siècles de distance cette petite ville appellerait sur elle l'attention du monde civilisé, par la révolte et la cruauté de quelques-uns de ses habitants [1] !

La noblesse de la maison de Chabannes, dont l'avenir s'agitait dans ce procès, était donc loin d'être une *chimère*, et méritait bien qu'on la défendît. Antoine, comte de Dammartin, fut, comme son frère, grand maître de France, et, quand le roi réunit son Parlement à Vendôme pour y juger son neveu, le duc d'Alençon, et y tint lui-même un lit de justice, Antoine de Chabannes vint s'y asseoir, immédiatement au-dessous du Dauphin [2].

Mais, si grande que fût cette noblesse, elle n'allait pas sans la fortune, et c'était pour l'entretenir que Charles VII avait donné au chef de cette maison la baronnie de Curton. — J'ai trouvé dans un vieux livre, composé en 1619 par des politi-

_____
[1] En 1851.

[2] Voltaire, *Hist. du Parl.* Voir dans Mézeray l'arrêt rendu contre le duc d'Alençon le 10 octobre 1458.

ques allemands, des réflexions piquantes sur cette alliance forcée de la noblesse avec la fortune; elles sont favorables à la cause des substitutions, et, par conséquent, elles ne sont pas déplacées à côté de ce que va dire Lemaistre. On s'y demande si les richesses ennoblissent, *utrum divitiæ nobilitent?* et on arrive, après quelques distinctions, à conclure, du moins, que la noblesse ne peut se passer d'elles. Nous ne méconnaissons pas, dit-on en citant Barthole et plusieurs autres, que la noblesse puise une grande splendeur dans la fortune; sans l'argent (il y a dans le texte *nobilitas sine divitiis*), elle est comme la foi sans œuvres, *fides sine operibus mortua;* ces bons Allemands ajoutent même : comme un docteur sans lois ou un curé sans prébende, *doctor sine lege, canonicus sine præbende.* Boileau a traduit ces idées dans l'une de ses belles satires, et particulièrement dans ces deux vers :

> Car, si l'éclat de l'or ne relève le sang,
> En vain l'on fait briller la splendeur de son rang [1].

C'est tout simplement de cette vérité, acceptée même par les poëtes, que sont nés les droits d'aînesse, de masculinité, de substitution, toutes ces combinaisons enfin, qui d'un arbre commun affaiblissaient les branches pour enrichir le tronc, et qui étaient comme les organes indispensables de la puissance aristocratique. Aussi bien cette puissance a cessé avec eux; ils ont disparu après une longue résistance, et, quoi qu'on dise, une noble carrière, dans cette fameuse nuit où triomphèrent l'égalité et la justice, aidées par l'envie des uns, la faiblesse des autres et l'émotion commune. On a vainement essayé de les faire

---

[1] De ces idées sont nés deux vers très-connus :

> La vertu sans argent, etc.
> La foi qui n'agit pas, etc.

renaître; la société avait pris une nouvelle base et de nouveaux
appuis; mais ces tentatives inspirées par le désir de restaurer
la puissance publique, et non par un étroit et ridicule orgueil,
prouvent au moins que tous ces artifices du régime détruit
avaient pour eux la logique et la raison d'État.

Aussi la première pensée de Lemaistre, quand il entre vraiment dans sa cause, est de caractériser la donation du roi
Charles VII et de la placer sous la protection de ces principes.
« Il y a, dit-il, une cause bien considérable et bien avantageuse
pour le droit de ma partie (il s'agissait de savoir si cette partie
resterait riche et noble avec les biens substitués, ou si, en les
perdant, elle verrait sa noblesse entamée et compromise) dans
les lettres patentes de cette donation, ou plutôt dans l'arrêt de
vérification de messieurs de la Chambre des comptes. Car, le
roi ayant dit *qu'il les lui donnait pour lui, ses hoirs, successeurs et ayants cause*, messieurs de la Chambre interprétèrent
très-sagement la volonté du roi, *des hoirs mâles* seulement de
la maison de Chabannes, qui *naîtraient en légitime mariage à
toujours et à jamais*.

« Ils jugèrent que l'intention de ce grand prince était que
cette baronnie, laquelle a été depuis érigée en marquisat et
qu'il lui avait donnée (à Jacques de Chabannes) pour servir
dans la postérité d'un glorieux monument des services qu'il lui
avait rendus dans la conquête de la Guyenne, *veterum decora
alta parentum*, fût affectée à la seule postérité masculine, et
qu'elle fût comme une haute colonne, qui conservât toujours
la splendeur de cette maison célèbre.

« Ils voulurent empêcher que cette seigneurie ne sortît jamais de cette maison par le mariage de quelque fille qui la
porterait à son mari. Et aussi, messieurs, n'est-il pas bien raisonnable que la récompense de la valeur ne passe point à ce
sexe, qui a pour partage la timidité; que celles qui jouissent

toujours des délices de la paix ne participent point aux fruits
qu'on a recueillis dans les travaux de la guerre; que le prix du
sang répandu dans les combats ne soit reçu que de ceux qui
doivent encore répandre le leur; que cet héritage si glorieux
n'appartienne qu'aux mâles, qui sont obligés de soutenir l'honneur de cette maison; qu'eux seuls en soient héritiers puisqu'eux seuls le sont de l'honneur suprême avec lequel leurs
ancêtres l'ont acquis, et que si la considération d'une même
naissance admet les filles au partage de quelques biens de la
maison de Chabannes, la différence de leur sexe ne leur laisse
aucune part à celui-là, qui n'est pas tant un bien qu'un tro-
phée, et une acquisition qu'une conquête? »

En parlant ainsi, Lemaistre avait oublié cette belle formule
de Marculfe, qu'il savait certainement : « A ma douce fille!
c'est chez nous une coutume antique, mais impie, que les
sœurs n'entrent pas en partage avec leurs frères dans la terre
paternelle. Moi, j'ai pensé que, donnés tous à moi également
de Dieu, vous deviez trouver tous en moi égal amour, et, après
mon départ d'ici-bas, jouir également de mes biens[1]...» Mais
il était en plein dans le droit politique, et sa cause excluait les
doux sentiments; il ne faut en ce moment lui demander qu'une
chose, c'est d'être rigoureux et éloquent, et il l'est. Quand il a
déterminé la portée de la donation de 1451, il arrive aux actes
de substitution qui ont successivement maintenu les biens donnés dans la main des aînés et des mâles; mais il y arrive au
milieu d'un récit qu'il est fier de faire, et qu'il étendrait volontiers s'il ne savait se contenir. Il couvre de la gloire de la
maison qu'il défend le droit qu'il réclame pour elle. Parlant de
Gilbert de Chabannes, second fils de Jacques, et représentant,
après le décès de son frère aîné, la branche plus tard appelée

---

[1] Marculfe, t. VIII, et app. 49.

des *marquis de Curton*, il dira : « Cette seconde branche produisit en lui comme une seconde tige de gloire en cette famille; car il s'éleva dans un si haut degré d'honneur par ses rares qualités, que le roi Louis XI, qui savait juger des mérites des grands du royaume, le fit grand sénéchal de Guyenne et gouverneur du pays de Limousin, et qu'en 1449, lorsqu'il créa l'ordre de Saint-Michel, lequel il donna seulement à quinze, tant des princes du sang que des officiers de la couronne et des plus illustres seigneurs de France, il y en eut deux de la maison de Chabannes qui en furent honorés, Antoine de Chabannes, comte de Dammartin, grand maître de France, et ce Gilbert de Chabannes, son neveu, qui, étant ainsi l'un des quinze premiers chevaliers de l'ordre et possédant la baronnie de Curton et les seigneuries de Charlus, de Madic et de la Roche, eut cet honneur rare d'épouser, en secondes noces, Catherine de Bourbon, fille de Jean de Bourbon, second du nom, comte de Vendôme et prince du sang[1].

« Il eut pour fils Jean de Chabannes, baron de Curton et seigneur des autres terres de son père. Et voici, messieurs, le *troisième point de ma cause*, où j'ai à montrer la préférence des mâles aux filles, et des aînés aux cadets, établie par la coutume perpétuelle de cette maison depuis cent ans. Car ce Jean de Chabannes, qui, sous le règne du roi François I[er][2], avait pour fils aîné Joachim de Chabannes, le maria en 1522 avec Peronnelle de Vantadour[3], et, suivant l'ordre prescrit par le roi Charles VII, qui, comme je vous l'ai dit, avait substitué par ses

---

[1] Dé cette première promotion étaient le frère du roi, le duc de Bourbon, le comte de Saint-Paul, la Trémouille, Tanneguy-Duchâtel, etc.

[2] Le roi François Ier lui donna le commandement de l'armée navale qu'il envoya en Angleterre. Voir le Père Anselme, *Tableau chron.*

[3] Le Père Anselme l'appelle Pétronille, fille du sieur de Levis, premier du nom.

lettres patentes la baronnie de Curton aux enfants mâles de la maison de Chabannes, lui donna cette terre et les seigneuries de Rochefort et d'Aurière en faveur de ce mariage, et conjointement avec lui *les substitua au premier fils aîné qui en proviendrait en préciput et avantage des autres*, et, au cas que ce premier fils qui descendrait de ce mariage ne fût habile à succéder ou mourût sans enfants, ce père et ce fils appellent tous deux ensemble le second enfant mâle qui naîtrait de ce mariage, et en la même sorte du second fils au tiers, et du tiers au quatrième consécutivement. Voilà, messieurs, la première substitution touchant ces trois terres de Curton, Rochefort et Aurière (qui sont trois des quatre que messire Henry de Chabannes, ma partie, demande aujourd'hui), établie par le contrat de mariage de Joachim de Chabannes avec Peronnelle de Vantadour, où les mâles sont toujours préférés aux filles. »

Mais ce n'est pas sur cette première substitution que Lemaistre établit le droit de son client, c'est sur celle qui fut faite quatre ans plus tard, dans le contrat de mariage de ce même Joachim de Chabannes avec Louise de Pompadour, sa seconde femme. Dans ce contrat, Jean, en effet, institue son fils son héritier universel, « en se réservant l'usufruit et la faculté de tester en œuvres pieuses jusqu'à deux cents livres. » De plus, il établit la substitution en ces termes : « *A été accordé du vouloir et consentement desdits père et fils* que *le premier enfant mâle*, DESCENDANT DUDIT JOACHIM PAR LOYAL MARIAGE (soit qu'il l'eût de cette Louise de Pompadour, sa seconde femme, ou d'une troisième si celle-là mourait sans enfants mâles), *aura, en préciput et avantage de ses autres frères, les châteaux, places, terres et seigneuries de* CURTON, ROCHEFORT, AURIÈRE *et* MADIC. » La substitution appelait, à défaut du premier mâle et de ses descendants mâles, le second fils mâle, et ainsi consécutivement.

Elle se terminait par ces mots, qui en exprimaient toute la portée : « *En telle façon et manière que lesdites places et seigneuries ne puissent jamais aucunement être divisées, vendues, en-
gagées, changées, aliénées, ni transportées; ainsi seront et
demeureront toujours entre les mains desdits aînés et descendants d'eux mâles par l'ordre susdit.* On y exprimait en outre
la volonté que ceux qui profiteraient de la substitution s'appe-
lassent toujours *seigneurs de Curton*, et que les filles fussent
mariées et dotées *selon l'état desdits de Chabannes et la faculté
de leurs biens.*

Lemaistre résume ce contrat et en fait jaillir son droit avec
précision et avec éclat :

« Voilà, messieurs, la substitution établie par Jean Chabannes père, en mariant son fils Joachim... Il donna par préciput aux enfants mâles qui naîtront de son fils en loyal mariage
ces quatre terres, et aux enfants de leurs enfants, d'aîné en aîné
et de mâle en mâle ; il défend toute aliénation de ces seigneuries ; il oblige l'aîné mâle à prendre toujours le nom de seigneur
de Curton ; il réduit les filles à une somme d'argent pour les
marier. Peut-on voir une disposition plus claire, plus précise,
plus solennelle, plus irrévocable, puisqu'elle est faite par un
contrat de mariage et une donation entre-vifs ! Que si l'on veut
examiner en détail la justice et la faveur de cette substitution,
on la trouvera telle, que, quand il y aurait quelque difficulté et
quelque doute en un point, l'équité devrait suppléer au défaut
qui s'y pourrait rencontrer, suivant la maxime de nos lois.

« Car Jean de Chabannes, père de Joachim, pouvait-il agir
plus raisonnablement, que d'affecter aux seuls mâles de la famille la baronnie de Curton, laquelle y avait été affectée près
de cent ans auparavant et jusqu'alors, selon l'intention et la volonté du roi Charles VII, lorsqu'il en fit don à Jacques de Chabannes, grand maître de France et son lieutenant en Guyenne?

« Il suivait le jugement de cet auguste distributeur d'une récompense si honorable ; il ne faisait qu'une nouvelle copie de
cet illustre original qui avait été tracé par ces mains royales. »

Joachim de Chabannes garda d'ailleurs tout l'honneur de
son nom ; le roi l'appelait mon cousin ; Lemaistre lui devait une
mention, il la lui donna.

« Il fut, dit-il, grand sénéchal de Toulouse, chevalier d'honneur de la reine Catherine de Médicis, dont il avait l'honneur
d'être cousin proche, parce qu'il était petit-fils de Françoise
de la Tour, fille de Bertrand de la Tour comte de Boulonge, duquel la reine Catherine était aussi descendue par sa mère. Et
ainsi la maison de Chabannes venue de ce Joachim, marquis
de Curton, avait l'honneur de toucher de parenté les derniers
rois de la race des Valois, François II, Charles IX et Henri III. »

Veuf deux fois et ne gardant pas de postérité masculine de ses
deux mariages, Joachim épousa en troisièmes noces et dans l'année 1533 Catherine-Claude de la Rochefoucauld, fille de François, premier comte de la Rochefoucauld. Il eut de cette union
un fils, François de Chabannes, en qui la substitution eut lieu.

« Ce François de Chabannes, qui le premier a été marquis
de Curton, comte de Rochefort et baron d'Aurière et de Madic
par cette substitution, mérita, par la noblesse d'une race si
illustre, par les services de ses ancêtres, par le mérite de sa
personne, et encore par l'alliance du sang qui le rendait cousin très-proche du roi Henri III, d'être honoré du collier de
l'ordre du Saint-Esprit dans le chapitre qui fut tenu en 1583,
comme Favin le rapporte en son théâtre de la chevalerie.
Et depuis, ayant témoigné qu'il était digne fils de tant de pères
si généreux, le roi Henri IV le fit son lieutenant général en
Auvergne. Ce fut en cette qualité, comme le rapporte M. le
président de Thou dans son excellente histoire, qu'il gagna
la bataille d'Issoire, en 1590, le même jour que le roi gagna

la bataille d'Ivry en Normandie, et amena prisonnier à Issoire
Louis de la Rochefoucauld, comte de Randan, général de l'armée ennemie (sans doute un de ses alliés).

« Ce qui est encore mémorable, c'est que François de Chabannes avait avec lui ses deux fils, Christophe, son fils aîné, et
Henri (le plaideur), lesquels tous deux signalèrent leur valeur
dans ce combat. »

Un an après qu'il eut remporté cette victoire « qui servit
beaucoup à affermir la couronne sur la tête de Henri le Grand,
il maria son fils aîné, blessé à Issoire, avec Marie de Crussol,
fille du duc d'Uzès, et confirma la substitution. Ce mariage ne
produisit rien. Christophe oublia son long amas d'aïeux, et
épousa en secondes noces, après un long et libre commerce
qui avait produit trois bâtards, une insigne roturière, nommée Claude Julien, dont il eut encore quatre filles. » Après
quoi il mourut en 1631. Il ne restait alors de cette branche
d'une illustre maison que Henri de Chabannes, le client de Lemaistre. Il demandait les biens substitués contre la veuve et
les quatre filles de son frère, et Lemaistre soutient que sa prétention est « conforme à la nature, à la raison civile et à la
raison politique. »

Voyons-le rapidement développer sa thèse.

Lui dont l'âme est si tendre, si chrétienne et si douce, emporté par sa cause, il trouve « qu'il est raisonnable que le sexe
le plus noble soit préféré à celui qui l'est le moins, et que les lois
du pays le traitent plus avantageusement, puisqu'il a reçu plus
d'avantages de Dieu et de la nature. » Il cite l'Écriture, appelle
à son aide saint Augustin et saint Jérôme, et met sur leur
compte sa partialité avouée et naïve pour le sexe masculin.
Puis, « considérant l'ordre civil, » il ajoute :

« N'est-il pas certain que la splendeur des familles réside en
la personne des mâles ! Il n'y a qu'eux qui portent le nom et les

armes d'une maison, et, si le sang conserve les familles dans la nature, le nom et les armes les conservent dans le monde... Tous les hommes, et particulièrement les grands seigneurs, brûlent du désir de conserver la gloire de leur maison. Et les États seraient heureux si les citoyens avaient autant d'affection pour leur patrie qu'ils en ont d'ordinaire pour leur race. »

Il y a, dans ces dernières lignes, un trait dirigé avec beaucoup d'adresse et de prudence contre les idées mêmes que Lemaistre défend ; il laisse entrevoir le patriotisme méconnu et dédaigné à côté de l'esprit de caste et des préjugés de famille. Il arrive ensuite à la raison politique, « qui est très-considérable en ces matières illustres » ; et il déclare « qu'il est fort à propos d'exclure les filles des terres et des seigneuries ; car, dans l'État et dans les familles, il est important que les enfants mâles soient fort riches et que les filles le soient peu. Les deux plus anciens et plus célèbres politiques du monde se sont accordés en ce point et ont établi cette loi comme le fondement des républiques... Les mâles sont la force de l'État comme le cœur est la force du corps, et, comme le sang s'assemble principalement au cœur, pour fortifier cette partie si noble qui soutient l'homme, il faut que les biens soient principalement affectés aux mâles, afin de donner plus de force et de vigueur à ce qui soutient l'État. »

Il couronne sa thèse en faisant remarquer que, dans la coutume d'Auvergne, où étaient placés les biens substitués, *les filles ne sont point comprises sous le nom vulgaire d'enfant,* suivant l'autorité et l'expression même de Dumoulin, qu'il appelle le Papinien français. Enfin il termine. Savamment cruel envers les quatre filles de Christophe de Chabannes, il ne ménage pas sa veuve, et l'accable. Armé du contrat de mariage de 1617 contenant la substitution faite par Christophe lui-même, il s'écrie :

« Il a considéré dans ce contrat son misérable mariage avec l'intimée, qu'il était assez honteux à la maison de Chabannes que sa grandeur et sa gloire s'alliassent avec la bassesse et l'ignominie, que parmi les alliances qu'elle a contractées avec les plus augustes maisons de France elle en eût une avec des laboureurs et des meuniers, parents de la femme qu'il épousait; que dame Claude Julien, qui est notre partie adverse, fille d'un cardeur de laine, tînt le même rang dans cette maison qu'y tenait, il n'y avait que cent ans, Catherine de Bourbon, fille d'un prince du sang, et il n'y avait qu'un an Marie de Crussol, sa première femme, fille et sœur de ducs et pairs de France, et que son nouveau mariage avec l'appelante, dont il a abusé dix ans avant que de l'épouser[1], mêlât la postérité à tant d'illustres ancêtres avec celle de personnes viles et abjectes, *Phæbi nepotes Sysiphi nepotibus.* » Il revient d'un mot éloquent sur l'idée principale de son plaidoyer, et il a fini :

« Qui peut s'étonner, dit-il, si les enfants de ceux qui ont combattu pour la loi salique contre l'Angleterre, qui l'ont signée de leur sang et qui l'ont défendue avec leurs armes, l'ont autant aimée dans leur maison que révérée dans la famille royale... Il est de l'honneur de la maison de Chabannes, il est même du bien de l'État[2], que cette substitution ne soit pas ensevelie dans le tombeau du feu sieur marquis de Curton ! »

Lemaistre a longuement et admirablement plaidé; cependant il n'est pas sûr du succès, il dit bien que sa cause « est la plus indubitable et la plus claire qui se soit vue en matière de substitution ; » mais il redoute l'habileté et les artifices de son adversaire; il essaye de prémunir la Cour contre ce danger, et se réserve la *réplique* dans des termes piquants qui trahissent son

---

[1] . . . . Et ce groupe charmant
S'unit, dit-on, longtemps avant le sacrement.

[2] C'est une belle traduction de l'*Interest reipublicæ*.

inquiétude, font connaître le nom, la science et les habitudes judiciaires de l'avocat qui va lui répondre :

« ... Parce qu'il n'est pas malaisé de faire naître des difficultés apparentes là où il n'y en a pas de véritables, et que *maître Pierre Chamillard* se servira sans doute de ses connaissances dans les lois romaines pour donner lieu, quoique sans sujet, à des questions de droit, parce qu'il emploiera toute son adresse et toutes ses lumières pour former des obscurités en une affaire si claire ; je vous supplie, messieurs, de m'accorder, après qu'il aura plaidé, la faveur d'une réplique, afin que je détruise en peu de mots ce qu'il aura tâché d'établir en de longs discours, et cependant je vous supplie de vous souvenir qu'il n'a dessein que d'embrouiller cette cause et que tout ce qu'il vous dira, hors les points que j'ai traités, n'auront point d'autre objet que d'empêcher, s'il peut, que vous le jugiez sur-le-champ, afin que la dame veuve et tutrice des quatre filles du feu sire marquis de Curton, qui sont ses parties, soit toujours en possession de ces terres, et que, d'une cause de trois ou quatre audiences au plus, elle fasse un procès de dix années, c'est-à-dire un procès qui vive plus longtemps que messire Henri de Chabannes, pour qui je parle, lequel a déjà soixante-neuf ans. »

Lemaistre ne se trompait pas dans sa prévision : son adversaire plaida les 14 et 28 mai, et il faut supposer que cette plaidoirie produisit quelque effet, car elle amena une admirable réplique, prononcée le 4 juin suivant.

CHAPITRE XII

De la réplique. — La stratégie judiciaire. — Il y en a qui parlent bien et qui n'écrivent pas de même. — Pascal. — Pline le jeune et Régulus. — L'*alter-cation*. — La péroraison. — Quintilien. — Cicéron. — Lemaistre réplique pour la maison de Chabannes à M° Pierre Chamillard, qui a plaidé plus de deux audiences. — Les personnalités. — Une marquise de Curton venue de fort loin. — Il faut que les enfants se taisent quand les pères parlent. — Pourquoi les Romains ne faisaient pas de substitutions par contrat de mariage, mais seulement par testament. — Lemaistre et Montesquieu. — *Monsieur* Cujas. — Les arrêts dits *des décousus*. — Le président Bouhier, de l'Académie française. — La coutume d'Auvergne. — L'opinion d'Euripide sur la question de savoir si l'argent fait la noblesse. — Quand l'arrêt fut prononcé, Henri de Chabannes avait soixante-neuf ans.

Au barreau, c'est principalement dans la réplique qu'on juge, non pas la science, mais le talent d'un avocat. Il y a, dans les luttes judiciaires, quelque chose de la guerre et des combats. A la première attaque on étend et on déploie ses forces, sans les ménager; ensuite le terrain se resserre, les combattants se rapprochent, chacun n'a plus qu'un étroit espace pour se mouvoir; on ne prodigue plus les coups, on en augmente la force et la précision; s'il y a une manœuvre décisive, on la fait; chaque effort amène un résultat; la victoire se dispute pied à pied, le courage individuel se voit mieux, et chacun y met ce qu'il a de meilleur. Il doit en être de même au

barreau quand, après un long combat, on en arrive à se me-
surer de plus près, dans une réplique d'où le succès dépend;
là, éclatent les qualités naturelles; ce n'est plus le moment de
l'étude ni des langueurs de la préparation; on affaiblit sa cause
si on ne la fortifie pas en resserrant énergiquement ses raisons,
comme un capitaine ferait de soldats épars dont il attendrait
un suprême effort. Tout ce qui, dans une réplique, est inutile
compromet le succès et laisse voir un avocat sans vigueur, qui
n'a pas l'habitude de commander à ses idées, de les maîtriser
à son gré, de les étendre quand il lui plaît, de les conduire,
quand il le faut, au combat, en colonnes serrées et victorieuses. Une réplique serait parfaite si elle ne contenait pas un
mot de trop, et si, en même temps, l'avocat animé lui donnait
le ton, l'ardeur, la vitesse, et jusqu'à l'emportement d'un dernier effort.

Il y a des hommes d'un rare mérite qui découvrent vite tous
les moyens d'une cause, les préparent avec art, les développent
avec talent, en plusieurs heures, avec des repos, des digres-
sions, des longueurs et de l'indolence. Demandez-leur de faire
à l'instant, de leur œuvre composée et savante, un résumé,
rapide, court, serré, puissant; ils l'essayeraient en vain. D'autres, au contraire, se perdent et se traînent dans l'étude et le
développement d'une affaire; les faits restent lents, glacés, in-
décis, sous leurs premières paroles; puis le feu de l'audience
dissipe les nuages; ils saisissent, à mesure qu'elles passent, les
raisons qu'il faut choisir, s'en emparent, les attachent fortement
entre elles, les colorent en même temps, se lèvent et courent
éloquemment au but; ils ont du même coup tiré la matière et
fait la statue. Pascal croit donner le secret de leur talent,
quand il dit, dans une de ses *Pensées*, qui sont comme des
pierres précieuses, mal dépolies, où manque du moins la dernière main de l'artiste :

« Il y en a qui parlent bien et qui n'écrivent pas de même. C'est que le lieu, les assistants, etc., les échauffent et tirent de leur esprit ce qu'ils n'y trouveraient pas sans cette chaleur [1]. »

C'est pour la réplique qu'il faut dire avec Cicéron : *Brevitas amicissima*. Mais il faut être plus fidèle que lui à ce genre d'amitié; c'est le moment de faire ce dont Régulus se vantait un jour à Pline :

« Vous, lui disait-il, vous croyez qu'il ne faut négliger aucun détail dans un procès; moi, je saute tout de suite à la gorge de mon adversaire et je l'étrangle. »

Dans la réponse de Pline, on trouve la peinture des avocats, qui plaident longuement, avec une grande abondance de moyens, *à toutes fins*, mais qui ne savent pas répliquer.

« Je lui répondis, ajoute Pline, qu'il pouvait bien arriver qu'il prît quelquefois le genou, le tibia ou le talon, pour la gorge. Quant à moi, qui ne puis atteindre la gorge, je m'y prends de toutes les manières, et je tape partout. Je traite ma cause comme le cultivateur qui ne se borne pas à travailler ses vignes, mais qui étend ses soins à chacun de ses champs. Il ne sème pas seulement du froment, mais encore de l'orge, des fèves et d'autres légumes; de même, dans ma plaidoirie, je jette autour de moi toutes sortes de semences pour récolter ce qui en viendra. L'esprit des juges n'est pas moins chanceux, moins incertain, moins décevant que le sol et les saisons [2]. »

Si Pline suivait ses maximes, il devait être un avocat bien ennuyeux et dépasser de beaucoup le nombre ordinaire des

---

[1] *Pensées* de Pascal, p. 157, édit. Lefebvre. Quintilien avait la même idée quand il disait : « Il n'y aurait pas d'éloquence dans le monde si l'on n'avait jamais à parler qu'en particulier. » (*Inst. orat.*, liv. Ier, ch. II.)

[2] Ce Régulus devait être un avocat *comique*. Pline se venge sans doute d'avoir été étranglé par lui quand il raconte qu'il se couvrait l'œil droit d'un emplâtre s'il plaidait pour le demandeur, l'œil gauche s'il plaidait pour le défendeur.

clepsydres. Il est vrai que, de son temps, quand le barreau romain avait perdu son ancien éclat, les avocats, au témoignage de Tacite, plaidaient aussi longtemps qu'ils le voulaient.[1].

A Rome, l'éloquence judiciaire avait sa stratégie, mais on n'y connaissait pas la réplique, j'entends la réplique oratoire, qu'il ne faut pas confondre avec l'*altercation*, qui était un feu croisé d'objections et de réponses, et comme une lutte mot à mot, *pugnam decretoriam*[2]. Quintilien n'en a pas moins donné des règles pour cette seconde et décisive plaidoirie; c'est alors qu'il importe, comme il l'enseigne, d'embrasser son sujet et de voir tout d'un coup tous les moyens de sa cause, comme on voit, du chemin où l'on passe, tous les détails du paysage qui se déroule devant vous. *Tum intendendus animus non in aliquam rem unam, sed in plures simul continuas; ut si per aliquam rectam viam mittamus oculos, simul omnia, quæ sunt in ea circaque, intuentur, non ultimum tantum videmus, sed usque ad ultimum*[3]. Ailleurs il applique la stratégie militaire à la plaidoirie en général, comme je viens de le faire pour la réplique, et presque dans les mêmes termes.

« A la guerre, dit-il, un général n'a pas toujours à conduire son armée dans de grandes et belles plaines; il lui faut le plus souvent gravir des hauteurs inaccessibles, assiéger des places situées sur un roc escarpé ou défendues par l'art. Ainsi l'orateur peut bien, dans l'occasion (suivant nous, jamais dans la réplique), se complaire à se mettre au large, et, s'il combat sur un terrain uni, déployer toutes ses forces pour plaire à la multitude; mais, s'il est obligé de s'engager dans les anfractuosités du Droit, *ou de poursuivre la vérité jusque dans ses derniers*

---

[1] *Dial. des Orat.*, § 38.
[2] Quintil., *Inst. orat.*
[3] *Inst. orat.*, liv. X, ch. vii.

retranchements, il ne s'amuse pas à caracoler (*non obequitabit*) autour de son sujet, ni à décocher comme autant de traits des pensées vives et scintillantes; il élèvera au contraire des ouvrages avancés, pratiquera des mines, disposera des piéges, et épuisera toutes les ressources et les secrets de l'art [1]. ».

Si la précision, la rapidité, la vigueur, sont les qualités essentielles d'une réplique, ce n'est pas à dire qu'il faille arriver à la sécheresse et tomber dans l'*altercation*. Il en est du discours, dit Marcus Aper, que fait parler Tacite, comme du corps humain : il perd de sa beauté, si l'on y voit les veines en saillie, les os à découvert, si un sang pur et tempéré ne donne aux muscles l'embonpoint et la rondeur et ne recouvre les nerfs eux-mêmes de l'éclat et de la rougeur de la vie et de la santé [2]. Les plus grands avocats de Rome, Hortensius, Cicéron, Aper, Africanus, Messala, mettaient tout leur talent dans la péroraison. Au moment de finir, ils rassemblaient leurs forces, réunissaient en un faisceau éclatant et solide leurs arguments et leurs armes, et c'est alors que se donnaient en peu de mots, mais en mots serrés et brillants, des raisons qui devaient déterminer la victoire; c'est alors aussi que, dans les causes qui le comportaient, l'émotion, répandue dans le discours, se concentrait dans quelques cris éloquents ou dans quelques larmes décisives. La réplique, qui a toujours été dans les habitudes du barreau français, doit suivre ces règles de la péroraison.

Lemaistre connaissait sans doute ces secrets de l'art, et, sans le goût de son temps, il eût exactement suivi ces préceptes. Son esprit était de ceux qu'exaltait l'audience et qu'affermissait la lutte; mais, à la différence de son rival ordinaire [3], il évitait l'ivresse que donne parfois la contradiction; sa passion

[1] *Inst. orat.*, liv. XII, ch. XIX.
[2] *Dial. des orat.*, § 21.
[3] Gauthier, surnommé *la Gueule*.

s'animait et devenait plus vive, mais elle ne débordait jamais.
Gauthier, en répliquant, remplaçait ses raisons par des violences ou des injures ; Lemaistre, en orateur habile et tout-puissant, ne se faisait pas ainsi l'esclave de son émotion, et, lui
commandant, au contraire, avec éloquence, il en faisait une
arme aiguë, mais loyale et polie ; il portait des coups redou-
blés, sans se servir de ses poings ni de ses poumons, avec la
seule force de son esprit et la vigueur excitée de son âme. Ainsi,
quand il prend la parole pour répondre, au nom de la maison
de Chabannes, à Me Chamillard, il va droit à son adversaire,
le frappe doucement de ridicule, et engage vivement ce dernier
combat :

« Encore, dit-il, que l'avocat de la dame marquise de Curton ait plaidé plus de deux audiences entières pour tâcher de
former diverses difficultés en la cause, et qu'il faille d'ordinaire
employer autant de temps à détruire les mauvaises raisons
qu'à les établir, j'espère de réfuter en peu de paroles toutes ces
vaines objections... J'ai à mettre autant la vérité dans le jour
et dans la lumière qu'on a voulu la mettre dans l'ombre et dans
les ténèbres, et pour cet effet je ne répéterai rien de ce que je
dis en l'audience où j'eus l'honneur de parler. »

Il ne remplira pas tout à fait ce programme, et il fera bien ;
il répétera ce qu'il a dit de la noblesse de la maison qu'il défend, mais il diminuera le cadre et augmentera ainsi l'éclat
du tableau. Son adversaire a abusé des larmes de sa cliente ; recourant à un moyen dont Quintilien se moque, Me Chamillard
avait amené à l'audience la veuve éplorée et les filles appau-
vries du marquis de Curton ; il avait reproché à Lemaistre
« d'avoir tâché d'éblouir la Cour par des discours élevés et éloquents, pour réduire à une extrême pauvreté la veuve de
Christophe de Chabannes et ses quatre filles. » Appelé sur ce
terrain des personnalités, Lemaistre y est plus vif et plus éloquent que dans sa première plaidoirie.

« Comme je reconnais, messieurs, qu'il est inutile d'employer la force des paroles en cette rencontre, il faut aussi que
l'appelante reconnaisse qu'il n'est pas moins inutile d'y employer la force des larmes. Quand l'image d'une conjonction
illégitime et honteuse vient troubler l'esprit et la conscience
d'une femme dans une audience ; quand elle se représente
qu'elle a acheté un mariage par un adultère de dix années, et
que, à l'heure même que je parle, elle a près d'elle un bâ-
tard, qui lui reproche par sa présence qu'il est né de son crime,
c'est alors qu'elle peut légitimement verser des larmes ; elles
sont bonnes pour effacer ses péchés et ses vices devant Dieu,
mais non pas pour renverser une substitution devant les juges.

« Aussi, messieurs, vous avez vu qu'elle n'accompagnait pas
de ses pleurs les paroles de son avocat, et qu'ainsi que les violences qu'on a objectées à ma partie n'ont été qu'imaginaires,
les larmes de notre partie adverse n'ont été que feintes. On a
voulu encore animer le silence de ces filles et en former une
éloquence muette ; mais il faut que les enfants se taisent quand
les pères parlent et qu'ils aient seulement des oreilles pour
écouter avec respect les ordonnances de leurs ancêtres. »

Il y a, dans cette dernière phrase, une grande majesté, et
je ne crois pas que l'obéissance des enfants envers les pères ait
jamais été commandée sous une forme plus oratoire et plus
simple en même temps : *Il faut que les enfants se taisent quand
les pères parlent.* Lemaistre ensuite éteint la voix du sang sous
la volonté par lui précisée de la loi civile, et à toutes les attaques qu'au nom de la nature on dirige contre sa cause il répond par ces mots, épars dans sa plaidoirie et maintenant
resserrés et plus forts : « Ce n'est pas la main de la nature qui
fait les substitutions, c'est la prévoyance particulière d'un père
ou d'un aïeul. C'est une raison plus haute et plus éclairée que
le seul instinct naturel. » Son savant adversaire, Mᵉ Chamil-

lard, versé principalement dans la connaissance du droit écrit, a soutenu que la substitution d'une terre située en Guyenne n'avait pas été valablement faite dans un contrat de mariage. Lemaistre réfute cette objection avec la science d'un juriste et avec la profondeur d'un philosophe; je n'exagère pas, on croirait lire Montesquieu en lisant ces lignes : « Selon le droit romain, on ne faisait point d'institution d'héritier, ni de substitution par des contrats de mariage, mais seulement par des testaments. Pourquoi? parce que les Romains n'aimaient rien tant qu'une liberté absolue dans leurs pensées et dans leurs désirs. Or, par les testaments, on n'est obligé qu'autant et si peu qu'on veut, et la règle qui dit que la volonté d'un homme est toujours libre et muable jusqu'au dernier soupir de la vie flattait trop leur naturel superbe, pour les porter à instituer et à substituer par un contrat de mariage qu'on ne peut changer.

« Les Romains, s'étant rendus maîtres de tant de peuples, ne pouvaient souffrir de ne l'être pas de leurs propres volontés. Il n'y a point d'hommes qui aiment plus à être libres que ceux qui aiment à rendre les autres esclaves. La même magnanimité de cœur qui veut asservir tout le monde veut s'affranchir elle-même. Elle abhorre le joug qu'elle impose à tous les autres, et les Romains avaient raison de vouloir que, puisqu'ils avaient établi la servitude dans toute la terre, la liberté régnât au moins parmi eux, et que ceux qui ôtaient et donnaient des royaumes, quand bon leur semblait, pussent donner et ôter des successions à leur fantaisie.

« Mais, comme en France nous estimons peu les testaments et que nous croyons que les lois sont plus sages que les hommes, nous avons reçu les institutions d'héritiers et les substitutions contractuelles, et, comme la domination française est beaucoup plus juste et moins altière que la romaine, aussi les particuliers ne se flattent point de la liberté de régner toujours dans leurs familles, en pouvant toujours changer les dispositions qu'ils ont faites, et c'est une marque de notre sagesse et de notre fermeté que de favoriser celles qui sont immuables, telles que sont les contrats.

« Par le même principe que nous estimons peu les testaments, qui sont l'ouvrage le plus ordinaire des mourants, nous estimons fort les actes que les hommes font entre-vifs, lorsque la force de la raison agit plus sur leur esprit que la faiblesse de la nature et la langueur de la maladie. Il n'y a rien qu'on veuille plus fortement, selon Sénèque, que ce qu'on ne veut pas même pouvoir changer... C'est pour cela qu'en toute la France on favorise autant les contrats de mariage qu'on favorisait à Rome les testaments. On y institue des héritiers. On y substitue des enfants et des parents. On y établit l'état des familles, et les substitutions des grandes et illustres maisons du royaume comme celles de Chabannes, se font presque toutes dans les contrats de mariage, et, certes, avec raison. Car, puisque le mariage est le fondement de la société civile, étant la source des hommes; puisque c'est ce qui éternise le monde et donne des héritiers légitimes aux citoyens, et des petits-fils et arrière-petits-fils aux aïeux et aux ancêtres, on a raison, lorsqu'on le contracte, d'y établir les lois qui doivent en régler le cours, et d'y faire des substitutions graduelles qui en conservent les biens dans une longue postérité ! »

Quand il a donné cette belle et grave empreinte à l'opinion qu'il défend, Lemaistre invoque pour elle l'opinion de *monsieur* Cujas, de Masuer, de la Chassagne, de Boyer; il cite un arrêt que M. Louet appelle *des décousus*. On lui oppose le texte de la coutume du Berry, qui prohibe l'institution d'héritiers par contrat de mariage; il répond savamment et d'un mot : « Cela vient, comme l'a remarqué le savant et judicieux Coquille, de ce que le premier président Lizet, qui a rédigé et réformé cette coutume en 1539, était idolâtre du droit romain [1]. »

Cette belle théorie, si coutumière et si française, devait rencontrer un jour un adversaire dans le président Bouhier, idolâtre, aussi lui, du droit romain. Ce grand magistrat est une des plus belles figures judiciaires du passé; à lire seulement l'énumération de ses œuvres, on a peine à comprendre qu'un homme puisse s'élever si haut dans des sciences si diverses et dans des études si différentes. Nos loisirs et notre ignorance rehaussent encore l'éclat de ces nobles vies, consacrées tout entières au devoir et au travail, se délassant dans les lettres, et récompensées par elles [2]. Il ne peut dès lors être sans intérêt d'opposer à l'opinion de Lemaistre celle d'un tel magistrat. M. le président Bouhier aimait passionnément le droit romain; il l'aimait jusqu'au combat. Ce fut lui qui provoqua la révocation de l'édit de Saint-Maur, et il félicite le chancelier d'Aguesseau de cette révocation, disant : « Un grand chancelier l'a accordée à nos vœux, et l'éloge magnifique qu'il a fait en même temps des lois romaines doit fermer pour toujours la bouche à ceux qui voudraient qu'on leur préférât le droit coutumier. »

Au même endroit, il critique les substitutions contractuelles, méconnaît ou rabaisse leur origine, leur refuse des ancêtres et tâche de nuire à leur postérité. « Certains usages, dit-il, tout contraires qu'ils sont aux principes du droit romain, ont été reçus, je ne sais comment (il le sait bien), dans toute la France. On en peut donner pour exemple les institutions et les substi-

---

[1] Le premier président de Thou était le champion du droit coutumier, comme le premier président Lizet celui du droit romain. J'aurai occasion, en parlant d'un autre plaidoyer de Lemaistre, de reproduire ce scientifique débat.

[2] Le président Bouhier était de l'Académie française, où il a eu pour successeur M. de Voltaire.

tutions contractuelles, car, encore qu'un habile homme (de Laurière, *Inst. contract.*, ch. i, n° 25) ait voulu nous persuader qu'elles tirent leur source des priviléges militaires, je ne trouve aucun exemple dans les lois romaines qui ait autorisé les institutions irrévocables, même à l'égard des soldats; elles n'ont tout au plus toléré que la promesse d'égalité entre les enfants, comme il paraît par une Novelle de l'empereur Léon. (Nov. xix.)

« Je crois donc que les institutions contractuelles ne sont fondées que sur un ancien usage de *nos* Français, et, comme il a sa commodité, il a trouvé beaucoup de faveur en ce royaume, où l'on s'embarrasse peu des inconvénients qui en résultent, pourvu qu'on y trouve quelque avantage. Je laisse néanmoins à juger si les contestations qui en naissent et la difficulté presque insurmontable que nos jurisconsultes trouvent à en résoudre quelques-unes ne donnent pas lieu aux gens sages de penser qu'il eût été peut-être plus à propos de s'en tenir sur ce point à la régularité du droit romain[1]. »

Je n'en sais rien, mais je doute que M⁰ Chamillard ait aussi bien dit; s'il l'eût fait, il eût embarrassé Lemaistre, ou du moins il eût été digne de lutter contre lui. Une seconde objection faite à Lemaistre amène une simple et belle réponse. La substitution avait été faite dans le contrat de mariage de Joachim de Chabannes avec Louise de Pompadour, qu'il épousait en secondes noces. M⁰ Chamillard soutenait qu'elle ne pouvait avoir lieu que pour les enfants de ce mariage. Lemaistre s'élève pour lui répondre à un pensée qui porte l'expression, comme dit Vauvenargues :

« Un père n'est pas l'une des principales parties dans le contrat de mariage de son fils; il n'y agit pas comme partie,

---

[1] Bouhier, *Observ. sur la Cout. de Bourgogne*, t. I, p. 368, édit. de 1777.

mais comme juge et législateur... La substitution que font un
mari et une femme est une loi qu'ils imposent à leur mariage,
et celle que fait un père est une loi qu'il impose à sa famille...
Jean de Chabannes, jetant les yeux sur la famille qu'il espérait
naître de son fils aîné... appelle l'aîné des enfants mâles que
son fils pourrait avoir et ne lui désire qu'une qualité, qui est
qu'il soit né d'un saint mariage, d'une femme légitime.

> « *Inque futuri*
> « *Temporis ætatem venturorumque nepotum*
> « *Prospiciens, prolem sanctâ de conjuge natam*
> « *Ferre simul nomenque suum, curasque jubebit.* »

Enfin, M⁰ Chamillard, qui était *bourré* de textes, a invoqué
l'article 16 de la coutume d'Auvergne, qui limite l'effet des
conventions matrimoniales, ou plutôt des dispositions testa-
mentaires qui y sont contenues, aux contractants et *aux descendants d'eux tant seulement*. L'argument est bien dirigé
(nous dirions *topique*, la seigneurie de Curton était en Auvergne); mais Lemaistre a pour le réfuter l'autorité de M⁰ Charles
Dumoulin, à qui M. le président de Thou a donné cet insigne
éloge d'honneur que de dire que « *ses annotations sur les
coutumes et ses autres très-doctes ouvrages passent parmi
nous pour des décisions de droit certaines et authentiques.* »
Et Dumoulin, sur cet article de la coutume d'Auvergne, enseigne qu'il se doit entendre *des enfants que le mari ou la
femme aura eus de quelque mariage que ce soit, ex quocumque
matrimonio*. — L'argument décisif de M⁰ Chamillard ne subsiste plus. Lemaistre a fini, et sa victoire est certaine; c'est plutôt pour l'honneur de sa cause que pour en assurer le succès
qu'il ajoute :

« Il me reste à faire voir qu'au lieu d'être odieuses, comme
on l'a dit (comme il l'avait dit lui-même contre les héritiers

de madame d'Orsay), les substitutions sont très-favorables au sujet dont il s'agit. » C'est dans ces trois derniers mots qu'il trouve son excuse et le *distinguo* de Montaigne; il paraît croire, il croit peut-être qu'odieuses dans une cause bourgeoise les substitutions sont favorables dans une cause patricienne.

Il indique l'origine des substitutions à Rome, et il dit ensuite :

« Nous les avons reçues en France par un mouvement plus juste et plus relevé pour la conservation des familles éminentes. Les substitutions leur assurent des terres et des seigneuries, et les grandes maisons ont autant besoin de grands biens que les grandes machines de grands ressorts. Elles perdent leur éclat en perdant leurs richesses, qui ajoutent quelque lustre à celui de la naissance. Les grands descendent du comble des grandeurs à mesure qu'ils approchent de la condition des particuliers, et la lumière de leur noblesse s'éteint dans l'obscurité de leur fortune. » Ne croirait-on pas qu'il traduit les philosophes allemands que j'ai cités plus haut et qui font dire en latin à Euripide : *Ne reddideris eum divitem, nam si pauperior sit, humilis erit. Ingens autem vis est divitiarum, quas qui nactus est, statim nobilis evadit;* ou bien encore : *Hoc enim in pecunia situm est.*

Enfin, d'un dernier mot, Lemaistre intéresse la France à sa cause : « Mais, d'ailleurs, et je finis, la France est en quelque sorte obligée de ne laisser pas périr ces familles héroïques dont les noms sont encore vénérables aux étrangers et formidables aux ennemis de l'État, et qui, depuis quatre ou cinq siècles où l'on a vu la chute de tant de grandes maisons et la décadence de tant de vertus, ont toujours paru également nées aux armes (*natus ad arma*) et courageuses. »

M. l'avocat général Jérôme Bignon donna ses conclusions sur-le-champ, et la Cour, qui n'avait pas encore reçu de M. Caron de

Beaumarchais l'ordre de motiver ses arrêts, maintint immédiatement la substitution.

Henry de Chabannes avait plaidé plutôt pour l'honneur des principes et l'intérêt de la postérité que pour lui-même: car il avait plus de soixante-neuf ans quand cette substitution s'ouvrit à son profit.

CHAPITRE XIII

Le jurisconsulte et l'avocat. — Dédain de Quintilien pour les jurisconsultes. — A Rome, l'avocat qui n'avait pas réussi se faisait jurisconsulte. Cicéron demandait trois jours pour le devenir. — Cujas n'a pas été avocat. Dumoulin a bégayé. — Le jurisconsulte d'après le président Henrion de Pansey. — Lutte entre le droit romain et les coutumes. — Lemaistre avocat consultant. - Au seizième siècle, le droit coutumier commence à se défendre. — Dumoulin. — D'Argentré, le jurisconsulte *romantique*. — Une belle dissertation du président Bouhier. — L'idolâtrie du droit romain. — Les lois se font mal dans les assemblées. — La consultation de Lemaistre en faveur du droit romain. — Le style judiciaire. — Le droit romain l'emporte, mais il sera bientôt vaincu. — Arrêt du 5 avril 1673.

Lemaistre n'était pas précisément un jurisconsulte; il avait trop d'ardeur dans l'esprit et trop de passion dans le talent pour s'appliquer assidûment à l'étude du droit. Les qualités qui font le jurisconsulte ne sont pas celles qui font l'avocat. A Rome, où la science du droit et l'éloquence judiciaire se sont élevées si haut en s'entr'aidant, cette distinction était profonde et classique; non-seulement les avocats n'étaient pas jurisconsultes, mais ils dédaignaient de l'être et plaçaient au-dessous d'eux cette science, qui a cependant, plus que leurs plaidoyers, prolongé dans le monde la domination des lois romaines.

Quintilien atteste ce dédain et l'approuve; il conseille bien,
il est vrai, à l'avocat qu'il veut former de connaître le droit
en même temps que la religion et les mœurs; mais ce qui le
décide à donner ce conseil, ce n'est pas l'estime qu'il a de la
science, c'est la crainte de voir un avocat trop ignorant, pris
au dépourvu, surtout dans l'*altercation*, n'ayant pas sous la
main un jurisconsulte pour le tirer d'embarras, ou bien s'a-
dressant à un demi-savant qui lui donnerait de fausses notions.
Il rabaisse d'ailleurs les jurisconsultes jusqu'à faire de leur
profession un métier subalterne, qui leur donne, dit-il avec
mépris, le privilége de soutenir des opinions contradictoires,
et qui n'est exercé que par ceux qui, ne pouvant réussir au
barreau, sont descendus jusqu'à l'étude du droit, *ad discen-
dum jus declinaverunt*[1].

Cicéron en dit à peu près autant, et se sert des mêmes expressions, également dédaigneuses. La plupart des jurscon-
sultes, dit-il, ont essayé d'abord d'être des orateurs, ce qu'ils
auraient de beaucoup préféré; mais, ne pouvant le devenir,
ils se sont rabattus (*delapsi sunt*) sur l'étude du droit. Il
compare ensuite cette chute à celle des artistes grecs qui,
n'ayant pas réussi sur la lyre, se faisaient joueurs de flûte.
Enfin, il trouve, comme Quintilien, que rien n'est plus facile
que d'apprendre le droit et de l'enseigner, et il s'écrie, dans
un accès de colère et de vanité oratoire : « Si vous me remuez
la bile (*si stomachum moveritis*), je vous déclare qu'en trois
jours (*triduo*), malgré mes immenses occupations, je serai devenu jurisconsulte[2]. » Il est vrai que, dans une autre occasion,
ne cédant plus aux entraînements de la plaidoirie et tout à fait
libre de sa pensée, Cicéron modifia son opinion sur les jurisconsultes.

[1] Quintilien, *Inst. orat.*, liv. XII.
[2] *Pro Murena*, ch. XIII.

Il parla de leur art avec un sentiment contraire et le jugea digne d'occuper les plus hautes facultés de l'esprit; il en fit comme le secret ou le levier de l'éloquence; c'est par lui, dira-t-il alors, « qu'on apprend à choisir son sujet, à bien définir, à bien interpréter, à tout éclaircir, à se faire une règle certaine pour distinguer le vrai et le faux et pour bien raisonner. » Si même on en croit Aulu-Gelle, le grand orateur tout à fait converti aurait écrit un traité sur cet art, *de Jure civili in artem redigendo*[1], et deviné la puissance de ces grands jurisconsultes de Rome dont notre Coquille, malgré son amour du droit coutumier, disait que, *par don de Dieu, ils avaient la lumière de l'entendement bien nette et le cœur bien franc.*

On sait que, sous Auguste, les jurisconsultes devinrent des oracles et des législateurs, et n'eurent plus rien à envier à la plaidoirie ni à l'éloquence. Mais, pas plus qu'auparavant, on ne les trouve, au barreau, réunissant à la science l'art de plaider. Cette séparation s'est toujours maintenue.

Cujas lui-même, leur héritier direct, ce brillant et souverain esprit, qui portait si vivement son accablante érudition, et dont la plume se joue éloquemment des aridités de la science, n'a jamais essayé d'être avocat. En l'essayant, Dumoulin a échoué. En France comme à Rome, au seizième siècle comme plus tard, les grands jurisconsultes n'ont pas été de grands avocats. Je ne dis pas, avec Cicéron et Quintilien, que cela diminue beaucoup leur mérite, et doive les placer au second rang. Ils occupent plutôt le premier. Lemaistre lui-même, avec tout l'éclat de sa parole, est loin d'avoir laissé une trace aussi profonde que Dumoulin, qui bégayait sa science et qui se faisait interrompre à l'audience par le président de Thou, ennuyé de l'entendre.

---

[1] Aulu-Gelle, *Noct. atticæ*, ch. xxii.

Mais, quelle que soit la part des uns et des autres, leur mérite est distinct, et, loin de se confondre, leurs qualités s'excluent habituellement. Cicéron a défini le jurisconsulte en louant Servius Sulpitius; il n'a pas même dans cet éloge laissé deviner l'avocat. Un des plus grands magistrats de notre époque, un homme dont la figure était l'image de la loi adoucie et dont les travaux rappellent ceux d'autrefois, M. le président Henrion de Pansey, a signalé les qualités qui distinguent le jurisconsulte et ne permettent pas de le confondre avec l'avocat :

« Qu'est-ce qu'un jurisconsulte? dit-il. C'est l'homme rare, l'homme doué d'une raison forte, d'une sagacité peu commune, d'une ardeur infatigable pour la méditation et l'étude, qui, planant sur la sphère des lois, en éclaire tous les points obscurs, et fait briller d'un nouvel éclat les vérités connues; qui non-seulement aplanit les avenues de la science, mais en recule les bornes; qui indique aux législateurs ce qu'ils ont à faire, et laisse à ceux qui voudront marcher sur ses traces un sol qui les conduira sûrement dans cette vaste et pénible carrière. Tel *Dumoulin*, dans son *Traité des fiefs*, et dans ses notes sur les coutumes, rédigées au commencement du seizième siècle; plusieurs des dispositions portaient l'empreinte de la barbarie du moyen âge, il les juge, et ses jugements, la plupart renfermés dans un seul mot, ont tous été sanctionnés par les législateurs et par les tribunaux. Tel encore *Loyseau*; on venait de rendre les offices vénaux héréditaires; il fallait, pour ce nouvau genre de propriété, créer des règles nouvelles; il l'a fait : il n'a laissé d'autre gloire à acquérir, dans cette partie, que celle de bien entendre son ouvrage. Tel aussi *Delaurière*; personne encore n'était remonté aux origines de nos diverses coutumes; dédaignant les riches moissons qu'il pouvait faire dans le champ de la jurisprudence, il recherche, il découvre, il réunit les anciens monuments; ce qui n'était guère moins difficile, il parvient à les entendre, et, du sein de ce chaos, il fait jaillir la lumière sur toutes les parties du droit français. Voilà les *jurisconsultes*. »

Il y a peut-être dans cette définition plus de sentiment que d'exactitude, et elle n'évite pas tous les dangers qui s'attachent aux définitions. — *Omnis definitio periculosa*. Mais il est certain que les luttes, l'agitation, la rapidité, l'éclat du barreau ne donnent pas à l'esprit cette patience qui creuse les lois, trouve leur origine, explique leurs motifs, enchaîne leurs conséquences. L'œuvre du jurisconsulte est plutôt celle du géomètre qui resserre la science dans d'exactes formules, et ne connaît d'autre passion que celle de la vérité découverte et répandue.

J'en ai dit bien long pour expliquer comment Lemaistre a été un grand avocat sans être un grand jurisconsulte. Cependant on lui a demandé et il a donné son avis sur une des questions les plus importantes de l'ancienne jurisprudence française. Son nom est même à ce sujet cité comme une autorité. Voyons s'il a mérité cet honneur.

Il s'agissait de savoir si, dans les coutumes qui ne réglaient pas l'âge de tester, on devait suivre les coutumes voisines ou celle de Paris, ou le droit romain. C'était un épisode de la grande guerre que se sont livrée le droit romain et les coutumes. Cette guerre est en réalité l'histoire de la civilisation moderne, subissant longtemps et pour son bien le joug du monde ancien, le secouant peu à peu, finissant par le rompre et devenant enfin le modèle de l'avenir. Dans l'origine, ce fut une belle, et, si l'on peut ainsi parler, une légitime usurpation que celle du droit romain sur la France barbare et coutumière. Cette raison, écrite sans le secours de la religion chrétienne, formée et nourrie à cette grande école de la conscience, dont la philosophie stoïcienne fut l'éclatant excès, a maintenu son autorité sur les peuples vainqueurs de ceux qu'elle avait gouvernés. Tant qu'a duré l'adolescence de ces peuples, et même jusqu'à leur maturité, elle a conservé sur eux un empire à peu près absolu. Elle leur a commandé, et s'est fait obéir par le prestige de ses belles sentences et de ses règles équitables et simples. C'est un grand spectacle, supérieur au bruit des combats, que celui de cet empire prolongé des lois romaines, accepté d'abord comme un bienfait, disputé ensuite par le droit coutumier, par le génie national qui se développe, par les besoins particuliers de la société française, devenant à son tour une grande société, par la science, l'originalité du patriotisme de nos jurisconsultes et de nos magistrats.

Quand on en vint tout à fait aux prises, ce fut une admirable controverse. Ceux qui connaissaient à fond le droit romain, *ce grand océan de la jurisprudence*, en étaient *idolâtres*, comme le premier président Lizet, au témoignage de Coquille et de Lemaistre, comme le président Bouhier, qui confesse lui-même son *idolâtrie* avec une véritable ardeur, et sans chercher à déguiser l'excès de sa passion sous une expression équivalente ou affaiblie. Oserai-je le dire, moi qui me sens ému devant l'image de ces incomparables magistrats et qui serais tenté de leur donner toujours raison, tant j'admire leur science, cette idolâtrie les a rendus injustes pour le droit coutumier; elle a étouffé leur patriotisme et ces vues d'avenir qu'ils appellent dans Dumoulin de la singularité; elle a affaibli leur raison, d'ailleurs si vigoureuse et si ferme. Tout pleins de la pompe et de la grandeur achevée du droit romain, ne le voyant que quand il est devenu un océan de jurisprudence, oubliant que, lui aussi, il a commencé par des pas incertains, des démarches chancelantes et des fleuves naissants, ils rabaissent les origines et rétrécissent le berceau du droit coutumier; mais, comme ceux

qui les ont devancés, ils défendent leur passion et leur cause
avec un admirable talent, et, pour les vaincre, il ne faudra pas
moins que l'irrésistible mouvement des esprits et des intérêts,
au sein d'une société nouvelle, grandissant comme Rome et
finissant par mériter et par se faire des lois originales, dignes à
leur tour d'être partout imitées ou suivies.

Je ne veux pas trop m'éloigner de mon sujet en essayant de
reproduire toutes les phases de cette longue et éclatante riva-
lité. Ce serait l'histoire du droit tout entière. C'est déjà beaucoup que, sur une consultation de Lemaistre, je m'expose au
danger d'une esquisse, et place dans mon cadre un point de
vue de cet illustre débat.

C'est principalement au douzième siècle que, comprimé ou
perdu dans l'époque barbare, le droit romain se retrouve presque tout entier, et se ranime sous la chaleur des investigations,
dans l'étude ardente et profonde, à quelques pas de Rome catholique, au milieu d'un enseignement qui attire tant d'auditeurs, que les rues de Bologne ne sont pas assez spacieuses pour
les contenir. De là il se répand, non-seulement comme l'expression d'une philosophie à peu près parfaite, qui commande aux
esprits et fournit la matière des lois, mais comme un maître
qui régit et qui gouverne.

Une partie de la France le reçoit plus que jamais à ce titre,
et accepte son autorité comme un bienfait; une autre a déjà
ses coutumes, que commence à défendre l'orgueil patriotique
et local. Mais la glose s'applique à faire passer partout le droit
romain dans la pratique, et, dans ce but, elle fait les plus
grands efforts, elle accomplit des travaux imparfaits, mais immenses. Dès le treizième siècle, la lutte est engagée, et Pierre
de Fontaines, le conseiller de saint Louis, met en présence,
dans son livre de la *Royne Blanche*, le droit coutumier français et le droit romain. Cependant la coutume est encore pleine

de déférence pour la loi, et les légistes français avouent que, *quand elle est contraire au droit escrit, elle gâte et détruit le droit et s'appelle droit hayneux.* Un peu plus tard, elle sera moins soumise, et cherchera à attirer à elle le droit romain; au lieu d'aller à lui (dans les livres de justice et de plaid).

Au seizième siècle, dans cette grande époque des Romanistes, sous la dictature de Cujas, François Hotmann osera s'élever contre la prétention des lois romaines à dominer une société qui n'a pas été faite pour elles; de l'*advis du chancelier de l'Hospital,* il demande pour la France ce qu'elle doit attendre longtemps encore, une législation uniforme et française. La brèche une fois faite, Dumoulin l'agrandit avec l'autorité de son génie national et pratique, de son érudition immense, soutenue et dirigée par les plus hautes et les plus justes aspirations politiques. Auprès de ce prince des jurisconsultes, si digne de cette couronne et de ce nom, se pressent les maîtres de l'École française, les Loysel, les Duplessis, les Coquille, ces hommes savants en droit romain, mais désireux de créer pour leur patrie un droit original, ayant pour ancêtres les Pandectes et les fragments d'Ulpien, mais également formé de l'esprit des coutumes, des lois locales, de la jurisprudence française et du droit canonique. Cujas cependant les domine et les inspire, et ce qu'ils essayent de combattre et de vaincre, ce n'est pas l'influence, mais le despotisme du Digeste et du Code. D'Argentré seul, avec une originalité puissante, une imagination créatrice, d'ardents préjugés pour la féodalité, voudrait faire table rase du droit romain, oublier Papinien et assurer partout, comme dans sa Bretagne exclusive et bien-aimée, la domination du droit coutumier.

Le président Bouhier, que j'ai déjà opposé à Lemaistre, a pris parti dans cette grande querelle; c'est lui qui indique le rôle que Lemaistre y a joué un moment; c'est lui qui résume ce

long combat. Il le fait en jurisconsulte, comme Lemaistre le fait
en avocat. Quand il prend la plume, cette plume académique
tour à tour taillée pour l'archéologie, l'histoire, la poésie et le
droit, l'admirable commentateur de la coutume de Bourgogne
fait éclater ses préférences et sa passion. Malgré la supériorité
de son ensemble et de son origine, le droit romain, dans la pratique, a dû céder tous les jours davantage au droit coutumier,
expression incorrecte, peu méditée et peu savante, mais fidèle
et progressive des besoins qui sont nés et des intérêts qui ont
grandi. Témoin de ce spectacle, qui est au fond celui de la civilisation française, le président Bouhier s'en afflige d'un cœur
sincère, mais ultraromaniste. « Plus le torrent, dit-il, devient
fort, plus il est important de lui opposer une digue capable de
l'arrêter, et d'empêcher l'inondation générale dont nous sommes menacés. »

Entré ainsi dans la lice, il exalte aussitôt le droit romain;
son style, habituellement paisible, aussi naturel, quoique moins
étudié, que celui de Buffon, son compatriote, prend ici de l'ardeur et se montre légèrement agité, tant l'*idolâtrie* est sincère.
« Je ne répéterai pas, écrit-il, ce qu'a dit le commentateur
d'Henrys pour relever le génie, la sagesse, la pénétration, la mé-
thode et les méditations profondes qu'ont apportées les anciens
jurisconsultes romains pour bâtir ce grand et merveilleux édifice du droit romain, qui subsiste encore aujourd'hui. Cela est
connu et avoué presque généralement de tout le monde. Il me
suffit de remarquer que l'illustre président de Thou, quelque
prévenu qu'il fût en faveur du droit coutumier, ne laissait pas
d'appeler les lois romaines la *raison écrite*[1]; en quoi il en
donnait sans doute la plus haute idée qu'on en puisse concevoir... Il est donc assez surprenant qu'après une préférence si

---

[1] Coquille, quest. 172.

marquée donnée au droit romain sur toutes les lois du monde,
par un consentement universel, on ose aujourd'hui le mettre
en balance avec ce qu'on appelle les *maximes coutumières*.

« C'est un paradoxe qui a déjà été réfuté par tant de savants
hommes, qu'il devrait suffire de rapporter leurs témoignages,
pour détromper ceux qui sont entêtés de l'opinion contraire. »
Après ces vives et dédaigneuses paroles, il invoque l'autorité
de Mᵉ Claude Henrys, qui ne partage pas absolument sa passion,
mais qui exprime cependant son admiration pour le droit romain sous une forme attendrie et presque poétique : « Que si, dit
Henrys, il faut faire une abstraction générale et considérer les
lois sans considérer les humeurs des peuples (c'est la réserve
d'un jurisconsulte *pratique*), s'il en faut peser l'équité en elle-
même, sans faire réflexion du naturel des personnes, nous ne
ferons pas difficulté de dire que les lois romaines sont préfé-
rables... et il faut bien qu'on y ait reconnu quelque lumière
plus grande, et des traits divins et charmants, puisque tant de
peuples s'y sont soumis, quoiqu'en des climats divers et d'humeurs fort différentes[1]. »

Ensuite il fait parler les jurisconsultes les plus *coutumiers*,
et il trouve dans presque tous une dose d'encens pour les lois
romaines. Ferrière, par exemple, dans sa préface sur la Coutume
de Paris, emploie, pour louer le droit romain, des expressions
passionnées : « Quoiqu'il se soit passé plus d'onze siècles depuis la
publication des Réponses des jurisconsultes, elles n'ont pas
vieilli et n'ont rien perdu de leur force et de leur vigueur. Leur
principe, qui est la raison, n'est point sujet au changement ni à
la corruption; c'est un rayon de la Divinité que Dieu a communi-
qué aux hommes. » Avec une ardeur qui s'égare un peu, le président Bouhier veut aussi ranger de son côté Dumoulin lui-même,

---

[1] Henrys, t. III, p. 812, édit. de 1738.

« qui a commencé à mettre en crédit le droit coutumier; » Leib-
nitz, « aussi excellent jurisconsulte que grand philosophe, » qui
ne voit rien qui mérite autant que le Digeste l'éloge des mathé-
maticiens : *Quod magis accedat ad mathematicorum laudem.*

Après s'être donné ces auxiliaires, il aborde résolûment, au
jour où il écrit, un siècle après Lemaistre, sa thèse favorite; il
attaque les coutumes dans leurs origines, il oppose la mé-
thode savante et parfaite qui a présidé à la création des lois
romaines au hasard, à la précipitation, au caprice qui ont fait
naître les lois coutumières. « Rien, dit-il, de moins médité, de
moins pesé, de plus précipité que la rédaction de nos coutumes! »
Il ne trouve pas en elles cette raison que Dumoulin compare à la moelle qui remplit nos os, et il les accuse violemment
de bizarrerie et d'arbitraire. Elles ne sont pas enfantées par la
conscience attentive et appliquée des philosophes et des jurisconsultes, *ratione medullari*; mais le plus souvent elles sont
sorties d'assemblées locales, tumultueuses et intempérantes.
(Ce sont des expressions de d'Argentré, *tumultuosè et intempe-
ranter.*) Je cite, sans l'approuver entièrement, la fin de ce beau
passage, dans lequel le président Bouhier défend sa prédilection avec tant de savoir et d'éloquence : « Pour juger combien
nos coutumes sont éloignées de la pureté du droit romain, il
suffit d'en considérer l'origine. On convient que, sur la fin de la
seconde race de nos rois ou au commencement de la troisième,
les ducs et les comtes, ne se contentant pas d'avoir converti en
propriété l'usufruit des grands fiefs et de leurs gouvernements,
s'érigèrent en des espèces de souverains, à l'hommage près,
qu'ils continuèrent de porter à nos rois. La première marque
de leur pouvoir fut de donner des lois à leurs sujets, et l'on peut
bien croire qu'ils les firent plus souvent conformes à leurs intérêts qu'à la justice; aux anciennes lois, dit un savant moderne, ils en substituaient d'autres, dictées par le caprice, et

dont plusieurs articles, aussi odieux qu'ils sont bizarres, montrent bien qu'elles ne sauraient avoir été reçues que par force. Ils n'osèrent cependant pas s'attirer l'indignation de nos rois en donnant ces lois par écrit; mais ils obligèrent leurs juges à les suivre, et de cette manière elles devinrent coutumes. Mais, comme elles prirent naissance *dans des temps d'ignorance, de barbarie et de violence, on laisse à juger si d'une source aussi corrompue il peut couler des fleuves de justice*, comme le dit fort bien Bretonnier. Aussi un de nos auteurs, après avoir comparé fort à propos la loi au roi légitime et la coutume au tyran, ajoute-t-il que la coutume n'a souvent pour raison que l'usage. Quelques personnes, à la vérité, ont voulu donner à nos coutumes une origine plus reculée et plus respectable, et les dérivent des lois salique, ripuaire, gombette et autres pareilles. Nous examinerons ce point ci-après. Mais, quand il serait vrai que nos coutumes vinssent d'une telle source, nous n'en aurions pas une meilleure opinion de notre droit coutumier; car on peut dire que la plupart de ces lois, en ce qu'elles ont de contraire au droit romain, sont très-absurdes, pour ne pas dire *goffes et burlesques*, comme le reconnaît l'un de nos modernes partisans du droit coutumier. »

Il y a bien dans tout cela un peu de dix-huitième siècle et d'injustice, et la féodalité y est maltraitée plus que de raison. Il n'est pas vrai, quoi qu'en dise Bouhier, que ce soit une *vraie chimère, ce que quelques-uns appelaient l'esprit du droit coutumier*; il n'est pas vrai non plus que *nos lois coutumières* fussent plus *propres à former des praticiens que des jurisconsultes*, témoin Dumoulin et d'Argentré. Si le droit romain a eu pour interprètes, ce qui n'a pas peu contribué à sa domination et à son éclat parmi nous, les Cujas, les Donneau, les Hotman, les Godefroy, les Favre, le droit coutumier peut montrer avec orgueil ceux qui l'ont fécondé en l'expliquant. Je ne puis pas ac-

corder au président Bouhier que Catherinot *ait dû rougir* d'avoir
dit « que c'était faire un déshonneur à notre France et un tort
à la justice que de préférer si hautement le droit romain à
notre droit français, et que tout au plus le droit romain ne
peut être placé que vis-à-vis du coutumier. » C'est, après tout,
de cette alliance, succédant à tant d'inimitié, que sont sortis
nos Codes, que partout on admire, que presque partout on
imite.

Par ce vaste chemin, que j'ai pourtant et beaucoup rétréci,
on arrive à la question sur laquelle Lemaistre fut précisément
consulté. Elle soulevait dans son ensemble le grand débat que
je viens d'esquisser. Sur cette question, ou du moins sur le
principe qui devait la résoudre, le droit romain l'avait emporté jusqu'au dix-septième siècle. Simon Marrion, le bisaïeul
de Lemaistre, fut un des premiers qui osèrent lutter contre
cette préférence. Il n'était pas encore avocat général, et plaidait pour une partie. Il soutint qu'on devait *plutôt régler à
vingt-cinq ans le droit de tester, selon la plupart des coutumes,
qu'à quatorze, selon le droit romain*; mais il avoue lui-même
que, la première fois qu'il proposa son opinion à l'audience, elle
fut regardée comme un paradoxe ; ses adversaires font d'ailleurs remarquer avec une certaine malignité qu'il *paraît n'a-
voir soutenu ce système que comme avocat des parties*. Le Parlement maintint d'abord l'autorité du droit romain. La
coutume de Paris, réformée en 1580, avait décidé qu'on ne
pourrait plus tester avant vingt ans pour une certaine espèce
de biens, avant vingt-cinq pour les autres. Ce changement
s'était fait du consentement des trois États convoqués et assemblés pour cette réformation. Dussé-je blesser la passion du
président Bouhier, il me semble qu'en ce point la coutume
était plus sage que la *raison écrite*. Mais les *romanistes* ne
voulurent pas permettre que tout le royaume profitât de cette

sagesse ; ils prétendaient que la règle établie par une coutume ne devait avoir d'effet que sur le territoire même de cette coutume. Au mois de janvier 1581, le Parlement le décida ainsi par un arrêt d'autant plus solennel qu'il fut rendu après que toutes les Chambres eurent été consultées. La souveraineté territoriale, inhérente au système féodal, n'avait pas encore eu à compter avec Richelieu; les magistrats la consacraient solennellement contre les prétentions de la coutume de Paris à devenir une loi générale, et ils ne croyaient pas l'entamer en la soumettant au droit romain, qui ne devait son empire ni à la force ni au territoire, mais, comme je l'ai déjà dit, au prestige de la raison et à la savante partialité des jurisconsultes. En 1629, presque au moment où Lemaistre va opiner, c'est encore cette jurisprudence qui triomphe ; les arrêtistes donnent pour maxime que *le cas omis en la coutume n'est suppléé par la plus prochaine ou par celle de Paris* que quand elles sont conformes au droit civil. C'est aussi l'opinion que Lemaistre soutient.

Le moment est venu de citer sa consultation, non, à coup sûr, comme un modèle de discussion savante, précise, logique et péremptoire, mais comme un exemple de son éloquence écrite et refroidie, gênée dans une démonstration silencieuse, recourant plutôt à la rhétorique qu'au raisonnement et à la science ; la voici :

« Messieurs, les *coutumes* sont souveraines dans leur ressort, ainsi que les princes dans leurs États ; et, comme les souverains ne relèvent que de Dieu, elles ne relèvent aussi que du roi. Elles sont toutes égales, parce qu'en général elles sont toutes filles du même père, du prince qui les anime ; mais elles ont toutes des mères particulières, différentes, car elles naissent des diverses volontés des peuples. C'est ce qui fait d'une part qu'elles respectent celle de Paris comme ayant la

mère la plus noble et la plus auguste; et tenant presque le rang
de l'aînée entre ses sœurs; et, d'autre part, que cette qualité
ne lui donne la prééminence que dans l'ordre et non pas dans
sa dignité, et ne leur fait trouver que du respect et non pas
de l'obéissance dans les autres, qui sont, tout aussi bien
qu'elles, reines de leurs concitoyens. Elles ont du rapport à
ces villes que le jurisconsulte dit être toutes également libres,
quoique les plus petites honorent la majesté de la plus grande.
C'est pourquoi il ne semble pas juste qu'elles soient obligées
d'avoir recours à celle de Paris lorsqu'elles n'ont point réglé
quelque article; qu'elles lui rendent cet hommage comme si
elles lui étaient sujettes...

« La jalousie, que l'égalité de la puissance leur donne, leur
fait trouver cette soumission dure et peu supportable, et les
porte à la rendre plutôt au droit romain, qui, par la grandeur
et la majesté de l'empire qui l'a établi, se trouve beaucoup au-
dessus de leur émulation et de leur envie.

« Je sais, messieurs, que quelques docteurs français ont
dit :

« Qu'ainsi que, *n'y ayant point de coutume particulière en*
« *un lieu, il faut suivre le droit et l'usage reçus à Rome,* l'on
« doit suivre de même la coutume de Paris lorsque les autres
« n'ont point de disposition particulière. »

« Mais cette comparaison semble, en quelque sorte, défec-
tueuse, car Rome a été le *lion des nations,* pour user du terme
de l'Écriture, et la maîtresse de tout le monde; Paris n'est que
l'admiration des peuples et l'ornement de la France! Rome a
été comme le *soleil* dont parle l'*Ecclésiastique, lequel a brûlé*
les montagnes et a jeté des rayons de feu sur tout l'univers;
Paris en est un, qui ne jette que des rayons de chaleur sur la
France et de lumière sur toute la terre.

« Rome a conquis le monde à ses empereurs; Paris a été la

conquête de nos rois, aussi bien que le reste du royaume; Rome a été l'instrument des victoires de ses princes ; Paris n'a été que le lieu du triomphe de ses souverains ; Rome a donné la loi à ceux qu'elle avait vaincus ; Paris n'a été que le siége de l'empire des victorieux.

« Rome est appelée la *patrie originaire des lois;* Paris n'a été qu'une retraite glorieuse des lois françaises, mais sans en être la mère ni l'origine. C'est pourquoi dans les états généraux ses députés ont le premier rang, mais sans commander aux autres. Ils reçoivent plus d'honneur, mais ils n'ont pas plus de puissance. »

Cette rhétorique, que tolérait alors le goût du barreau, pouvait trouver sa place et produire un certain effet à l'audience et dans la plaidoirie, mêlée à de saines raisons et à des arguments précis ; mais, dans une consultation, elle ne saurait avoir cet avantage si relatif et si mince ; elle s'éloigne beaucoup trop de ce style simple, ferme, concis, qui convient au droit.

Lemaistre se relève dans le passage suivant : « Le fondement des lois est la raison, et Aristote appelle la loi la raison... Or le fondement des coutumes est la seule volonté des peuples, qui les rend d'ordinaire aussi différentes les unes des autres que le sont les poids et les mesures... c'est ce qui fait que celles de France sont contraires en tant d'articles, et que l'une permet souvent ce que l'autre défend avec rigueur.

« Les hommes ont de la révérence pour leurs usages particuliers, quoique mauvais et corrompus. Ils sont plus passionnés pour une erreur ancienne et qui leur est comme naturelle que pour la raison, qui est immortelle et qu'ils regardent comme étrangère... Il est certes bien ridicule que des praticiens ignorants aient été, en effet, les législateurs de la plus grande partie de la France, et que les lois, que Platon dit être le chef-d'œuvre de la politique, et le plus grand ouvrage des grands esprits et d'une longue expérience, l'aient été parmi nous de personnes qui manquaient de théorie, et qui n'étaient exercées que dans la pratique des procès, non dans les règles de la justice.

« N'est-il donc pas raisonnable qu'au défaut de nos coutumes on suive le droit romain, ce recueil si merveilleux de la prudence de tant de sages, qui ne se sont pas arrêtés à des usages particuliers, mais à la justice générale; qui ont été les législateurs comme les maîtres de l'univers; qui ont établi les lois qu'ils ont jugées les plus utiles à tous les hommes et ont écrit la raison civile de tous les États? Il est certain que, depuis que César eut conquis la France, les lois romaines y furent observées pendant plus de quatre cents ans, c'est-à-dire celles qui depuis ont été mises dans le Digeste et dans le Code jusqu'à celles de Valentinien.

« Et, lorsque nos pères chassèrent les Romains de ce royaume, ils agirent en conquérants, et non pas en destructeurs. Ils n'abolirent point les lois romaines qui alors étaient en usage, mais y en introduisirent seulement un fort petit nombre des leurs, comme la Salique et les Ripuaires. D'où vient que Sidonius, évêque d'Auvergne, parle des lois romaines, qu'il appelle *Théodosiennes*, parce qu'elles étaient recueillies en un corps dans le Code de Théodose, comme des lois observées en France et opposées à celles de Théodoric, roi des Goths; qu'Agathias témoigne qu'au sixième siècle, où il vivait, les Français, déjà chrétiens, se servaient de la police et des lois des Romains, et que nous voyons si souvent dans les formules du moine Marculfe, ces mots solennels : *Selon la loi et la coutume romaine*.

« Depuis ce temps, jusqu'à 1120, les ravages des barbares en Italie les abolirent entièrement, et tout ce magnifique recueil de Justinien n'eut point d'autorité ni d'éclat dans les provinces occidentales. L'exercice des armes, en ce royaume, imposa silence à ces belles lois. Les guerres étouffèrent les ornements de la paix, et il n'y eut que la Grèce, cette ancienne mère de tous les arts, qui les retint à Constantinople, avec les autres sciences bannies du reste du monde.

« Mais enfin, sous l'empire de Lothaire II et le pontificat du pape Innocent II, Irnère, grand personnage, tira de terre ce riche trésor qui fut admiré de toute l'Europe et que la France reçut avec tant d'applaudissements, que les plus grands esprits consacrèrent leur suffisance et leurs veilles à une étude si noble et si excellente.

« Elle lui ouvrit des écoles et des académies publiques; elle en fit la science de ses magistrats et s'en sert encore aujourd'hui dans ses plus illustres jugements comme d'une règle incomparable qu'il semble que la justice et non pas des jurisconsultes nous aient laissée.

« Et certes c'est une merveille que l'empire romain ne soit plus qu'une ombre; que le temps ait ruiné ce chef-d'œuvre de la sagesse, de la valeur et de la puissance; que la grandeur de cette formidable monarchie n'étonne plus que ceux qui la lisent dans les histoires; que sa puissance, qui semblait immortelle et invincible, ait été vaincue et ensevelie, et que néanmoins ses lois soient aussi vivantes que jamais; que ces Romains, qui ne règnent plus par leurs forces, règnent encore par leur justice; que ces vaincus soient encore maîtres des biens et de la fortune des victorieux.

« Les Juifs, les Grecs et les autres peuples nous ont laissé des lois excellentes que nous lisons, mais sans leur attribuer aucune autorité publique. Le droit romain n'est pas de même. Il a conservé l'usage de ses fonctions naturelles. Il partage encore aujourd'hui avec les juges le pouvoir de permettre, de

défendre et de punir, et son équité toute nue est presque aussi
puissante sur les esprits, par la révérence qu'elle nous imprime,
que les autres lois par la crainte qu'elles nous donnent.

« Il commande comme l'entendement fait à la volonté au
dedans de nous, et non pas comme la volonté fait au corps. Il
exerce son autorité sur des souverains, et non pas sur des sujets, sur les hommes comme raisonnables, et non comme citoyens. Les coutumes commandent de cette dernière sorte.

« Mais n'est-il pas juste que, dans leur silence, nous écou-
tions la voix de ces grands génies de jurisprudence et de politique; que, les exceptions cessant, nous reprenions cette règle générale; que, les ruisseaux étant séchés, nous allions puiser dans
cette source ou plutôt dans cet océan (ce sera l'expression de
Bouhier); que, notre providence particulière se trouvant défec-
tueuse, nous ayons recours à cette providence universelle qui
embrasse toutes les parties de la société civile, et que, nos oracles naturels étant devenus muets, nous allions consulter ce
grand oracle étranger qui rend ses réponses dans ce temple
saint que toute la sagesse romaine a consacré à la justice, et
qui *se peut dire le propre temple de cette vertu divine?* »

Il y a loin de cette manière à celle du véritable jurisconsulte.
La même dissertation, dans les œuvres du président Bouhier,
est savante, méthodique, ferme, brillante sans faux éclat, con-
cise sans sécheresse; le style est celui d'un esprit calme, naturel, qui conçoit sans peine, exprime sans effort, et donne à la
science du droit ce langage tranquille et clair qu'on remarque
dans Domat et dans Pothier. Lemaistre s'agite, au contraire, et
veut répandre son souffle oratoire dans la consultation qui lui
est demandée et qu'il donne; mais il se trompe et se croit à
l'audience, tant il est vrai que l'avocat diffère souvent du jurisconsulte et de l'écrivain.

Cependant M. le président Bouhier lui-même a loué cette

consultation, et il a mis dans son éloge un peu de la passion qui l'animait sur cette grande et belle matière; il parle de tous ceux qui ont pensé comme lui et avant lui, et il dit : « A ce témoignage (celui d'un arrêtiste de 1629, M. Bouguier) on doit joindre celui de deux illustres avocats généraux du même Parlement, Jérôme Bignon et Omer Talon, et ceux de M⁰ˢ Antoine Lemaistre et Claude Gaultier, avocats de premier ordre. On verra dans Bretonnier que ces savants hommes, dont la mémoire sera éternellement en vénération au Palais, n'ont pas pensé différemment sur cette matière, et qu'ils n'ont jamais hésité à reconnaître le droit romain pour le droit commun du royaume. »

Malgré tout, l'opinion de Lemaistre ne fut pas suivie, et, le 5 avril 1673, la Grand'Chambre rendait un arrêt qui, étendant sur l'âge requis pour tester la coutume de Paris au préjudice du droit romain, ne faisait que consacrer une jurisprudence déjà établie et constante.

CHAPITRE XIV

Le cardinal de Richelieu général d'armée. — Dans quel costume il traverse la rivière d'Oria et va punir le duc de Savoie. — Prise de Chambéry. — Un sieur du Bail y harangue Louis XIII. — Un président au parlement de Chambéry. — Les aventures de du Bail et de la nièce du président. — L'exorde de Lemaistre. — Le véritable amour n'est pas un feu de fièvre. — L'amour dans le mariage. — Lemaistre défend le mariage de du Bail, qui a été fait sans dot et sans contrat. — Le concile de Trente. — La publication des bans. — La preuve du mariage peut se tirer de l'amour conjugal. — La peste en Savoie. — On ne perd pas la qualité de Français pour demeurer en Savoie avec espoir de retour. — L'âme n'est point sujette à la différence des climats. — Belle théorie de Lemaistre sur les étrangers.

Au milieu des préoccupations de son ambition personnelle, Richelieu poursuivait partout la maison d'Autriche, et lui suscitait des ennemis. Le roi, malgré sa mère, venait de le faire « principal ministre d'État » (24 novembre 1629), et de lui donner quarante mille soldats à conduire en Italie. Il partit le 29 décembre, ayant sous ses ordres trois maréchaux de France, les sieurs de Schomberg, de la Force et de Créquy. Ce dut être et ce fut en effet un curieux spectacle que celui de ce grand évêque commandant à des soldats et faisant des siéges. On raconte que, se dirigeant vers le Piémont, et au moment de punir la déloyauté du duc de Savoie, il traversa la rivière d'Oria « revêtu d'une cuirasse de couleur d'eau et d'un habit de couleur de feuille morte, sur lequel il y avait une petite broderie d'or. Il avait en outre une belle plume autour de son chapeau; deux pages marchaient devant lui à cheval, dont l'un portait ses gantelets et l'autre son habillement de tête; deux autres pages marchaient aussi à cheval à ses deux côtés et tenaient chacun par la bride un coursier de grand prix; derrière lui était le capitaine de ses gardes. Il passa en cet équipage la rivière, ayant l'épée au côté et deux pistolets à l'arçon de sa selle. Lorsqu'il fut passé à l'autre bord, il fit cent fois voltiger son cheval devant l'armée, comme s'il eût pris plaisir à faire voir qu'il savait quelque chose dans cet exercice. » Trois mois après Pignerol se rendait à nos armes, et personne ne pouvait plus s'étonner ni rire du déguisement que le cardinal avait pris pour mener ses troupes à la victoire. Le roi, plus jaloux de ses succès militaires que de sa domination politique, le rejoignit alors et marcha lui-même sur Chambéry, tout plein d'ardeur guerrière et plus animé que jamais par l'amour platonique que lui avait récemment inspiré Marie de Hautefort. Après une résistance plus apparente que réelle, et dans laquelle cependant le marquis de Canaples trouva la mort, les habitants de la ville présentèrent à Louis XIII la capitulation qu'ils avaient obtenue de Henri IV trente ans auparavant, et ils ouvrirent leurs portes le 17 mai 1630.

Il y avait alors à Chambéry (et c'est ici que je rentre dans mon sujet) un Français nommé du Bail, originaire de l'Anjou, qui fut chargé de faire au roi la harangue publique, qui servait alors à féliciter les vainqueurs. Cet homme devait, après une vie agitée, pénible et romanesque, laisser à ses enfants un procès que défendit Lemaistre. Fils aîné de maître Étienne du Bail et de damoiselle Marie Barnabé, il avait, étant jeune, « acquis une connaissance très-particulière des lettres humaines, » et, à l'âge de vingt-six ans, ne pouvant vivre à Doué, petit village de l'Anjou, où vivaient ses parents, « il résolut, dans l'année 1625, d'aller voyager en Italie. Il passa par la Savoie, s'arrêta à Chambéry, et y fit connaissance avec le sieur de Martau, président au Parlement, qui le retira dans sa maison. Ce président avait chez lui une nièce, âgée de vingt-deux ans, alliée à plusieurs personnes d'éminente condition, médiocrement riche, mais beaucoup plus cependant que du Bail, « et telle qu'elle eût pu épouser à Chambéry un homme de qualité, ayant toutes sortes d'avantages sur le nouvel hôte de son oncle, et pour les biens de la nature et pour ceux du monde. » Cet oncle n'avait pas la prudence si soupçonneuse et si inutile des tuteurs espagnols, ou bien, charmé par le savoir et par l'esprit du jeune professeur, qui quittait sa patrie pour le ciel de Rome et de Naples, il s'était sans défiance abandonné aux douceurs de l'hospitalité et de l'affection; mais alors « il arriva ce qui arrive souvent, que le respect qu'au commencement du Bail porta à cette jeune fille se changea en amitié et l'amitié en amour. » Elle partagea le sentiment qu'elle avait inspiré, et, malgré l'avis de ses parents et la pauvreté de celui qu'elle aimait, elle l'épousa le 25 avril 1626, un dimanche, dans l'église de Saint-Léger, l'une des paroisses de Chambéry, en présence de plusieurs personnes de qualité. Ils furent mariés par le vicaire de la paroisse, sans avoir au préalable dressé de contrat de mariage ni publié leurs bans. Cette consécration donnée à leur amour, et n'ayant plus qu'à redouter et à fuir la colère du président et sa puissance, ils partirent au bout de quatre jours pour la France et vinrent dans l'Anjou.

Mais du Bail craignait que ses parents ne fissent mauvais accueil à sa femme; il la laissa dans un village à trois lieues de Doué, et, annonçant son mariage à sa mère, il espéra la disposer à bien recevoir sa femme; son espérance fut trompée, et il retourna en Savoie. Il y vécut pendant quatre ans, plus heureux que ne le sont d'ordinaire ceux qui préludent au mariage par la passion et par le roman. Il eut trois fils, qui furent baptisés comme ses enfants légitimes. Dans l'année 1630, ayant revu sa famille en Anjou et l'ayant adoucie, il repartit au mois de juillet pour la Savoie, afin d'y chercher sa femme et ses enfants pour les ramener ensuite à Doué. — « Mais, aussitôt qu'il fut arrivé en la ville de Moutiers, la contagion qui l'avait presque toute dépeuplée le contraignit de se retirer promptement en une maison située aux champs et appartenant à sa femme; à peine y eut-il été quatre jours, préparant son retour en France, à la veille de son départ, il fut frappé de la peste, qui en six jours le tira du monde. » Sa femme l'entoura d'amour et de soins; le danger excita sa tendresse, et, pour sauver la vie de son mari, elle exposa la sienne; elle défendit ensuite contre ce mal inexorable ses trois fils, dont un seul mourut.

Mais bientôt elle eut à soutenir pour les deux qui lui restaient et pour elle-même un procès contre sa belle-mère. Celle-ci eut en effet le courage de prétendre que son fils n'avait pas été marié, que ses petits-enfants étaient bâtards et étrangers, et n'avaient nul droit à l'héritage de leur père. Sa cause une première fois perdue, elle la porta devant le Parlement, où elle trouva Lemaistre contre son injustice et contre elle. L'avocat s'indigne d'abord de la prétention de l'appelante, et d'une mère qui veut persuader que son fils et l'intimée n'ont été liés ensemble que d'une affection déréglée; que ce fils a confondu la chasteté avec la prostitution, l'honneur avec l'infamie; il jette ensuite sur sa cliente un intérêt qu'accroît la rigueur éloquemment blâmée de celle qu'il combat. « De notre côté, dit-il, vous n'écouterez pas tant la voix que les gémissements et les soupirs d'une veuve, qui, bien qu'elle ait justifié son mariage par des preuves authentiques et son innocence par ses actions, n'a pu néanmoins fléchir par ses prières et par la considération de ses enfants la cruauté de l'appelante, sa belle-mère et leur aïeule. Elle n'a point de plus grands ennemis que les proches parents de son mari, lesquels devraient être ses défenseurs; elle les voit tous en cette cause conjurés contre elle; elle a été jusqu'à présent exposée à leurs injures et à leurs outrages, et n'a trouvé enfin aucune consolation dans ses maux et dans ses souffrances que celle qui reste aux plus malheureux, qui est la liberté de les pleurer, l'esprit inhumain et le cœur avare des appelants n'ayant été touchés ni de la justice de son droit, ni de l'excès de sa misère, ni de l'abondance de ses larmes. Elle vous fera voir, messieurs, que l'amour du feu sieur du Bail et d'elle a été pur dans son origine, légitime dans son cours, sage dans le bonheur, généreux dans la mauvaise fortune : que l'appelante même qui l'accuse l'a reconnu très-innocent; qu'il lui a été inviolable tant qu'elle a été libre de passion, et qu'elle ne l'a rendu l'objet de ses calomnies que lorsqu'elle a vu qu'il donnerait des bornes à son avarice. Car le dessein de l'appelante, messieurs, n'est que de succéder à son fils, quoique les lois divines et les humaines, celles de l'Église et celles de l'État, lui donnent les intimés pour héritiers. Parce que toutes ces lois ne peuvent souffrir qu'elle leur arrache la succession que la mort de leur père leur a acquise, elle veut leur ravir la qualité que leur naissance leur a donnée. Les mouvements de l'intérêt étouffent en elle ceux du sang, et le désordre de sa passion trouble l'ordre de la nature. »

Il complète son exorde par ces paroles vraiment belles; il a déjà commencé le récit des faits; il l'interrompt, comme si le besoin de louer sa cliente le dominait et troublait sa pensée, en comparant le sort de cette jeune fille, entourée, en Savoie, avant son mariàge, de l'amour des siens et de l'estime de tout le monde, à l'isolement qui l'accable maintenant et au déshonneur dont on la menace; il s'écrie :

« Selon cela, jugez, s'il vous plaît, messieurs, quelles peuvent être maintenant ses pensées en cette audience; s'il ne lui est pas bien sensible de se voir déchirée publiquement dans le lieu du monde le plus célèbre, et si, après avoir été reconnue en Savoie pour femme, non-seulement légitime, mais encore très-vertueuse; après l'avoir été, même depuis, en Anjou, il ne lui est pas un peu dur et insupportable de se voir traitée aujourd'hui, dans le premier Parlement de France, comme une concubine, non-seulement impudique, mais impudente! Son mari, qui la défendrait fortement, n'est plus au monde. Ses enfants, dont on attaque la naissance, ont à peine l'usage de la parole. Ses parents, qui la protégeraient en Savoie, sont impuissants dans ce royaume. L'appelante, sa belle-mère, ajoute les injures aux mensonges; les parties intervenantes conspirent ensemble pour l'opprimer. On crie qu'elle est étrangère, et, parce qu'elle n'a pas eu le bonheur d'être née Française, on veut lui faire souffrir le plus grand de tous les malheurs, d'être déshonorée par un arrêt.

« Y a-t-il, messieurs, une condition plus déplorable que la sienne? et cet état si funeste, auquel elle est réduite aujourd'hui, ne pourrait-il pas la jeter dans le désespoir, si elle n'espérait en Dieu, qui commande d'assister les étrangers; en sa conscience, qui, lui représentant l'image de sa vertu, adoucit celle de son infortune; en la vérité, qui n'est point limitée par les bornes qui divisent la France d'avec la Savoie; en ses preuves, qui n'ont à vaincre que l'appelante, qui en a déjà été vaincue, et enfin, messieurs, en ses juges, qui, en cet auguste lieu, tiennent la place d'un prince aussi équitable envers les étrangers qui l'implorent qu'envers les peuples qui lui obéissent?»

Entrant alors dans sa cause, Lemaistre soutient que sa cliente et du Bail se sont légitimement mariés à la suite d'un amour dont il donne une peinture qui n'est pas sans mérite.

« L'inclination puissante que la nature a inspirée pour le mariage porta ces deux personnes à désirer de se marier ensemble. Y a-t-il quelque chose à reprendre dans ce procédé?... On ne me saurait faire en ces endroits qu'une seule objection, qui est que les parents de ma partie, personnes d'éminente qualité, n'agréèrent pas la recherche du sieur du Bail ; qu'ils voulurent empêcher ce mariage, et que l'intimée a suivi plutôt sa résolution que la volonté de ses parents.

« Mais qui ne sait qu'il est plus aisé de commencer d'aimer lorsqu'on nous l'ordonne que de cesser lorsqu'on nous le commande ; que cette passion n'est pas toujours en notre puissance, et qu'à plus forte raison on ne peut toujours la réduire sous la puissance d'un autre ?

« Et, d'ailleurs, l'amour qui est légitime, comme était celui dont nous parlons, est sans doute plus violent lorsqu'il se sent maître des cœurs que le vice n'a pu corrompre. (Cette pensée est un emprunt fait à Quintilien, qui n'était pas en cela de l'avis des drames modernes et qui disait : *Acrius incalescunt ignes legitimi cum inciderunt in rudes animos.*) Ce n'est pas un feu de fièvre qui dérègle la nature, mais un redoublement réglé de la chaleur naturelle. Ce n'est pas une maladie de l'âme, mais un effet de sa santé. Il n'a pas la laideur du vice, mais la beauté de la vertu. Il n'est susceptible d'aucune crainte; il a la hardiesse qui accompagne les actions légitimes; il ne rougit point aux yeux des hommes ; il ne rougit pas aux yeux de Dieu même; il n'emploie point la corruption ; il n'a point pour but la brutalité ; il abhorre cette infamie. Mais il n'a pour objet qu'un sacrement vénérable et pour but que les enfants à venir, c'est-à-dire la bénédiction du ciel, l'honneur de la terre, la durée du monde et le soutien des empires. »

Tel était l'amour qui avait amené cette union. Elle avait été contractée suivant les conditions établies par la loi, devant un prêtre et publiquement; « c'était alors en cela que consistait toute l'essence et toute la sainteté du mariage, même selon la réformation introduite par le concile de Trente. » Il y manquait un contrat; « mais qui ne sait qu'un contrat n'est point nécessaire pour la validité d'un mariage, et qu'il ne sert qu'à régler les conventions; qu'un mariage est aussi bon sans dot et sans contrat que s'il y en avait; que c'est l'affection, et non pas la dot et le contrat, qui donne l'être à un mariage?-» On soulevait une objection plus grave, et on disait, ce qui était vrai, que le mariage n'avait pas été précédé de la publication des bans. Lemaistre soutient avec les théologiens, comme nous le faisons aujourd'hui sans eux et suivant les circonstances, que cette publication n'est pas essentielle au mariage. Le concile de Trente faisait de l'omission de cette formalité un péché mortel, et non pas une nullité. Quand des preuves légales de l'existence et de la validité de ce mariage l'avocat passe aux preuves morales, il trouve matière à de très-beaux développements; il montre les époux consacrant leur union par la vie commune, la plus tendre affection, le plus grand dévouement, tout ce qui fait des époux devant Dieu; et, quand il arrive à la maladie et à la mort de du Bail et qu'il représente auprès de lui sa femme affrontant la peste, sa veuve cherchant comme la plus légitime des mères à attirer sur elle la contagion qui menace tous ses enfants et dévore l'un d'eux, il est à la fois peintre, orateur et poëte.

« Je sens bien, dit-il, que l'amour peut porter un homme à demeurer longtemps avec une concubine, et que, si nous n'avions que de faibles preuves de ce mariage, cet argument (celui qui résulte de la vie constamment commune) ne serait pas de grand poids; mais, avec les preuves que nous en avons, il sert à les confirmer, parce que c'en est une suite naturelle et que cette société justifie que la vertu de l'intimée a toujours été si pure, que son mari, qui l'eût pu quitter à la moindre occasion de déplaisir qu'il eût reçu d'elle, n'en a point reçu durant quatre ans. De sorte qu'il est vrai, messieurs, que si l'appe-lante n'avait troublé ce mariage,-après la mort de son fils, et troublé en même temps ses cendres et son repos en persécu-tant sa veuve et ses deux petits enfants, jamais un mariage n'au-rait été plus heureux... Dans la maladie qui, en six jours, tira son mari du monde, la plus dangereuse de toutes, qui n'épou-vante pas moins ceux qu'elle épargne que ceux qu'elle tue, qui ne pardonne ni à l'âge, ni au sexe, ni à la vertu, ni à la gran-deur, qui peint dans tous les esprits l'image d'une mort pré-sente, qui fait que souvent le père abandonne ses enfants, les enfants leur père, le mari sa femme, et la femme son mari; qui semble même excuser leur fuite, pousse sa fureur jusqu'à ensevelir souvent le médecin avec le malade et exposer ceux qui l'assistent au danger de mourir sans assistance (Lafon-taine n'avait pas encore parlé de ce *mal qui répand la ter-reur*); dans l'horreur de ce mal si effroyable, ma partie, mes-sieurs, fit voir un noble effort de l'amitié conjugale. Elle ne quitta jamais son mari, quoique tout le monde l'eût abandonné. Elle se fit enfermer dans la même chambre; elle résolut de l'as-sister jusqu'à ce que la mort le vînt arracher d'entre ses bras; et la peste, tout épouvantable qu'elle est, ne put étonner son affection ni refroidir son courage. Elle soulagea son corps, elle consola son esprit, elle adoucit ses douleurs, elle eut soin de sa conscience, elle recueillit ses derniers soupirs, elle lui ferma les yeux. La nature fut vaincue, mais l'affection ne le fut pas; la maladie borna les années du feu sieur du Bail, mais elle ne put borner l'assistance de sa femme; elle ne se contenta pas de l'avoir secouru durant sa vie, elle voulut encore lui rendre les derniers devoirs après sa mort. Elle l'ensevelit elle-même, et ses cendres lui furent aussi chères que lui avait été sa personne.

« N'est-ce pas là, messieurs, un effet illustre et une marque puissante d'une amitié légitime? C'est à celle-là seule que ces chefs-d'œuvre de générosité sont réservés. Il n'y a qu'un amour honnête qui fasse désirer d'être plutôt joints par la mort que séparés par la vie.

« Il n'y a que la vertu qui produise ces actions héroïques, le vice n'en est pas capable. Car, selon la morale d'Aristote, on ne pèche jamais, et principalement en amour, que par un trop grand amour de soi-même, de sorte qu'il est indubitable qu'une femme impudique s'aime plus que toutes les choses du monde. Elle est esclave de ses plaisirs, et, la vie étant le fondement des plaisirs, elle n'a garde de l'exposer au plus grand de tous les dangers, et encore pour un homme qu'elle considère déjà comme mort... C'est pourquoi, messieurs, ce n'est que dans le mariage qu'une femme s'expose à tous les dangers de la peste pour assister un homme mourant. »

De l'épouse Lemaistre passe à la mère, et sa parole gagne encore en douceur, en émotion, en tendresse. « Ayant fait avouer à tout le monde que, quelque violente que soit la peste, elle l'est moins que l'amitié conjugale, elle voulut encore faire voir qu'elle l'est moins que l'affection maternelle. Car ses trois petits enfants, ayant été frappés du même mal quelque temps après, elle eut assez de courage pour leur rendre la même assistance qu'elle avait rendue à son mari. Elle en perdit un, et Dieu lui conserva les deux qui restent.

« C'est ainsi qu'aime une mère qui est devenue mère légitimement. Celle qui a conçu dans le crime a d'ordinaire peu de passion pour ses bâtards. Celle-là regarde ses enfants comme le fruit d'une amitié très-honnête; celle-ci regarde les siens comme l'effet d'une prostitution infâme. Celle-là honore dans ses enfants la fécondité de son mariage; celle-ci déteste dans les siens la fécondité de son crime [1]. Celle-là considère ses enfants comme les témoins vivants de la bénédiction que Dieu a versée sur elle; celle-ci considère les siens comme les témoins vivants de son impudicité. Celle-là regarde ses enfants comme l'accomplissement de ses vœux et de ses prières; celle-ci regarde les siens comme l'ouvrage que la nature a produit contre ses vœux et ses désirs.

« Aussi, messieurs, cette affection si ardente d'une femme et d'une mère fait bien voir que le mariage lui avait donné ces deux qualités. Il n'y a que la grâce du sacrement qui inspire ces générosités extraordinaires. — Après toutes ces raisons, je ne pense pas qu'on puisse douter de la validité de ce mariage! »

Mais, le mariage validé, la cause n'était pas gagnée, et l'impitoyable aïeule soutenait que ses petits-enfants étaient étrangers, et conséquemment ne pouvaient hériter en France; il restait donc à plaider une seconde cause, « beaucoup plus célèbre que la première, mais non moins indubitable. Lemaistre avait à montrer que du Bail n'avait pas cessé d'être Français, quoiqu'il eût demeuré en Savoie, et que ses enfants, quoique nés hors de France, étaient aussi Français. Sur le premier point, il s'exprime ainsi : « Je dis, messieurs, qu'il est visible que du Bail n'a pas eu d'autre dessein, en sortant de France, que d'aller voyager dans les pays étrangers, et particulièrement en Italie. Il était jeune; tous ses parents et tout son bien étaient

---

[1] M. Émile Augier a fait de cette pensée un des plus beaux vers de *Gabrielle :*

A l'égal d'un malheur craint la fécondité !

en France. Il n'avait aucunes habitudes en Savoie; il y va néanmoins; peut-on croire autre chose, sinon qu'il avait envie de voir le pays? Qui ne sait que ce désir semble naturel! l'esprit de l'homme est actif et inquiet, il ne peut souffrir le repos et n'aime rien tant que la nouveauté. (Sénèque est faiblement traduit : *Mobilis et inquieta mens homini data est. Vaga et quietis impatiens et novitate rerum lætissima.*) Ne voyons-nous pas tous les jours que cette agitation porte l'homme à chercher hors de sa patrie ou de nouveaux objets à son admiration, ou de nouvelles lumières à ses connaissances, ou de nouveaux champs à sés combats, ou de nouveaux exercices à son travail, ou de nouvelles espérances à sa fortune ?

« Il n'y a personne qui ne juge que du Bail n'a pas eu d'autre dessein, en partant de France, que d'aller voir des choses qu'il n'avait pas vues, de s'attacher pour quelque temps au premier emploi avantageux, de passer deux ou trois ans, plus ou moins, parmi les étrangers et d'imiter ensuite ceux qui naviguent, qui, après une agréable navigation, souhaitent de revoir le port d'où ils sont partis la première fois. Le cours de son voyage le porta dans Chambéry, le hasard dans la connaissance du sieur président de Martau, et la rencontre de ma partie, qui demeurait dans le même logis, dans le mariage qu'il contracta avec elle.

« Jamais homme n'eut moins de dessein que du Bail. Il n'y a rien de prémédité en tout cela; mais l'amour légitime qu'il conçut pour l'intimée a été la plus fortuite de ses aventures. Du Bail pouvait dire à sa femme : Je n'avais que le dessein d'un voyageur, de voir beaucoup de choses et de n'en aimer aucune. J'avais résolu de retourner dans mon pays aussi libre que j'en suis parti; mais, puisque votre compagnie me promet toutes sortes de félicités, j'aime mieux retourner moins libre et retourner plus heureux. Vous ne devez rejeter ni mon esprit ni mes yeux comme étrangers. Ils sont non-seulement

17

citoyens, mais sujets naturels de la vertu et de la beauté[1].

« Qu'a donc fait du Bail, messieurs? Il est allé voyager. Y a-t-il quelque loi en France qui le défende? Les Français sont d'une humeur trop généreuse et trop violente pour souffrir d'être retenus en France, et, si les montagnes et les rivières ne peuvent arrêter leur valeur, on ne doit pas trouver étrange si elles ne peuvent aussi borner leur curiosité. Il suffit qu'ils n'aillent point chez les ennemis de cette couronne et avec qui elle soit en guerre. Il y avait paix et alliance en 1625 (qui fut l'année où partit du Bail) entre la France et la Savoie. Parmi les Romains, le droit de retour n'avait point lieu entre les peuples libres et confédérés. Les uns et les autres conservaient mutuellement leurs libertés et leurs biens dans le pays de leurs alliés.

« Il est vrai que depuis 1625 la paix a été rompue entre le roi et le duc. Mais, puisque nos victoires ont rendu les Savoyards Français, *illos fecit victoria cives*, elles n'avaient garde de rendre Savoyards les Français qui étaient en ce pays. L'alliance a été renouvelée depuis avec la Savoie, et, soit qu'elle continue de *révérer la majesté du plus grand État*, comme parlent les lois romaines, soit qu'elle aime mieux la guerre que notre amitié, il nous sera toujours libre d'y aller, comme il l'était à ce Français, et d'habiter cette province ou comme alliée ou comme conquise... Il est vrai que du Bail a pris une étrangère pour femme; mais y a-t-il quelque loi en France qui le défende? On m'objecte encore qu'il a eu dessein de passer toute sa vie en Savoie avec sa femme. Mais comment le peut-on dire, puisqu'il l'amena en France aussitôt qu'il fut marié et qu'il mourut lorsqu'il était sur le point d'y venir passer ses jours?

« Après cela présumera-t-on qu'il ait renoncé à sa patrie? Ne serait-ce pas ignorer la force de ces chaînes invisibles, dont

---

[1] Pour être de Philostrate, cette allocution n'en est pas moins belle.

nous sommes liés envers le pays qui nous a donné, dans nos ancêtres, la source de notre race, dans notre père et notre mère la source de notre vie, qui enferme dans nos biens une partie de notre félicité, dans nos parents et dans nos amis une partie de nous-même[1].

« On m'objecte que du Bail avait sujet d'aimer la Savoie, parce qu'elle lui donnait de quoi vivre... Mais que l'on ne compare point une terre étrangère avec la naturelle, une belle-mère avec une mère, quatre ans de demeure en l'une avec vingt-cinq années de séjour en l'autre, le lieu de la naissance de sa femme avec celui de la sienne propre, la ville où l'on est devenu mari avec celle où l'on est devenu homme, Français, chrétien, la présence de ses alliés avec la compagnie de ses parents, la Savoie avec la France.

« On m'objecte encore qu'il y a pris un office, parce qu'il a été régent dans le collége de Moutiers. Mais qui ne voit que ce n'est pas une charge[2], mais un simple exercice d'un homme de lettres auquel les étrangers sont reçus aussi bien que les citoyens? Car la plupart des universités de l'Europe reçoivent les étrangers à enseigner les lettres humaines. L'empire des sciences n'est point borné par les montagnes ni par les mers, et nous voyons qu'en l'Université de Paris, où réside le siége de cet empire, il n'y a, non plus qu'autrefois à Rome, que les barbares et les ignorants qui passent pour étrangers. »

Son adversaire a tiré parti de la harangue publique adressée au roi Louis XIII par du Bail au nom des vaincus. Lemaistre repousse ce moyen, et il arrive, en terminant cette réfutation, à une grande éloquence.

« Du Bail eut cet honneur et ce contentement, qu'après avoir

---

[1] Silvio Pellico ne dira pas mieux dans son beau chapitre de l'*Amour de la patrie*.

[2] Il cite Chopin; *de Doman.*, tit. II, n. 17.

prévenu de ses vœux et de ses prières les victoires de son prince,
il accompagna son triomphe de sa voix et de ses éloges, et le
seul regret qu'il eut en cette action publique fut de n'avoir pas
à parler de la réduction de tout le Piémont aussi bien que de
celle de la Savoie. Pouvait-il recevoir une plus grande consolation dans le déplaisir qu'il avait d'y demeurer, que d'y voir
la France victorieuse, que d'y élever lui-même des trophées à
la valeur de sa nation, que de voir le lieu de son exil devenir
une province de sa patrie, que d'avoir part à l'honneur des
conquérants, et de voir les Français être maîtres où ils n'étaient
pas seulement citoyens?

« Aussi, messieurs, cette action de du Bail n'est qu'une marque de l'amour qu'il avait pour sa patrie ; il n'a point pris
d'office en Savoie : qu'y a-t-il donc fait? Il y a demeuré quatre
ans. A-t-on jamais ouï dire qu'un Français cesse d'être Français, s'il demeure quatre ans en Savoie? Un Savoyard cesse-t-il
d'être Savoyard s'il demeure quatre ans en France? Le lieu où
nous demeurons nous donne-t-il quelque qualité ou naturelle
ou civile?... Les hommes ne ressemblent pas aux arbres, qui,
par la disposition du droit, cessent d'appartenir à celui qui les
a plantés lorsqu'ils jettent leurs racines sur le fonds d'un autre
et se nourrissent en sa terre. L'homme ne quitte pas ses incli-
nations en quittant le lieu de son séjour. La nourriture de son
corps ne lui ôte pas ses qualités naturelles. Il ne change ni
de patrie ni de roi en changeant de terre et de soleil. Il aime
partout son pays. Il adore partout son prince comme les
Perses.

« L'âme, qui est l'homme tout entier selon Platon, ou sa plus
noble partie, selon Aristote, n'est point sujette à la différence
des climats. Un Français est Français partout ; le droit de sa
naissance le suit toujours. Il ne le saurait perdre, quand il serait
mille ans dans les pays étrangers, pourvu qu'il n'y renonce pas

formellement en prenant des lettres de naturalité. Et, quand
même il y aurait renoncé, il lui est toujours libre d'y retourner. La patrie est une mère qui reçoit toujours ses enfants,
de quelque part qu'ils viennent et quelque temps qu'ils l'aient
oubliée. »

Si du Bail n'avait pas perdu la qualité de Français, ses enfants, bien que nés en Savoie, étaient Français. Ce ne serait
plus aujourd'hui une question, puisque l'article 10 du Code
Napoléon le décide expressément; mais alors c'était encore un
point à débattre, et Lemaistre devait briser cette dernière arme
dont on s'était servi contre lui. Ici le droit se joint aux considérations, ou plutôt il les précède.

« Si l'on a recours, dit Lemaistre, à la jurisprudence romaine, cette question ne reçoit aucune difficulté. Ulpien dit
que la naissance fait un citoyen, et, pour expliquer la naissance, il ajoute que celui qui est né d'un père et d'une mère
Campanois est Campanois, que celui dont le père est de Cam-
panie et la mère de Pouzzoles, est aussi Campanois[1]. Voilà l'espèce de notre cause : le père est Français, la mère est Savoyarde,
les enfants sont Français.

« ... Après l'autorité des lois romaines, nous pouvons avoir
recours à ceux qui ont traité cette question selon la politique de
leur pays. Elle a été agitée autrefois au Sénat de Naples; elle
l'a été aussi au Parlement de Toulouse, et, le partage ayant été
jugé au conseil privé du roi, il a été ordonné que les enfants
d'un Français nés en Espagne succéderaient à leur père revenant en France. Le même a été jugé par les deux arrêts si célèbres au palais, de Cenamy et de Mabile. Voici en peu de
mots les raisons sur lesquelles cette maxime est fondée. N'est-
il pas plus raisonnable de considérer l'origine du père, qui est

[1] Liv. Ier, au D., *ad municip.*

naturelle et qui ne saurait changer, que son domicile, qui est fortuit et qui peut changer tous les ans ? Et, outre cela, n'est-il pas juste que le père, qui donne la vie, qui donne le nom, qui donne la famille, donne aussi l'origine à son enfant ? La ville d'où est sorti le père est appelée par Cicéron la vraie patrie, la patrie de la nature... N'est-il donc pas plus raisonnable qu'un Français engendre des Français partout que non pas qu'il engendre un Espagnol, si la femme accouche en Espagne, un Savoyard si en Savoie, un Anglais si en Angleterre ? Faut-il qu'un père, qui n'est que d'un pays, ait des enfants qui soient de diverses nations ?

« Et qui peut douter que ce soit plus d'être né d'un Français que d'être né seulement en France, que ce père ne soit plus à son enfant que le lieu où il vient au monde ? Le père lui est naturel, le lieu lui est étranger. En l'un, c'est le sang qui est français, en l'autre il n'y a que l'air qui soit de France.... Et véritablement y a-t-il rien de plus favorable que des enfants qui demandent à succéder à leur père ? Ils sont ses créanciers naturels. Ils ont pour titre leur naissance, pour fondement de leur dette la vie qu'ils ont reçue de lui. Leur contrat est écrit dans le cœur des pères ; les aveugles le lisent, les muets le publient, les sourds l'entendent, les barbares le révèrent. Que dirai-je davantage ? Les vivants dans leur silence, les morts dans leurs tombeaux, en demandent l'exécution.

« Ce n'est pas être fort équitable que de le suivre, mais c'est être fort injuste de le violer. Pour le pouvoir faire justement, il faut qu'ainsi que toute la nature crie d'un côté, toute la raison parle de l'autre ; que l'intérêt du domaine de la couronne s'oppose à l'intérêt du sang et des familles. Mais, si les raisons sont égales de part et d'autre (au lieu qu'elles sont toutes de notre côté), ne vaut-il pas mieux embrasser la plus douce voie, qui conserve un lien si vénérable, que cette inhumaine sévérité qui veut que des enfants soient étrangers à leur père?... »

Lemaistre arrive alors à la péroraison. « Vous ayant montré, messieurs, que ces petits enfants ne sont ni bâtards ni étrangers, je n'ai plus qu'à vous dire que l'appelante même les a reconnus et pour légitimes et pour Français. Elle l'a fait par une transaction que je tiens en main, et même s'est obligée de prendre l'aîné avec elle et de le nourrir toute sa vie.

« Pourquoi donc agit-elle aujourd'hui contre ce qu'elle a reconnu par écrit? Parce, messieurs, qu'on lui demande qu'elle rende compte du bien de son fils à ses petits-enfants, qui représentent leur père. Elle ne tâche de les faire passer pour bâtards qu'afin qu'ils ne soient pas ses héritiers. Mais il ne sera pas dit qu'ils aient perdu les avantages de la nature parce que l'appelante en a perdu les sentiments, qu'ils soient devenus illégitimes parce qu'elle est devenue inhumaine... Ce ne sera point sa passion déréglée, mais l'équité souveraine qui sera la règle de votre arrêt, et vous considérerez plus sans doute une reconnaissance qui a été un effort de la vérité qu'un désaveu qui est un effet de l'avarice.

« Confirmez donc, s'il vous plaît, messieurs, un mariage justifié par l'extrait du registre des mariages, par le certificat du prêtre qui l'a célébré, par la déclaration du mari, par les extraits baptistaires des enfants, par une société perpétuelle durant quatre années, par la reconnaissance de l'appelante. Quelles preuves peuvent être plus fortes? quelles raisons plus invincibles? Si elles passent toutes pour fausses, où en trouvera-t-on de véritables? Après cela, que reste-t-il à vous dire, messieurs, sinon que l'assistance si courageuse que l'intimée a rendue à son mari et à ses enfants est encore une marque puissante d'une vérité si claire... Elle ne vous demande point que vous la rendiez heureuse, elle ne saurait plus l'être après la

mort de son mari. Elle vous demande seulement que son malheur ne soit point honteux, et qu'elle ne rougisse pas dans sa
tristesse... Assurez l'honneur à cette veuve, bien qu'étrangère,
l'honneur et la vie à ces deux petits enfants que vous voyez à
vos pieds, dont l'innocence implore votre sagesse, la faiblesse
votre autorité, les pleurs votre justice, la misère votre clémence.

« Qu'il ne soit pas dit que ma partie les ait sauvés de la
mort pour les voir flétrir de l'opprobre d'une origine honteuse;
qu'elle les ait empêchés d'être la proie de la peste pour être
les victimes de l'avarice, et de mourir honnêtement pour vivre
dans l'ignominie qui accompagne toujours les bâtards. Qu'elle
n'ait pas, messieurs, plus de sujet de pleurer leur vie qu'elle
n'en eût eu alors de pleurer leur mort. Séchez la source des larmes de la veuve et des orphelins, et affermissez, par votre arrêt, ce que Dieu a joint par le mariage, ce que la nature a uni
par la naissance, et ce que l'intérêt veut détruire par une
cruelle séparation. »

Le 26 juin 1634, sur les conclusions de M. Jérôme Bignon,
la Cour rendit un arrêt qui déclara la veuve de du Bail femme
légitime et ses enfants héritiers de leur père.

CHAPITRE XV

Un gentilhomme du Poitou, accusé de fausse monnaie, de sorcellerie et de rapt.
— Antoine Lemaistre le défend. — L'innocence d'un homme absous est plus
grande que celle d'un homme qui n'a jamais été poursuivi. — Caton quarante-
quatre fois accusé et quarante-quatre fois absous. — L'homicide est un crime
noble. — Le crime de fausse monnaie, ne l'est pas. — Les faux monnayeurs
de ce temps-là. — La légitime défense. — La sorcellerie. — Le président de
Thou. — Urbain Grandier. — Celsus. — Montaigne. — Le magnétisme. — Le
sire de Cursay aurait séduit sa belle-fille avec une pomme sur laquelle étaient
figurés quelques caractères d'écriture. — Lemaistre croit à la puissance des
abîmes. — Les sorciers peuvent donner de l'amour à une femme. — Les
Pères de l'Église à ce sujet. — Pendant que, sur la plaidoirie de Lemaistre,
M. de Cursay est acquitté de l'accusation de sorcellerie, Urbain Grandier et
beaucoup d'autres sont condamnés.

Dans le même temps, au mois de juillet de cette même
année 1634, Lemaistre défendait un gentilhomme du Poitou,
Pierre de Cursay, écuyer, sieur de Saint-Marry. L'honneur de
ce personnage, qui avait déjà soutenu plus d'un combat contre
la prévention ou la calomnie, était attaqué de nouveau dans
de singulières circonstances. Elles peuvent, sans qu'il soit nécessaire d'y rien ajouter, donner la matière d'un roman et
jeter sur les mœurs de cette époque d'intéressantes clartés.

Simon Lejay, écuyer, sieur de Montonau, gentilhomme,
faisant profession des armes, avait une fille, veuve d'une pre-

mière union; elle avait, malgré lui, aimé et épousé le sieur de
Boisbertaut, fils de M. Pierre de Cursay. Dans sa colère, le sieur
de Montonau voulut faire annuler ce mariage; il l'attaqua
comme le résultat de la séduction, de la sorcellerie et de la
violence; il trouvait que l'honneur de la maison dans laquelle
sa fille était entrée ne valait pas le sien, et, sa passion s'ani-
mant par la défaite, il appelait devant le Parlement le père de
son gendre, qu'il n'avait pas appelé devant les premiers juges.
Il lui reprochait deux crimes, sans compter la part qu'il lui at-
tribuait dans les violences et dans les piéges dont, suivant lui,
sa fille avait été victime. Même en lisant la défense de Lemaistre, on trouve que, comme père de famille et comme gentilhomme, le sieur de Montonau avait raison de fuir l'alliance de
ses adversaires. Mais le droit n'était pas pour lui, et tous ses
efforts vinrent échouer devant la justice.

M. de Cursay avait eu une vie bien agitée, et dans laquelle,
de nos jours, l'honneur d'une maison périrait à coup sûr. En
1609, il avait tué un gentilhomme nommé Fonteiron, et,
comme il avait pris la fuite, il avait été condamné par contumace. Il est bien vrai que, deux ans plus tard, s'étant constitué
prisonnier, il obtint des lettres de rémission. « Par arrêt, les
défauts et contumaces furent mis à néant ; il fut ordonné qu'on
informerait sur les lieux, que les prisons lui seraient ouvertes
et qu'il aurait les chemins pour prison. » Cet arrêt ôta à ses
ennemis l'espérance de le perdre, et ils se désistèrent de leurs
poursuites

En 1624, un nommé de Saulne, sieur de Saint-Paul, et un autre individu appelé la Gauchère, furent exécutés à Civray pour
crime de fausse monnaie. Ils accusèrent en mourant le sieur de
Cursay d'avoir été leur complice. Le 1er juin de cette même année, le prévôt de Saintes rendit une sentence de mort contre
lui. Mais il fut absous le 20 février suivant par le présidial de

Saintes, et, par cette absolution, « silence perpétuel fut imposé au substitut de monsieur le procureur général et à tous autres, de le troubler pour raison de ce crime, à peine de dix mille livres d'amende. »

Le sieur de Montonau, qui, dès ce temps-là, n'aimait pas le père de son futur gendre, le dénonça secrètement à la chambre de l'Arsenal et le fit arrêter de nouveau ; mais, le 23 avril, un nouvel arrêt le renvoyait absous et lui permettait « de se pourvoir pour les réparations et dommages-intérêts contre qui il verra bon être. »

C'est cette vie, si étrange pour un gentilhomme, que Lemaistre devait d'abord défendre. Il le fait sans hésiter et avec une grande assurance; on croirait, à l'entendre, que son client est une victime du sort; il repousse en premier lieu la plus grave accusation, celle de fausse monnaie. « De quel nom appellerai-je, s'écrie-t-il, l'insolence avec laquelle le sieur de Montonau s'est répandu en injures contre ma partie? Il a déchiré les intimés, il a fait voir que le dérèglement de la passion a étouffé dans son âme les affections de la nature. Il abuse en cela de sa qualité de père, si vénérable. Il s'en sert pour arracher, s'il pouvait, la liberté à sa fille et la vie à son gendre. Mais de quelle autorité a-t-il pu entreprendre de ravir l'honneur à ma partie, de faire une peinture effroyable de ses actions passées, de le représenter comme un homme qui dérobe tous les moments de sa vie à la punition de ses crimes, qui a commencé avec les faux monnayeurs, avec les homicides et les sorciers?... S'il se veut rendre dénonciateur contre lui, à la bonne heure ! Il se l'est rendu depuis peu en l'un de ces crimes, et il sait que l'événement ne lui a apporté que de la honte et à ma partie que de l'honneur. Après cela, qui ne s'étonnera de l'audace avec laquelle il en accuse encore celui pour lequel je suis, avec laquelle il lui reproche qu'il a déshonoré sa maison et rendu son alliance odieuse? Ce procédé n'est-il pas indigne de l'appelant, qui fait profession des armes? Ne déshonore-t-il pas sa qualité de gentilhomme? Ne se fait-il pas reconnaître pour un calomniateur?

« Qui eût cru qu'il eût eu si peu de honte que de répéter en cette audience ce qu'il a mis par écrit, que ma partie est noircie du crime de fausse monnaie, qu'on a rendu une sentence de mort contre lui, dont il ne saurait se purger. Voici comment les choses se sont passées. Vous jugerez, messieurs, si ma partie est coupable ou innocente. »

Ici Lemaistre raconte les faits, et, après avoir signalé l'arrêt d'absolution qu'a obtenu son client le 20 février 1625, il ajoute:

« Le plus grand de ses ennemis l'aurait-il accusé de ce crime, après ce jugement souverain, pourvu que dans l'excès de sa haine il eût conservé quelque usage de sa raison? Et néanmoins l'appelant n'a pas laissé de le faire. Il a été si malicieux et si imprudent tout ensemble, qu'il le dénonça secrètement à la chambre de l'Arsenal et fit en sorte qu'il y fût mené prisonnier. On l'interroge; il représente la sentence dont j'ai parlé, et sur-le-champ, par arrêt du 23 d'avril dernier, il est encore renvoyé absous.

« Après ces deux arrêts d'absolution, ne puis-je pas dire, selon l'expression d'un ancien Père de l'Église, que le démon même, qui est appelé le calomniateur, n'aurait plus osé déchirer à la face de la justice la réputation de ma partie? Pourquoi? parce que l'innocence d'un homme absous est plus glorieuse que s'il n'avait jamais été accusé. Le courage qui s'est élevé au-dessus des périls, et qui a toujours été victorieux de la mauvaise fortune, est plus estimable que celui qui n'a jamais été éprouvé par aucun accident funeste. La chasteté qui résiste aux tentations des corrupteurs est plus louable que celle qui ne se rend point, parce qu'elle n'est pas attaquée.

« Combien de personnes se trouveraient-elles criminelles si elles trouvaient des accusateurs ! Combien peu de vies se rencontreraient sans tâche si les yeux d'un ennemi les avaient regardées de toutes parts ! Peut-être que, si l'on avait mis l'appelant entre les mains de la justice, comme on a fait ma partie; si l'on avait informé de ses actions les plus secrètes, de ses intelligences les plus cachées, il n'en sortirait pas si nettement que l'intimé. Il est donc indubitable que l'intimé se peut dire plus innocent que l'appelant du crime de fausse monnaie, puisque c'est une marque d'innocence d'être absous, et que ce n'est pas une marque d'innocence, mais seulement de bonheur, de n'être pas accusé. Les bons le sont aussi bien que les méchants. Il n'y a que la suite qui les distingue.

« Les Romains ont cru que Caton, qui fut surnommé le Sage, était le plus vertueux des citoyens, parce qu'il avait été quarante-quatre fois accusé et quarante-quatre fois absous, parce que toutes les parties de sa vie avaient été exposées à la censure de la justice, et que toute la puissance de la calomnie, qui avait triomphé de Socrate et vaincu tant de conquérants, n'avait été que faiblesse contre la pureté de ses actions. Ils parlaient de ces quarante-quatre jugements comme d'autant de triomphes plus illustres que ceux de la guerre, à cause qu'il ne les devait qu'à sa vertu, et non à la vaillance de ses soldats, à la lâcheté des ennemis et aux avantages du hasard.

« Il faut donc regarder l'innocence de ma partie comme de l'or qui s'est purifié dans le feu, comme un arbre qui s'est affermi par l'agitation et la violence. Il faut que la calomnie de l'appelant ne soit pas seulement muette, mais respectueuse. »

Cette thèse était alors beaucoup plus neuve qu'aujourd'hui; elle se justifiait aussi davantage, parce que la calomnie et la persécution pouvaient avoir en ce temps-là des succès qu'elles n'ont

plus; en tous cas, elle est présentée avec un grand bonheur et
un grand art, et on est presque tenté de croire, après l'avoir
lue, que l'honneur de M. de Cursay s'est réellement *affermi*
dans cette épreuve, *comme un arbre par l'agitation et la violence*. Lemaistre passe ensuite à l'accusation d'homicide, et,
avant de la combattre, il s'élève, sur le caractère de ce crime,
aux plus hautes considérations; il le distingue soigneusement,
et avec une affectation qui est un trait de mœurs, du crime
de fausse monnaie : du dernier il fait un crime plébéien et
servile; il a pour l'autre des égards qui tiennent sans doute un
peu à la facilité avec laquelle on répandait alors le sang des
hommes, mais qu'il s'empresse de justifier, en montrant que
son client, quand il avait été homicide, était dans le cas de la
légitime défense.

« Je viens maintenant, dit-il, à l'accusation d'homicide.
Mais, avant d'y entrer, je vous prie, messieurs, de considérer
qu'on ne l'a pas exagérée comme cette première que j'ai détruite, parce que celle de fausse monnaie, qui est la première,
est bien plus honteuse que cette seconde, et elle est plus honteuse parce qu'elle ne peut tomber que dans une âme extrêmement basse. C'est un crime qui ne reçoit point d'excuse. Il
viole toujours la majesté du souverain; il arrache l'un des fleurons de sa couronne; il rompt le lien du commerce; il altère la
règle et la mesure du prix de toutes les choses; il empoisonne
une fontaine publique. Que s'il est abominable dans les effets, il
est infâme dans l'action, et plus indigne d'un gentilhomme que
le vol et que les larcins[1]. Il faut qu'il devienne artisan, qu'il
exerce le métier des personnes les plus abjectes. Car, encore qu'il
n'y ait rien de plus illustre que de faire battre monnaie, et que

---

[1] Bien qu'en 1808 le crime de fausse monnaie eût entièrement perdu
quelques-uns des caractères que Lemaistre signale, les idées qu'il exprime
sont entrées dans les rigueurs de la loi, peut-être à l'insu de ceux mêmes qui

ce soit une marque de puissance souveraine, c'est néanmoins
une chose fort ravalée que de la faire et plus encore de la faire
dans l'obscurité, dans les solitudes, dans les forêts, dans les
appréhensions d'une mort ignominieuse. L'homicide n'est pas
de même. Tout homme qui tue n'est pas criminel. On le peut
faire légitimement dans une défense naturelle. Car c'est une
loi, messieurs, qui n'a pas été écrite par les hommes, mais qui
est née avec tous les hommes, qui n'est pas peinte au dehors,
mais qui est empreinte au dedans de nous, que nous avons
plutôt reconnue que lue, plutôt comprise qu'apprise, plutôt
conçue en nous-mêmes que reçue des autres, et enfin que nous
ne tenons point de la main des législateurs, mais que nous avons
retenue de celle de la plus ancienne et de la plus auguste législa-
trice, qui est la nature, que nous avons puisée dans son sein,
tirée de son instinct général et comme arrachée du premier et
du plus invincible de ses mouvements, que, si nous venons à
tomber en quelque péril de perdre la vie, il n'y ait point de
moyen qui ne soit légitime pour la conserver, que nous puis-
sions impunément résister aux attaques d'un ennemi et opposer
avec justice la force à la force.

« Les lois condamnent les violences; mais, lorsqu'elles défendent d'en faire, elles permettent de les repousser. Elles veulent que les hommes écoutent et respectent cette défense dans
le commerce paisible qu'ils ont ensemble. Mais elles les en
dispensent lorsqu'on commet contre eux quelque acte d'hostilité. Elles se taisent dans le bruit des armes, et elles ne leur
commandent pas d'attendre alors leur protection et leurs secours et de se remettre à être vengés par elles, parce que les innocents souffriraient une mort injuste avant qu'elles fussent

l'ont faite, et la solennelle sévérité de cette loi contraste peut-être un peu
avec les faux monnayeurs que nous connaissons et qu'on ne trouve plus dans
les forêts.

venues pour en faire souffrir une juste à ceux qui seraient
coupables. Et ainsi, voyant qu'elles armeraient l'audace de
ceux qui attaquent, si elles désarmaient le cœur et les bras de
ceux qui sont attaqués, elles autorisent leur résistance...
Voilà, messieurs, quel a été l'homicide dont aujourd'hui
on accuse ma partie. Ayant été attaqué par un gentilhomme
nommé Fonteiron et ayant reçu un coup de pistolet dans le
corps, dont la cicatrice se voit encore, son valet fit en cette
rencontre ce que tous ceux qui tomberaient en de pareils
malheurs désireraient que leurs valets fissent. Il secourut si
généreusement son maître, qu'il empêcha que sa blessure,
qui, par bonheur, ne se trouva pas mortelle, ne fût suivie
d'une autre, qui peut-être l'eût été. Il vengea le sang de ma
partie sur celui de l'assassin. Et néanmoins je reconnais
que la présomption naturelle, qui va toujours à la décharge
du mort, et l'absence de ma partie, furent cause qu'on rendit
contre lui la sentence dont on a parlé, mais par défaut et par
contumace. »

Ici Lemaistre explique la fuite de son client, et le justifie
de ne s'être pas tout de suite présenté devant la justice, avec
une finesse respectueuse, et non pas avec la vivacité blessante
qu'on emploiera, un siècle après lui, pour exprimer la même
idée.

« Il ne faut point, dit-il, trouver étrange s'il ne le fit pas
d'abord. Car ceux qui voient leur vie dépendre de la volonté
d'autrui se mettent plutôt devant les yeux ce que leurs juges
peuvent que ce qu'ils doivent. Les innocents mêmes appréhendent la justice, parce que ce n'est pas Dieu qui la rend, mais
des hommes qui peuvent être trompés. »

Lavé de ces deux crimes, M. de Cursay avait encore à repousser une accusation de sorcellerie. C'était alors une chose
grave et sérieuse, et nous nous en étonnons aujourd'hui plus

que de raison. Nous payons en effet nous-mêmes un tribut à
cet amour du merveilleux qui agite la conscience humaine et la
pousse à la crédulité. N'avons-nous pas eu récemment comme
une invasion de *tables tournantes* et d'*esprits malfaisants et
frappeurs;* il est vrai que notre raison endurcie laisse passer
ces faiblesses et ne leur donne aucune place dans la religion
ni dans la loi ; il n'en était pas ainsi quand Lemaistre plaidait.
— Un demi-siècle s'était à peine écoulé depuis que Bodin avait
publié son incroyable traité de la *Démonomanie.* Ce précurseur de Montesquieu avait écrit un livre sur la magie et ses effets , sur les moyens de la combattre et sur les châtiments
qui devaient l'atteindre. Il s'était décidé à composer cette œuvre de démence et qui fait bien paraître la fragilité des plus
grands esprits, en voyant brûler toute vive une pauvre sorcière
des environs de Compiègne. Il trouva sa mort bien méritée, et
s'indignait contre un médecin, Pierre d'Apone, qui, étant sor-
cier lui-même, avait osé soutenir que les sorciers n'étaient
dangereux pour personne; il lui reprochait d'être *à la cordelle*
de Satan, et d'écrire sous la dictée de Belzébuth. Si n'était le
besoin que nous avons de toujours monter vers Dieu, de le
voir en toutes choses et de toujours le craindre, on ne s'expli-
querait pas comment cette croyance à la magie a pu envahir
et dominer les esprits les plus vigoureux et qui semblaient les
plus rebelles; comment, au seizième et au dix-septième siècle,
elle a pu trôner dans les livres, dans la politique, dans la loi,
dans l'Église, devant la justice elle-même. Un des plus grands
magistrats de ces temps, le président de Thou, étudiait l'astro-
logie judiciaire comme une source de vérités; un des plus grands
jurisconsultes, un de ceux que leurs œuvres placent à côté
de Cujas et de Donneau [1], dérobait au Digeste beaucoup de

---

[1] Hotman.

temps et d'études pour chercher la pierre philosophale. Bacon lui-même a laissé pénétrer dans sa haute intelligence les émanations de cette crédulité ridicule et démoniaque. — Il y avait des lois précises pour fixer les peines que méritaient les sorciers et les magiciens. Rien n'est plus curieux ni plus triste que de voir les magistrats poursuivant à coups d'arrêts et comme un crime cette puissance surnaturelle, et se faisant ainsi les auxiliaires de Dieu contre le démon. Je doute qu'en sa sagesse infinie, et quoi qu'en disent les livres saints, Dieu se soit jamais applaudi de ces secours, et je crois bien plutôt qu'il a gémi de tant et de si grossières erreurs. Ce qui peut excuser en partie les lois dont je parle et les peines qu'elles prononçaient, c'est la frayeur qu'avait le peuple de la sorcellerie et des sorciers. — Cette frayeur était si grande, qu'on croyait les sorciers capables de résister aux lois et d'échapper aux peines. On était persuadé qu'ils ne pouvaient pas se noyer. — Une femme nommée Jeanne Simon, accusée d'être sorcière et d'aller au sabbat, avait été condamnée par le juge d'Inteville, en Champagne, *à être tondue et tout le poil qu'elle avait sur le corps rasé, pour être ensuite jetée dans la rivière pieds et poings liés.* On la jeta par trois fois dans la rivière d'Aube ; elle revint sur l'eau, dit le procès-verbal d'exécution, chaque fois sans se mouvoir et sans qu'il parût qu'elle eût bu de l'eau par la bouche. — A cette occasion, le Parlement de Paris, qui passait pour ne pas croire beaucoup aux sortiléges, défendit aux juges criminels de son ressort d'appliquer aux sorciers l'épreuve de l'eau. — Son arrêt porte la date du 1er décembre 1601, et il fut rendu sur les conclusions très-savantes de M. l'avocat général Servin. Quelques années plus tard, en 1611, un prêtre, accusé de sorcellerie dans le but de séduire des femmes, était condamné par le Parlement d'Aix sur ses propres aveux. Enfin, au moment où Lemaistre plaide pour M. de Cursay et le défend d'avoir *ensorcelé* la fille du sieur de Montonau *en lui faisant manger une pomme*, Urbain Grandier est brûlé à Loudun, à quelque distance de Civray ; ce voisinage dut faire frémir le client de Lemaistre, et donner à l'accusation de sorcellerie dont il était l'objet une inquiétante gravité. Il était alors bien difficile de se défendre d'un pareil crime, pour peu qu'il y eût quelques personnes disposées à se dire victimes des sortiléges. Avec la foi du temps, les mœurs d'Urbain Grandier, l'exaltation de celles qui l'accusaient, et aussi un peu le secours de la médecine, on arrive péniblement à comprendre, non le supplice, mais le rôle étrange de ce prêtre séducteur, non les indignes tortures qu'il a subies, mais l'ardeur religieuse et violente des filles qui se disaient possédées du démon. Celsus ne parle-t-il pas, au témoignage de Montaigne, d'un prêtre qui ravissait son âme de telle extase, qu'il demeurait longtemps sans respiration et sans sentiment ? Saint Augustin n'en cite-t-il pas un autre que des cris plaintifs mettaient en tel état, qu'on pouvait hurler, le pincer et le griller jusqu'à ce qu'il fût ressuscité ? Alors il disait avoir entendu des voix venant de loin, et il s'apercevait de ses meurtrissures. — Enfin, Montaigne lui-même n'assure-t-il pas qu'il tenait de son ami Jacques Pelletier une petite pièce d'or plate où étaient gravés quelques signes célestes, et qui guérissait infailliblement les maux de tête ? — On voit que le magnétisme ne manque pas d'ancêtres, et qu'après tout la pomme dont M. de Cursay paraissait s'être servi pour rendre sa belle-fille amoureuse de son fils pouvait bien n'être pas une chimère et rentrer dans la sorcellerie ancienne ou moderne ; aussi Lemaistre le défend sérieusement, en homme qui croit aux sorciers, mais qui ne croit pas que son client soit du nombre des magiciens.

« Après vous avoir montré, dit-il, que ma partie est innocente de ces deux crimes (l'homicide et la fausse monnaie), que dirai-je du dernier dont on l'a voulu rendre coupable, et le sieur de Boisbertaut, son fils ; de ces mauvais artifices, de ces philtres d'amour, de ces sortiléges plus punissables que le rapt?

« Il fallait n'avoir point de pudeur pour se jeter dans des calomnies aussi honteuses que celles que.j'ai réfutées ; mais il fallait n'avoir ni pudeur ni jugement pour accuser l'intimé de magie, sans preuves, sans prétexte, sans couleur, pour vouloir persuader qu'il a fait donner à la dame de Boisbertaut une pomme, sur laquelle étaient figurés quelques caractères d'écriture, comme on vous a dit à la dernière audience, et que, l'ayant mangée, elle est devenue amoureuse du sieur de Boisbertaut.

« Je ne veux pas révoquer en doute la puissance des abîmes (l'aveu de Lemaistre est solennel et complet) ; je demeure d'accord que les sorciers peuvent donner de l'amour à une femme par divers enchantements et par la force de quelques simples, dont les démons ont une parfaite connaissance. Saint Chrysostome en parle comme des crimes d'idolâtrie, qui étaient communs parmi les filles publiques et prostituées, lesquelles usaient de moyens diaboliques pour se faire aimer des hommes. (Ici la croyance aux sorciers prend un caractère médicinal.) Nous en voyons un exemple illustre dans saint Grégoire de Nazianze, qui rapporte qu'un nommé Cyprien, qui était idolâtre et qu'il a confondu avec le grand saint Cyprien de Carthage, étant devenu passionné d'une fille chrétienne parfaitement belle, nommée Justine, et ne pouvant ébranler sa chasteté, eut recours à la magie et rechercha l'assistance d'un démon, qui l'eût fait abuser de cette fille, si elle n'eût point voué sa virginité à Dieu et n'eût point employé les exercices de la piété chrétienne et la protection de la sainte Vierge pour la conserver.

« Saint Jérôme raconte qu'un jeune homme de la ville de Gaze, étant devenu passionnément amoureux d'une fille, alla consulter des magiciens à Memphis, et, après s'être fait instruire par les prêtres d'Esculape durant une année, revint à Gaze et mit sous le seuil de la porte du logis de cette fille une lame d'airain de Chypre, sur laquelle étaient gravées des paroles de conjuration et des figures monstrueuses. Ensuite de quoi la fille devint insensée et entra comme en fureur ; elle ôtait sa coiffure, elle faisait pirouetter ses cheveux, elle grinçait des dents, elle appelait à haute voix ce jeune homme[1]. — Ainsi nous lisons dans Suétone que Césonie ayant donné un breuvage amoureux à l'empereur Caligula son mari, on le vit entrer en fureur. — Mais y a-t-il rien dans notre cause qui ait du rapport à ces exemples? Premièrement, où sont les preuves de ce qu'on avance? C'est un crime abominable d'implorer l'assistance de l'enfer pour donner de l'amour à une fille, de renoncer au serment que nous faisons au baptême de renoncer au démon, d'abandonner son corps et son âme à cet ennemi de Dieu et des hommes, de se rendre enfants de la mort.

« Il faut de puissantes preuves pour faire croire qu'un chrétien ait commis cette espèce d'idolâtrie. (Était-ce une allusion au procès de Loudun?) Il n'y en a point en notre cause, et, quoique notre partie adverse n'ait rien oublié pour donner quelque couleur à ses impostures et qu'il ait fait ouïr ses serviteurs et domestiques dans les informations, je ne pense pas, néanmoins, qu'il en ait trouvé d'assez effrontés pour déposer en termes formels de ce crime si détestable.

« Mais quand il en aurait trouvé, leur déposition ne serait-elle pas ridicule? Car où sont les marques et les effets de ces

[1] Vie de saint Hilarion.

enchantements et de ces sortiléges? La dame de Boisbertaut a-t-elle rien fait d'extraordinaire? L'a-t-on vue transportée de ces déréglements furieux dont saint Jérôme nous a laissé la peinture dans la lettre que j'ai citée?

« Elle a aimé le sieur de Boisbertaut par le commandement du sieur de Montonau, son père, notre partie adverse : c'est une action d'obéissance; elle ne l'a aimé que dans les affections toutes pures et toutes saintes du mariage : c'est une marque de sa vertu. Lorsque le sieur de Montonau a changé de volonté par un mouvement injuste, elle lui a demandé son consentement, quoique sa qualité de veuve l'en dispensât : c'est le comble du respect qu'elle devait à son père. Elle ne s'est mariée qu'après que la justice le lui a permis : c'est une preuve de sa sagesse. Elle n'a rien accordé au sieur de Boisbertaut qu'après que l'Église l'a obligée de ne lui rien refuser : c'est un témoignage de sa pureté!

« Sont-ce là, messieurs, les actions d'une femme qu'on a charmée? Il est vrai qu'elle n'a point voulu rompre la foi qui l'avait engagée au sieur de Boisbertaut. Mais ne l'a-t-elle pu faire sans sacrilége?...

« Voilà, dit en terminant l'avocat, les grands crimes dont ma partie est coupable. Jugez si l'on peut dire de lui qu'il a flétri sa maison et rendu son alliance honteuse. Certes, s'il n'était aussi modéré que l'appelant est insolent, il repousserait cette injure avec plus de force. Il espère que votre justice ne souffrira pas que l'honneur d'un gentilhomme d'une maison très-noble et très-ancienne soit terni par des impostures si noires et si infâmes, à cause seulement que son fils s'est marié avec une veuve qui n'a point d'avantage sur lui, ni pour les biens de la nature ni pour ceux du monde. »

Le sieur de Montonau perdit son procès; mais la justice eut cette année-là deux succès éclatants contre la sorcellerie. Le

8 août 1634, la chambre de l'Arsenal condamna à être pendus, étranglés, leurs corps brûlés, leurs cendres jetées au vent, deux hommes, dont l'un était prêtre, comme coupables d'entreprises contre la vie du cardinal, non pas avec armes, poison, guet-apens ou embuscade, mais dans l'ombre de leur logis, à l'aide d'invocations, de charmes et de préparations magiques. Quant à Urbain Grandier, ses cendres furent jetées au vent le 18 août de la même année, vingt-quatre jours après l'arrêt qui fit triompher M. de Cursay.

CHAPITRE XVI

Une cause tragique qui s'arrange moyennant huit cents livres. — Un beau-père tué par son gendre. — Le meurtre *ab irato*. — Il ne faut pas se faire justice soi-même. — La peine de chaque délit est placée dans la loi, non dans la colère ou le caprice du premier venu. — La peine de mort réservée à ceux qui pèchent avec orgueil et d'une main haute. — Le remords et l'exil sont de grandes peines. — Les lettres de rémission. — Un adultère dérangé par la survenance du mari. — Un fratricide causé par l'amour. — La prescription de vingt ans en matière criminelle admirablement commentée par Lemaistre. — La vie d'un homicide.

De toutes les causes que Lemaistre a plaidées, la plus tragique (et c'est lui-même qui le dit) est celle qu'il plaida pour Claude Jarlet contre Guillaume du Tour et Marie Bazin, appelants et défendeurs. On en peut juger par ses premières paroles : « Il ne restait à ma partie pour le couronnement de ses infortunes que de servir de sujet à une cause tragique et d'être traité dans une audience comme un criminel, comme un parricide, comme un homme indigne de voir la lumière. » Mais ce qu'il y a de plus étrange, c'est que cette cause tragique se soit, après un déluge d'éloquence, arrangée pour huit cents livres; cette conclusion étonnera bien le lecteur et l'indignera peut-être, quand il aura été mis à même de juger la nature du procès.

Claude Jarlet était un assez riche négociant de la ville de
Nantes. En considération de son bien, plus que de sa personne,
Guillaume Bazin lui donna sa fille, et le mariage eut lieu dans
le courant de l'année 1615. — Pendant trois mois « ils vécurent dans toute la paix et l'amitié que le mariage saurait
produire. » Mais au bout de ce temps, l'insolvabilité d'un
homme qui devait une somme d'argent considérable à Jarlet
amena la ruine du nouvel époux et lui valut l'aversion de son
beau-père, qui lui reprocha plus d'une fois son malheur. Ce
beau-père, qui aimait beaucoup la fortune et ne pardonnait
pas de la perdre, alla un jour « dire à son gendre qu'il avait
grand regret d'avoir donné sa fille à un homme qui était indigne de son alliance et qui ne serait jamais qu'un gueux et
un misérable. » Le gendre ne répondit pas; sa femme, qui était
présente, voulut le protéger contre les injures de son père; mais
celui-ci, au lieu de se calmer, passa bientôt « de l'aigreur des
paroles à celle des actions, poussa violemment le mari de sa
fille, lui donna un soufflet avec plusieurs coups de poing dont
il lui meurtrit le visage, et se jeta sur lui comme s'il eût voulu
le faire tomber par terre et fouler aux pieds. » Jusque-là silencieux et patient, le gendre, à ces violences, ne sut pas se
contenir; il se trouva trop faible « pour faire ce que le jurisconsulte appelle une chose très-difficile, qui est de tempérer une
douleur juste;» il ne put rendre sage et doux le feu de la colère,
que des indignités si cruelles avaient allumé dans son âme, et
qui est de soi-même insensé et furieux. — Irrité et transporté
de colère, voulant se mettre en état de se défendre, il trouva
par malheur un simple bâton auprès de soi, avec lequel il frappa
son agresseur sur le côté gauche de la tête; le coup ayant porté
par hasard sur le muscle de la tempe, qui est une partie fort
délicate et fort tendre, le beau-père fut étourdi de ce seul coup et
s'évanouit. Son gendre alors courut à lui pour le relever. Mais

la faiblesse et l'aliénation des sens le firent demeurer quelque temps couché par terre; il le porta ensuite sur un lit, et au bout d'un quart d'heure ou environ son évanouissement se passa. Le chirurgien qui le saigna peu après ne jugea point que la plaie fût mortelle, parce qu'on n'y voyait qu'une petite marque livide au dehors, et qu'il en jugeait par la qualité de l'instrument et du coup, qui semblait n'avoir pas été assez violent pour causer la mort. Et même il se leva le lendemain et demeura levé durant les trois premiers jours; mais, le quatrième, la fièvre le prit, les convulsions vinrent ensuite; — le huitième jour, le malade était hors d'espérance de guérison et mourut le lendemain. Alors Jarlet prit la fuite; « le regret extrême qui lui restait de pouvoir être estimé la cause de cette mort, la vue d'un spectacle si triste et si affligeant, cette affreuse idée de son beau-père tombant évanoui à ses pieds, agonisant et mourant presque devant ses yeux, l'appréhension du dernier supplice, les plaintes de sa femme, les reproches menaçants de sa belle-mère, qui l'appelait meurtrier et parricide, toutes ces images tragiques mêlées ensemble le frappèrent tellement, qu'il quitta sa maison et se retira dans les pays étrangers. »

On informa de cet accident aussitôt que son beau-père fut mort, et les informations furent mises entre les mains de messieurs les gens du roi. Mais on ne poursuivit pas le procès, et il n'y eut pas de sentence de mort. — Au bout de sept ou huit ans, dans l'année 1623, sa femme, espérant qu'il était mort, crut pouvoir épouser un marchand mercier nommé du Tour, dont elle eut sept enfants. — Cependant Jarlet avait vécu en Hollande et en France dans les armées et dans les garnisons, servant comme canonnier. Dégoûté à la fin de cette vie errante, et lassé de se voir sans cesse exposé aux misères de la guerre, il revint à Paris et y obtint des lettres de rémission, qui furent entérinées, « la Cour ayant considéré le long temps qu'il avait traîné une vie languissante; » après quoi il présenta requête au prévôt de Paris, « pour que sa femme fût condamnée à le reconnaître pour son mari et à venir demeurer avec lui. » — Cette requête dérangeait beaucoup le nouveau ménage qui s'était formé; la femme essaya d'abord de soutenir que le requérant lui était inconnu et ne l'avait jamais épousée; mais, forcée de le reconnaître, elle et son nouveau mari attaquèrent les lettres de rémission, provoquèrent contre celui qui les avait obtenues le châtiment des meurtriers, et demandèrent à demeurer unis. Lemaistre résume leurs attaques avant de les repousser :

« Lorsque mon client croyait être à la fin de toutes ses peines, lorsqu'il espérait que les plus inhumains seraient lassés de ses maux et de ses souffrances, il voit s'élever contre lui une nouvelle conjuration; aussitôt qu'il redemande sa femme, elle demande son sang et sa tête par la bouche de son prétendu second mari : elle lui déclare avec des reproches qu'elle ne peut retourner avec un homme qui a ôté la vie à celui de qui elle l'a reçue; qu'aussitôt qu'il s'est rendu parricide elle ne l'a plus considéré comme son mari, et qu'encore qu'elle ne se soit remariée au bout de huit ans qu'après la nouvelle qui avait couru qu'il avait été tué, elle ne l'avait considéré depuis son meurtre que comme un criminel qui était devenu esclave de la peine de son crime..., comme un membre retranché du corps de l'État, comme un homme qui avait perdu le droit de mari pour posséder une femme, celui de citoyen pour jouir de la liberté publique, à qui il ne restait plus aucun autre droit que celui de mourir sur un gibet. — On arme contre lui le ciel et la terre pour expier, dit-on, par son sang celui de son beau-père qu'il a répandu, quoique ç'ait été par un pur malheur et sans qu'il en ait eu aucun dessein...

Après que les lois se sont adoucies envers lui par la considération des circonstances particulières des faits qui le font voir,
sinon absolument innocent, au moins très-peu criminel; après
que Sa Majesté a jeté sur lui ses yeux de douceur et de clémence; que la Cour a effacé par son arrêt les moindres taches
qui lui étaient restées de ce crime, les appelants sont si aveugles que de résister encore à ces augustes puissances, que de
vouloir lui ravir d'une main cruelle la grâce que la main du
prince et de la justice lui a accordée, et sacrifier à leur adultère, qui les rend coupables, un homme que la mort de son
beau-père n'a pas tant rendu coupable que malheureux.

« Ils veulent faire la charge des magistrats et prendre la
place du souverain. Ils veulent usurper la vengeance publique
des crimes qui ne réside pas en leurs personnes particulières;
introduire parmi nous une nouvelle cause de séparation d'un
mari et d'une femme inconnue à tous les siècles passés, et empêcher l'effet d'un sacrement vénérable que demande ma partie, qui est le retour de l'appelante avec lui.

« On lui oppose non des raisons solides, mais les plaintes
vaines d'une femme, à qui on veut faire dire avec cris et avec
larmes, dans une audience, qu'elle ne peut souffrir la compagnie du meurtrier de son père, qu'elle ne peut honorer comme
son mari celui qu'elle déteste comme parricide, à qui on veut
faire faire des plaintes et des regrets plus dignes d'une tragédie
que d'une cause, et pour la défense de laquelle on veut employer des couleurs de rhétorique plus propres aux anciennes
déclamations qu'à des jugements aussi graves que ceux de la
Cour, où il faut que la vérité persuade les esprits, et non pas
que des mouvements et des figures excitent seulement les passions. »

Lemaistre expose alors les faits et leur donne une physionomie que j'ai essayé de reproduire; puis il ajoute : « Je demeure

d'accord qu'on peut dire que mon client a tué son beau-père,
parce que, selon les lois romaines, celui qui a été cause de la
mort d'un homme est estimé l'avoir tué. Je demeure d'accord
même que, selon le droit, les grâces et les rémissions ne se
donnent point aux homicides... mais je soutiens que ces lois
ne parlent que des meurtres entièrement volontaires, des homicides de guet-apens, des assassinats commis de sang-froid
et avec une volonté formée ou présumée d'ôter la vie... C'est
en ce sens que Bodin, parlant des lettres de rémission, écrit
dans sa République, que les princes ne peuvent donner grâce
de la peine établie par la loi de Dieu contre les vrais homicides, qui sont ceux de guet-apens, et que ces grâces attirent
après elles la peste, la famine, la guerre et la ruine des royaumes[1].
Ce qu'il y a donc de plus méchant, de plus odieux et de plus
punissable dans l'homicide, c'est l'assassinat, c'est le dessein
formé d'attenter à la vie d'un autre, de lui dresser des embû-
ches pour le tuer en trahison, ou de l'attaquer à main armée
et à force ouverte. — Peut-on dire que ma partie ait agi de
cette sorte? y a-t-il eu rien de prémédité, rien de noir, rien de
malicieux en cette mort violente? avait-il quelque haine contre
son beau-père? était-il animé de quelque passion cruelle? est-
il venu à lui pour le quereller? est-il venu à lui avec des armes
pour le tuer? tant s'en faut. Il est constant que ç'a été son
beau-père qui l'a attaqué le premier, qui lui a fait des reproches, qui lui a dit des injures, qui l'a frappé au visage, qui l'a
irrité par ses coups, qui l'a désespéré par ses insolences. »

Ici Lemaistre invoque l'autorité des Grecs et des Romains
pour justifier son client et pour prouver qu'un homme attaqué
peut frapper et même tuer sans crime celui qui l'attaque. Je
crois qu'il se trompe en prenant pour lui l'opinion de Démos-

---

[1] Bodin, liv. Ier, chap. II.

thènes, et les fragments qu'il cite ne sont pas concluants. Démosthènes, au contraire, un peu intéressé d'ailleurs à cette
théorie, voulait que la loi seule protégeât contre les injures ou
les violences; il repoussait de sa haute raison la doctrine des
passions personnelles, qui, ne sachant pas attendre l'effet des
lois, se font justice à elles-mêmes; il dit, en effet, dans son plaidoyer contre Conon :

« Nos lois ont prévenu le retour fougueux des causes qui
rendent une rixe inévitable. On donne action pour injures, de
peur que des injures nous n'en venions aux coups; pour voies
de fait, *afin que le faible ne prenne pour sa défense ni pierre
ni arme quelconque,* mais qu'il attende une réparation légale;
enfin pour blessures, de peur que le blessé ne se fasse tuer. Si
le législateur considère d'abord l'insulte, qui est le premier pas,
c'est pour prévenir le meurtre, qui est le dernier excès; c'est
pour qu'on ne soit pas insensiblement poussé de l'invective aux
coups, des coups aux blessures, des blessures à l'homicide;
*c'est pour placer la peine de chaque délit dans la loi, non dans
la colère ou le caprice du premier venu.* »

Cependant Lemaistre peut dire avec raison, et quoique l'autorité de Démosthènes lui manque :

« Doit-on regarder comme un grand crime la défense naturelle à laquelle ma partie a été réduite par les injures ou les
violences de son beau-père? A-t-il été libre à l'un de meurtrir
de coups le visage de son gendre, et n'a-t-il pas été libre à son
gendre de le repousser dans la chaleur même de cette injure?
Si ma partie, de sang-froid, était allée quereller son beau-père
un bâton à la main et lui en avait ensuite donné un coup sur
la tête, dont il n'aurait été qu'un peu blessé, je l'estimerais plus
coupable qu'il ne l'a été, quoique cette blessure ait été mortelle, parce que c'est son beau-père qui a dû s'imputer à soi-
même, à son injustice, à sa violence, à sa fureur, le malheur

qui lui est arrivé. Il a ressenti un effet de la colère de son gendre, mais c'est lui qui l'a émue. Il l'a offensé, il l'a irrité, il l'a
éprouvé tel qu'il l'avait rendu lui-même ; il l'a piqué de honte,
ému de douleur, enflammé de colère... Les bêtes, même les plus
douces, se défendent contre celles qui les attaquent. Les
agneaux heurtent les agneaux. Les colombes mêmes, qui n'ont
point de fiel, ne laissent pas de résister avec le bec et avec les
ailes. Dieu a imprimé ce sentiment dans toutes les créatures
vivantes. Il les a rendues sensibles à la douleur, afin qu'elles défendent leur vie, qu'elles évitent le péril qui les menace,
qu'elles arrêtent ce qui les veut opprimer, et qu'elles emploient
tous leurs efforts pour conserver l'être que le Créateur du
monde leur a donné, pour empêcher la destruction de son ouvrage, et l'effacement des traits et des crayons de son être souverain qu'il a gravés dans toutes les parties de l'univers qui sont
sensibles et animées. C'est un grand et horrible crime à un mari
de tuer sa femme. Il commet un parricide exécrable en ôtant
la vie à celle pour laquelle il doit exposer la sienne. Cependant
les constitutions des empereurs ne remettent-elles pas la peine
de mort à un mari qui tue sa femme, l'ayant surprise dans un
adultère, se contentant de l'envoyer en exil? Pourquoi? Parce
qu'elles le considèrent comme ayant été emporté, ainsi qu'elles
disent, par l'impétuosité de la douleur [1]. Y a-t-il des mouvements plus excusables que ceux d'une sensible douleur et d'une
juste colère mêlées ensemble? Si ma partie était sortie de devant son beau-père ayant l'homicide dans le cœur, et était allée
querir une épée ou un pistolet avec lequel revenant ensuite il
l'aurait assassiné, il se serait rendu coupable de mort selon les
lois romaines, parce qu'elles défendent la vengeance qui se conçoit et s'exécute avec délibération et avec dessein, et qui est

[1] L. XXXVIII. *D. ad legem juliam de adulter.* Cujac, *ibidem.*

une passion cruelle, injuste, malicieuse et traîtresse ; au lieu que les premiers mouvements de la douleur et de l'indignation qui l'ont animé en cette rencontre sont presque entièrement innocents, parce qu'ils sont presque entièrement indélibérés. — Il n'eut point de temps pour se reconnaître; il se vit poussé, chassé, battu, accablé. Sa résistance n'a-t-elle pas été plutôt l'effet de l'émotion ardente et passagère de la colère que d'un jugement fixé et arrêté de l'esprit? N'a-t-elle pas été plutôt une action de son corps qu'une opération de son âme, une saillie imprévue de cette flamme vive et naturelle qui s'allume par la douleur qu'une résolution préméditée? » L'avocat, pour faire accepter cette idée, si laconiquement traduite aujourd'hui dans un texte de loi relatif à la provocation, se fait aider sans mesure et avec une accablante érudition par Aristote et Platon. Craignant ensuite qu'on n'oppose à sa science et à ses déductions l'esprit du christianisme, il dit « que la sagesse divine a jugé de ces actions aussi favorablement que l'humaine et la civile. Car nous voyons dans l'Écriture que Dieu n'ordonne la peine de mort que contre ceux qui pèchent *avec orgueil*, selon notre édition vulgaire, *d'une main haute*, suivant l'expression originale de la langue sainte (Lemaistre savait l'hébreu, ce qui n'est pas commun au barreau), c'est-à-dire *avec une audace et une imprudence qui va jusqu'au mépris de la loi de Dieu*, ou, comme traduit le paraphraste chaldaïque, *à tête découverte*, c'est-à-dire *publiquement, ou fièrement et avec effronterie.* »

Quand Lemaistre a ainsi effacé l'horreur qui aurait pu s'attacher au meurtre causé par son client, il distingue ce meurtre du parricide en dirigeant sur le beau-père un trait assez plaisant dans une cause aussi grave : « Peut-on, dit-il, comparer le don si précieux de la vie qu'on reçoit d'un père, qui est le plus grand des biens et la source de tous les autres, avec le don que l'on reçoit d'un beau-père, savoir, sa fille qu'il donne pour femme,

qui n'est pas toujours un grand présent ni un bien tout pur
et qui ne soit mêlé d'aucun mal ? » Puis il soutient que l'exil que
s'est imposé son client a racheté sa faute et l'a puni d'une peine
assez dure; il parle de l'exil avec émotion et fait penser à un
avocat de nos jours qui, pour sauver la tête d'un accusé et décider les juges à le condamner seulement à la déportation, fit
de cette peine une peinture si saisissante, que les juges se cru-
rent indulgents en prononçant la mort.

« Qui peut envier à ce pauvre homme, dit Lemaistre, les
lettres de rémission qu'il a obtenues après un bannissement
volontaire de dix-neuf années ? N'a-t-il pas été plus sévère envers soi-même que la plupart des lois qui punissent les meurtres involontaires ? Il confesse qu'il se faisait son procès avec
plus de rigueur qu'aucuns juges n'auraient fait. Plus il avait
été éloigné de commettre jamais un parricide, plus cet objet
qui lui en représentait un devant les yeux lui causait d'horreur.
Il a plus pleuré cette mort funeste de son beau-père que les
gendres les plus affectionnés ne pleurent d'ordinaire la mort
naturelle des leurs. Les remords de sa conscience rejetaient
toutes les excuses que sa mémoire et la vérité lui représentaient,
et il avoue que, si Dieu ne l'avait soutenu, la violence de son
repentir, qui lui a reproché mille fois qu'il était indigne de
vivre, l'aurait rendu parricide volontaire de soi-même pour
l'avoir été involontaire de son beau-père. C'est lui, messieurs,
qui vous parle par ma bouche; le voilà qui est à vos pieds. Il
a voulu que je dise à la Cour ce qu'il a dit lui-même à messieurs
de la Chambre de la Tournelle avant l'entérinement de ses lettres. Ce pauvre homme, messieurs, veut que je vous dise qu'encore que la honte d'un supplice infâme lui ait toujours causé
de l'horreur, néanmoins il avait toujours cru, pendant plus de
dix-sept ou dix-huit ans, qu'il devait mourir de mort violente
comme son beau-père; il s'y était condamné lui-même et s'y

attendait. Il a dit plusieurs fois aux officiers de l'artillerie, qui le connaissent tous comme un des plus adroits et des plus hardis canonniers qui soient en France, qu'un malheur qui lui était arrivé lui faisait mépriser la mort, se tenant toujours préparé à la recevoir et s'attendant à toute heure d'être tué d'un coup de canon comme plusieurs de ses compagnons. Que si ces tourments intérieurs l'ont tellement affligé durant tant d'années, combien a-t-il ressenti encore d'affliction dans les misères et les rigueurs d'un si long exil qui l'a séparé de sa femme, de ses parents, de sa demeure, de son pays, et l'a réduit à une perpétuelle pauvreté et aux fatigues de la guerre ! Et, parce que la principale douleur que la mort de son beau-père lui avait laissée était la triste nécessité où elle l'avait engagé de se séparer d'une jeune femme de dix-sept ans qu'il n'avait épousée que depuis trois mois, cette absence qui le séparait de la moitié de soi-même, et qui l'avait arraché d'entre les bras de la personne du monde qu'il aimait le plus, lui est devenue à la fin insupportable. Il résolut alors de s'exposer plutôt au péril d'une condamnation ignominieuse... que de vivre plus longtemps éloigné de celle qu'il avait prise pour être sa compagne dans la vie et dans la mort. Il aimait mieux, s'il y avait du péril à craindre, que son âme fût séparée de son corps par une fin violente qui terminerait tous ses malheurs que de se voir toujours séparé de celle qui était son propre corps et le plus cher objet de son âme.

> « ... *Non se celare tenebris*
> « *Amplius aut tantum potuit perferre dolorem.* »

Les lettres de rémission étaient justifiées; Lemaistre, qui, pour y parvenir, avait montré son client courbé sous le repentir et châtié trop durement par les maux de l'exil, change alors d'attitude et de ton; il devient agressif et frappe ses adversaires:

il leur reproche et flétrit leur mariage; suivant lui, ils ont, en le contractant, violé la *discipline ecclésiastique et civile*; quand son client, au lieu de fuir, aurait été condamné à être roué et exécuté par effigie, sa femme n'aurait pas pu se remarier. « Le lien du mariage, qui joint réellement et naturellement un mari à une femme, ne peut se rompre, sans aucun autre empêchement de droit, que par une mort réelle et naturelle. » Il joint à son autorité celle des papes et des canons, s'indigne de ce que le mercier du Tour « ose retenir avec soi la femme de son prochain contre l'ordre de Dieu, de l'Église et de l'État, » et lui adresse cette injure assez naïve :

« Puisque l'appelant n'épargne pas le bien d'autrui, mais use de la femme de ma partie comme si elle était encore la sienne, et veut faire passer ces adultères volontaires qu'il commet et cette corruption exécrable pour une conjonction légitime, doit-on s'étonner qu'il n'épargne pas la réputation d'autrui? »

Il s'adoucit pour parler à la femme et la détacher de son second mari :

« Mais quoi, l'appelante, dix-neuf années n'ont-elles pas été suffisantes pour éteindre votre colère? Dix-neuf années que votre mari a souffertes de bannissement et de misères ne doivent-elles pas vous avoir réconciliée parfaitement avec lui ?... Vous avez satisfait aux devoirs d'une fille affectionnée, satisfaites maintenant à ceux d'une femme chaste, d'une femme compatissante, d'une femme généreuse. Vous avez rendu ce que vous deviez au sang et à la nature, rendez maintenant ce que vous devez à la sainteté d'un sacrement, à la société la plus étroite, la plus inviolable et la plus indispensable qui puisse être entre un homme et une femme. Les histoires anciennes sont remplies de louanges de plusieurs femmes, qui ont témoigné un amour fidèle et ardent envers leurs maris, quoique misérables, quoique proscrits, quoique exilés, et même quoique criminels. »

Lemaistre cite alors beaucoup de femmes qui ont aimé leurs maris malheureux ou coupables; il prend ses exemples un peu partout, dans le paganisme et chez les femmes chrétiennes, à Rome, en Judée, à Paris; c'est une bizarre galerie dans laquelle Marie Bazin n'a nulle envie de figurer. Car, après les paroles adoucies que je viens de citer, l'avocat lui en adresse de dures, qui paraissent être celles qu'elle mérite. Le soin de venger son père l'occupe beaucoup moins que le désir de garder son nouveau mari, plus *accommodé* que l'autre et plus agréable.

« Il paraît bien visiblement, lui dit Lemaistre, que votre aversion du premier ne vient que de votre attachement à l'autre. Vous aimez mieux ce nouvel usurpateur, parce qu'il est assez accommodé, que l'ancien et le légitime possesseur de votre personne, parce qu'il est pauvre. L'accident de la mort de votre père n'est qu'un prétexte dont l'appelant, par la bouche duquel vous parlez, couvre l'incontinence qui vous déshonore... Pensez-vous que quand vous direz que le souvenir du passé vous rend l'intimé odieux, la Cour ne voie pas que c'est le sentiment du présent qui vous rend l'appelant plus agréable... »

Après tout, cette femme non plus n'était pas si coupable, et on comprend qu'il lui fût pénible de quitter son nouveau mari et ses sept enfants. Claude Jarlet n'avait pas lui-même un bien grand désir de l'enlever à son possesseur; ce n'était pas l'amour qui le faisait plaider, ce n'était pas la tendresse conjugale qui l'avait fait revenir, quoi qu'en eût dit son avocat; il se trouva satisfait de gagner son procès, de recevoir de celui qui l'avait remplacé huit cents livres, d'en donner quittance et de vivre loin de sa femme mariée à un autre.

Ce plaidoyer est un de ceux dans lesquels il y a le plus de broussailles latines et grecques, de citations inutiles, d'emprunts forcés, de répétitions, de longueurs et d'ennui. Lemaistre y a effleuré une idée qu'il va développer avec éclat dans une autre occasion et qui ne laisse rien à dire sur les causes ni sur la légitimité de la *prescription* en matière criminelle.

Cette fois son client est un grand coupable; il a tué son frère qui lui disputait une fille objet de son amour. Cet amour « lui avait comme enchanté le cœur et ensorcelé l'esprit. » En répandant le sang de son frère, il rendait impossible le mariage qu'il avait tant souhaité, et néanmoins c'était pour épouser cette fille qu'il l'avait répandu. Aussi, quoique son avocat n'eût plus à le défendre, Lemaistre attribua-t-il au démon la plus grosse partie de ce crime. On en fait autant aujourd'hui; il ne manque que le nom du démon, qu'on prononce moins volontiers. Si un grand crime est commis par une main auparavant pure, si c'est une grande passion et non pas un vil intérêt qui l'a fait commettre, on invoque, au profit du coupable, la folie, la monomanie, l'aliénation mentale et toutes ses variétés. Les médecins aident les avocats dans l'accomplissement de cette œuvre; ils rétrécissent à l'envi le cercle de la responsabilité humaine et élargissent celui de l'impunité; ils agissent ainsi sans embarras et élèvent leur complaisance pour certains crimes à la hauteur d'un système plein de savoir et d'humanité. Lemaistre est beaucoup plus timide et de bien meilleure foi; c'est même avec une certaine grâce qu'il rejette sur le démon le crime de son client.

« Ne semble-t-il pas, dit-il, qu'un homme partageant ainsi une action détestable avec le démon qui en est le premier auteur, ce principe étranger, qui agit en lui et avec lui, lui ôte une partie de son crime, et que, le rendant en quelque sorte moins volontaire, quoiqu'il soit sorti du cœur, il le rend aussi digne de compassion que de haine en y joignant le malheur avec la faute, et la séduction avec le consentement? »

Mais ce que Lemaistre invoque sérieusement pour mettre *sa*

partie à l'abri du châtiment réservé aux fratricides, c'est la prescription de vingt ans, et la manière dont il le fait est en même temps l'intérêt et l'éclat de ce plaidoyer.

« Ma partie a éprouvé, depuis qu'il a présenté sa requête à la Cour, combien un gentilhomme de sa condition et de sa naissance a de confusion et de honte d'avouer devant les juges qu'il a mérité une mort infâme, et qu'il n'y a point eu de moment durant vingt années où il n'ait pu être condamné justement à perdre la tête pour avoir tué son frère. Il y a plus de vingt ans qu'il gémit et rougit sans cesse devant Dieu et en lui-même de ce qu'une passion d'amour l'a exposé au malheur funeste d'avoir son frère pour rival et pour ennemi, et à cette aveugle fureur de l'appeler en duel, et, sur le refus qu'il fit de se battre, de le sacrifier à sa jalousie.

« Ce qu'il vous demande aujourd'hui, messieurs, c'est que vous ayez pitié de son infortune, et que vous suiviez à l'égard de lui la loi publique et générale de la prescription de vingt ans, que vous gardez inviolablement dans les crimes les plus odieux, dans les assassinats les plus qualifiés et les plus horribles, dans les parricides les plus exécrables. Il s'appuie sur la loi romaine, qui a établi cette maxime en termes formels. Il s'appuie sur vos arrêts, qui l'ont approuvée et confirmée. Il s'appuie sur les raisons fondamentales de cette célèbre jurisprudence.

« Il y a, messieurs, deux principales raisons sur lesquelles la sagesse romaine et votre équité si éclairée ont jugé qu'un homme ne devait plus être poursuivi au bout de vingt ans, ni recherché en justice, quelque crime qu'il eût commis. La première, et qui est la plus commune, est que les peines sont odieuses. Mais je ne veux pas m'arrêter à cette première raison; je passe à la seconde comme à la principale et à la plus solide, qui est que, quand les peines seraient favorables, vous avez jugé que, quelque criminel qu'ait été un homme, il a été assez puni d'avoir porté durant vingt ans en soi-même le poids de son crime, toute cette pesanteur du péché, pareille à celle d'un *talent* de plomb, cette honte d'une action noire, infâme, exécrable, ces troubles et ces remords de la conscience, ces douleurs et ces regrets qui dévorent l'âme et qui se renouvellent toujours, ces premiers exécuteurs de la justice divine et humaine, ce vautour véritable figuré par celui des anciens poëtes, qui incessamment déchire le cœur... Vous avez considéré, messieurs, que, quand même il n'aurait été ni découvert ni accusé, il ne peut se dérober à cet accusateur secret qui lui reproche son crime... qu'il ne peut effacer ce portrait funeste que la conscience, qui est le peintre de tous le plus hardi et le plus fidèle, trace dans son esprit.... Vous avez pensé, messieurs, que, quand il n'aurait eu aucuns témoins de son crime, il est toujours pressé et persécuté par le témoignage de sa conscience, par ce témoin qui seul en vaut mille, et qui est d'autant plus redoutable, qu'on ne le peut rejeter, parce qu'il est toujours oculaire; qu'on ne le peut reprocher, parce qu'il est toujours véritable; qu'on ne le peut gagner, parce qu'il est toujours incorruptible; qu'on ne le peut intimider, parce qu'il est toujours libre et dominant au dedans de l'âme; qu'on ne le peut éloigner, parce qu'il est toujours inséparable du criminel, et enfin qu'on ne le peut faire taire, parce qu'il est toujours parlant et toujours criant, et qu'il ne parle pas aux oreilles, mais au cœur.

« Vous avez estimé que, quand il saurait que la justice ne le chercherait jamais, il sait et sent que sa conscience le trouve toujours, qu'elle l'entraîne et le présente incessamment devant le tribunal intérieur où elle-même l'accuse et le juge, qu'elle le tient tous les jours sur la sellette, qu'elle ne lui permet pas d'ouvrir seulement la bouche pour se défendre, et qu'elle l'y condamne souverainement et sans appel.

« Et aussi vous avez considéré que, quand il passerait vingt
années sans ressentir en son corps aucune douleur, il ne peut
se garantir des pensées et des tourments que ce bourreau secret
lui fait endurer.

« Tacite, parlant d'un empereur cruel, qui était au-dessus
des lois par sa condition souveraine et qui ne pouvait craindre
les peines corporelles des criminels, dit qu'il se sentait lui-
même périr tous les jours. » Lemaistre encadre dans le développement de cette pensée, et en l'empruntant à saint Augustin,
une admirable peinture du remords, bien supérieure à ce que
lui-même vient d'essayer d'en dire : « Entre toutes les afflictions
de l'âme, il n'y en a point une plus grande que le regret de ses
crimes. Car, si l'homme n'est point blessé au dedans de soi, et
si tout est sain dans le fond de sa conscience, en quelque partie qu'il souffre des afflictions, il aura recours à celle-là comme
à un refuge de consolation et de paix, et il y trouvera Dieu.
Mais, s'il n'y trouve aucun repos à cause de l'abondance des
iniquités dont elle est pleine, que fera-t-il, puisqu'il n'y trouvera pas Dieu? A qui aura-t-il recours lorsqu'il commencera
d'être assiégé de douleurs? Il peut se retirer de la campagne
dans la ville, des places publiques dans sa maison, de sa maison dans sa chambre. Mais l'affliction le suivra toujours. Et où
pourra-t-il se retirer de sa chambre, sinon dans son lit intérieur, sinon au dedans de soi? Que, si tout y est plein de tumulte, si tout y est noir par la fumée des méchantes actions,
si tout y est brûlant par la flamme de quelque crime, il ne peut
pas s'y réfugier, puisque aussitôt il en est chassé, et que, quand
il est chassé de là, il est chassé de soi-même! Si donc, au lieu
qu'il y pensait trouver un asile, il y trouve un ennemi parce
qu'il s'y trouve soi-même, où se retirera-t-il? En quelque lieu
qu'il aille, il se traînera toujours après soi, il se trouvera toujours tel qu'il est, et ainsi se tourmentera toujours, les plus

grandes afflictions qui puissent venir à l'âme étant celles qui lui viennent d'elle-même, parce que ce sont les plus intérieures, et les plus intérieures sont les plus sensibles[1]. »

Lemaistre continue : « Voilà quelle peut être, durant vingt années, la vie d'un homicide qui a quitté son pays et s'est retiré dans un pays étranger, car c'est la première chose que font ces coupables.

« *Exilioque domos et dulcia limina mutant,*
« *Atque alio patriam quærunt sub sole jacentem.* »

« Qui peut donc trouver étrange que vous ayez jugé qu'un si long et si rude exil hors de la terre de sa naissance et hors de la maison de son père, qui a été autrefois la peine de plusieurs crimes, n'est pas une moindre peine que la mort?... Qu'y a-t-il de plus doux et de plus agréable que le séjour de sa patrie, que la jouissance de son bien, que le commerce et la société de ses amis, de ses parents, de sa famille, de sa femme, de ses enfants, et peut-on perdre avec une médiocre douleur, durant vingt années, ce que nul ne possède avec une médiocre joie et ce que la plupart des hommes estiment le plus précieux des biens de ce monde?

« Qui peut douter que cette dure séparation d'avec les personnes qu'on aime le plus ne cause mille repentirs et mille gémissements de s'être réduit à une si misérable nécessité, que de vivre toujours éloigné de ses proches et de ce qu'on a de plus cher au monde?... Que si, après qu'un criminel s'est éloigné du lieu où il a commis le crime, l'amour de son pays le fait retourner au bout de quelques années dans la province ou dans la ville qu'il avait quittée, et s'il y vit toujours déguisé, caché, armé, accompagné pour n'être pas aisément surpris,

[1] August., *in Psalm.* xLv.

quelle misère peut être comparable à la sienne, d'avoir toujours peur qu'on ne le reconnaisse pour ce qu'il est, de prendre souvent des visages inconnus pour ceux des ministres de la
justice, de s'imaginer que tous les archers qui cherchent des
brigands et des assassins peuvent avoir été avertis de l'arrêter,
de se tenir toujours sur ses gardes dans les entretiens les plus
familiers, d'avoir toujours quelques mouvements d'une tristesse
secrète dans les réjouissances publiques, et d'entendre souvent,
soit au milieu de la foule et du bruit des villes, soit dans le
calme et dans le repos, la voix du sang qui crie vengeance
contre lui, et au ciel et à la terre, les plaintes tragiques d'une
âme qui lui demande la sienne, qui l'appelle devant le trône
de la justice divine, qui lui montre l'épée d'un bourreau attachée à un filet et prête de tomber à tout moment sur sa tête? »

Après tout cela, l'avocat a bien le droit de conclure et de
dire : « Ce n'est donc pas, messieurs, une action de clémence,
mais de justice, de laisser la vie et la liberté à des criminels
après vingt années. »

CHAPITRE XVII

Les tuteurs au théâtre et au palais. Un tuteur limousin qui bat sa pupille et prétend diriger son cœur à coups de bâton. — On ne doit pas frapper une femme,
même avec une fleur. — Les oncles. — M. Thibault, conseiller au parlement
de Bordeaux. — Un secrétaire du roi plus vieux et aussi avare qu'Harpagon. —
La demoiselle Desbarats aime un officier de Lesdiguières. — M. le conseiller
du Puy. — La demoiselle Desbarats aime mieux demeurer dans les fosses de la
Conciergerie que chez son oncle. — Celui-ci l'écarte du cœur et de la maison
de son père. Un effet d'amour paternel *in extremis*. — Le conseiller Thibault
dicte un faux testament en sa faveur. — On passe des images aux vérités quand
on se sent mourir. — Une flatterie aux magistrats. — Sur les conclusions de
M. Bignon, la Cour annule le testament en présence de M. Thibault, qui avait
assisté à l'audience et entendu Lemaistre.

Les tuteurs jouent un grand rôle au théâtre, et ils le méritent; ils gardent le cœur et disposent de la main de pupilles,
toujours adorées et charmantes; ils veulent tourner vers eux
des cœurs que la vieillesse éloigne et qui s'attachent autre part;
à ce titre seul, leur place est marquée dans la comédie; le moins
qu'on puisse faire pour eux, c'est d'en rire et de laisser leur
amour en plan, après cinq actes de persiflage, de précautions
inutiles et de délicieuses trahisons[1]. Mais il leur arrive aussi
d'être violents, emportés et cruels; ceux-là passent de la

[1] *L'École des femmes.*

comédie dans le drame, et ils y sont martyrisés par la plume
aiguë des écrivains, l'audacieuse habileté des valets, la haine
des pupilles, la vengeance des amants, le mépris du public.
On en trouve des uns et des autres dans la vie réelle, où Molière
et Beaumarchais sont allés les prendre ; ils se revèlent le plus
souvent dans des procès, qui succèdent à leurs espérances
déçues, à leur passion éteinte ou repoussée, à leur gestion violente ou frauduleuse. Lemaistre en a combattu un qui ne
pourrait être mis au théâtre qu'en affaiblissant son rôle et en
adoucissant sa brutalité. Il était à la fois oncle, tuteur, amoureux, jaloux, vindicatif, et il s'appelait Charles Saoül, natif de
Limoges ou d'Angoulême. Il était de condition médiocre et
plus excusable que *M. de la Souche* de ne pas savoir comment
on parle au cœur d'une jeune fille. Il n'avait pas appris dans
Térence qu'il est plus sûr de retenir les enfants par le devoir et
par l'honneur que par la crainte[1], ou dans Montaigne que toute
contrainte est blâmable en l'éducation des enfants. Il aimait sa
pupille et voulait en être aimé par force ; mais le cœur de la
jeune fille était allé chercher et avait trouvé par la ville un
amant de son âge. Sa mère approuvait sa passion, et le tuteur,
malgré son pouvoir, était certain de sa défaite. Prenant alors
une route opposée à celle que suivent les affections raisonnables, il crut qu'en maltraitant sa pupille il aurait raison
d'elle et la ferait changer d'avis et de cœur. Il l'avait chez lui
depuis six ou sept ans (presque aussi longtemps qu'Arnolphe
avait eu Agnès). Je cède la parole à Lemaistre : « Un jour il la
chassa de sa maison lorsqu'elle était presque toute nue, lui
retint ses hardes et l'envoya chez Marie Fayoux, sa mère, mariée
en secondes noces à un marchand nommé Limosin ; comme
elle était allée le dernier jour de septembre dans un jardin ap-

---

[1] Les *Adelphes*, acte Ier, sc. 1re.

partenant à son beau-père, le tuteur la vint trouver, un bâton
à la main. Il lui déclara civilement qu'il avait ouï dire qu'elle
était fiancée avec Mallet, et qu'il la voulait épouser à l'heure
même, en lui disant des injures insupportables, lui donna plusieurs coups de son bâton, la frappa de telle sorte, qu'il la fit
tomber par terre, lui prit sa bourse, dans laquelle il y avait
deux bagues d'or et une d'argent, et la laissa meurtrie de
coups et portant sur son corps les marques de sa fureur. (Il n'y
a personne sans doute qui n'abhorre une action si brutale, et
néanmoins c'est ce que l'Intimé appelle par ses requêtes *instruire et remontrer à une fille.* C'est là le style dont il se sert
pour lui faire des remontrances. Il lui parle avec un bâton, il
s'explique en peu de paroles et en plusieurs coups, et, au lieu
d'imprimer ses instructions dans son esprit, il les grave sur
son corps[1].) Cette pauvre fille, ayant été si cruellement traitée,
alla se jeter entre les bras de sa mère; elle cria que c'est son
oncle qui l'a réduite en l'état déplorable où elle était. Elle mêla
ses larmes avec ses cris. Ce spectacle si triste aux yeux d'une
mère la porta à sortir avec elle pour aller savoir de notre partie
adverse le sujet qui l'avait poussée à outrager ainsi sa fille.
Elle le trouve dans son logis, et, lui reprochant la cruauté dont
il avait usé envers elle, elle lui demande quel pouvoir il avait
eu de la battre.

Il répond par des injures; il la menace de la traiter de la
même sorte, et, s'échauffant de colère par les reproches que la
douleur et l'indignation tiraient de la bouche de cette mère et
de sa fille, il prit un bâton et les mit aussitôt en fuite. Il les
poursuit, il les frappe, et tout ce qu'elles purent faire dans
leur fuite et dans la résistance qui est naturelle aux plus
faibles créatures fut de lui jeter quelques pierres qu'elles ren-

---

[1] Cette réflexion est pleine de finesse, et un tuteur qui *s'explique en plusieurs coups* sur le dos de sa pupille est peint de ce seul trait.

contrèrent sur leur chemin. Mais il leur fit sentir ce que peut un homme contre une vieille femme et une jeune fille. Il ajouta de nouveaux outrages aux premiers, et, sans le peuple qui l'arrêta, il les eût portés jusqu'à un excès qui l'eût engagé dans une accusation criminelle et lui eût fait perdre plus que la tutelle de sa nièce. »

Le lendemain de ces outrages, la pupille rend sa plainte devant le lieutenant criminel d'Angoulême et demande permission d'informer des violences qu'elle a reçues. Le second jour, elle fait informer ; le troisième, elle obtient un décret de prise de corps ; le quatrième, elle fait interroger son agresseur ; le septième, elle est visitée pour la seconde fois. Les chirurgiens trouvent qu'elle était meurtrie en plusieurs endroits du corps, et elle fait condamner son tuteur à lui payer trente livres pour médicaments. On le voit, la guerre était allumée ; Saoül, pour se venger des trente livres qu'il vient de perdre, et n'osant pas cependant recourir de nouveau au bâton, présente, le 5 octobre, au lieutenant général, une requête pour empêcher le mariage de sa pupille avec Mallet. Le lieutenant général, qui ne protégeait pas beaucoup l'innocence et qui n'y regardait pas de très-près, « fit défense à la fille de contracter mariage, à la mère d'y consentir, à tous notaires de passer aucun contrat, à tous vicaires et curés de la marier. »

La mère alors se décide à marier sa fille ; malgré l'ordonnance, elle réunit un oncle, deux cousins germains, d'autres parents ; le 18 octobre, on signe le contrat, les bans sont publiés et le mariage a lieu.

C'est ce mariage que le tuteur vaincu veut faire annuler, essayant même de présenter l'amant heureux comme un ravisseur. Lemaistre lui répond :

« Je demeure d'accord que l'autorité d'un tuteur est grande, et que, quand l'intimé l'exagérera, ce sera inutilement. Car je reconnais que les lois le font succéder en partie au droit que les pères ont sur leurs enfants. — Mais je soutiens que, l'intimé ayant outragé sa nièce de la sorte qu'il est justifié par les informations, elle était dispensée d'attendre son consentement. — Quoi ! sera-t-il permis à un tuteur de donner des coups de bâton à sa pupille sans autre sujet, sinon qu'elle est recherchée par un homme qui ne lui plaît pas ?... C'est une injure très-odieuse de donner des coups de bâton à un homme ; n'est-ce pas une insigne cruauté d'outrager une femme de cette sorte (si Lemaistre avait connu les lois de Manou qui défendent de frapper une femme, même avec une fleur, c'était le cas de les citer), et une horrible brutalité d'exercer cette barbarie sur une fille de dix-huit ans ? Dieu a donné aux hommes la force de l'esprit et du corps pour défendre les femmes. C'est pour elles qu'ils veillent dans la paix et qu'ils combattent dans la guerre... Ils font un point d'honneur de les protéger ; ils vivent et meurent pour elles...

« Il n'y a point d'honneur à offenser celles à qui Dieu a donné pour partage la crainte et l'impuissance.

> « *Nullum memorabile nomen*
> « *Fœminea in pœna est.* »

« N'est-ce pas le comble de la cruauté que d'outrager non-seulement une femme, mais une fille, d'exercer sa fureur sur la plus faible des créatures ? C'est n'avoir ni tendresse ni courage ; c'est être sans cœur, c'est n'être pas homme... A-t-on ouï dire jusqu'à présent que des coups de bâton fussent des remontrances de tuteurs ?... Un tuteur qui donne des coups de bâton à sa pupille conserve-t-il sur elle l'autorité de tuteur ?... »

La question ainsi posée devait être résolue contre le tuteur, et elle le fut, le 22 novembre 1636, sur les conclusions de l'avocat général Omer Talon. Il n'est pas dit qu'à la perte de ce procès ce tuteur se soit arraché *un côté de cheveux*.

Ce personnage avait bien quelques droits à être mis en scène, moins cependant que l'oncle dont j'ai à parler, et que Lemaistre va poursuivre avec une rare vigueur et une éloquence plus soutenue que de coutume. Ce qui complète la physionomie de cet oncle et le distingue un peu des autres oncles de théâtre, c'est qu'il était conseiller au parlement de Bordeaux et siégeait peut-être à la place qu'avaient occupée la Boétie et Montaigne.

Dans les premiers jours du dix-septième siècle, vivait et se mariait, à Bordeaux, un sieur Desbarats, secrétaire du roi et quelque chose de plus, car il avait amassé, en utilisant son argent, une assez grosse fortune. Il avait cru se faire honneur en épousant la sœur d'un magistrat. Trente ans après son mariage, il avait quatre-vingts ans, et, en vieillissant, il n'avait pas cessé d'être avare. Ce vice, assez naturel aux hommes de finance, qui concentrent sur l'argent leur esprit et leur âme, augmente, en effet, avec l'âge. Térence, qui pensait beaucoup de bien des vieillards de son temps, est obligé d'en convenir ; il prétend, il est vrai, que c'est le seul vice qui gâte les vieillards :

« *Solum unum hoc vitium adfert senectus hominibus;*
Attentiores sumus ad rem omnes, quàm sat est[1]. »

Mais qu'importe que ce soit le seul ou qu'il y en ait d'autres? il est certain qu'en nous rapprochant du tombeau nous avons un désir plus exclusif et plus ardent de posséder et d'accroître ce que nous allons perdre. Dieu, qui parfois se joue de nos fai-

---

[1] Térence, les *Adelphes*, act. V, sc. III.

blesses pour nous instruire, permet à la vieillesse cette fausse
jouissance et ajoute ce supplice à la mort. Le sieur Desbarats
était un de ces avares qui payeraient cher le bonheur d'assister à l'inventaire de leur fortune acquise et de leurs trésors
entassés. — Il avait un fils imbécile et une fille qu'il ne mariait pas par avarice. — Son beau-frère, M. Thibault, le conseiller au Parlement, avait en partage un autre vice qui conve-
nait à son âge et qui resserrait l'alliance de ces deux personnes,
la cupidité. — Ce magistrat déploya, pour avoir la fortune de
son beau-frère, un zèle, une habileté, des façons d'agir, des
violences, des suggestions, qui durent affliger sa compagnie et
lui faire perdre, avec son procès, la véritable richesse du magistrat, l'estime d'autrui et la considération.

Il prépara longuement l'exhérédation de sa nièce, et, cares-
sant chaque jour le penchant favori du vieillard qu'il voulait
séduire, il parvint à étouffer sous l'avarice les plus doux sentiments de la nature. Il chercha et sut trouver un champ de bataille sur lequel le cœur du père et celui de la fille se rencon-
trèrent, sans qu'aucun d'eux voulût céder. La jeune fille aima
sans permission et voulut épouser un jeune gentilhomme qui
venait de faire la guerre sous le roi lui-même, devant Montauban, et sous l'un des plus grands capitaines du siècle, le maréchal de Schomberg, devant Casal. Il avait reçu, au siége de
Montauban, à côté de Lesdiguières, « un coup de pique dans
le corps qui l'avait percé de part en part. » Cette blessure, qui
paraissait, lui donnait ce prestige de la gloire qui fait battre le
cœur des hommes et qui commande à celui des femmes;
de plus il était jeune, et fils « de M. du Puy, conseiller au
parlement de Bordeaux, et de demoiselle Anne de Fayard,
sortie de la maison de Fayard, l'une des plus illustres de
Guyenne, arrière-petite-fille de messire Pierre de Fayard, grand
sénéchal et gouverneur de Périgord. » Ce M. du Puy était un

magistrat d'un rare mérite[1]. Le roi l'avait appelé, dans l'année 1624, à faire partie de la chambre de justice qui fut créée
après la disgrâce du marquis de la Vieuville. C'était une grande
distinction. Les chambres de justice étaient chargées de défaire
les fortunes faites ou obtenues dans les spéculations sur les valeurs publiques et d'appauvrir ceux qui s'étaient enrichis, non
par le travail, mais par l'usure et le jeu. Il y avait pour les
magistrats qui les composaient de grands devoirs à remplir; ils
réprimaient l'amour excessif des richesses et enlevaient à l'in-
délicatesse et à l'improbité financière leurs énormes bénéfices.
Ce n'était pas, soit dit en passant, une idée sans grandeur que
de briser, au nom de la justice, les idoles d'argent, et de décou-
rager, au nom du travail, ces lucratives et scandaleuses indus-
tries. La vieille monarchie nous a donné sur ce point, comme
sur beaucoup d'autres, des leçons à suivre et des exemples que
nous ne ferions peut-être pas mal d'imiter. M. du Puy accrut
sa renommée dans l'exercice de ces nouvelles fonctions, que la
confiance du roi lui avait accordées, et fut nommé ensuite conseiller d'État ordinaire. Il y avait très-loin de ce magistrat
érudit et intègre à M. Thibault, dont le père avait acheté à vil
prix une charge de conseiller au parlement de Bordeaux ; à
M. Desbarats, receveur du taillon, sorti de très-bas lieu et enrichi dans les perceptions de deniers. Aussi, quand le jeune capitaine, qui avait servi dans la Valteline sous le duc de Rohan,
parcouru l'Europe en artiste et en soldat, et qui était depuis
peu rentré à Bordeaux, demanda au sieur Desbarats la main
de sa fille, celui-ci agréa d'abord sa recherche; « il le pria plusieurs fois de venir manger chez lui et lui donna même connaissance de plusieurs de ses affaires (ce qui était, de la part d'un
avare, une grande marque de confiance); de sorte que le ma-

---

[1] Il fut, avec M. de Thou, le seul magistrat qui alla visiter la reine Chris-
tine, au mois d'août 1656.

riage eût été conclu en peu de jours, si M. Thibault, qui appréhendait un gendre dans cette maison et qui avait usurpé un empire absolu sur l'esprit du sieur Desbarats, ne l'eût porté à le rompre. »

Mais on avait affaire à une fille majeure, amoureuse et résolue, qui voyait bien le piége et les projets de son oncle, qui n'avait nulle envie d'être religieuse pour obliger et enrichir ce collatéral. Elle quitta le logis de son père le 12 juillet, et le 13 elle présenta requête au parlement de Bordeaux pour « être séquestrée en une maison d'honneur. » Sous le nom et par l'autorité de son père, M. Thibault fit ordonner par arrêt qu'elle serait séquestrée chez lui; elle déclara alors, tant cet oncle lui était odieux, qu'*elle aimait mieux être mise dans les basses fosses de la conciergerie du palais que dans sa maison.* Le Parlement revint sur son premier arrêt, que le conseiller avait sans doute surpris, envoya la plaideuse dans un monastère, et à la fin lui permit de se marier.

Huit mois après ce mariage, contracté par autorité de justice, en mars 1633, le sieur Desbarats, âgé de quatre-vingt-quatre ans, tomba fort malade. Son beau-frère, qui n'avait plus à craindre la présence de sa fille, « résolut, sous prétexte de l'assister, de s'emparer de sa personne et de son logis. » Cependant, la maladie ayant fait des progrès, et le vieillard se sentant mourir, « il fut agité des mouvements de sa conscience, qui lui reprochait l'injustice dont il avait usé envers sa fille, par les persuasions de Thibault. Il voulut se réconcilier avec elle. Il l'envoya querir à Beaurec, où elle demeurait alors. Elle vient le trouver le dixième du mois de mars, n'étant pas moins touchée de douleur par la nouvelle de sa maladie que de joie par celle de sa future réconciliation. Elle arrive dans son logis seule, à deux heures après-midi. » C'est Lemaistre qui va dépeindre cet heureux combat de l'amour d'un père et du respect d'une fille.

« Le sang, qui s'était refroidi dans les veines du sieur Desbarats, commence à reprendre ses premières ardeurs. Sa conscience lui représente qu'il avait été injuste, son cœur le fait ressouvenir qu'il est père. Sa fille entre dans sa chambre; elle demeure tout interdite; elle ne lui parle que par sa présence, par ses soumissions et par ses larmes; la nature parle pour elle; elle remue les entrailles de l'un et de l'autre et agit si puissamment sur tous deux, que la fille usa pour se faire entendre de la voix des filles, qui est le silence, et que ce père, pour l'écouter, se servit de l'oreille des pères, qui est le cœur. D'abord il demeura muet aussi bien qu'elle. Il jouit ensuite du contentement que Tertullien appelle la consolation d'une amitié sainte. Il la baisa plusieurs fois, il la caressa, il l'embrassa, et, sortant de ce transport, il lui dit *qu'il lui demandait pardon de l'avoir si maltraitée et qu'il la priait de l'assister dans sa maladie.* La satisfaction qu'elle eut de revoir son père, le ressentiment de ses caresses, la révérence que lui imprimait son autorité, mais surtout la compassion que lui donnait l'excès de son mal, agirent si fortement sur toutes les parties de son corps, qu'à l'heure même elle tomba évanouie. Son père commanda aussitôt qu'on la mît sur un lit dans une chambre qui était proche, où elle demeura trois heures sans avoir presque aucune marque de vie. »

Pendant que ces choses se passaient, le conseiller était au Palais. Un ecclésiastique, nommé Dumont, ancien précepteur de Martial Desbarats, l'imbécile, va le prévenir, sans doute par charité. « Il quitte aussitôt l'exercice de sa charge, il accourt en la maison de son beau-frère, prévoyant que cette réconciliation changerait entièrement son esprit. Et lui, qui venait d'être juge, qui, en cette qualité, devait punir les violences, conserver le bien aux légitimes héritiers, procurer l'union des pères et des enfants, et maintenir l'ordre dans les familles, il vient faire violence à la nature. » Il s'imagine déjà toutes sés espérances mortes, et il s'afflige d'être sur le point de perdre son procès. Il juge d'abord que la moindre des larmes d'une fille aura effacé toutes ses impressions, et que, si elle est là, il ne pourra se faire faire un testament. (C'est au testament qu'il en veut venir.) « Il résout de la chasser de la maison à quelque prix que ce puisse être, espérant tout lorsqu'elle sera dehors. *Spes addita suscitat iras;* il arrive plein de colère; il a l'avarice dans le cœur, le feu dans les yeux, les menaces dans la bouche. Il rencontre sa nièce dans une chambre où étaient sa femme, ses deux frères, un de ses serviteurs. Il lui demande de quelle autorité elle était en ce logis, et lui déclare en même temps qu'il fallait qu'elle en sortît de gré ou de force, et ajoute qu'elle n'était venue voir son père que pour le faire mourir. Elle a recours aux larmes, et M. Thibault commande à un valet de chambre et à un autre de ses serviteurs de la faire sortir promptement; elle crie, elle résiste, elle pleure. Lui-même, accompagné du sieur Thibault de Roques, son frère, voyant que ses valets la traitaient trop doucement, la pousse hors de la chambre et la traîne dans la cour. Il s'anime par sa résistance, il lui donne un soufflet qui la fait saigner du nez; son frère lui donne des coups de pied, et tous deux ensemble la mettent dehors et la laissent dans la rue, où elle demeure plus de trois heures. Tout éplorée, toute meurtrie, tout échevelée, le visage plein de sang, portant sur ses habits et sur son corps les marques des outrages qu'elle avait reçus, elle crie que c'est M. Thibault, son oncle, qui l'a réduite en cet état, qu'il voulait emporter l'argent de son père et lui faire faire un testament. Le peuple s'assemble à ce funeste spectacle. Tout le monde a compassion d'une fille que l'on chasse avec tant d'ignominie de la maison de son père. On condamne la violence de l'oncle. On s'étonne que des personnes de condition soient si injustes

et si inhumaines, que des alliés chassent l'héritière naturelle,
que des hommes battent une femme et des oncles une nièce...
Tout le peuple a pitié d'elle et personne ne l'ose assister. L'action de l'agresseur donne de l'horreur, mais sa dignité de conseiller de la Grand'Chambre donne de la crainte. Les étrangers
appréhendent la colère d'un homme qui traite sa nièce si indignement, et jugent dès lors que son dessein était de ravir cette
grande succession.

> « *Jam multi crudele canebant*
> « *Artificis scelus, et taciti ventura videbant.*»

L'heure du testament approche en effet. Pendant que sa
nièce « était dans cet état déplorable au devant de la maison
de son père, » le conseiller ferme la porte à deux religieux
Récollets qui viennent pour assister et consoler le malade. Desbarats « était à l'agonie et avait reçu Notre-Seigneur le matin. »
Mais son beau-frère se souciait peu du salut de son âme et ne
voulait pas que la religion vînt prendre une volonté dont il
avait encore besoin pour quelques heures.

Un incident toutefois faillit renverser ses projets et arrêter
le testament. Dès le lendemain de cette scène, la dame du Puy
avait présenté requête au parlement de Bordeaux pour avoir
permission d'informer des violences qu'elle avait subies et
d'entrer librement dans la maison de son père. Elle donna
cette requête à un conseiller nommé M. de Briet; mais ce magistrat eut la faiblesse et l'indignité de garder cette pièce pendant plusieurs jours pour plaire à son collègue et favoriser ses
desseins.

Lemaistre, à ce sujet, dans une phrase qui mérite bien le
reproche que Voltaire faisait aux jansénistes, d'avoir la phrase
longue, mais qui n'en est pas moins très-éloquente et très-belle,
flétrit cet abus de pouvoir, cette injuste conduite : « De voir

que son seul crédit (de M. Thibault) impose silence aux lois vivantes; qu'il fasse que les juges n'aient point de voix contre lui; qu'une violence, commise aux yeux du soleil et à la vue de tout Bordeaux, soit étouffée dans l'obscurité; qu'une fille, chassée avec outrage de la maison de son père, n'y puisse rentrer par l'autorité de la justice; qu'elle ne puisse empêcher qu'on lui vole son bien par un testament; qu'une sujette du roi soit esclave d'un de ses sujets; qu'une fille soit traitée comme ennemie et une Française comme étrangère, c'est ce qui est insupportable dans un royaume où la justice conserve la liberté et où les Parlements ne sont établis que pour empêcher que les riches n'usurpent le bien des pauvres et que les puissants ne tyrannisent les faibles ! »

Néanmoins, M. Thibault, maître de la place, « établit garnison » chez son beau-frère; « il y fait venir sa femme, ses deux frères, ses valets et les leurs, et même le prieur des écoliers, avec dix ou douze de ses compagnons. Il fait mettre des pierres sur les fenêtres et sur les montées. Il fait garder la porte comme d'une citadelle. On n'entre que par son ordre et par son commandement. Il s'enferme le 13 avec Fautoux, son clerc, qui est celui à qui le testament a été dicté. Il le compose comme il lui plaît, sur le modèle de deux autres du sieur Desbarats. Il s'y institue exécuteur. Il s'y établit curateur de Martial Desbarats furieux, lequel il institue héritier universel, et lui substitue son fils aîné de lui, M. Thibault, et ses descendants, son second fils et ses descendants, et ainsi tous ses autres parents jusqu'à l'infini. Il lègue encore trois mille livres au sieur Thibault de Roques, son frère, celui qui lui a aidé à battre sa nièce. Quant à celle-ci, il la traite le plus injurieusement qu'une fille puisse être traitée, et, sous des paroles de douceur et en l'instituant héritière, il lui ôte tout ce qu'il lui peut ôter. Il la déshérite en partie non-seulement sur la succession de son père, mais encore sur celle de sa mère, qui était échue auparavant. Il fait venir un notaire qu'il avait gagné et des témoins qui étaient à lui. Il fait ensuite signer ce testament au sieur Desbarats, si c'est lui qui l'a signé; car il était dans la langueur d'esprit et de corps que causent les approches de la mort, qui l'emporta vingt-quatre heures après Ce testament était du 13, et lui était mort dans la nuit du 14. Le lendemain, 14, il s'avise d'un artifice assez grossier pour couvrir sa violence. Il fait faire un codicille et présente une requête sous le nom du sieur Desbarats au lieutenant particulier. Le sieur Desbarats meurt dix heures après, et le lendemain, 15, M. Thibault fait procéder à l'ouverture de son propre testament. »

Cette scène est bien la matière du *Légataire;* c'est à la suite que le procès s'engage et que la dame du Puy obtient l'évocation de l'affaire au parlement de Paris. Chose étrange, son mari a refusé de lui donner l'autorisation sans laquelle elle ne peut plaider, et c'est elle seule qui, confiante en la justice et sûre du talent de son avocat, réclame l'héritage de son père, démasque M. Thibault et fait annuler le testament qui la dépouille. Lemaistre brise en effet ce titre frauduleux en disant : « Notre adversaire produit un testament écrit par son clerc, où les sept témoins sont un nommé Rolle, son procureur (presque Rollet), Poyet, son chirurgien, et cinq de ses valets et de ses frères, auxquels il donne la qualité de praticiens. Outre cela, par ce testament il se rend maître d'une succession de plus de cent cinquante mille écus. Il fait substituer ses propres enfants à notre frère insensé, lequel il institue, pour cet effet, héritier universel. Il s'en établit curateur. Son frère, le sieur Thibault de Roques, le doit être encore après lui. Il ne s'est pas contenté de tout cela : il s'est fait encore exécuteur; et il ne veut pas qu'on croie qu'il a composé et suggéré ce testament!

« Représentez-vous le feu sieur Desbarats gémissant sous le
faix de quatre-vingt-quatre années et affaibli par une violente
maladie qui l'attache au lit de mort. Comment peut-il résister
à tous les artifices dont on l'éblouit, à tous les mensonges dont
on le trompe, à toutes les craintes dont on le trouble, à toutes
les menaces dont on l'ébranle? Il est en un état auquel il ne
peut plus que souffrir. Il est à la merci de l'intimé. Il n'écoute
que ses paroles. Il ne voit que les objets qu'il lui montre, et il
ne lui représente sa fille absente que comme un objet odieux.

« *Ille asper et improbus irâ*
« *Sævit in absentem.* »

« Un pauvre homme qui est réduit à cet état si funeste, dans
lequel il sent que toute la nature l'abandonne, qui n'a plus rien
à faire au monde que d'en sortir, et qui, à tous moments, a besoin de l'aide d'autrui pour conserver ce qui lui reste de vie,
peut-il soutenir les efforts d'une persécution continuelle? Qui
donc a pu empêcher notre partie adverse de dicter ce testament
à son clerc qui l'a écrit? N'était-il pas absolu dans cette maison? S'y est-il enfermé sans sujet durant cinq jours? Quelle
autre liberté est demeurée au feu sieur Desbarats, sinon celle
de mourir? Pouvait-il empêcher M. Thibault de faire ce
testament le 13, lui qui sentait déjà le froid de la mort et la
langueur de l'agonie? Car il mourut le lendemain, 14, et
comme meurt un vieillard de quatre-vingt-quatre ans, ayant
été les deux derniers jours de sa maladie aussi insensible dans
son lit que dans son sépulcre.

« Considérez s'il eût attendu si tard à faire son testament,
ayant été huit jours malade... si, étant en cet état, il aurait pu
dicter au clerc Fautoux un testament qui a plus de dix-huit
pages, qui contient diverses dispositions et conçues en termes

qui paraissent avoir été concertés, et non pas d'un homme
mourant.

« Qui ne voit qu'on l'a fait parler dans ce testament lorsqu'il n'avait plus de voix et presque même de vie? Qui ne voit
que c'est le testament de M. Thibault, et non celui du feu sieur
Desbarats?... Oui, mais, dira-t-on peut-être... on ne doit pas
croire qu'un homme de sa vertu et de sa qualité ait voulu commettre une supposition de cette importance. » Ici Lemaistre se
recueille pour frapper comme il convient, d'une main à la fois
ferme et légère, un conseiller en la Grand'Chambre du parlement de Bordeaux, et il dit : « Je ne veux point parler des
mœurs de ma partie adverse. La dignité de son caractère me
rend sa personne vénérable, et d'ailleurs vous avez pu juger,
par la chaleur de ses sollicitations, s'il est équitable ou injuste,
doux ou violent, peu sensible pour le bien ou très-passionné
pour ses intérêts. Vous avez pu juger et vous avez déjà préjugé,
par votre arrêt touchant la réintégrande, qu'il aura fait peu de
scrupule de gagner cinquante mille écus en écrivant un testament... Vous avez reconnu que la dignité qu'il possède ne
change pas son naturel, mais ne fait qu'augmenter ses désirs;
qu'ayant beaucoup d'ambition et peu de bien, il a voulu s'enrichir tout d'un coup par ce testament, satisfaire à deux passions qui le dominent, et relever sa famille aux dépens de celle
du sieur Desbarats... Vous voyez donc bien que les violences
dont il a usé et que le profit qu'il tire de ce testament justifient
qu'il a pu et qu'il a bien voulu le faire... Quant aux legs pieux
qu'il a faits pour adoucir sa violence, je ne pense pas qu'ils
puissent éblouir votre justice. »

Lemaistre défend ensuite sa cliente, justifie son mariage,
et, arrivant à la réconciliation entre le père et la fille, dont il
a déjà donné une si touchante peinture, il dit les plus belles
et les plus grandes choses : « Comment se peut-il faire qu'a-

près une si parfaite réconciliation, sa fille n'ayant fait autre chose que souffrir la violence de notre partie adverse, qui la chasse du logis; comment se peut-il faire, dis-je, que ce même père l'ait traitée trois jours après le plus injurieusement qu'il est possible? que, du même esprit dont il l'avait envoyée querir pour lui demander pardon et lui avait témoigné tant de bienveillance, il l'ait traitée comme la fille du monde la plus coupable et la plus digne de colère? Y a-t-il de l'apparence que ce père, qui a été touché des sentiments de la conscience cinq jours avant que de mourir, ne l'ait plus été lorsqu'il s'est vu dans les apprêts de l'agonie et à vingt-quatre heures près de sa mort? La crainte augmente toujours à proportion que notre vie diminue... On veut qu'ayant eu les sentiments d'un homme juste, d'un père et d'un chrétien, il les ait perdus en un temps où ceux qui les ont perdus les recouvrent, en un temps où l'on condamne ses moindres fautes, où l'on se dépouille des passions, où les hommes deviennent meilleurs, où l'on passe des *images aux vérités*, où l'on a plus de douceur que durant tout le reste de la vie, comme le soleil est plus doux lorsqu'il se couche :

« *Ut esse Phœbi dulcius lumen solet,*
« *Jam jàm cadentis.* »

« L'intimé fait dire enfin à ce père que, pour avoir pardonné à sa fille, il ne s'est pas voulu priver de la liberté que la loi et la coutume de Paris lui donnent. — Mais tant s'en faut qu'il ait pardonné à sa fille, qu'au contraire c'est lui qui a demandé pardon.

« *Det ille veniam facile, cui veniâ est opus.* »

« Ce n'est pas sa fille qui s'est réconciliée avec lui, mais c'est lui qui s'est réconcilié avec elle. Ce n'est pas elle qui l'est allée chercher, parce qu'elle était innocente; mais c'est lui qui l'a envoyé querir parce qu'il était coupable... Ne faudrait-il pas qu'un père eût dépouillé toute l'humanité naturelle pour haïr encore sa fille après l'avoir vue tomber en faiblesse par l'excès de l'amour qu'elle lui porte? — Rien ne gagne tant notre affection que l'affection qu'on a pour nous. — La patience fléchit la colère, l'humilité dompte l'orgueil, et la chaleur de l'amitié triomphe de la froideur de la haine. On cesse d'être opiniâtre à maltraiter une personne qui est opiniâtre à nous aimer malgré nos mauvais traitements. On cesse de persécuter quand on reçoit des bénédictions de ceux qu'on persécute... Aurait-il eu le courage de la réduire à la légitime, à la position des filles coupables et peu affectionnées envers leurs pères, elle qui était si innocente et qui lui avait témoigné par cet évanouissement qu'elle l'aimait avec tant de passion? La vue d'un spectacle si pitoyable n'aurait-elle pas touché vivement les yeux d'un père, qui sont si doux, et ceux d'un malade, qui sont si tendres? Est-il possible que l'affection de sang qui causait cette faiblesse en la fille n'eût point causé de pitié et de bienveillance dans le père?... N'est-il pas plus vraisemblable que l'intimé ait été injuste, que non pas que ce père ait été barbare? Que l'intimé ait suivi la passion si naturelle du gain et de l'intérêt, que non pas que ce père ait violé tous les sentiments de la raison et de la nature?

« Se peut-il faire que le sieur Desbarats, après ces caresses et ces baisers, eût dit encore à sa fille des injures par son testament? qu'il eût déclaré qu'il *avait tous les sujets du monde de la déshériter?* qu'il l'eût accusée, comme on le fait en son nom, de lui *avoir dérobé des bagues* que sa mère lui avait données il y avait plus de dix ans, et qu'il l'eût enfin réduite à la légitime? Est-ce là l'effet d'une si parfaite réconciliation? Le cœur d'un père aurait-il été capable de mouvements si contraires?... Tant s'en faut que l'animosité demeure après qu'un père s'est réconcilié avec sa fille, avec des frères et d'autres parents ensemble, qu'au contraire l'affection est plus grande qu'elle n'était auparavant, comme le soleil est plus chaud après qu'une nuée a retenu ses rayons. — L'esprit étant guéri de fausses impressions et la colère étant passée, l'amitié s'augmente, comme le corps étant guéri d'une maladie et les mauvaises humeurs étant dissipées, la santé devient plus ferme! »

Il paraît cependant que M. Thibault s'était défendu avec une grande habileté; Lemaistre le constate, et en profite pour adresser à ses juges une heureuse flatterie :

« Qu'y a-t-il, messieurs, qui soit plus ennemi de votre justice que ces raffinements, ces souplesses et ces chefs-d'œuvre de l'injustice? Plus vous voyez qu'on a cherché de déguisements pour couvrir le dessein qu'on a eu de ravir le bien d'autrui, plus vous portez le jour dans cette obscurité affectée. — Vous ne vous arrêtez point aux apparences extérieures et spécieuses qu'on vous présente; vous percez jusque dans le fond de l'intention.

« Quand les Égyptiens voulurent perdre, non brutalement, mais finement, le peuple de Dieu; quand ils dirent entre eux : *Opprimons les avec adresse*, ce fut alors que la Sagesse divine entreprit plus hautement de confondre leur malignité... C'est là, messieurs, le modèle de votre conduite. C'est en ce point que vous agissez comme ses images et ses ministres. Vous ne faites jamais éclater davantage votre prudence que dans la dissipation des conseils et la destruction des ouvrages qu'a produits l'esprit de malice et de fourberie. Vous ne veillez jamais avec plus de soin que quand les méchants vous veulent endormir avec plus d'adresse. Vous ne vous montrez jamais plus sages que lorsqu'ils se montrent plus fins et plus artificieux. Vous ne paraissez jamais plus éclairés d'une lumière extraordinaire que lorsqu'on s'efforce le plus de vous surprendre comme le commun des hommes, et on n'éprouve jamais davantage que votre justice est un rayon de la justice divine que lorsqu'on expose à votre jugement une malice humaine ! »

L'avocat renverse ensuite la substitution contenue dans le testament et termine ainsi :

« Vous avez déjà préjugé sa condamnation (de M. Thibault) par votre premier arrêt touchant la réintégrande. Achevez, messieurs, ce que vous avez si justement commencé. Faites-lui connaître que sa charge, qui doit rendre ses actions plus régulières, rend ses injustices plus odieuses; qu'il lui a été plus aisé de commettre des violences à Bordeaux que de les défendre dans la Grand'Chambre du parlement de Paris, et que les raisons et les plaintes d'une fille qui veut conserver son bien touchent davantage votre justice que les déguisements et les injures d'un homme qui veut ravir toute une succession ! »

La cour acheva en effet son ouvrage, et, après avoir consacré trois audiences, celles des 26 mars, 19 et 20 avril 1635, à la discussion de cette grave affaire, elle entendit les conclusions de M. l'avocat général Bignon et annula le testament comme suggéré. M. Thibault était à l'audience, et assista à la perte de son testament et de son honneur.

CHAPITRE XVIII

Le procès de Marie Cognot désavouée par son père, médecin de la reine Marguerite. — Lemaistre plaide contre Claude Gaultier, surnommé la *Gueule*. — Une pièce tragi-comique propre à être représentée sur un théâtre et aux flambeaux. — Le langage et les jeux de mots de Gaultier. — Cognot, médecin des Incurables. — Sa fille est ramenée de Fontenay-le-Comte à Paris dans une hotte. — Une fille légitime déguisée en servante. — Un parti de conscience se forme pour Marie Cognot. — Le bailli de Saint-Germain vole quand il s'agit de poser les scellés. — Le commencement du plaidoyer de Lemaistre. — Les vieux maris et la jalousie. — Un beau passage de Gaultier sur les affections. — Procès des héritiers du lieutenant général Pitart contre la dame de Nery, réclamant un domaine. — Lemaistre et Gaultier encore en présence. — La dot de la dame de Nery est comme celle de Marianne. — Le naufrage de sa fortune et de ses mœurs. — Le douaire. — La virginité. — La loi du 17 nivôse an II. — Les artifices de la célèbre madame de Nery pour épouser le vieux général Pitart. — L'arrêt de Royer.

Je veux encore citer quelques fragments de deux plaidoyers, et j'arriverai ensuite à « cette cause publique et d'État, » comme l'appelle Lemaistre lui-même, et dans laquelle l'avocat se fit historien, orateur et politique. — Des plaidoyers de Lemaistre, celui qui a reçu le plus d'éloges, sans doute parce que c'était le seul que les louangeurs eussent lu, est celui qu'il prononça, dans l'année 1632, pour Marie Cognot, désavouée par son père et par sa mère. Cette cause offre d'ailleurs un intérêt qui explique et qui excuse la partialité des lecteurs; elle dut avoir en son temps un grand retentissement et occuper beaucoup l'attention publique. Il s'agissait de faire entrer dans la famille d'un médecin célèbre « qui avait soigné la reine Marguerite » une fille qu'il avait repoussée de son vivant et que sa veuve repoussait après lui. J'ai lu plus d'une fois le plaidoyer de Lemaistre et celui de Gaultier, qu'il eut en cette occasion pour adversaire; ces deux avocats étaient alors les plus éloquents du barreau, et je n'hésite pas à dire que ni l'un ni l'autre ne s'éleva à la hauteur d'une cause si dramatique. Gaultier fut, suivant son usage, peut-être encore plus que de coutume, violent sans éclat, rhéteur sans goût, orateur sans réserve. — Ce n'est pas l'imagination qui lui manque; il a étudié le cœur humain, et il tire de cette étude des effets assez brillants et des mouvements assez justes; mais dans l'expression il est sans mesure, comme dans le débit. Il appelle Marie Cognot, qui recherche son père et qui le retrouve, puisqu'elle gagne son procès, *une perdue*, bien que ce soit une très-honnête femme. Il reproche à son adversaire d'avoir joué devant les juges *une pièce tragi-comique propre à être représentée sur un théâtre et aux flambeaux*. Le témoin qui le gêne le plus est une femme *Fremont*, qui a reçu l'enfant pour le nourrir et qui a reconnu dans le médecin Cognot l'homme qui le lui avait confié, en 1602, « en lui remettant de la serge verte et en lui promettant quatre livres par mois. » Cette femme, mariée à un serrurier du faubourg Saint-Marceau, a un petit emploi au couvent des Cordeliers. — Gaultier dit d'elle avec un esprit plus *subtil* que celui de Lemaistre : « Cette tourière, plus fameuse par les tours de souplesse de son esprit fourbe et malicieux que par le tour de son monastère. » Il abaisse encore son style habituel pour l'appeler « la tourière et la courrière du mensonge, qui le loge où il lui plaît, qui fait courir partout le paquet de cette agréable nouveauté. » Il y a dans le plaidoyer de Gaultier

beaucoup d'élan, une grande ardeur, quelques idées ingénieuses, mais on n'y trouve guère qu'un beau passage. Avant
de le citer, il importe de résumer cette cause si singulière et
si émouvante. Joachin Cognot était, dès la fin du seizième siècle, un médecin habile et connu; il avait, comme je l'ai dit,
été le médecin ordinaire de la reine Marguerite, mais il avait
agrandi sa renommée « en donnant ses soins à des malades
infectés de ce venin dangereux que la sale volupté fait goûter
à longs traits dans ces lieux diffamés, *ubi scrotum pro scuto
accubat, ubi damnis desudascitur;* » en quoi faisant, il était devenu et il avait mérité d'être, comme le dit encore son avocat,
appelé le médecin des *Incurables.* Je crois même qu'il avait un
secret merveilleux pour combattre ce mal, que le ciel avait
depuis longtemps inventé pour punir les plaisirs de la terre.
— Marié en 1590, ce docte personnage eut une lune de miel
qui dura sept ans. En 1597 il laissa sa femme et son fils à
Bar-sur-Seine, et alla demeurer seul à Fontenay-le-Comte, en
Poitou. Sa femme l'y rejoignit, et y accoucha, le 24 juillet 1599,
de Marie Cognot; mais il conçut des doutes sur sa paternité,
et se promit d'éloigner de sa maison un enfant qui pouvait être
l'image de son déshonneur. Il le confia à une paysanne, nommée Judith Maurisset, qui demeurait aux Loges, dans un faubourg de Fontenay; puis il revint à Paris. Trois ans plus tard,
il l'y fit reprendre par un homme qui apporta cette petite fille
à Paris, dans une hotte. Cognot et son messager allèrent alors
du faubourg Saint-Germain au faubourg Saint-Marceau, et dé-
posèrent, rue de l'Ourcine, entre les mains de la tourière
Françoise Frémont, l'enfant auquel ce père soupçonneux et
jaloux ne voulait ouvrir ni sa maison ni son cœur; ils ajoutè-
rent encore au mystère de cette remise par la recommandation
qu'ils firent à la tourière « de se contenter de savoir que l'enfant s'appelait Marie, qu'elle avait trois ans, et de ne pas s'en-

quérir de son surnom. » Au bout de dix ou onze mois, la dame
Cognot, n'y pouvant tenir plus longtemps, se présente chez la
femme Frémont et lui demande si ce n'est pas à elle qu'on a
confié une petite fille. A cette question et au ton qui l'anime,
celle qui doit y répondre juge qu'elle a devant elle une mère
qui se cache, et lui dit : « Ne seriez-vous pas bien la mère de
cette enfant? — La dame répond que ce n'est pas elle, *mais
aussitôt les larmes lui vinrent aux yeux.* » Mais cette imprudence ne se renouvela plus, et le cœur de la mère se
referma pour longtemps. Vainement Dieu lui reprit un fils
qu'il lui avait donné, et sur lequel son mari ainsi qu'elle avait
concentré toute sa tendresse. Elle laissa dans le mystère,
l'isolement et la pauvreté, la fille dont la vue l'avait fait
pleurer. Quatorze ans s'écoulèrent ainsi, et alors seulement
« Dieu, qui voulait porter un jour toute cette histoire à la face
de la justice, permit que la femme Frémont, étant chez un
nommé Nicolas Blondel, maître vannier, et s'entretenant avec
la femme de ce vannier sur le pas de la porte, vît passer près
d'elle le sieur Cognot, en habit de médecin, vêtu d'un long
manteau, qui passait. » Elle le reconnut pour celui qui, dans
l'année 1602, lui avait confié Marie; elle sut qu'il demeurait à
l'enseigne du *Cardinal* et qu'il était médecin de la Charité; le
soir même elle l'envoya chercher pour qu'il vînt voir une
Cordelière religieuse de Saint-Marceau qui était malade; il y
vint en effet, et, en le conduisant hors du monastère, la femme
Frémont, convaincue qu'elle parlait au père de Marie, lui dit :
« Monsieur, vous m'avez donné une fille à nourrir il y a treize
ou quatorze ans; qu'en désirez-vous faire? vous plaît-il pas la
reprendre en me payant la nourriture? » Devant une reconnaissance si formelle, Cognot n'osa pas nier; ayant su que cette
petite fille était chez un nommé Noblin, maître écrivain près
des Grands degrés de la Tournelle, « il prit un mémoire de

l'endroit, » et l'alla voir par deux fois. Mais, sûre de son fait, la nourrice l'assigna devant la justice pour le faire condamner à payer, pour le passé et pour l'avenir, les aliments de la petite fille qu'il lui avait confiée. Alors, dans l'espoir d'éviter le scandale, Cognot fit, le 15 juin 1617, avec la femme Frémont une transaction, d'après laquelle il s'obligeait à donner quatre cents livres et en payait le quart immédiatement. — Puis les époux Cognot prirent chez eux, à titre de servante, cette jeune fille, qui leur était bien plus; aussi la traitèrent-ils autrement qu'une servante : la mère laissa éclater sa tendresse et lui donna tout dans la maison, hors le nom de sa fille; elle laissa croire au moins qu'elle était sa mère. — Ces trois personnes vécurent ensemble jusqu'en 1625; à cette époque, le médecin Cognot mourut, âgé de quatre-vingt-six ans; au lieu de reconnaître dans son testament l'enfant qu'un si long mystère avait environnée, il l'appela sa *servante*, lui donna le nom de *Marie Croissant*, et lui légua *six cents livres* pour ses bons services; au lieu de la regarder avec les yeux d'un père, il l'avait, à ce moment, regardée avec les yeux d'un mari jaloux. Mais, quelque temps après sa mort, il se passa entre la mère et la fille une de ces scènes fréquentes au théâtre, et qui arrivent aussi dans la réalité. Marie Cognot, feuilletant avec sa mère les papiers du défunt, y découvrit une lettre datée de Bar-sur-Seine, écrite en 1601, et dans laquelle celle-ci disait à son mari, alors à Fontenay : « Je vous recommande nos enfants; ayez bien soin de notre petite *Marie*, voyez-la souvent; je lui fais des mouchoirs et des tabliers. » — Après quelque hésitation, « soit par un effet de la nature, soit qu'elle considérât qu'elles étaient toutes seules, la mère lui reconnut qu'elle était véritablement sa fille, lui découvrit la cause de ses malheurs, lui prit cette lettre et lui dit : *qu'ayant été longtemps sans la reconnaître pour sa fille, elle était obligée pour son honneur de la dés-*

avouer; qu'un religieux de l'ordre de Saint-François, à qui elle avait fait une confession générale au grand jubilé de 1625, lui avait dit qu'elle la pouvait désavouer devant le monde, et que néanmoins elle était obligée, en conscience, de l'assister comme sa fille et de lui laisser tout son bien en mourant. »

Mais bientôt la veuve se remaria; son affection passa aux enfants de son second mari; sa fille la conjura plusieurs fois de reconnaître en public ce qu'elle lui avait dit en particulier; elle ne put l'obtenir; « elle se mit en tous les devoirs imaginables; elle s'efforça d'amollir la dureté de sa mère par ses larmes. » L'honneur, plus fort que la nature, lui résista obstinément, et elle fut obligée de demander à la justice le titre qui lui était refusé.

Cette cause agita l'opinion et devint presque le sujet de querelles religieuses; Gaultier pourra se plaindre qu'on ait formé contre sa cliente, au profit de Marie Cognot, « un parti de conscience. » Le premier juge saisi de l'affaire, le bailli de Saint-Germain, se prononce avec ardeur pour l'enfant méconnu, Gaultier le lui reproche en termes amers et violents, avec une liberté de langage qui secoue tout respect et toute retenue.

« On a vu, dit-il, avec scandale un juge se transporter dans notre maison, informer, discuter, interroger, sceller et mettre garnison. Tout le monde sait que le bailli de Saint-Germain, quand il s'agit d'apposer un scellé, n'y court pas seulement, mais y vole; sa procédure violente a été un torrent impétueux, que rien n'a pu arrêter; notre appel a été un remède inutile, et votre autorité, par un arrêt de défenses, a été impuissante et n'a pu l'empêcher de rendre une sentence également ridicule et injuste… »

Le Parlement hésita beaucoup et partagea l'émotion publique; après les plaidoiries, Lemaistre faillit perdre son procès; vingt-huit conseillers se décidèrent contre lui, et la cause

ne fut appointée que par la volonté de quatre magistrats irré-
solus. M. l'avocat général Bignon étant tombé malade, l'arrêt
fut longtemps retardé, et Marie Cognot ne triompha définitivement qu'en 1638, par treize voix contre cinq.

Le plaidoyer de Lemaistre est complet et péremptoire; mais
il n'a d'éclat qu'au début, et je n'en citerai que cette partie.

« Messieurs, dit-il, si l'affection que Dieu et la nature inspirent aux pères et aux mères pour leurs enfants est si raisonnable et si violente, il est difficile de n'être point étonné en
cette cause, voyant une mère qui ne se dépouille pas seulement
de l'amour de mère, mais qui en rejette encore la qualité; qui,
désavouant sa fille, tâche de lui ravir la naissance qu'elle lui a
donnée et que Dieu même ne lui peut ôter; qui l'expose, non
comme les autres mères, dans l'obscurité de la nuit, mais à la
face de la justice, et qui s'est tellement confirmée dans le dessein de cette action, que son sang demeure muet, ses entrailles
ne sont point émues, son cœur est insensible à la pitié.

« Mais j'espère, messieurs, que, si cette injustice de l'appelante vous donne de l'étonnement, les effets presque miracu-
leux de la Providence divine en faveur de ma partie ne vous
donneront pas moins d'admiration... Dieu l'a ramenée par des
rencontres prodigieuses dans la maison de son père et de sa
mère. Il a fait sortir la vérité de la bouche du mensonge même
par un contrat authentique. Il a convaincu l'appelante par ses
sentiments, par ses paroles, par ses actions. Il a gravé sur le
visage de l'intimée les marques de sa naissance, et enfin, pour
le dernier accomplissement de tant d'effets extraordinaires, il
vous présente aujourd'hui cette fille abandonnée, il vous
exhorte à finir une si longue misère, à faire cesser une persécution qu'elle souffre depuis l'âge de trois ans. On vous a représenté cette cause comme un *roman*, comme un *beau conte*,
comme une longue et ingénieuse fable.

« Mais j'espère vous faire voir qu'il n'y eut jamais une plus véritable histoire. Car j'établirai tout le récit des infortunes de ma partie sur des extraits baptistères, sur des enquêtes et des informations qui sont entre les mains de messieurs les gens du roi, sur des contrats passés par-devant notaires, sur l'interrogatoire de notre partie adverse, qui sont des actes authentiques et des preuves solides, qui n'entrent point dans les fables et dans les romans... J'espère, messieurs, vous montrer bien clairement que ce n'est point *une pièce tragi-comique propre à être représentée sur un théâtre et aux flambeaux*, comme on vous a dit en ces mêmes termes, mais une cause très-digne, s'il y en eut jamais, d'être exposée au jour de la Cour et dans le plus grand éclat de cette audience, puisque c'est un tableau rare de la jalousie d'un mari, de l'infortune d'une femme, de la cruauté d'une mère et de l'oppression d'une fille; puisqu'on y voit la vertu superbe, l'innocence violée, la nature vaincue, l'héritière traitée en servante, et la vérité, s'éclaircissant par le temps, qui l'obscurcit d'ordinaire, demeurer victorieuse de l'artifice des hommes et du nombre des années. »

Il rend d'un mot sa cliente intéressante et montre que la jalousie du médecin Cognot, cause unique de ce procès, était sans fondement.

« Ma partie, qui est la véritable fille de l'appelante, aimerait mieux n'être point reconnue pour telle, et perdre sa mère aux yeux des hommes que de lui faire perdre l'honneur. Mais il n'est nullement engagé en cette rencontre. Car est-ce l'accuser d'avoir violé sa foi que d'accuser le sieur Cognot d'avoir violé les assurances qu'elle lui en avait données? Un mari ne peut-il être jaloux sans que sa femme lui soit infidèle? Rendrat-on des chrétiennes criminelles sur des soupçons si injurieux, et la chasteté ne se trouvera-t-elle point avec la jeunesse et la beauté d'une femme, parce qu'un vieux mari qui la possède ne se trouve guère sans jalousie? Veut-on prendre ses plaintes pour des oracles, ses songes pour des vérités, ses chimères pour des corps? Veut-on consacrer toutes ses défiances, justifier toutes ses fantaisies et approuver toutes ses extravagances? Et enfin veut-on défendre tant de jaloux coupables contre tant d'innocentes malheureuses? »

Il n'y a, non plus, dans la plaidoirie de Gaultier, qui est agitée, métaphorique, orageuse, violente, qu'un beau passage; Lemaistre avait supposé que les époux Cognot avaient persisté à repousser leur fille pour enrichir leur fils unique, Claude Cognot, et que l'amour qu'ils avaient pour l'un avait étouffé la tendresse qu'ils devaient à l'autre; son adversaire lui répond :

« Vous dites que l'inégalité de l'affection injustement partagée, que l'excès de la prédilection d'un fils a causé l'infortune de cette fille malheureuse; pensée ridicule et extravagante! Il peut bien être que, par inclination ou par mérite, l'esprit fasse choix de l'objet auquel son amour s'attache avec plus ou moins d'ardeur, on peut bien aveuglément porter sa fantaisie et son plaisir à élever une plante, une fleur, dont la vue nous semble plus agréable, mais pour cela on n'arrache pas les autres de la terre qui les produit; de plusieurs ruisseaux qui partent d'une même source, les uns coulent avec plus d'abondance, les autres pourtant ne tarissent pas; s'il arrive que le cours impétueux de nos affections se précipite par une chute de grâces et de bienfaits d'un côté, et ne tombe que goutte à goutte de l'autre, il ne laisse pas d'être vrai que qui reçoit moins a toujours quelque part. »

Une autre fois et dans les derniers temps de sa carrière, Lemaistre plaide contre une femme que sa conduite et des poursuites criminelles avaient rendue fameuse. Une dame de Nery avait apporté en dot à un sieur Pitart, lieutenant général (c'est Lemaistre qui le dit, et c'est un trait charmant par lequel il

débute), « plusieurs vieilles dettes, quelques anciennes connaissances et une virginité pareille à celle des femmes qui se ma-
rient pour la troisième ou la quatrième fois. » Elle était si peu
riche, que, quand on dressa l'inventaire de ses biens, on n'y
compta que quelques meubles, « qui faisaient voir par leur petit nombre et par leur peu de valeur que son éclat était passé
avec sa jeunesse, et ne représentaient plus que les dernières
pièces du naufrage de sa fortune et de ses mœurs. » Néanmoins
elle fit passer son mari par toutes les épreuves qui peuvent livrer au ridicule et au mépris la vie conjugale. Plus d'un an
après l'avoir perdu, elle eut l'idée, non pas même d'accou-
cher d'un posthume, mais d'en supposer un. « Comme, dans
les grandes maladies, on a recours aux grands médecins (c'est
l'éloge de Gaultier fait par Lemaistre), elle voulut que la force
du discours soutînt son mensonge et son imposture, » et elle
prit pour avocat Claude Gaultier. Les héritiers de son mari
étaient défendus par Mᵉ René Pousset, sieur de Montauban; la
cause fut plaidée pendant quatre audiences, et, quoique la dame
de Nery eût eu soin « de se faire un faux ventre qui s'enflait à
volonté et qui trompait à l'attouchement, » elle perdit son
procès; les gens du roi auraient voulu qu'elle fût condamnée
criminellement, mais la Cour n'obtempéra pas à leurs conclusions. Aussi plus tard ose-t-elle réclamer son douaire. Lemaistre soutint devant la chambre des requêtes qu'elle devait
le perdre, et que, pour en douter, « il fallait douter de trois vérités indubitables : la première, si la supposition est un crime;
la seconde, si les crimes doivent être punis; la troisième, si la
justice règne dans le premier et le plus auguste parlement de
France. » Le douaire se rattachait à toutes les idées qui proté-
geaient la femme et qui la poétisaient en même temps; c'était
le prix de la virginité perdue; il devait, à ce titre, être supprimé
par cette loi du 17 nivôse de l'an II, qui décerna des récom-

penses aux filles-mères. Lemaistre, en disputant à la dame de
Nery celui qu'elle réclame et pour prouver qu'elle a mérité
de le perdre, fait d'elle un portrait qui découvre une courtisane en crédit et une célébrité du temps.

« On m'objecte que l'appelante a bien mérité le sien, qu'elle
a fait profession d'une vertu et d'une sagesse extraordinaires,
et que tout ce qu'on dit contre elle ne sont qu'injures et calomnies.

« Plût à Dieu que notre partie adverse eût été aussi innocente
et aussi modérée dans ses actions que mes parties l'ont été
dans leurs discours, ils n'auraient pas été en peine de se défendre contre elle. Véritablement ils ont grand tort de douter
d'une vertu aussi peu commune qu'est celle de la dame de
Nery, d'être les seuls qui ne demeurent pas d'accord de cette
éminente sagesse que l'on loua si hautement à la dernière audience et que l'on dit avoir été admirée de tout le monde ;
d'être les seuls qui contestent ces louanges et qui veulent renverser cette magnifique statue que l'on lui voulut élever, à
l'exemple de celle qu'on éleva autrefois à Phryné parmi les
Grecs.

« Si l'appelante avait osé paraître en ce lieu et devant vous, et
si elle n'avait point eu peur d'irriter par sa présence votre justice, qu'elle a tant de fois offensée par ses crimes, elle aurait
eu honte elle-même de se voir si excessivement et si faussement
louée, et sa conscience, qui la condamne, lui aurait fait aussi
bien rejeter ces louanges si injustes, que son impudence, qui
l'empêche de rougir, lui ferait mépriser le plus juste blâme.

« Les mœurs de la dame de Nery réfutent le discours de son
avocat. Ses actions persuadent plus puissamment que les paroles dont on les veut déguiser. Les peintures et les couleurs
peuvent plutôt, en l'âge où elle est, réparer les défauts de son
visage qu'effacer les taches de sa vie. Il n'y a point de fard qui

lui puisse donner l'apparence d'une femme vertueuse. Il est
plus facile de tromper les yeux que les esprits et la créance des
hommes. Mais descendons au particulier, et voyons en quoi a
paru *cette sagesse extraordinaire* que l'on relève si hautement.
En ce que ç'a été, dit-on, le seul amour honnête du mariage
qui l'a portée à désirer d'épouser le feu sieur Pitart, en ce que,
depuis qu'ils ont été mariés ensemble, elle lui a témoigné toute
l'affection conjugale et rendu tous les respects et tous les devoirs qu'il pouvait attendre d'une très-honnête femme, et
qu'ainsi le douaire qu'elle demande n'est que la juste récompense de si légitimes affections.

« Je m'estime heureux de ce que la connaissance que le public
a eue de notre partie adverse, tout le long temps qu'elle a été
fille, et les histoires qu'on vous a rapportées diverses fois en
cette Grand'Chambre, des mémorables mais peu honorables
aventures de sa vie, effacent dans vos esprits les fausses couleurs dont on a tâché d'embellir un portrait si difforme et si
odieux, et ainsi je ne m'estime point engagé à réfuter ces pa-
négyriques, ne croyant pas que la prudence de la Cour ait
approuvé qu'on se rendît si libéral de ces éloges d'honneur
envers celle qui s'est rendue elle-même si libérale ou plutôt si
prodigue de son honneur.

« Et, certes, si c'est avoir été fort sage que d'engager un homme
dans ses liens par des artifices infâmes, que de l'accuser publiquement de l'avoir déshonorée, en se vantant d'une fausse
prostitution, au lieu de rougir des véritables ; si c'est avoir eu
une amitié bien généreuse pour le feu sieur Pitart que d'avoir
voulu, malgré lui, non sa personne, qui était l'objet du mépris
de l'appelante, mais ses grands biens, qui étaient l'objet de sa
convoitise ; si c'est l'avoir fort obligé que de lui avoir voulu
rendre nécessaire un malheureux et un honteux mariage qu'il
a refusé si longtemps de contracter avec une fille perdue de

réputation dans Paris et dans la cour; de l'avoir poursuivi avec tant de violence pour le contraindre à réparer un prétendu crime dont il était innocent et dont peut-être plusieurs avaient été coupables sans être punis, pour rendre l'honneur à une personne qui s'était mise en état de n'en pouvoir perdre et qui ne cherchait un mari que pour lui voler son bien, jamais fille n'a témoigné un amour plus honnête et plus pudique pour épouser un homme, qu'a fait l'appelante.

« Voilà, messieurs, l'affection vertueuse et louable qu'elle a eue pour le feu sieur Pitart avant que d'être sa femme.

« En vain donc on vous a dit à la dernière audience qu'on devait la récompenser de l'injure que lui avait faite le sieur Pitart en lui faisant perdre sa virginité, et qu'on était dans les termes de la loi qui appelle la donation qui tenait lieu de douaire parmi les Romains le prix de la virginité. Car ne pouvons-nous pas répondre ce qu'il a toujours soutenu lui-même à la face de la Cour, et vous pouvez vous en souvenir encore, qu'*il n'avait pu lui dérober une fleur qu'elle avait perdue avec celle de sa jeunesse, et qu'elle commettait une injustice en l'accusant de lui avoir ravi ce qu'elle avait donné volontairement à d'autres*.

« Et, ainsi, des particuliers, comme sont ces héritiers, ne peuvent-ils pas être légitimement déchargés de lui donner une honnête récompense de cette perte, puisqu'elle en a reçu de honteuses du public, et qu'ils peuvent lui opposer sur ce sujet une prescription de plus de vingt ans? Voyons maintenant quelle a été *sa sagesse et sa modestie* depuis que le feu sieur Pitart l'eut épousée, c'est-à-dire depuis qu'elle l'eut forcé par la cruauté d'une longue persécution de prendre plutôt une femme qui lui déplaisait que d'être toujours poursuivi par une impitoyable furie qui lui faisait sans cesse la guerre.

« Comme elle n'avait désiré que de s'enrichir par son mariage avec ce vieillard, elle n'eut point de plus grande passion que d'avoir un enfant qui fût héritier de ses richesses, et elle ne se mit nullement en peine qu'il fût conçu de son sang. La nature lui manquant, elle eut recours à l'artifice, et, après l'avoir rendu son mari par ses intrigues et ses mensonges, elle voulut le rendre père par une supposition et une imposture. Pour cet effet, elle contrefit la grosse publiquement et envoya querir à Paris une sage-femme nommé la Fouré pour s'en servir de ministre dans son crime. Mais il découvrit la fourbe et chassa honteusement cette sage-femme de son logis. Si donc c'est aimer, respecter et bien servir un mari que de lui vouloir supposer un enfant durant sa vie, de reprendre le même dessein après sa mort et de l'accomplir avec une insolence que la postérité aura de la peine à croire, jamais femme n'a témoigné plus d'affection et de respect à un mari que notre partie adverse.

« Mais si, au contraire, c'est se jouer en sa personne de la révérence due à la sainteté du mariage, si c'est déshonorer son nom et offenser sa mémoire, devez-vous, messieurs, lui donner, sur le bien de son mari qu'elle a traité si indignement, un douaire pour sa récompense, et ne craindrez-vous point de faire une plaie à l'honnêteté publique, si cette dernière prostitution de tout ce qui peut rester de pudeur dans une femme ne laisse pas d'être honorée ou plutôt couronnée par votre arrêt ? »

Après cette peinture, Lemaistre cite un arrêt du 14 avril 1571, rendu en la troisième chambre des enquêtes, « l'arrêt de Royer, si célèbre dans le palais, par lequel on a jugé qu'une veuve ayant demandé son douaire, les héritiers du mari étaient recevables à prouver qu'elle avait vécu impudiquement depuis sa viduité, et, en ayant fait preuve, furent déchargés du payement de son douaire; » puis il termine par un trait d'excellente satire, un peu violent toutefois au début, s'il entend appliquer

ce reproche à toutes les femmes, et qui montre que Lemaistre
n'a guère connu ce sexe que dans les livres et dans les procès :
« Il n'y a rien d'ordinaire de plus avare que les femmes, c'est
le fondement de tous leurs crimes ; il n'y a rien de plus artificieux. La seule appréhension des peines est capable de les retenir. Que si on ôte toutes les peines, si elles espèrent tout et
ne craignent rien, quelles bornes donneront-elles à leurs passions déréglées? Feront-elles scrupule de hasarder à gagner
vingt ou trente mille livres de rente avec une grossesse sans
incommodité et un accouchement sans douleur? Si cette inven-
tion était une fois autorisée, y aurait-il désormais beaucoup de
femmes stériles? Combien verrait-on d'enfants posthumes?
Combien de maris pourraient devenir pères après leur mort,
qui ne l'auraient pu être durant leur vie !

« Mais ce n'est pas aux intimés à vous représenter l'intérêt
public, c'est à messieurs les gens du roi à qui appartient cet
honneur suprême, et qui, ayant la même passion pour le bien
général que les parties pour leur intérêt particulier, ne man-
queront pas sans doute, messieurs, de vous représenter la conséquence que votre arrêt produira parmi les peuples[1]. »

[1] La veuve perdit son douaire, par arrêt du 5 juin 1636, suivant les conclusions d'Omer Talon.

CHAPITRE XIX

L'éloquence politique sous Louis XIII. — Le pouvoir absolu. — Le cardinal de
Retz. — Le Parlement. — Une cause, toute d'État et de politique, plaidée par
Lemaistre. — L'alliance anglaise. — Une page d'histoire écrite à l'audience. —
L'ordre de Saint-Michel. — L'ambition des princes. — Prétentions de l'Angleterre à la couronne de France. — Charles VII. — Le camp du Drap d'or.
— Un portrait flatté d'Henri VIII. — Charles-Quint plus heureux que grand.
— Lettre charmante de Henri IV à la reine Élisabeth. — Traité de 1606 entre
l'Angleterre et la France. — Messire Antoine de la Boderie, notre ambassadeur à Londres. — Les traités de paix remparent les royaumes de murailles
d'airain et de diamant. — Présidence du chancelier Séguier. — Grands principes de droit public, éloquemment exposés par Lemaistre. — La parole des
rois est aussi claire que sacrée. — La France ne peut pas être moins loyale que
l'Angleterre. — Le droit d'aubaine. — L'avocat cède la parole à l'orateur. —
Admirable péroraison.

Au temps de Lemaistre, l'éloquence politique se confondait
beaucoup avec l'éloquence judiciaire. — Plus que les états généraux, qui se succédaient de loin en loin, le Parlement, qui
avait l'avantage de la permanence, était le foyer de la résistance politique. — On a beaucoup écrit sur l'origine du droit
qu'il avait de jouer ce rôle ; la royauté le lui a souvent contesté
et ravi plus d'une fois ; mais la nature des choses, qui crée les
droits les plus certains et les plus respectables, le lui a toujours
rendu, jusqu'au jour où sa place, usurpée ou légitime, a été
prise par un pouvoir régulier, convenu, limité, défini. — La

puissance absolue n'est pas de ce monde; elle peut bien naître, se produire, s'asseoir même, créer en un instant, quand tout sommeille, d'admirables effets; elle peut, par le génie, le bonheur ou la force, écarter pour un temps jusqu'à l'idée d'une lutte ou d'une atteinte; mais bientôt l'esprit humain lui trouvera des barrières et saura, de face ou de côté, comprimer ses excès. — C'est ce que disait à la royauté de Louis XIII, que Richelieu venait d'exalter et quand elle paraissait tout à fait absolue, dans un admirable langage, heureux mélange de Salluste et de Tacite, un contemporain de Lemaistre, non pas un avocat, mais un orateur du Parlement, un homme qui, comme lui, se retira du monde, mais après l'avoir longtemps agité, un écrivain qu'on n'imite pas, le cardinal de Retz :

« Il y a plus de douze cents ans, écrit-il, que la France a des rois ; mais les rois n'ont pas toujours été absolus au point qu'ils le sont. Leur autorité n'a jamais été réglée, comme celle des rois d'Angleterre et d'Aragon, par des lois écrites; elle a été seulement tempérée par des coutumes reçues et comme prises en dépôt au commencement dans les états généraux, et depuis dans celles des parlements. Les enregistrements des traités faits entre les couronnes, et les vérifications des édits pour les levées d'argent, sont des images presque effacées de ce sage milieu que nos pères avaient trouvé entre la licence des rois et le libertinage des peuples. Ce milieu a été considéré par les bons et sages princes comme un assaisonnement de leur pouvoir, très-utile même pour le faire goûter aux sujets; il a été regardé, par les malhabiles comme par les malintentionnés, comme un obstacle à leur déréglement et à leur caprice... Les rois qui ont été sages et qui ont connu leurs véritables intérêts ont rendu les parlements dépositaires de leurs ordonnances, particulièrement pour se décharger d'une partie de l'envie et de la haine que l'exécution des plus saintes et

même des plus nécessaires produit quelquefois. Ils n'ont pas
cru s'abaisser en s'y liant eux-mêmes, semblables à Dieu, qui
obéit toujours à ce qu'il commande une fois. Les ministres, qui
sont presque toujours assez aveuglés par leur fortune pour ne
se pas contenter de ce que ces ordonnances permettent, ne
s'appliquent qu'à les renverser ; et le cardinal de Richelieu
plus qu'aucun autre y a travaillé avec autant d'imprudence
que d'application. Il n'y a que Dieu qui puisse subsister par lui
seul. Les monarchies les plus établies et les monarques les plus
autorisés ne se soutiennent que par l'assemblage des armes et
des lois ; et cet assemblage est si nécessaire, que les unes ne
se peuvent maintenir sans les autres. Les lois désarmées tombent dans le mépris, les armes qui ne sont pas modérées par
les lois tombent bientôt dans l'anarchie. La république romaine avait été anéantie par Jules César ; la puissance dévolue
par la force de ses armés à ses successeurs subsista autant de
temps qu'ils purent eux-mêmes conserver l'autorité des lois.
Aussitôt qu'elles perdirent leur force, celle des empereurs
s'évanouit ; et elle s'évanouit par le moyen de ceux mêmes qui,
s'étant rendus maîtres de leur sceau et de leurs armes par les
faveurs qu'ils avaient auprès d'eux, convertirent en leur propre
substance celle de leurs maîtres, qu'ils sucèrent, pour ainsi
parler, à l'abri de ces lois anéanties. L'empire romain, mis à
l'encan, et celui des Ottomans exposé tous les jours au cor-
deau, nous marquent par des caractères bien singuliers l'aveuglement de ceux qui ne font consister l'autorité que dans la
force [1]. »

C'est précisément à l'époque où Richelieu travaillait le plus
à détruire l'influence du Parlement que Lemaistre y plaide
cette cause, qu'il appelle *toute d'État et de politique*. Il y parla

---

[1] *Mémoires* du cardinal de Retz, page 59.

librement, avec une grande hauteur de vue, comme s'il eût été
à la tribune ou même au Forum. Il en est de la parole comme
des facultés : elle s'enfle et s'élève suivant les sujets ; la politique lui donne plus de grandeur que le barreau, parce qu'elle
lui fournit une plus noble matière. — Il s'agissait de l'exécution d'un traité passé entre les couronnes de France et d'Angleterre ; le chancelier Séguier avait promis à l'ambassadeur
d'Angleterre d'aller tenir l'audience au Parlement, lorsque la
cause serait plaidée. — Au fond, l'intérêt du procès n'était pas
considérable. Un Anglais, maître Jean Cécile, docteur en théologie, avait laissé, par son testament, à François Jenquins, son
neveu, quatre mille livres à prendre sur des valeurs mobilières
qui se trouvaient en France. A la demande de l'exécuteur testamentaire, on avait d'abord refusé la délivrance de ce legs,
et on avait utilement invoqué contre le légataire le droit d'aubaine. Sur la requête civile présentée contre cet arrêt, l'ambassadeur d'Angleterre se mêla au procès et lui donna tout de
suite une haute portée. Avant de démontrer que le droit public et le droit des gens commandent d'exécuter ce traité, Lemaistre en fait l'histoire dans un résumé savant et concis qui
ne manque ni de naïveté ni d'éclat.

« Parce que ce traité dépend de ceux qui l'ont précédé, et
qu'on pourrait s'étonner qu'il y eût une alliance particulière
entre la France et l'Angleterre, ces deux couronnes ayant été
longtemps si ennemies l'une de l'autre, je suis obligé, messieurs,
de vous faire remarquer qu'il est vrai que, par plusieurs traités faits entre la France et l'Écosse, on parle toujours des Anglais comme des anciens ennemis de ces deux royaumes ; et
même le roi Louis XI n'institua l'ordre de Saint-Michel, en
1469, qu'en mémoire de ce que saint Michel avait toujours
préservé, par ses prières, la ville qui porte son nom des mains
des Anglais, lorsque tout le reste de la Normandie gémissait sous

leur domination. — Mais il était bien difficile d'oublier, en peu d'années, des guerres de trois cents ans; et, encore qu'elles aient été très-sanglantes, il faut confesser pourtant que ceux des rois d'Angleterre qui ont été les plus heureux ont plus agi en conquérants qu'en usurpateurs... L'histoire a remarqué la générosité du roi Richard envers le roi Philippe-Auguste au point de donner bataille, et les extrêmes civilités dont Édouard III usa envers le roi Jean, qui l'obligèrent de retourner encore volontairement en Angleterre, après qu'il eut recouvré sa liberté et demeuré quelque temps en France. Et il est très-vrai que les rois d'Angleterre n'ont désiré d'avoir la France qu'à cause de l'amour qu'ils avaient pour elle, et non pas à cause qu'ils haïssaient les Français, et que, sans les pays qu'ils y possédaient, ils n'eussent jamais troublé son repos, et fussent demeurés dans leur île, comme dans un monde séparé du reste de l'univers.

« Mais l'ambition des princes croît avec leurs forces et leurs États, comme l'avarice des particuliers avec leurs biens. L'union de la Normandie et de la Guyenne avec l'Angleterre a été la division de l'Angleterre d'avec la France. Comme les éléments ne sont en paix que lorsqu'ils sont éloignés, aussi ces deux princes furent toujours en guerre tant qu'ils furent proches. Le roi d'Angleterre, qui était vassal, ne pouvait souffrir de supérieur; et le roi de France, qui était son souverain, ne pouvait souffrir de compagnon. Ce dernier ne pouvait partager son royaume avec un autre monarque, non plus que César l'empire de tout le monde avec Pompée; il fallait qu'il l'eût seul.

« *Partiri non potes orbem,*
« *Solus habere potes.* »
                                              Lucan.

« Depuis que nos rois sont demeurés seuls maîtres de toute

la France sous le règne de Charles VII, ils ont traité avec les Anglais comme avec les autres peuples. La victoire réconcilie aisément les victorieux avec les vaincus. Les Anglais furent frappés d'un étonnement prodigieux de se voir chassés de France en moins de dix ans, leurs armées défaites, leurs villes prises, leurs conquêtes perdues, et ensuite leur roi même, savoir Henri VI, dépouillé de son royaume par les princes de son sang, Dieu le permettant ainsi pour le punir de ce qu'il avait voulu dépouiller le roi Charles VII du sien. Ces événements terribles leur firent perdre le dessein aussi bien que l'espérance de conquérir de nouveau ce qu'ils avaient été plus de deux cents ans à gagner, et n'avaient été que dix ans à perdre.

— Ce ne fut depuis qu'alliances et que traités de paix entre ces deux couronnes; et l'Angleterre, qui avait fait de la France le théâtre de ses combats, demeura plus de cinquante ans sans en troubler presque la tranquillité, et trouva plus d'avantage à l'avoir pour amie que pour ennemie. Le roi Charles VIII épousa Élisabeth, fille d'Édouard; le roi Louis XII, Marie, sœur de Henri VIII, et ces deux princes procurèrent, en 1518, une paix générale entre tous les princes chrétiens.

« Ce fut en ce temps que l'ambition d'Espagne, qui avait commencé sous Ferdinand et Isabelle, s'accrut de telle sorte dans le cœur de l'empereur Charles V, qu'elle le rendit formidable à toute la chrétienté; et alors François Ier et Henri VIII, roi d'Angleterre, s'étant entrevus près de Guignes, se liguèrent ensemble contre cet ennemi commun, lequel employa tous ses artifices, qui ont été les plus grands instruments de ses conquêtes, pour diviser ces deux princes, et excita tellement Henri VIII à reprendre ses anciennes prétentions sur la France, et à se venger de l'affront qu'il lui persuadait que l'Angleterre souffrait depuis le roi Charles VII, qu'il le fit résoudre à un traité contre nous.

« Mais, en 1524, lorsque la France était exposée de toutes parts aux entreprises de ses ennemis; que tout le corps était ébranlé par l'absence de son chef; que le Dauphin et les princes du sang étaient trop jeunes pour soutenir cet orage; que Charles V, qui alors était veuf, offrait à Henri VIII d'épouser sa fille et de se joindre à lui pour partager ce royaume ensemble, Dieu, qui veille pour la conservation de la première des monarchies chrétiennes, inspira au cœur de Henri VIII de rejeter toutes ces offres, de refuser la conquête d'une partie de cet État, qui ne parut jamais si facile, d'oublier les vieilles querelles, qui ne vieillissent guère dans le cœur des rois, et d'assister la France dans son malheur, au lieu de s'en servir pour s'en rendre maître. Il fut si généreux, qu'il prit part à la douleur de la France, quitta l'alliance qu'il avait avec l'empereur Charles-Quint, se ligua avec nous contre lui et ne se contenta pas d'une ligue ordinaire, mais il jura une amitié éternelle, une union inviolable jusqu'à la dernière postérité des deux princes, et, comme porte le traité, *jusqu'au dernier an du monde et la dissolution des monarchies.*

« Il ne se contenta pas de cela. Mais, au lieu de faire valoir ses prétentions sur la France et de demander la restitution de la Guyenne, comme avaient fait autrefois ses prédécesseurs, il quitta volontairement toutes les prétentions que la couronne d'Angleterre avait eues depuis deux ou trois siècles sur le nôtre, afin de couper par ce moyen la source de toutes les guerres.

« Générosité, messieurs, à qui les plus sages historiens ont écrit que nos pères ont dû, après Dieu, le salut de cet État, et qui mérite bien, quand les Anglais ne nous auraient pas assisté depuis, de chérir leur amitié et d'user non-seulement de justice, mais encore de générosité envers eux.

« Cette union du roi François Ier avec le roi Henri VIII releva ce royaume de sa chute, le rendit la terreur au lieu de le rendre la proie du victorieux, attira la conjonction du pape, des Vénitiens et de plusieurs autres princes de la chrétienté, et mit la France en état de pouvoir repousser glorieusement en 1535 le même empereur Charles-Quint, entré en Provence avec cinquante mille hommes; de l'obliger depuis à lever le siége de Landrecies en 1543; de lui tuer dix mille hommes à Cérisoles en 1544; de le réduire la même année à recourir à la paix pour se retirer hors de France, dont l'entrée a toujours été plus facile que la sortie, sans qu'il y eût fait autre chose que perdre la moitié de son armée; de le forcer, en 1553, de lever le siége de devant Metz, d'y laisser plus de trente mille hommes morts de faim et de misère, et de remporter en Espagne le désespoir qui l'a tourmenté tout le reste de sa vie, d'avoir vu en sa présence renverser les grands trophées que ses capitaines, ses artifices et son bonheur lui avaient élevés en son absence.

« En 1564, la reine Élisabeth fit paix et alliance avec le roi Charles IX, la garda durant le règne du roi Henri III, et assista puissamment le feu roi Henri le Grand à la conquête de son royaume; lui prêta jusqu'à quatre millions de livres; lui entretint quatre mille Anglais qui lui aidèrent à gagner la bataille d'Arques, et, en 1593, lors même qu'il eut changé de religion et perdu Calais, elle fit ligue offensive et défensive avec lui contre l'Espagne, lui envoya en France quatre mille hommes levés à ses frais et payés pour six mois, lui écrivit de sa propre main une lettre insérée dans l'histoire, par laquelle elle lui mande *qu'elle lui envoyait des gens qui n'avaient jamais appris qu'à battre et à vaincre, et l'exhorta à ne se plus tant hasarder dans les combats et à lui conserver celui pour lequel elle lui envoyait tant de secours.*

« Cette ligue se fortifia de telle sorte, qu'en une lettre qu'il lui écrivit sur ce sujet, il lui mande *que jamais prince ne portera sa vie plus librement pour son service que lui, et qu'ainsi qu'il re-*

*connaissait qu'il était par elle tout ce qu'il était, il serait aussi
éternellement pour elle*, et il ajoute *qu'il baisait le plus humblement qu'il pouvait les belles et heureuses mains qui tenaient
les clefs de sa bonne ou de sa mauvaise fortune.*

« Après la mort de la reine Élisabeth et le traité de Vervins,
il continua toujours dans cette alliance avec l'Angleterre, qui
lui avait été si utile; et, en 1603, il envoya M. le duc de Sully,
pour traiter avec le feu roi Jacques une ligue contre l'Espagne,
dont les articles furent accordés, et enfin, après tant d'assis-
tances qu'il avait reçues de cette couronne dans ses plus ex-
trèmes besoins, il fit un traité, en 1606, qui est celui dont
il s'agit, où il est dit « que Sa Majesté Très-Chrétienne, vou-
« lant faire connaître de plus en plus l'estime qu'elle fait du roi
« de la Grande-Bretagne, son beau-frère, et de bien et favora-
« blement traiter ses sujets, qui trafiquent et demeurent en
« France, afin d'entretenir davantage l'union et l'amitié entre
« eux, encore que le droit d'aubaine soit un des plus anciens et
« des plus privilégiés du royaume, néanmoins Sa Majesté a permis
« et permet aux marchands anglais, leurs facteurs et *à tous au-*
« *tres sujets du roi de la Grande-Bretagne*, de disposer librement,
« soit entre vifs ou pour cause de mort, de tous leurs biens *meu-*
« *bles, marchandises, argent, monnaie, dettes*, qu'ils auront en
« pays de l'obéissance de Sa Majesté Très-Chrétienne, sans que,
« par le droit d'aubaine, leurs biens puissent être confisqués à
« l'avenir. »

« Ce traité fut confirmé par un autre de l'année 1610, après
la mort du feu roi Henri IV, par l'entremise de messire Antoine de la Boderie, ambassadeur en Angleterre, où l'on renouvela toutes les alliances et tous les traités. Et, pour marque
d'une parfaite intelligence, le roi Jacques envoya présenter au
roi son ordre de la Jarretière; et, parce que Sa Majesté était
alors mineure, elle remit à jurer ce traité en 1620, où elle fit

pour cela le serment solennel en présence de l'ambassadeur extraordinaire de l'Angleterre. Cette union fut encore redoublée
par le mariage fait en 1623, altérée en 1627 et en 1628 par la
descente des Anglais en l'île de Ré et à la Rochelle durant le
siége, mais renouée en 1629 et en 1632. »

Ne dirait-on pas que cette page d'histoire est détachée d'une
grande chronique ? On y remarque toutefois des jugements qui
étonnent, et auxquels Lemaistre est sans doute un peu amené par
les *nécessités* de sa cause. Son admiration pour Henri VIII contraste avec ses sentiments religieux, la pureté de ses mœurs,
l'empire que ses amis et lui surent prendre sur leurs passions.
Le politique efface un moment le catholique et l'homme de
Dieu, et c'est dans cet intervalle qu'il trouve tant de louanges
pour le prince qui changea la religion de son peuple, afin
d'être plus libre dans ses désordres, et qui crut se soustraire,
au milieu de ses débauches et de ses meurtres, à l'œil de Dieu,
en se faisant sur la terre le juge indulgent et unique de sa conscience et de sa foi. Sous la même influence, il diminue au contraire la gloire de Charles-Quint, et veut injustement réduire
sa grandeur « à ses capitaines, ses artifices et son bonheur. »
Il y avait pourtant plus de rapport entre le solitaire de Port-
Royal et le moine de Saint-Just qu'entre le meurtrier d'Anne
Boleyn et le doux et mystique amant de la vierge Marie.

En tous cas, on l'aura remarqué, le temps se joue tellement
des hommes, que cette page de Lemaistre à l'éloge de l'Angleterre aurait pu être écrite hier, dans l'effusion des sentiments
d'amitié qui unissent aujourd'hui ce pays à la France.

Après cet exposé, l'avocat de Jenquins, sentant bien que la
question ne s'agite pas entre des particuliers, mais entre des
couronnes, place à une grande hauteur le droit des traités et
prend, pour ne la pas quitter, la langue des grands débats politiques.

« Puisqu'il n'y a rien, dit-il, de si important que les alliances et les traités des souverains, qui règlent l'état et la condition de leurs peuples, qui remparent les royaumes de *murailles d'airain et de diamant*, pour user des termes de Démosthènes, qui terminent de longues guerres ou assurent une heureuse paix, les difficultés qui naissent touchant leur exécution sont toujours d'une extrême conséquence... Il s'agit ici d'un traité passé entre les deux couronnes, qui entretient leur alliance et redouble leur amitié. Il s'agit de conserver cette chaîne si pré-cieuse qui unit ces deux empires. Et c'est un extrême bonheur à celui pour qui je parle, d'avoir le plus illustre officier de la couronne de France pour juge d'un traité que la France a fait avec la couronne d'Angleterre; de soutenir devant celui qui est l'oracle de la loi, cette loi royale et souveraine, qui doit être inviolable, non-seulement aux magistrats, mais encore aux sou-verains; de demander au premier ministre de la justice l'exé-cution d'un contrat auguste dressé par des chanceliers et par des ambassadeurs, passé entre deux grands rois, scellé de leurs sceaux et de leurs armes, et dont ils ont juré l'exécution aussi solennellement que celle des lois fondamentales de leurs États dans leur sacre.

« Mais oserai-je dire, messieurs, que c'est peut-être une ren-contre favorable à ce Parlement que, lorsque M. le chancelier, qui en est le chef, y vient présider, il voie une image de la grandeur de cette Cour dans celle d'une cause si importante, et qu'au lieu d'y être seulement juge entre deux particuliers, il s'y trouve avec vous, messieurs, comme arbitre entre deux rois, et d'un différend où les peuples de deux grands royaumes sont également intéressés.

« Que si un arrêt contradictoire, rendu au préjudice d'une ordonnance ou d'une coutume, ne se peut défendre, à plus forte raison étant donné au préjudice d'un traité de paix. Car le roi, sous le nom duquel on exerce la justice, peut abolir une ordonnance et une coutume. Il est le suprême législateur, et la puissance de faire des lois est un des fleurons de sa couronne. Mais un prince ne peut pas légitimement abolir un traité de paix fait avec un autre prince qui demeure dans son alliance et qui la tient chère. Car, si Dieu même, qui ne doit rien aux hommes par son essence divine, s'oblige néanmoins à eux, comme s'il leur devait ce qu'il leur promet, il est bien raisonnable que les princes qui contractent avec d'autres princes gardent fidèlement leur parole; et qu'ainsi qu'ils sont les images de sa puissance par leur autorité souveraine, ils le soient aussi de sa vérité par la foi inviolable de leur serment.

« Ils ne relèvent jamais davantage la dignité suprême de leur couronne qu'en faisant que leur seule parole soit une loi constante et perpétuelle, et que, quelques grandes promesses qu'ils fassent, on les espère toujours de la grandeur de leur pouvoir, selon l'expression si noble de saint Augustin.

« Et certes, puisque les princes sont garants et protecteurs de la foi publique dans leurs royaumes; puisque leur autorité est l'asile inviolable où elle se retire lorsqu'on l'offense; puisqu'ils ne règnent que pour faire régner la justice, dont elle est le lien et le fondement, n'est-il pas bien juste qu'ils la gardent aux peuples et aux étrangers auxquels ils l'engagent; qu'ils observent dans le gouvernement de leurs États ce qu'ils font observer à leurs sujets dans la conduite de leurs affaires?

« Mais, si les rois doivent exécuter les contrats légitimes qu'ils ont faits avec leurs peuples; si les canonistes disent que le pape même n'a point de dispense pour se dégager des obligations civiles qu'il a passées, combien plus doivent-ils faire exécuter par les magistrats les traités de paix et d'alliance qu'ils font avec d'autres rois, puisqu'ils sont incomparablement plus importants, qu'ils regardent le bien général de leurs royaumes,

que ce sont des trophées plus glorieux pour un État que ceux
qui se remportent dans les combats, qu'ils procurent le repos
et la félicité d'un nombre infini de peuples, qu'ils conservent
la justice dans les villes, la sûreté dans les campagnes, le trafic
sur les terres et les mers, et, par le lien du commerce et des
contrats, ne font presque qu'une province de diverses parties
du monde!...

« Autrefois les rois faisaient graver les traités sur des colonnes, afin qu'ils fussent lus et connus de tous et que la mémoire en fût immortelle. En d'autres pays, ils faisaient un sa-
crifice et priaient Dieu de traiter le violateur de la paix
comme la victime qui était sacrifiée. Parmi les Parthes, les rois
se liaient les mains, se perçaient un doigt et suçaient le sang
l'un de l'autre, témoignant que leur alliance leur était aussi
chère que leur sang et leur propre vie... Les rois d'Israël ont
observé la forme de toutes la plus vénérable et la plus sainte,
mêlant avec l'obligation civile la religion du serment, s'obli-
geant en la présence de Dieu par l'invocation de son nom, et
le prenant non-seulement pour témoin de leur foi, mais pour
juge de leur perfidie.

« Les princes chrétiens y ont ajouté la majesté du lieu, qui
est le temple, et l'attouchement des Évangiles, jurant sur ce
livre saint de la vérité et de leur salut en foi et en parole de roi,
les mains jointes, et priant Dieu qu'il leur soit en aide, ainsi
qu'ils garderont le traité, par où ils appellent la justice et la
puissance du ciel contre le violateur de l'alliance.

« Les rois de France ne juraient autrefois que par procureur. Nous le voyons dans l'histoire de saint Louis, où le prieur
de Saint-Martin des Champs jura pour lui, en sa présence, la
trêve qu'il fit, en 1231, avec Henri III, roi d'Angleterre. Ils ne
faisaient en personne que le serment de leur sacre. Mais, parce
que le salut ou la ruine des empires dépend bien souvent des

traités de paix entre les princes, ils ont jugé depuis plus à propos d'en jurer eux-mêmes l'observation et de faire un serment
aussi solennel et aussi terrible qu'est celui de leur couronnement.

« Si donc les rois, non-seulement promettent, mais jurent
d'exécuter leurs traités, les magistrats de leur royaume les
peuvent-ils violer; et pourraient-ils faire légitimement, par un
arrêt, ce que le prince même ne saurait faire avec toute son
autorité royale? »

Lemaistre soutient ensuite qu'il faut s'attacher à la lettre du
traité, parce que la parole des rois est aussi claire qu'elle est
sacrée; il descend un peu, pour en discuter les termes, des hauteurs où il vient de s'élever, mais il y remonte très-vite en disant : « Il est bien juste que les dispositions des rois ne reçoivent point d'autres bornes que celles qu'eux-mêmes leur ont
données. Leurs paroles sont souveraines aussi bien que leurs
personnes; elles ne doivent point relever de l'intelligence de
leurs sujets. Il faut que leurs traités soient absolument de rois,
et ils ne le seraient pas s'il était permis à leurs peuples de les
étendre ou de les limiter selon leur intérêt et leur fantaisie.—
Car, comme saint Jérôme dit que les hérétiques, en donnant
divers sens à l'Écriture, font un évangile d'un homme de l'é-
vangile d'un Dieu, les peuples, interprétant comme bon leur
semblerait les contrats des rois, feraient un traité de particuliers d'un traité de souverains. — Il ne faut pas que des
sujets se rendent arbitres entre l'expression claire et l'intention
cachée de leurs princes; qu'au lieu d'être fidèles exécuteurs de
la volonté de leurs maîtres, ils en veuillent être juges témérai-
res, et obliger des rois qui parlent du haut de leurs trônes, de
rendre compte de leurs paroles à ceux qui les doivent recevoir
comme des ordonnances et des lois. »

Maintenant l'avocat plane tout à fait; il s'adresse éloquem-

ment à l'honneur et à la loyauté de la France. « Peut-on, s'é-
crie-t-il, ne pas exécuter ce traité, puisque l'Angleterre l'a toujours entendu des sujets des deux royaumes, et l'a toujours
inviolablement exécuté à l'égard de tous les Français? Sera-t-il
dit que la France soit moins sincère que l'Angleterre; que la
France cherche des équivoques et de vaines distinctions, lorsque l'Angleterre n'en cherche point; que la France se laisse
vaincre en franchise et en fidélité par l'Angleterre?

« Si elle ne saurait souffrir d'être surmontée et en valeur et
en audace par une nation étrangère, souffrira-t-elle de l'être
en vertu et en générosité? Il est bien plus honteux à un État
de perdre sa foi que de perdre une bataille, parce qu'on peut
toujours être fidèle, mais on ne peut pas toujours être vainqueur. — La vertu ne doit pas être journalière comme sont
les armes. On peut toujours résister à la malice, mais on ne
peut pas forcer le décret de Dieu, qui donne la victoire à qui
bon lui semble.

« La justice, dont la foi est le lien, a toujours été le fondement de la domination de la France, depuis qu'elle a été éclairée de la lumière de l'Évangile. C'est à elle qu'elle doit les
douze siècles de sa durée. C'est à son zèle envers Dieu et à son
équité envers les hommes qu'elle est redevable de ces miracles
qui l'ont sauvée de la puissance étrangère. C'est à la pureté de
sa politique qu'elle doit attribuer cette protection divine qui la
fait paraître plutôt immortelle qu'ancienne, et lui procure
cette belle et florissante vieillesse qui est honorable dans les
hommes et vénérable dans les empires.

« Sa générosité naturelle ne lui a pu permettre de farder le
déguisement dans l'exécution de ses promesses, qui est une
marque de peu de courage... Elle n'a pu souffrir ces perfidies
déguisées, d'autant plus détestables qu'elles sont plus ingénieuses, ces fausses subtilités que les princes cherchent quel-

quefois pour faire, si cela se pouvait, que leur parjure fût équitable et qu'ils pussent être fidèlement infidèles. Elle a toujours cru qu'elle ne se pouvait rendre plus redoutable qu'en s'efforçant de se rendre aussi glorieusement impuissante que l'est le Dieu des armées, et que, pour imiter sa force infinie à vaincre ses ennemis, elle devait imiter sa faiblesse et son impuissance à les tromper.

« Que, si elle a toujours été si équitable et si généreuse envers ses ennemis mêmes, elle n'a garde qu'elle ne le soit en cette rencontre envers ses amis et ses alliés. Si elle a donné tant d'exemples de sincérité et de franchise à toutes les nations de l'Europe, elle n'a garde qu'elle ne suive en cette occasion l'exemple de l'Angleterre ! Puisque la seule gloire de ses actions l'a toujours rendue si ambitieuse, serait-il possible que l'éclat de la fidélité de l'Angleterre ne lui donnât point les mouvements d'une noble et d'une juste émulation ? Se pourrait-il faire qu'elle ne fût plus semblable à elle-même et qu'elle quittât une habitude de douze cents ans ?

« Mais en serait-elle capable sous un prince aussi juste que le nôtre, et qui sait que la principale partie de la justice et celle dont le violement attire les plus sévères vengeances de Dieu est de garder la foi aux étrangers et aux rois, et d'exécuter ponctuellement ce qu'il a promis par ses traités ; j'ose bien affirmer qu'il ne contreviendra jamais à la religion de son serment ni à l'exécution sincère de ses promesses, et que ces violements de foi n'arriveront jamais sous son règne.

> « *Fata per Æneæ juro, dextramque potentem,*
> « *Sive fide, seu quis bello est expertus et armis.* »
>   VIRG.

Il est héritier de la magnanimité aussi bien que de la couronne

de ses augustes prédécesseurs, qui n'ont pas moins rempli le
monde des triomphes de leur foi que de ceux de leur valeur,
qui n'ont pas eu seulement le courage des héros, mais encore
toutes leurs autres vertus, qui ont marché dans cette voie royale
de vérité et de justice...

« Le roi Louis XII garda sa promesse au pape et à l'empereur
Maximilien touchant la guerre contre la république de Venise,
quoiqu'ils n'eussent point levé d'armée, comme ils s'y étaient
obligés, et qu'il fût dégagé de sa parole. Il passa seul en Italie,
combattit et vainquit seul les Vénitiens, et ne laissa pas de partager sa conquête avec le pape et l'empereur, comme s'ils eussent eu part au combat. Et l'histoire nous apprend que le roi
François Ier ne manqua jamais à sa parole envers l'empereur
Charles-Quint, quoique Charles-Quint ait toujours manqué à
la sienne envers ce grand prince.

« Sa Majesté n'a donc garde qu'elle ne suive ces magnifiques
exemples, et qu'elle n'imite la franchise et la fidélité du roi de
la Grande-Bretagne en l'exécution de ce traité, puisque ses
ancêtres ont été inviolablement fidèles envers ceux mêmes qui
ne l'avaient pas été envers eux. »

Lemaistre enfin justifie le traité, devance Montesquieu, jette
sur le droit d'aubaine des pensées qui le discréditent; il signale
comme raisonnable et politique le principe de la réciprocité
entre les États, et parle des rapports des peuples entre eux
avec un sentiment où Platon a passé. On pourrait même trouver, dans quelques-unes de ses paroles, un partisan anticipé
du libre échange.

« Véritablement ne serait-ce pas une publique injustice et
une tache sur le front de cette généreuse monarchie, de refuser
les successions à des étrangers qui nous les donnent chez eux?
Alléguera-t-on que le droit d'aubaine est un droit de la couronne? n'est-il pas constant que nos rois ne l'ont établi dans

cet État qu'à cause que la plupart des princes l'avaient établi
dans leurs royaumes? Les docteurs français le disent en termes
exprès; et il est bien certain que la France n'en userait pas, si
les autres princes n'en usaient point. Car il est plus juste en
soi de rendre à des étrangers le bien de leurs pères, ou leurs
frères, que de le retenir sous ombre qu'ils ne sont pas citoyens.
Il serait très-raisonnable que le droit du sang, qui fait succéder
partout les enfants aux pères, et les héritiers légitimes à leurs
plus proches parents, fût conservé dans tous les royaumes qui
ont alliance ensemble, et que l'autorité de la nature, qui est
égale partout, qui n'est point bornée par les montagnes ni par
les mers, qui règne sur tous les hommes, fût également révérée
parmi les peuples. »

Montesquieu ne dira pas mieux en écrivant cette admirable
phrase que tout le monde connaît : « Dans ces temps-là s'éta-
blirent les droits insensés d'aubaine et de naufrage; les hommes
pensèrent que les étrangers ne leur étant unis par aucune com-
munication du droit civil, ils ne leur devaient, d'un côté, aucune sorte de justice, et, de l'autre, aucune sorte de pitié[1]. »

Lemaistre continue en faisant remonter sa doctrine humani-
taire jusqu'à Aristote. Il dit :

« Nous voyons dans Aristote qu'Hippodame avait établi des
magistrats pour avoir soin des biens des étrangers, comme
s'il avait voulu les conserver à leurs parents; et Diodore de
Sicile rapporte que les Indiens avaient établi des juges pour
les causes des étrangers, lesquels avaient un extrême soin d'empêcher qu'on ne leur fît quelque tort et quelque injustice, et
après leur mort rendaient à leurs parents tout l'argent qu'ils
avaient laissé. Mais pourquoi chercher des exemples anciens,
puisque de notre siècle nous voyons qu'une petite république

---

[1] *Esp. des Lois*, l. XXI, ch. viii.

(celle de Genève) a ordonné, par un décret solennel, que l'on ferait inventaire de tous les biens d'un étranger mort et que l'on les garderait deux ans pour les rendre à ses héritiers?

« Et quelle nation aurait plutôt imité cette justice que la nôtre, si elle avait été embrassée des autres royaumes de l'Europe? Mais nos rois, voyant que le droit d'aubaine était établi en Espagne, en Sicile, en Hongrie, en Savoie et en Angleterre même (ce que je vous supplie de remarquer) par une loi ancienne d'Édouard III, ils l'ont introduit dans la France, afin d'y garder l'égalité, et l'ont remis à tous les étrangers qui l'ont voulu remettre aux Français. Il avait eu lieu, avant l'empereur Charles V, entre la France et les Pays-Bas, et aussitôt que l'empereur offrit de l'ôter pour les Français, le roi François Iᵉʳ l'ôta pour les Flamands. Cela fut établi entre ces deux princes par le traité de Cambrai, en 1529, et confirmé par un autre de 1544, et, depuis, le roi Henri II les confirma par le traité de 1559, quoiqu'il y eût de grandes raisons pour les en exclure, comme l'écrit un auteur, savoir, leur rébellion envers la France et le transport de l'or et de l'argent. Néanmoins, dit cet auteur, il semble raisonnable que ceux des Pays-Bas, demeurant et décédant en France, ne soient point sujets au droit d'aubaine, mais que leurs parents, demeurant aux Pays-Bas, leur succèdent, pourvu que les traités de paix soient entretenus et *que les Français en jouissent chez eux*, comme on tient que librement ils y succèdent et qu'il n'y a point de droit d'aubaine en Flandre, afin que l'égalité soit gardée et les traités entretenus... Il ne faut donc pas s'étonner si on l'a ôté pour les Anglais, à l'égard des successions mobilières, puisque les Anglais l'avaient ôté pour les Français. Il n'y a pas un de nos alliés à qui nous n'accordassions très-volontiers cette même faveur en France, s'ils nous la voulaient accorder chez eux. Il n'y a rien de plus juste que l'égalité entre ceux qui sont égaux. La France ne doit rien à l'Angleterre ni l'Angleterre à la France; et ce serait violer aujourd'hui ce traité public, que de ne le vouloir exécuter qu'à l'égard des marchands seuls.

« Aussi l'ambassadeur et les ministres du roi de la Grande-Bretagne, leur maître, se sont plaints de l'arrêt contre lequel la requête civile a été obtenue, comme d'une violation de foi dans l'exécution de ce traité. Ils allèguent un article formel, une disposition claire, juste, égale, de part et d'autre, exécutée en Angleterre en toutes les occasions qui s'en sont offertes, exécutée en France par un arrêt du conseil du roi, donné au profit d'un gentilhomme anglais. Ils demandent que les Anglais soient traités à Paris comme les Français le sont à Londres, et protestent contre l'inégalité qu'on y voudrait introduire, comme d'une contravention au traité, qui porte que les sujets des deux royaumes seront d'égale condition, et comme d'une injure que l'on ferait au roi de la Grande-Bretagne, souverain comme Sa Majesté, son allié, son beau-frère. »

Enfin l'avocat disparaît entièrement; on n'entend plus que l'orateur dans cette belle péroraison :

« Quel peut être en cette rencontre si importante l'intérêt du roi ? Ce n'est pas à moi, messieurs, à vous le représenter; il réside absolument en la bouche de M. l'avocat général. Il me suffira de dire que, dans la conjoncture des affaires publiques, où la jalousie de notre grandeur semble avoir armé contre nous une partie de l'Europe, où les Espagnols de nos envieux sont devenus nos ennemis, où chacune des deux couronnes de France et d'Espagne tâche de se fortifier de cette troisième, qui se dit la reine de la mer, il est important, ce me semble, de témoigner à l'Angleterre que son alliance nous est chère et de nous efforcer de la retenir, autant par l'amour de notre fidélité que par la crainte de nos armes.

« Quant à l'Espagne, messieurs, l'intérêt de ses ministres et de ses ambassadeurs, qui emploient tous leurs artifices pour décrier la France en Angleterre, et remuent toutes les machines de leur politique pour les diviser, est de voir, à Londres, que l'ambassadeur d'Angleterre se plaigne, par ses lettres au roi son maître, d'un arrêt que l'on aurait rendu contre un Anglais, au préjudice des traités, de l'usage d'Angleterre, certifié par l'ambassadeur de France, et de l'usage de la France même, justifié par un arrêt formel du conseil du roi.

« *Hoc Italus velit, et magno mercentur Atridæ.* »

« Retranchez, messieurs, tout sujet de plainte au roi de la Grande-Bretagne, notre allié, et tout sujet de satisfaction au roi d'Espagne, notre ennemi. Témoignez par votre arrêt que ce Parlement est le *temple de la foi publique*, comme on disait autrefois du Sénat de Rome, et que toutes les paroles des traités de paix gravés dans vos registres comme sur les *tables d'airain* dont se servaient les Romains vous sont précieuses et vénérables.

« Faites, messieurs, que cette ancienne réputation de foi et de sincérité que la France s'est acquise se renouvelle par votre arrêt, que l'Angleterre confesse que nous savons garder notre parole aussi généreusement que nos îles, et que ces deux courageuses nations, liées ensemble par la chaîne sacrée d'un illustre mariage, par des lois si égales de leurs traités, par des priviléges qui les rendent presque concitoyens, s'unissent ensemble de plus en plus pour se procurer une alliance éternelle.

« *Paribus se legibus ambæ*
« *Invictæ gentes æterna in fœdera mittunt.* »

CHAPITRE XX

La publication des plaidoyers de Lemaistre, faite malgré lui et pour éloigner les faussaires. — Sans cette publication, Lemaistre eût été Hortensius. — Opinion de Tallemant des Réaux. — La parole glacée par l'impression. — Hortensius imité par les comédiens de Rome, Ésopus et Roscius. — Gaultier plaidait, dès 1619, pour le prince de la jeunesse de Soissons. — Curieux procès. — Une mascarade municipale défendue comme une liberté publique devant le Parlement. — Aristote invoqué. Le portrait de Gaultier fait par son éditeur. — Les foudres de Périclès et de M⁰ Gaultier. — L'avocat Langlois. — Le *préciput* de la nature. — M. Jacques Talon. — Les oraisons de Galba comparées à celles de Gaultier. — Gaultier combat le libertinage et la puissance effrénée des grands. — La dédicace des plaidoyers de Gaultier à M. Guillaume de Lamoignon ressemble aux compliments de Diafoirus. — La lumière surnaturelle de M. de Lamoignon. — Un plaidoyer qui se termine comme celui de Petit-Jean commence. — La cosmographie oratoire.

Ces plaidoyers ne sont pas les seuls que Lemaistre ait prononcés dans sa courte et brillante carrière, mais ils sont les plus importants, et ils donnent une juste idée de son talent. S'il refusa d'abord d'en autoriser la publication, ce n'est pas qu'il craignît l'effet de cette publicité pour sa renommée. Quand ils furent donnés au public par les soins d'un admirateur et d'un ami, Lemaistre était depuis longtemps retiré du monde et inaccessible à sa gloire et à sa vanité; il cherchait « à mourir à lui-même, » et son âme s'était tellement exaltée dans la pénitence et dans l'habitude de Dieu, qu'il ne se rattacha pas même un instant au souvenir ni à la douceur de ses anciens succès. Si, comme l'ont écrit quelques-uns de ses détracteurs, il a laissé tomber sa pensée sur ces œuvres éclatantes et profanes de sa jeunesse, ç'a été pour les imprégner de piété, de religion, d'idées prises à Dieu, d'ornements empruntés à l'Église. On trouve en effet, sinon dans les plaidoiries elles-mêmes, au moins dans les notes qui y sont jointes et dans quelques citations superflues, le pénitent mêlé à l'avocat. Mais qui pourrait se plaindre de ce mélange, à moins d'en juger comme Racine dans un accès d'humeur? Il rehausse l'intérêt de ces discours et répand quelques flots sacrés sur cette matière mondaine et judiciaire. — Un écrivain suspect, qui représente la jeunesse de Lemaistre comme agitée et « gaillarde, » regrette la publication de ces plaidoyers, et il assure que, sans elle, Lemaistre aurait eu la réputation d'Hortensius. — C'est, à propos d'une idée juste, dépasser de beaucoup la vérité. On sait bien qu'un avocat ne se retrouve pas tout entier, non plus qu'un orateur, dans ses paroles refroidies par l'écriture, glacées par l'impression. L'action est absente, et c'est la principale beauté et la grande force de l'art oratoire. Des plaidoyers qu'on lit sont comme de la musique qu'on n'entendrait pas. Plus heureux sont les peintres; leur œuvre sort de leur âme et de leurs mains intacte, avec toute la chaleur du mouvement et de la vie, les traits visibles de l'inspiration, les signes certains de l'enfantement, et l'artiste resplendit tout entier dans sa toile; de même le sculpteur et le poëte : leur visage, leur attitude, la mélodie de leurs paroles, la dignité de leurs gestes, l'émotion de leur cœur reflétée dans leurs yeux, dans les plis de leur bouche, dans leur narine agrandie et gonflée, tout cela est indifférent au public; pour l'orateur, au contraire, ces avantages font ses plus grands succès; ils sont pour lui ce que la couleur est aux peintres, ce

que la mesure est aux poëtes. J'ai déjà dit que Quintilien avait
plus d'une fois comparé la stratégie oratoire à la stratégie militaire. J'y reviens un moment, et je trouve que le grand capitaine qui a préparé et conduit la victoire, animé ses troupes,
inspiré ses aigles, donné sur le champ de bataille l'exemple
des héros, se dépouille, en écrivant ses guerres, de ce prestige
et de cette splendeur de l'action. César lui-même est mal vu
au milieu de ses Commentaires. Il ne ressemble pas entièrement à ce soldat immortel, s'avançant au combat sous le feu
de l'inspiration, dictant à la fois la bataille et le triomphe,
amenant les dieux à sa cause, parlant à ses troupes et les em-
brasant, grandissant de corps et d'âme au milieu du péril, et
pour tout dire, humainement sublime. Le récit ne peut pas
rendre l'homme ainsi agité, et dépassant dans l'action les
proportions ordinaires de la nature. Quand nous lisons aujourd'hui les admirables discours de Démosthènes, si nous
avons le goût de l'éloquence et si nous devinons les secrets de
cet art, nous pensons à l'orateur absent et nous cherchons à
nous figurer les séductions de cette grande voix, qui remuait et
conduisait la Grèce; nous répétons ce que disait son illustre
rival, que, pour l'admirer autant qu'il le méritait, il aurait
fallu l'entendre lui-même.

Ce qui est vrai pour ces belles et rares figures, est vrai aussi
pour Lemaistre. On ne peut pas espérer retrouver dans ses
plaidoyers tout Hortensius, mais il suffit qu'on l'y devine. A
en croire Valère Maxime et Cicéron lui-même, Hortensius est
de tous les avocats de Rome celui qui aurait perdu davantage,
si on avait jugé son talent à la lecture; il avait une voix agréable et sonore, un art infini dans ses mouvements et dans son
geste[1]; il attachait tant de prix aux grâces extérieures, qu'il

---

[1] Cicér., *Brutus*, ch. LXXVIII.

donnait plus de soin à cette partie qu'à l'éloquence elle-même;
on venait pour le voir autant que pour l'écouter; Ésopus et
Roscius, les grands acteurs de Rome, étaient présents quand il
plaidait et lui empruntaient des gestes qu'ils transportaient au
théâtre et qui les faisaient applaudir[1]. Malgré tout, on regrette
que ce rival de Cicéron ne nous ait laissé aucun de ses discours. Nous aurions dans cette cendre retrouvé quelques flammes, et il nous resterait au moins des débris de cette éloquence
qui s'était répandue dans la famille d'Hortensius jusqu'à sa
fille[2]. Ce serait un rapprochement de plus avec Lemaistre, qui
avait aussi, lui, une « éloquente famille[3]. »

Comme Hortensius, Lemaistre avait une voix agréable et sonore, *canora et suavis*; sa figure était belle et non sans puissance; sa narine, ouverte comme celle de Molière, s'enflait
au vent de la passion; il y avait dans toute sa personne cette ardeur qui se communique et enflamme autour d'elle[4]. A voir
comment Dieu remplit plus tard cette âme, on peut juger ce
qu'appliqué aux choses humaines tant de passion a dû donner
d'éclat et d'éloquence.

Quant aux plaidoyers tels que nous les avons, ils placent leur
auteur au premier rang des avocats de son siècle. Pour en fournir la preuve, il suffit de les comparer à ceux de Gaultier, le contemporain et le grand rival de Lemaistre. Patru viendra un peu

[1] Valer. Maxim., l. VIII, ch. x, § 2.
[2] Elle fit une harangue devant les triumvirs.
[3] Balzac appelait ainsi la famille Arnauld.

[4]   LISTE DES PORTRAITS D'ANTOINE LEMAISTRE.

1. CHAMPAGNE pinx., HABERT sc., in-fol.	5. CHAMPAGNE pinx., HABERT sc., in-12.
2. JAC. LUBIN sc., in-fol. dans PERRAULT.	6. AMBROISE TARDIEU direxit, in-12.
3. CHAMPAGNE pinx., C. SIMONNEAU sc., aqua forti in-fol.	7. Dans un carré, lith. in-18.
4. CHAMPAGNE pinxit, E. DESROCHERS sc., in-8°.	8. PH. CHAMPAGNE pinx., LANDON direxit, in-18.
	9. MATHEY f., vaste in-18.

Je dois cette liste à M. Solmand.

plus tard et fera partie de ce majestueux et régulier cortége qui entourera Louis XIV. Nous n'en sommes pas encore là. L'éloquence judiciaire suivra alors le mouvement général des esprits et des lettres ; elle n'appartiendra déjà plus à cette première partie du siècle que remplissent Corneille et Richelieu.

Gaultier était beaucoup plus âgé que Lemaistre. Dès 1619, il plaidait pour le *prince de la jeunesse de Soissons* ; il est vrai que c'était une cause puérile. Par un de ces usages dont l'origine est vainement cherchée, les jeunes gens de Soissons se réunissaient au printemps, nommaient un capitaine, formaient une compagnie et se promenaient en armes dans les rues de la ville, se moquant des officiers mariés et de bien d'autres. — Cette année-là, le capitaine était le fils du président des trésoriers de France à Soissons ; *ce prince de la jeunesse* avait douze ans et demi. Le substitut du procureur général trouva que cet usage était suranné, et qu'il amenait du scandale et du bruit ; il porta la main sur ce privilége ; Gaultier le défendit sérieusement, au nom de l'antiquité, qu'il invoqua mal à propos, et de la liberté, qui n'a jamais été faite pour les enfants de douze ans ; il plaida dans la grand'chambre du Parlement cette grave question de franchise et de mascarade municipale, et M. Jacques Talon donna des conclusions contre lui. Si on s'en rapportait à ses contemporains, dont il faut se défier un peu, Gaultier aurait été à l'audience un avocat puissant jusqu'à la domination ; il rappelait ce *Trachalus* dont parle Quintilien et dont on disait : *Trachalo vocalior*, tant il agitait l'auditoire par la force de ses poumons et l'énergie de sa diction. — Il excellait à répondre. « Sa présence d'esprit aux répliques, dit son éditeur, a été un *préciput*[1] si avantageux, que souvent il a surpassé

---

[1] Cette expression, qui nous paraît à peine française, et que nous n'employons aujourd'hui que dans un sens purement juridique, était alors à la

toute l'étude et la méditation des autres. » Cet éditeur le loue,
comme un marchand la matière qu'il veut vendre; il assure
que « de longtemps on ne verra son semblable. » — Il est
trop jeune pour l'avoir beaucoup entendu; « il n'a pas été témoin des actions éclatantes de M. Gaultier, qui ont fait tant de
bruit dans le monde, et il n'en a vu que les cendres, suivant
l'expression d'un autre avocat de ce temps, Me Langlois; »
mais le peu qu'il a entendu dépasse toute croyance et place
Me Claude Gaultier au rang de Périclès. « A n'en point
mentir, dit ce panégyriste naïf ou cet éditeur intéressé, j'ai
remarqué avec étonnement dans *ces cendres* tout le feu des
autres; j'ai admiré dans ses dernières causes une vivacité surprenante; en le voyant s'abandonner aux mouvements impétueux que lui suggérait la défense de ses parties, il me semblait
voir les éclairs et les foudres de Périclès, si vantés par l'antiquité. »

Après l'avoir comparé à Périclès, et avoir assuré qu'on avait
vu les éclairs et les foudres qui s'échappaient de sa bouche
comme de l'Olympe, il le compare à Galba, l'un des grands
avocats de Rome. « On s'étonnait de ce que Galba ayant été
un grand orateur, il en paraissait si peu dans ses ouvrages.
Voici la raison qu'en rend Cicéron lui-même dans son *Dialogue des orateurs illustres :* « Lorsque Galba, dit-il, parlait

---

mode. On la retrouve dans la bouche de M. l'avocat général Talon, et dans
un des rares discours où ce magistrat fut éloquent : « Il importe à la gloire
du roi, disait M. Talon, le 15 janvier 1647, devant Louis XIV enfant, que
nous soyons des hommes libres, et non des esclaves : la dignité de la couronne
se mesure par la qualité de ceux qui lui obéissent; les despotes commandent dans les provinces ruinées, dans des pays déserts ou brûlés du soleil,
ou bien à des Lapons, des insulaires septentrionaux qui n'ont rien de l'homme
que le visage. — Mais la France, le *préciput* de la nature, est le partage du
roi des Français, qui a le commandement sur des hommes de cœur, sur des
âmes, et non sur des forçats. »

« en public, la vivacité de son esprit et une émotion violente
« qui animait tout son discours, et qui lui était comme natu-
« relle, l'emportaient hors de lui-même et le mettaient tout en
« feu; de là vient que son action était pleine de chaleur, de gra-
« vité et de véhémence; au contraire, lorsque, étant en repos
« dans son cabinet, il prenait la plume pour écrire, alors, n'étant
« plus échauffé, et cette émotion qui comme un vent impétueux
« l'agitait au dedans étant éteinte, son oraison demeurait aban-
« donnée de vigueur et devenait languissante. » — Tout de
même ceux qui ont vu M. Gaultier dans la défense des grandes
causes admiraient en lui cette présence d'imagination et ces
nobles transports d'une déclamation violente, ils étaient char-
més de ce bel extérieur et de cette mâle assurance que rien
n'était capable d'ébranler, et son action avait tant de force,
qu'elle entraînait après elle les suffrages de ses juges et les
esprits de ses auditeurs. »

Si on ajoute que Gaultier combattit, comme avocat, « le
libertinage et la puissance effrénée des grands, » rien ne manque
à l'éloge, et Lemaistre est de beaucoup surpassé. Mais Gaultier
a laissé des plaidoyers qui permettent de le juger plus sainement que ne le fait son biographe intéressé. J'accorde la passion et les effets d'audience; je veux bien que la voix de cet avocat
ait rempli la Grand'Chambre et fait penser au tonnerre; je conviens encore qu'il devait être un combattant dangereux; il avait
beaucoup appris; il était prompt à l'attaque et prompt à la
réplique; il aimait les personnalités; Daguesseau aurait eu
souvent l'occasion de lui dire : « Ne donnez jamais à vos parties
ni à vous-même le malin plaisir d'une déclamation injurieuse; » Gaultier n'aurait pas suivi cette belle maxime; ses
emportements, ses injures, ses violences, faisaient partie de
son talent et le rendaient redoutable. Mais, quand on lit ses
plaidoyers écrits, on s'aperçoit qu'il est loin de Lemaistre par

la pensée, par l'art et par le style. Il faut qu'on en juge, afin
de savoir si j'ai bien ou mal donné la première place. Gaultier
a plaidé les plus grandes causes de son temps. Plus heureux
que Lemaistre, il a plaidé devant le roi pour le comte d'Harcourt contre la duchesse d'Elbeuf, sa mère. Mais je n'entends
signaler, au moins ici, que celles de ces plaidoiries qui ont été
prononcées pendant que Lemaistre était lui-même au barreau.
Les autres se placent dans la seconde moitié du dix-septième
siècle, et donneraient, par conséquent, des termes de comparaison moins exacts et moins justes. Gaultier a recueilli et
publié lui-même celles dont j'ai à parler. Il les dédie à M. le
premier président, Guillaume de Lamoignon, et cette dédicace
est d'un style où Molière a pu trouver la *statue de Memnon*
et la *fleur nommée héliotrope*. Il y dit que « de ces beaux
fruits et de ces belles fleurs cueillies dans ce délicieux parterre
des lis, la glorieuse moisson peut passer dans le public sous
les auspices du nom illustre de celui qui, plus par son mérite
que par sa dignité, préside à ce fameux empire de la parole. »
Il cède, en publiant ces plaidoyers, aux désirs de ceux « qui
ont témoigné de l'impatience de voir ce qui avait été entendu
dans le choix des plus belles espèces passer de la foule et de la
presse des audiences dans le Parlement sous la presse de l'impression,... afin que l'on puisse juger si le son de la voix n'est
pas une trompeuse illusion. » Il loue M. de Lamoignon, lui
attribue une *lumière surnaturelle*, et lui déclare, comme s'il le
savait, « que ses ouvrages ont agréablement charmé la cour
et le palais, les oreilles des *dieux* et celles des hommes. » Puis
il en fait un soleil entouré de sept astres, qui sont les présidents
des sept chambres du Parlement[1]. Il appelle ceux-ci « les divines.

---

[1] La *Grand'Chambre*, ou chambre du plaidoyer; la *Tournelle* ou chambre
criminelle; quatre chambres des enquêtes et une des requêtes du Palais.

intelligences où la sagesse préside au mouvement des cieux sous le premier mobile de la majesté souveraine. » C'est la langue de Sganarelle devenu médecin. Dans ses plaidoyers, Gaultier ne descend pas si bas, du moins habituellement, et parfois on y trouve, cachés sous beaucoup d'*itos* et de *pathos*, des passages pleins d'éclat, dont l'idée et la forme sont également heureuses. Le style général est mauvais, et ne peut pas être comparé à celui de Lemaistre.

Au mois de février 1630, il plaide pour le fils d'un de ses confrères décédés, M. de la Meschinière, et soutient que ce jeune homme, dont la mère a été la tutrice et vient de mourir, ne peut plus être soumis à la garde noble de son aïeul paternel. Il reproche à cet aïeul qui désire s'enrichir « de vouloir forcer le cours ordinaire des ruisseaux qui coulent avec abondance, pour en recevoir la pente et la chute, impuissant qu'il est de contribuer à la fortune de son petit-fils, de chercher les moyens de profiter de ses dépouilles. » Il discute ensuite assez bien la question du procès, et termine comme *Petit-Jean* : « S'il est vrai que ce puissant amour des pères et des aïeuls soit comparé à la violente ardeur du soleil, l'on peut dire avec raison que les angles formés par les rayons de cet astre, lesquels, dans une égale distance de sa circonférence, il rend égaux, sont les enfants qui, dans une égalité de naissance, sont également échauffés de sa lumière et de sa chaleur. Mais c'est seulement dans la forte élévation du midi qu'il a fort peu d'ombre et point de vent... sitôt qu'il vient à décliner, il sépare l'air de la terre, et produit les vents qui soufflent et qui refroidissent.

« Ici nous en ressentons trop visiblement les effets; cette vive ardeur de l'amour du sang est un soleil qui baisse, dont les rayons écartés par le souffle furieux des vents de ces passions dangereuses du profit et de l'intérêt vont à nous diminuer la substance des corps et ne laisser que la figure des ombres; ainsi, dans cet affaiblissement de la chaleur naturelle, ce petit enfant vient s'exposer aux rayons du soleil de la justice, qui luit toujours en plein midi; et, tenant le milieu de son élévation, chasse les vents et dissipe les ombres! » Tout ce soleil avec ces beaux effets de cosmographie et quelques lignes de grec que j'ai passées aurait bien pu empêcher les magistrats d'y voir clair. — Cependant Gaultier gagna son procès, et la garde noble fut refusée à cet aïeul qui avait, par sa cupidité, causé tant de comparaisons déplorables et exposé pendant une heure les conseillers de la Grand'Chambre aux rayons d'un soleil accablant. — Dans une autre occasion, l'avocat qui a prononcé ces paroles bizarres et burlesques en trouvera de simples, de belles, d'éloquentes pour honorer la justice du Parlement; « ici, dira-t-il, on sait abaisser et humilier toutes les puissances injustes; les coups de la violence se perdent en l'air... »

CHAPITRE XXI

Gaultier plaide pour Marguerite Tabert, qui avait eu des faiblesses pour l'abbé de Fontenay. — Le portrait de cet abbé avec ses revenus, et l'usage qu'il en faisait. — Le combat de deux testaments. — La scène du légataire. — Les notaires. — Les excès de la comparaison et de la métaphore. — Gaultier s'exprime en termes de chimie. — M° Brodeau sur Louet, avocat jurisconsulte, atteint par une rime de Boileau. — La chambre de l'édit. — Le baron de Merville, parent des Châteauneuf. — La demoiselle Francisque, une précieuse sans vertu. — Le procès finit par un duel dans lequel le baron de Munster, qui avait épousé la demoiselle Francisque, tue le marquis de Châteauneuf. — La baronne de Plancy. — Les dieux d'Athènes. — Comment les *fameuses* se faisaient payer en 1635. — Le père Francisque. — Lettres d'amour de la demoiselle Francisque au baron de Merville. — Songe de la demoiselle Francisque.

Dans une cause qu'il intitule le *Combat de deux testaments*, Gaultier défendit avec une grande chaleur les droits d'une femme du commun contre les héritiers de l'abbé de Fontenay; cet abbé avait été, comme beaucoup d'autres en ce temps-là, un abbé galant et riche; il avait dans le cours de ses galanteries rencontré une fille nommée Marguerite Tabert, dont le père était huissier des requêtes du Palais, l'oncle greffier, et qui avait encore dans la robe des parentés plus hautes; il lui avait persuadé qu'elle aurait avec lui du bonheur sans scandale, et du plaisir sans peur; de cette rencontre un enfant était né.

L'abbé de Fontenay, au moment de sa mort, possédait plus de
dix mille livres de rente et plus de vingt mille écus en livres et
médailles (il était antiquaire). Sa terre de Fontenay lui rapportait deux mille livres, Senancourt huit; il avait dans Paris deux
maisons de douze cents livres, deux mille huit cents livres de
rentes constituées, trois ou quatre mille livres sur le sel et sur
le clergé. De nos jours, quand s'ouvre la succession d'un curé de
campagne, on ne trouve la plupart du temps dans l'inventaire
de ses biens que quelques livres pieux, l'image du Rédempteur
et la modique épargne destinée aux pauvres, ses seuls héritiers.
Sous ce rapport, le temps passé ne valait pas le nôtre; on s'en-
richissait par la prière; on mêlait aux pures richesses du sacerdoce les trésors de la terre, et ces trésors éloignaient trop
souvent le prêtre de l'autel. A quatre heures, le jour même de
sa mort, l'abbé de Fontenay fit un testament par lequel il laissait une pension alimentaire et viagère de dix-huit cents livres
à Marguerite Tabert et à son fils. — A huit heures, il disposa,
ou plutôt on disposa pour lui, du reste de ses biens en faveur
de ses héritiers légitimes. Au nom des mœurs, ces héritiers voulurent faire tomber le legs de Marguerite Tabert. — Gaultier le
défend, et attaque le prétendu testament de huit heures; il raconte comment le mourant a testé et comment il n'a pas testé;
dans la seconde partie de ce récit on trouve à peu près faite la
scène du *Légataire;* qu'on en juge : « Dans l'histoire du fait,
dit l'avocat, il faut demeurer d'accord que le défunt abbé de
Fontenay s'étant trouvé indisposé, sa maladie a duré pendant
douze jours; le dimanche au soir, trentième de juillet, le mal
empire; le lundi matin, le malade, se sentant pressé, se dispose
à recevoir les sacrements, et, au dernier période de sa vie, attaché seulement à la méditation de ces divins mystères, il
cherche la satisfaction de sa conscience. — En cet état auquel
la mémoire des actions de notre vie console doucement par

une sainte espérance, ou afflige et désespère par la crainte du
châtiment, le défunt se souvient, par la présence de ma partie,
dont la mère le logeait dans sa maison, qu'elle avait été la
victime immolée à ses plaisirs et qu'abusant de la faiblesse de
son âge, de son sexe et de sa condition, il l'avait séduite et
corrompue, *virgo cecidit in foveam;* qu'un enfant, né de cette
conjonction furtive et clandestine, était le fruit de son amour;
il sait que ce n'est pas assez de se repentir, qu'il faut satisfaire;
il sait qu'étant ce qu'il est, de naissance et de condition, possédant des biens considérables, cela criait vengeance devant Dieu,
d'exposer ces deux créatures à la misère d'une nécessité honteuse.

« S'il eût mesuré son bienfait à son pouvoir et à son inclination, sans doute qu'il eût étendu sa libéralité plus avant;
et néanmoins, pour marque qu'en ce qu'il faisait il n'y avait
rien d'un mouvement d'impulsion domestique, il demeure
dans ce tempérament, qu'il semble plutôt s'acquitter d'une
dette d'obligation que non pas donner par excès de libéralité
et de profusion; il a seulement légué à la mère et à la fille des
aliments, et a laissé pour cela à chacune des deux une rente
viagère de neuf cents livres pendant leur vie, et, pour le reste,
il y a quelques dispositions en œuvres pies d'environ quinze
cents livres.

« Après ce testament, il a paru avec quelle simplicité et sincérité ces pauvres gens agissaient, parce que, pouvant cacher
pendant quelque temps cette dernière extrémité, elles ont, au
contraire, fait avertir messieurs ses parents, lesquels, pour
toute reconnaissance, traitent cette pauvre femme avec toutes
sortes d'indignités, d'injures, de menaces et de violences : *Qui-
bus fungebatur officiis, et sedula circa lectum ægrotantis, in
omnia discurrebat ministeria;* cette assistance avec tant d'assiduité, partagée en tant de différents services que la nécessité

exige des soins officieux d'une personne pleine de zèle et d'affection, eût pu toucher les amis de l'abbé de Fontenay, qui
eussent désiré sa santé et sa vie, et non pas ses héritiers, qui ne
respiraient que l'air agréable de sa succession..

« Aussi, à l'instant, toute leur peine et leur inquiétude parut en l'inquisition exacte et curieuse de savoir si leur parent
avait fait un testament, et, comme cette pauvre demoiselle crut
que, la disposition faite en sa faveur étant de si peu de conséquence, il n'en fallait point faire un mystère, et qu'elle pouvait
avec assurance en révéler le secret, son ingénuité ne fit pas cesser leur persécution; le bruit, le trouble et le tumulte augmentent, la peur les saisit, rien ne les peut rassurer si on ne
leur représente ce testament; on la sollicite, on la presse, on la
tourmente, on envoie des gens pour forcer les notaires de l'apporter, on jure, on promet de n'y rien changer, que ce n'était
que pour le faire confirmer par un codicille; enfin le temps se
perd, le malade avance à grands pas à la mort, les notaires qui
avaient le dépôt du testament gardent la foi publique et ne
viennent point, et alors ces messieurs prennent la résolution
qu'ils ont depuis exécutée par une plénitude de puissance; deux
autres notaires sont mandés et amenés dans un carrosse, on leur
propose de faire un testament, mais le faire et non pas le recevoir, parce qu'il n'y avait point de testateur qui le voulût dicter; et, n'étant pas possible de le faire parler par force, on
trouva un expédient plus prompt et plus facile de le faire parler sans qu'il en sût rien (*sic*), parce, dit-on, qu'il est aveugle,
et, partant, dispensé de signer, et que la déclaration des notaires sera suffisante pour suppléer le défaut de signature.

« Ainsi, par concert des héritiers et des notaires, le testament nouveau fut dressé, dans lequel, au lieu d'employer le
legs universel des meubles et acquêts, la crainte retint les notaires, ou bien par les aveuglements ordinaires qui arrivent

en toutes les mauvaises actions, ces gens, en supposant à un aveugle un testament, s'aveuglèrent eux-mêmes; depuis, la faute est reconnue et réparée, et, comme on avait déjà, par une diligence prévenante, pris en diverses fois tout ce qu'il y avait de plus précieux, l'on fit sur le soir ajouter ce legs universel, toujours avec la même facilité, la main des notaires agissant seule, sans nécessité de la signature de l'aveugle mourant; le scribe était le testateur, et son seul ministère faisait la loi du testament. »

Ce passage est certainement remarquable, et n'a pas besoin, pour qu'on l'applaudisse, du bruit de l'audience; il y a là du mouvement, du style, de l'art, une composition excellente, des traits bien lancés, une ironie bien contenue; mais, de cette hauteur (ce qui n'arrive pas à Lemaistre), Gaultier descend aux derniers excès de la comparaison et de la métaphore; il s'exprime en *termes de chimie;* il veut que les incertitudes du sort de ses clientes ressemblent « aux différents effets de l'eau d'une fontaine. *Ter in die crescit decrescitque annulum seu quid aliud ponis in sicco, alluitur sursim ac novissime operitur, detegitur rursus, paulatimque deseritur;* l'anneau exposé en lieu sec, proche de cette fontaine, est l'image de l'infortune où la mort de celui de qui elles (ses clientes) attendaient leur secours les pouvait réduire; ce même anneau qui, dans un même jour, est arrosé de l'eau qui s'approche et le couvre est la grâce qui découle de la source vive d'une volonté bienfaisante qui répare avant la mort le débris dont elles étaient menacées; et enfin la sécheresse qui survient au déclin du jour fait que les eaux de notre bonheur se retirent, et, par un feu violent, toute l'humidité se dessèche, la nourriture et l'aliment nous manquent, et nous demeurons exposés au premier malheur dont nous étions menacés. »

On a de la peine à croire que Gaultier ait parlé une langue qui

24

sort si violemment du bon caractère et de la vérité, quand, dans la même plaidoirie, on peut lire ces lignes animées, oratoires, éloquentes; il apostrophe ses adversaires : « Que s'il y a eu de l'offense et du péché en la conduite de leur parent, est-ce à eux d'en faire la censure publique? Ne sont-ils pas justes censeurs et dignes réformateurs d'une action de cette qualité? Le péché ne leur déplaît pas, mais la réparation les blesse; qu'il ait vécu, qu'il soit mort dans le désordre, pourvu qu'il ne donne rien pour la satisfaction de son crime, et qu'eux ne perdent rien de son bien par cette voie qui ne les satisfait point; c'est assez (disent-ils) que le défunt était abbé, et que, portant ce caractère, il y a incapacité en sa personne, et la pureté de nos mœurs, la sainteté de l'ordre ecclésiastique, ne peuvent souffrir que leurs dispositions portent les marques infâmes de leurs débauches; qu'il faut chasser ces femmes qui ont été des pierres de scandale au pied des autels, et ne pas autoriser le crime par la liberté d'en donner ou d'en recevoir la récompense.

« Chose étrange, messieurs! qu'un gentilhomme qui était en état de pleine liberté de contracter mariage, qui pouvait même réparer l'honneur d'une fille séduite par le titre légitime du sacrement, qui n'avait aucun caractère incompatible à ces engagements, qui pouvait s'y obliger, qui pouvait, l'ayant promis, y être contraint par les voies ordinaires de la justice, soit déchargé des obligations de la conscience et de la nature. Chose plus étrange encore, que nous entendions ici, au milieu du sacré temple de la justice, publier le sauf-conduit de l'impénitence pour ceux qui, par leur profession, doivent et prêcher la pénitence et la faire; quoi! ces gens pécheront comme les autres hommes, et, si le péché ne se peut effacer que par la satisfaction, si c'est la piscine sacrée qui purge et qui purifie, ils participeront au mal et seront incapables du remède, ils mourront sans se repentir ou dans un repentir inutile; et votre loi, d'une pureté imaginaire, sera la loi de leur damnation sans retour; et vous qui faites les zélés pour la mémoire de votre parent, cachez sa faiblesse, pleurez son malheur, et expiez sa faute par son bien, si lui vivant avait manqué à le faire, et ne soyez pas si lâches que de contester ce qu'il en a ordonné si justement et si saintement! »

Dans cette affaire ou dans une autre analogue, Gaultier eut pour contradicteur Mᵉ Brodeau, le commentateur de Louet, un avocat jurisconsulte qu'a atteint une rime de Boileau[1].

« Au mois de juillet 1633, dans la chambre de l'Édit, devant ce tribunal accordé à la tolérance religieuse, et dont l'origine était la critique de la juridiction ordinaire, s'agitait un procès scandaleux et bruyant. Un baron de Merville, parent ou allié d'illustres maisons, cousin des Châteauneuf, marié à Magdeleine de Bourbon, avait mené et venait de finir une vie agitée et licencieuse. Au nombre des femmes qui avaient pendant plus ou moins longtemps remplacé la sienne, se trouvait une demoiselle Francisque, qui était une *précieuse* et qui avait fait un recueil de ses lettres d'amour. Le baron avait payé ces ardeurs épistolaires en monnaie ordinaire; il s'était reconnu dé-

[1]
Faut-il donc désormais jouer un nouveau rôle?
Dois-je, las d'Apollon, recourir à Barthole;
Et, feuilletant *Louet allongé par Brodeau*,
D'une robe à longs plis balayer le barreau?
Mais, à ce seul penser, je sens que je m'égare.
Moi! que j'aille crier dans ce pays barbare
Où l'on voit tous les jours l'innocence, aux abois,
Errer dans les détours d'un dédale de lois,
Et, dans l'amas confus des chicanes énormes,
Ce qui fut blanc au fond rendu noir par les formes,
Où *Patru*, gagne moins qu'Huot et Lemazier,
Et dont les Cicérons se font chez Pé-Fournier!
Satire 1ʳᵉ.

biteur d'une rente de quinze cents livres au capital de vingt-
quatre mille francs envers la baronne de Plancy, qui avait accepté le rôle de prête-nom et qui cachait la véritable créancière,
la demoiselle Francisque. Mise à la mode par cette aventure,
cette demoiselle avait épousé, plus tard, un de ces étrangers
qui ne tiennent pas à la nouveauté, qui n'ont pas d'ailleurs le
droit d'être exigeants, et qui, en se mariant, ne demandent pas
d'honneur parce qu'ils n'en ont pas à donner, le comte de
Munster. Quand le baron de Merville eut quitté le monde, qu'il
avait scandalisé, sa veuve et le marquis de Châteauneuf, tuteur
de ses enfants, voulurent faire casser le titre que la comtesse
de Munster avait reçu des mains de la baronne de Plancy. Leur
avocat, Mᵉ Hérault, prit la chose très-vivement et de très-haut :
pour justifier sa demande, il ne craignit pas de raconter « l'histoire des habitants de l'île d'Andros, qui, aux deux déités que
les ambassadeurs d'Athènes leur portaient, la Persuasion et la
Force, opposaient deux autres divinités d'une force invincible,
l'impuissance et la pauvreté, » et de dire « que la fille du sieur
Francisque n'avait pu prêter de l'argent au baron, parce que
rien ne pouvait surmonter l'impuissance des liens domestiques
de sa famille, la misère et la nécessité. » Gaultier, qui prend
plaisir à répéter ces phrases ridicules, répond sur le même
ton, retient pour lui cette burlesque figure, la continue et la
retourne contre ses adversaires :

« Nous ferons, dit-il, une bien plus juste application (de la
figure) en vous persuadant sans peine que ces dieux de la ville
d'Athènes, dont l'un s'insinue doucement dans les esprits par
le charme et les grâces du discours, et l'autre sait armer et animer la rigueur des lois par le secours de la force, assisteront
sans doute l'innocence d'une fille outragée; nous vaincrons dans
vos esprits, et l'image de la vérité toute nue portera le vif éclat
de sa lumière; mais quel sera le fruit de notre victoire, si nos

ennemis, assurés dans les effroyables retranchements de l'impuissante nécessité, ne peuvent être forcés? Mais le mystère des faux dieux que vous nous présentez a été découvert ; n'avez-vous pas voulu même engager les dieux de la terre à prendre votre parti? N'avez-vous pas troublé la moyenne région de l'air? N'a-t-on pas vu le ciel se couvrir de nuages, entendu gronder le tonnerre? et n'avez-vous pas tenté de nous désarmer par la frayeur et l'étonnement pour vaincre par surprise? Prenez garde pourtant que le nom de votre île d'Andros est un nom fatal, dont nous vous avons fait éprouver l'effet qu'il signifie d'une mâle et généreuse vigueur, et que nous étions incapables de ces lâches mouvements de la crainte et de la peur ! »

Après avoir traversé ce gros nuage de mythologie et de rhétorique, Gaultier exprime des idées ingénieuses et trouve au service de sa cause des mots charmants. Il fait dans une phrase le portrait du baron de Merville :

« Le baron de Merville, dans le débordement d'une vie licencieuse dont la soif ardente s'abreuve à toutes eaux, s'est attaché à la suite d'une de ces *fameuses*, qui s'est rendue dans Paris sa compagne inséparable. »

La cliente de Gaultier avait beaucoup occupé Paris ; elle avait refusé un brillant mariage, et la chose avait fait du bruit. Son avocat tire parti de ce refus, et ne veut pas croire que « celle qui n'avait jamais rien voulu donner lorsque l'or l'assurait de l'établissement de sa fortune et du repos de sa vie, eût sottement donné et abandonné ce qu'elle avait de plus précieux pour acheter par le mépris, la honte et l'infamie, le hasard incertain d'une espérance lointaine de quelque argent promis sous la foi d'un contrat, d'une promesse ou d'une obligation. »

Il ajoute, continuant à défendre l'honneur de la demoiselle Francisque :

« Ne sait-on pas que les femmes qui se mêlent de ce petit

commerce ne tirent jamais le payement de leurs dettes par
lettres de change? que de tous les temps qui composent les es-
paces de notre vie elles n'en connaissent que celui qui est présent,
semblables à ces deux courtisanes grecques, lesquelles se donnaient pour le premier précepte de leur art de ne recevoir jamais avec faveur un amant de la bouche duquel on entendait toujours des remises, des excuses, des promesses et de
longues espérances.

« Pourquoi veut-on représenter l'image de la vie d'une fille dans
un faux miroir?... Où et quand ont paru les signes de la moindre licence? Le défunt baron de Merville avait-il remporté l'honneur de la première attaque et le prix de la première victoire,
ou bien avait-il des compagnons de sa bonne fortune et des
complices de son crime? Si le bien était commun, s'achetait-
il si chèrement? si c'était un bien de réserve dont l'homme fît
une soigneuse garde, se perdait-il si légèrement? »

On lui oppose l'indigence du père de sa cliente, et on soutient, avec quelque apparence de raison, que cet homme n'a pas
pu prêter huit mille francs au baron de Merville. Gaultier réfute
cet argument avec une grande adresse et beaucoup de bonheur, et, en le réfutant, il esquisse très-habilement la figure
du père Francisque :

« Je sais bien que l'on dit que le père de ma cliente n'était
point en état de mettre de l'argent à rente, la nécessité, fâcheuse
hôtesse, ne l'ayant point abandonné pendant sa vie... Jugez,
messieurs, combien cette ouverture est dangereuse, si désormais la foi et la sûreté des contrats est anéantie par de semblables conjectures, et si un créancier est contraint, pour
justifier la vérité du prêt qu'il aura fait, de se soumettre à l'inquisition fâcheuse et injurieuse de sa vie, de sa fortune et de
ses facultés, pour en rendre compte à son débiteur lorsqu'il
le pressera du payement; or en voici ici l'exemple, où la ca-

lomnie a péché jusqu'à cet excès, que de faire effort de vous persuader que le sieur Francisque, père de cette demoiselle, avait presque fait son domicile ordinaire de la prison, ce qui est absolument démenti par les propres pièces dont on s'est servi pour en faire la preuve, que pendant trente ans il ne se trouve avoir été emprisonné que deux fois, dont l'une avait été pour une dette contestée, et l'autre pour quelque résistance à des sergents, par le seul dessein de favoriser et d'assister un de ses amis; et toutes les deux, n'ayant duré qu'un moment, ne peuvent servir de sujet de reproche ou d'injure.

« Sera-t-il dit que, pour avoir trouvé un seul exploit de saisie de ses meubles, faute de payement des loyers de sa maison, il le faille faire loger à l'hôpital, puisque, au contraire, en toutes les maisons où on l'a vu demeurer dans Paris, jamais il n'en est sorti par contrainte et qu'après un fort long temps, qui est une marque du contentement et de la satisfaction des propriétaires? n'y a-t-il point de milieu entre une haute opulence et une pauvreté misérable? La fortune des hommes ne peut-elle subsister dans quelque médiocrité? Il est vrai que la rente de quinze cents livres est trop peu de chose pour un de nos riches aisés du siècle; mais ce n'est pas trop pour un homme qui a toujours été hors de la nécessité et qui pouvait bien prêter cet argent au temps de son contrat, en ayant reçu presque au même instant une somme de dix mille livres pour le traité de l'office d'écuyer ordinaire de Monsieur, frère du roi. »

A propos des *Lettres d'amour de la demoiselle Francisque au baron de Merville*, qui faisaient un roman, Gaultier déclare qu'elles étaient adressées à un sieur de Crux, « jeune gentilhomme qui avait passé quelque temps aux exercices de l'académie du sieur Francisque; » il avoue alors que sa cliente a aimé, mais d'un amour pur, dont il fait la peinture avec une plume chargée de mots grecs et qui n'est pourtant pas sans éclat :

« Ne déshonorez pas la main qui a tracé ces lignes, puisqu'elle ne s'éloigne point du centre de l'honneur; apprenez que l'amour est un ouvrage commun de la vertu et du vice : ἔρως, κοινὸν ἀρετῆς καὶ ἡδονῆς ἐργόν; c'est un double dieu qui paraît sous différents visages, qui ne fait pas toujours les mêmes démarches, ne suit pas les mêmes brisées et ne vient pas à nous par un même chemin; il ne brûle pas toujours d'un même feu, ne souffle pas un même vent et n'inspire pas un même air. S'il y en a un qui, prenant sa naissance parmi les jeux et les ris d'un enfant aveugle, ne produit que des extravagances, des sottises et des désordres, il y en a un autre dont la nature est sacrée et divine, qui imprime dans les cœurs sur lesquels il domine les mêmes qualités, et se peut appeler le gardien fidèle des belles et sages passions; enfin c'est un même nom d'amour, mais les mouvements et les sentiments en sont entièrement dissemblables; c'est dans cette différence que, devant vous, messieurs, cette fille, pour sa justification, est contrainte d'avouer qu'elle n'a pu refuser les marques honorables de cette noble passion, et qu'elle a été capable de rendre l'amour aussi pur, aussi saint qu'elle le recevait; le chemin par lequel ce dieu venait à elle était celui du mariage, puisqu'elle a épousé un seigneur de qualité étranger. »

Malgré tout, je crois que cette demoiselle avait été plus heureuse que sage; elle se trahissait dans ces lettres qu'il est toujours si imprudent d'écrire et qu'on écrit toujours, parce que la passion, comme un torrent, cherche et veut trouver des issues; dans l'une d'elles, elle expliquait un songe et disait :

« J'ai vu entrer par la porte de ma chambre une femme avec le visage effrayé, laquelle s'est mise à dire des paroles que le trouble auquel elle était empêchait de bien proférer; parmi lesquelles je n'entendais que le nom de Merville et dè mort. Je m'avançai sur la fenêtre pour demander ce qu'elle disait, elle

me répondit que vous ne faisiez que d'arriver à Paris, et que
vos ennemis vous avaient blessé de cinq ou six coups d'épée. »

Cette femme qui lui apparaissait ainsi a bien l'air d'une rivale, et c'est bien le baron de Merville qui, dans ce songe, reçoit les cinq ou six coups d'épée.

On assure que Gaultier, en plaidant, fit pleurer ses adversaires
(c'est même lui qui prend soin de le dire); mais, au sortir de
l'audience, l'affaire tourna au tragique. Le comte de Munster
qui était de la patrie et de l'école de Brennus, provoqua en
duel le marquis de Châteauneuf et le tua, après quoi sa femme
et lui se réfugièrent à Bruxelles. Ce duel était de ceux qui jus-
tifiaient la sévérité dont le cardinal de Richelieu poursuivait
alors cette meurtrière coutume.

CHAPITRE XXII

Le mariage forcé. — Françoise de Clermont, qui tenait aux Montmorency, ayant épousé le baron de Castelnau, avait fait annuler son mariage par l'Église. — Elle épouse secrètement M. du Bouchage, président au parlement de Grenoble, qui l'avait visitée et conseillée pendant son premier mariage. — Deux grossesses à la suite. — Madame du Riage et la connétable de Montmorency. — M. du Bouchage veut redevenir célibataire. — Tout ce qu'il y a d'illustre dans le royaume s'émeut de ce procès. — Sa femme, accompagnée de la princesse et de la connétable de Montmorency, se jette aux pieds du roi. — Le président demande des juges d'Église. — Jurisprudence. — Le concile de Trente. — Le mariage civil. — Ce qu'était le baron de Castelnau. — Le congrès. — M. du Bouchage reste marié. — La parole de Gaultier fait l'office de l'épée d'Alcidas. — Les avocats estimables, Hylaire, Pousset de Montauban, Bataille, Petit-Pied, Pucelle. — Quand Lemaistre attire tout Paris à l'audience, la grandeur est dans l'air. — L'hôtel Rambouillet. — Corneille. — Lemaistre endormi. — Le réveil du lion. — Omer Talon aveuglé.

Au moment où Lemaistre allait quitter le Palais, Gaultier plaida une cause qu'on peut intituler le *mariage forcé*. — Une jeune fille, qui tenait à la famille du connétable de Montmorency, Françoise de Clermont, avait épousé une première fois le baron de Castelnau. Sur les conseils et avec l'assistance de M. du Bouchage, président au parlement de Grenoble, elle avait fait dissoudre ce mariage par l'Église. « En cet état de liberté, » elle avait reçu souvent le magistrat qui l'avait conseillée. — Ils avaient fini par se marier secrètement, dans une

maison de campagne, devant un prêtre et cinq témoins, le
18 juin 1632. — Cette union avait eu plus d'un résultat,
« deux grossesses et deux accouchements, deux voyages à
Orléans et à Tours, la mort d'un premier enfant avant terme,
la naissance et la vie d'un second, suivies de son enlèvement. »
A ces signes, les parents sont avertis et veulent avoir la preuve
du mariage; le président du Bouchage la fournit à madame du
Riage, sœur de sa femme, et à madame la connétable de Montmorency, sa tante. Mais plus tard le président s'ennuie, regrette sa liberté et songe à la reprendre. Il supprime l'acte de
son mariage et prétend qu'il n'est pas marié; « tout ce qu'il y
a de grand et d'illustre dans le royaume prend part à l'offense »
qu'il fait ainsi à sa femme; celle-ci, accompagnée de la princesse et de la connétable de Montmorency, va se jeter aux
pieds du roi; le roi l'accueille avec bonté, s'étonne, lui qui
sait être vertueux, qu'un des premiers magistrats de sa province du Dauphiné le soit si peu, et il accorde à celle qui le
supplie des lettres patentes qui saisissent de cette affaire le
parlement de Paris. — Ces lettres patentes firent sur M. du
Bouchage l'effet des deux épées d'Alcidas sur Sganarelle; il
se vit menacé par elles de devenir malgré lui le mari légitime et public de la demoiselle Françoise de Clermont. —
Cependant il reprit courage et se défendit comme il put. Il demanda des juges d'Église, et proposa ainsi ce que nous appelons
aujourd'hui un moyen d'incompétence; mais Gaultier lui répondit par des raisons et par des exemples : les exemples surtout méritent qu'on les cite; ils montrent qu'en ce temps-là il
y avait assez souvent des mariages forcés, et que la loi civile,
dont on a récemment combattu et voulu détruire la puissance
en cette matière, avait déjà sa force pour maintenir ou pour
rompre les liens du mariage. « S'il faut appuyer, dit Gaultier,
cette proposition (que les juges royaux sont compétents) par

les exemples, l'on sait que la question de la validité et vérité du mariage du sieur de Vausselles de Lyon ne fut point renvoyée aux juges d'Église; la *Dorati* se prétendait sa femme, elle n'avait pourtant point aucun acte de la célébration de son mariage; s'il y avait un certificat, il était faux; ce mystère si saint avait été profané par le ministère d'un prêtre supposé; si elle se disait femme légitime et femme d'honneur, elle-même s'était déshonorée en signant les reconnaissances de sa prostitution. Cependant c'est dans cette Grand'Chambre que, sur les circonstances et les preuves tirées des lettres missives et des interrogatoires des parties, la vérité et la validité du mariage reçut sa confirmation, et fut jugé même que le ministère d'un homme supposé, qui n'avait point le caractère du sacerdoce, avait pu conférer la grâce et l'effet du sacrement.

« N'a-t-on pas vu encore quelle connaissance la Cour prend des affaires de cette qualité, en la cause de M. *de Saint-Félix*, procureur général du parlement de Toulouse, que nous avons plaidée depuis deux ou trois mois seulement ?

« Une fille réclame et se plaint que l'autorité de son père a forcé son consentement : question si le mariage d'une impubère, que la présence et la puissance des père et mère avait autorisé, était valable; question *si sponsalia per verba de præsenti* ne rendaient pas le mariage parfait; et, sur cette matière, la Cour, non-seulement n'a pas renvoyé devant le juge d'Église, mais a prononcé son arrêt en ces termes, qu'elle a déclaré n'y avoir eu mariage. Criez maintenant que l'on a mis la main à l'encensoir, la loi n'est-elle pas égale pour nous ? N'agit-elle pas même plus fortement en notre faveur par-devant vous, où, par le sacré caractère de la main souveraine et par les lettres patentes du roi, nous sommes renvoyés ?

« Aussi, dans le discours inutile de la division de l'Église et du siècle, c'est assez de répondre que vous nous faites un mauvais partage, sans considérer que la part réservée à l'Église est une pure grâce de nos rois, et que le titre pris par l'empereur Constantin vous fait assez connaître quelle est l'étendue de la puissance royale.

« Mais particulièrement pour ce qui regarde le fait des mariages, il se faut souvenir de cette belle dispute qui fut agitée au concile de Trente, sur deux opinions différentes du docteur Salmeron et du doyen de la Faculté de Paris, en la proposition de savoir si l'Église pouvait changer quelque chose de l'essence du mariage, par l'ouverture qui était faite de déclarer la matière incapable de recevoir la forme et prononcer l'inhabileté des personnes pour irriter le contrat; où l'on a remarqué que plusieurs de l'assemblée firent connaître que par cette voie on établissait le droit de la juridiction séculière pour prononcer sur la nullité ou validité des mariages...

« Que si l'on en veut faire l'application aux faits de cette cause, qui va à l'examen et à l'instruction des preuves de la vérité d'un mariage contracté, dont la discussion est nécessairement attachée à tant d'autres circonstances qui sont purement de la connaissance du juge royal ; c'est une erreur et une évasion de chercher le secours de l'Église pour favoriser la fuite d'un parjure et d'un coupable ; c'est un malade qui s'imagine que le changement de lit et de chambre portera quelque allégement à l'ardeur de sa fièvre ; et, si celui qui excite le bruit sur la compétence de la juridiction avait été appelé devant un official, nous entendrions de la même bouche qui le défend de puissantes assertions pour l'autorité royale et séculière. »

A la veille du procès, M. du Bouchage avait prié quelques gens d'Église de ses amis de lui donner leur avis sur la valeur de son mariage ; ils l'avaient tous trouvé marié. — Gaultier proposait plusieurs témoins, le père Dinet, jésuite, le

théologal de Grenoble, le père Romain, un maître des comptes
et un trésorier de France, parents de son adversaire, sans
compter les domestiques. — M. du Bouchage ne pouvait
guère les repousser, puisqu'il en avait fait ses confidents, et
que des jésuites eux-mêmes il avait reçu une consultation
contraire à ses désirs. — M. l'évêque de Lisieux avait
été en correspondance avec le président du parlement
de Grenoble, et cette correspondance contenait la preuve
du mariage; de sorte qu'il ne restait plus à M. du Bouchage qu'une espérance de salut. S'il prouvait que le premier mariage de sa femme subsistait encore, le second, c'est-
à-dire le sien, ne pouvait être maintenu. — Il essaya de le
faire; mais Gaultier eut bientôt démasqué l'hypocrisie de ce
moyen; il reprocha amèrement et avec une ironie assez fine
à M. du Bouchage ses scrupules tardifs et intéressés; il s'étonnait qu'ayant fait rompre le premier mariage de la baronne de
Castelnau, afin d'arriver à son cœur et à sa main, il osât
ensuite soutenir que ce mariage n'était pas rompu. Conve-
nons qu'il fallait une certaine audace ou bien une très-grande
envie de n'être plus marié pour ne pas reculer devant une si
grave contradiction! — La guerre faite au baron de Castelnau
par le président du Bouchage et celle que l'amour avait mise de
son parti, et qu'il voulait alors épouser, avait été très-vive,
très-scandaleuse et très-meurtrière; ils avaient d'abord plaidé
que ce malheureux baron était impuissant; ils l'avaient fait
soumettre à la visitation et au congrès, puis ils avaient prétendu
que le mariage n'avait pas été consommé. Ils avaient gagné
leur procès, et le baron avait été soumis par arrêt à la profession dans la religion de l'ordre de Malte, laquelle profession
dispensait de consommer le mariage. M. du Bouchage s'était
beaucoup réjoui de cette victoire, qui lui laissait le champ
libre; il la regretta plus tard, quand quelques lunes de miel

eurent émoussé son bonheur; il voudrait alors rendre au baron la femme qu'il lui a prise. Il cherche à faire croire qu'il a très-injustement accusé son prédécesseur d'impuissance, et que celui-ci a montré à sa femme une aversion sensuelle que n'éprouvent pas les impuissants; mais Gaultier renverse avec assez de bonheur ce dernier et fragile obstacle, dont son adversaire se couvre.

« Le mari n'était pas impuissant, dit-on, puisqu'il avait conçu tant d'aversion et de haine. Quelle conséquence ridicule! et ne sait-on pas que c'est l'effet plus ordinaire du naturel *infrigidis et maleficiatis*, desquels l'on a remarqué que si quelquefois ils paraissent prodigieusement amoureux, c'est qu'en l'infirmité de la froideur du corps la chaleur se renferme dans le cœur, enflamme le désir avec telle violence, que ce qu'ils souhaitent dans les premiers mouvements de l'inclination naturelle se présente à leurs yeux, ces objets d'amour et d'émotion, qui excitent le combat dans l'impuissance de l'action et de l'ardeur du désir, leur deviennent des objets d'horreur, parce que leur vue et leur approche font le sujet du tourment et de la torture qu'ils souffrent? »

Au sortir de cette audience, M. le président du Bouchage fut forcé de dire, non pas tout à fait comme Sganarelle : J'épouserai, j'épouserai; mais : J'ai épousé... j'ai épousé... Et c'était la langue de Gaultier qui, faisant l'office des épées d'Alcidas, avait amené ce résultat.

En arrivant au Palais, Lemaistre avait immédiatement détrôné toutes les renommées. Il avait laissé derrière lui des avocats estimables, Hylaire, Pousset de Montauban, qui devait être son adversaire dans le fameux procès de la maison de Chabannes, Jobert, Bataille, Petit-Pied, Pucelle, l'un des ancêtres de l'abbé Pucelle, conseiller au parlement de Paris sous la régence du duc d'Orléans; il avait même éclipsé Claude Gaultier, avant lui sans rival. Il avait, du premier coup et dans un âge voué de nos jours à l'obscurité et à l'attente, détourné de tous les autres et attiré sur lui l'attention publique. Pour exercer cette rapide et souveraine séduction, il avait fallu que la nature lui prodiguât ses dons les plus précieux et le fît orateur en naissant. Ce n'est donc rien que de lire ses discours, que le temps a glacés; s'il n'eût été qu'un jeune et brillant rhéteur, avec quelques reflets d'Athènes ou quelques souvenirs du Forum, tout Paris n'eût pas été l'entendre. On ne charme pas avec des qualités secondaires et un talent d'imitation un public qui va bientôt entendre Bossuet. Il est certain que les prédicateurs ne montaient pas en chaire les jours où Lemaistre devait plaider et qu'ils allaient l'écouter comme un modèle. Cet hommage est peut-être le plus grand applaudissement qu'ait jamais obtenu chez nous l'éloquence toute seule et pour elle-même, sans le secours des passions politiques et le vif attrait de l'intérêt public. La chaire avait depuis longtemps jeté beaucoup d'éclat : les Ménot et les Maillard, ces prédicateurs du quinzième siècle si souvent profanes et bizarres, mais parfois si éloquents, avaient eu des successeurs, et la parole de Dieu était sans rivale, non-seulement à cause des bouches par lesquelles elle passait, mais aussi à raison des saintes matières qui l'animaient. Lemaistre, sur des sujets profanes qui par aucun côté ne touchaient le public, partagea cet empire; ce n'était pas la foi religieuse qui menait au Palais la foule avide de l'entendre, c'était l'admiration, et, comme nous dirions aujourd'hui, l'amour de l'art. N'y a-t-il pas dans cet empressement curieux et enthousiaste un éloge qu'on n'a pas assez remarqué et qui suffit pour donner, à celui qui en fut l'objet, une des premières places dans l'histoire de l'éloquence? Il ne faut pas oublier qu'au moment où tout Paris accourt à l'audience, comme Athènes dans l'Agora, l'esprit humain ouvre sa

plus brillante époque. Ce ne sont plus les auditeurs de Jean
Petit ni de l'abbé de Cérisy. La grandeur est déjà dans l'air,
suivant l'expression d'un illustre écrivain. L'hôtel de Rambouillet prépare l'Académie. Au milieu de beaucoup de fautes
de conduite et de goût, il mérite que Bayle le nomme un palais
d'honneur. Malherbe vient de mourir (1628), après avoir donné
à la langue française des leçons et des exemples de pureté, de
noblesse et de force. Balzac, son élève, a le génie de la prose,
et si, dans le salon bleu d'Arthénice, il échange avec Voiture
ou Chapelain des mots à effet, des traits d'esprit sans goût et
quelques vers tourmentés, il n'en est pas moins par moments
un grand écrivain; son style a de l'ampleur, de l'éclat et du
souffle oratoire. Un spirituel critique, dont l'opinion n'est pas
suspecte, puisqu'il suppose à Balzac des vices de cœur qui le
lui font détester, prétend que cet habitué de l'hôtel de Rambouillet, cet inépuisable épistolier, eût été dans la chaire le
précurseur de Bossuet. Sans me mêler à ce débat, il m'importe
de dire que Balzac fut l'auditeur et l'ami de Lemaistre. Il est
permis de croire que tous ces beaux esprits, qui commencent le
grand siècle et qui ont une part de gloire dans la sublime harmonie qui succédera bientôt à leurs notes un peu discordantes,
Scudéri, Voiture, Chapelain, Ménage, et tant d'autres, ont in-
terrompu leurs causeries régulières pour aller entendre un
jeune orateur, né presque au milieu d'eux, ayant quelques-uns
de leurs défauts, mais ayant de plus qu'eux le don de persuader et d'émouvoir. Corneille lui-même venait d'échouer dans
ses débuts d'avocat au parlement de Rouen et faisait prendre
à son génie la voie où Dieu l'appelait; il méditait ce drame admirable où toute la poésie de l'Espagne se mêle à la grandeur
antique et la rajeunit, le chef-d'œuvre qui allait enivrer Paris,
avide alors de ces beautés morales, de ces fruits du génie. C'est
au milieu de ces ardeurs littéraires, de cet emportement vers

le beau, de tous ces éclatants préludes de *Polyeucte* et d'*Atha-lïe*, que Lemaistre, du premier jour où il parla, se fit une tri-bune au pied de laquelle on se pressa pour l'entendre et pour l'admirer. Il ne faut pas isoler ses succès du temps où il les ob-tint. Car ce temps les rehausse de tout l'éclat dont il brillait déjà, et c'est une double grandeur d'avoir été le contemporain de Corneille, et, si on en excepte la chaire, le premier orateur de son siècle.

Vers la fin, quand Dieu, qui l'avait suivi dans sa courte carrière comme un être de choix, eut entièrement pris son âme, cette parole si vive, si entraînante, si bien faite pour la domination, s'alourdit et devint languissante. On raconte qu'inattentif à ses succès et déjà séparé du monde par la vo-lonté de le quitter, ce grand avocat de trente ans ne regardait plus en plaidant que l'image du Christ placée devant ses yeux. Au lieu d'admirer cette langueur d'une âme chrétienne qui se détache de tout, Omer Talon crut devoir la blâmer, et signala l'éclipse ou même la fin d'un talent qu'il n'avait pas cessé d'envier. A cette injustice d'un rival toujours vaincu, Lemaistre sortit un moment de sa pieuse torpeur; l'homme qui allait disparaître tout à fait et s'abîmer dans la pénitence connut une dernière fois cette passion humaine de la gloire, si puissante sur les cœurs. Il fut plus que jamais, en jetant dans l'audience ses dernières paroles, en y prononçant son dernier plaidoyer au mois d'août 1637, un éloquent et incomparable avocat. Cessant de regarder ce crucifix qui lui donnait envie de pleurer, et ne perdant pas de vue, au contraire, M. Talon, dont l'injus-tice avait provoqué ce réveil, il le courba sous son regard, sous son geste, sous sa parole enflammée et que poétisait encore le sentiment d'un silence volontaire et prochain. L'impression que produisit ce discours est attestée par les contemporains; elle fut immense. J'ai vainement cherché ce plaidoyer. Je suis presque heureux de ne l'avoir pas retrouvé : sa lecture aurait diminué, si elle n'eût entièrement effacé, l'éclat de ce qu'il est bien permis, sans mauvais goût ni flatterie, d'appeler le chant du cygne.

Ce livre a été écrit pour relever la mémoire d'un illustre avocat, et pour placer Antoine Lemaistre dans cette belle galerie du dix-septième siècle, à ses commencements, à côté de toutes les grandeurs de ce temps, Richelieu, Corneille, Descartes, Balzac, saint Vincent de Paul, Matthieu Molé, saint François de Sales, Jérôme Bignon, Auguste de Thou; mais il n'est pas possible de se séparer de l'avocat sans faire admirer l'homme. Ici Lemaistre est bien plus grand encore qu'au Palais. Avant de raconter sa retraite et de le montrer dans sa

solitude, il faut dire comment son enfance et sa jeunesse le pré-
parèrent à ce beau renoncement. On verra mieux ce qu'il a
quitté, et à quelle hauteur morale il s'est élevé en se retirant
du monde.

Il est né à Paris le 2 mai 1608, sur la paroisse de Saint-
Méry, dans l'hôtel de Pompone, rue de la Verrerie, deux ans,
presque jour pour jour, avant l'assassinat de Henri IV. Sa
famille avait déjà une grande illustration. Elle n'appartenait pas à la noblesse, mais à ce « peuple moyen, » qui, de
l'avis d'Euripide, aujourd'hui démenti, fait le salut des États
en maintenant l'ordre et la constitution établie [1]. Elle avait dû
son élévation à l'étude, à la science, à l'application, à tous ces
titres qui, à côté d'une aristocratie oisive et purement militaire, donnaient de l'importance et du pouvoir à la bourgeoisie.
Pendant que Sully exhortait vainement « les princes, ducs,
pairs, officiers de la couronne et autres seigneurs d'illustre extraction, de quitter les cajoleries, fainéantises et baguenaude-
ries de cour, de s'appliquer aux choses vertueuses, et, par des
occupations sérieuses et intelligences des affaires, se rendre
capables d'être honorablement employés, » Simon Marion,
le bisaïeul de Lemaistre, était avocat général du roi au parlement de Paris, et jouissait d'une belle renommée. Il n'était
pas de « ces maîtres des requêtes et autres bonnets cornus,
qui, faisant une cohue du Parlement, voulaient réduire toutes
les affaires d'État et de finance en chicanerie, » et soulevaient
la colère du grand ministre de Henri IV. C'était un véritable
magistrat, d'un grand esprit, d'un patriotisme éclairé, d'une
religion tolérante, d'une douce fermeté. Si on en croit le témoignage un peu suspect du cardinal du Perron, c'était même
un orateur sans rival. Après l'avoir entendu au Palais, ce prélat

[1] Les *Suppliantes*, vers 187.

avait dit que, depuis Cicéron, il n'y avait pas eu d'avocat comme Mᵉ Simon Marion. Il est vrai qu'auparavant Marion, sortant de Saint-Méry avec son gendre, M. Arnauld, et venant d'assister à un sermon du cardinal, s'était écrié : « Ce n'est pas un homme qui parle, c'est un ange ! » On peut donc croire sans injustice que le bisaïeul de Lemaistre ne fut pas tout à fait le successeur direct de Cicéron, et que le cardinal et lui, en se louant sans mesure, ont échangé ces plantes médicinales dont la vanité se sert si souvent, qu'on en a fait un proverbe.

Antoine Arnauld, le gendre de Simon Marion et le grand-père de Lemaistre, fut aussi, lui, un avocat éloquent. A une époque où, suivant Pasquier, c'étaient les *braves esprits* qui étaient contre les jésuites, quand un de leurs élèves, le jeune Jean Châtel, tentait de *saigner cette veine basilique*, épargnée dans la Saint-Barthélemy, Arnauld défendit contre eux les droits de l'Université et du roi devant le Parlement. Son plaidoyer a une valeur oratoire et historique. Déjà cette famille des Arnauld se place du côté de l'Église où ne sont pas les jésuites, sous les armes de France, avec le sceptre et les lis. Dans la première année du dix-septième siècle, Henri IV, voulant donner une réjouissance au duc de Savoie, qui était son hôte, l'emmena au Palais entendre plaider une cause : c'était Arnauld qui plaidait contre Robert et Gaultier. Sa réputation devait être bien grande, puisqu'il refusa une place d'avocat général au parlement de Paris, et celle de premier président du parlement de Provence[1]. Il eut vingt-deux enfants, que prirent tour à tour la religion et la mort. Il donna sans pru-

---

[1] Voici des vers que Lemaistre fit sur son aïeul :

Passant, du grand Arnauld révère la mémoire,
Ses vertus à sa race ont servi d'ornement,
Sa plume à son pays, sa voix au Parlement,

dence l'aînée de ses filles à un maître des comptes, nommé
Isaac Lemaistre, originaire des Pays-Bas, et fils d'un marchand
linger de la rue Aubry-le-Boucher. Cette union fut malheureuse,
quoique féconde; et, si elle donna le jour à Antoine Lemaistre,
elle ôta le bonheur et le repos à sa mère. Arnauld plaida sept
fois pour reprendre sa fille des mains de l'homme qui la faisait souffrir, et que protégeait, on ne sait pourquoi, le chancelier Guillaume du Vair. Cet indigne mari n'a trouvé pour le
louer que Tallemant des Réaux; afin d'être plus complétement
séparé de sa pieuse femme, il abjura la religion catholique et
se fit protestant. C'est pour fuir cet orage domestique qu'Antoine Lemaistre dut se réfugier dans les bras de son éloquent
aïeul. Il fut élevé par lui, près de sa mère[1], à côté de ses tantes,

> Son esprit à son siècle [*] et ses faits à l'histoire.
> Contre un second Philippe, usurpateur des lis[1],
> Ce second Démosthène anima ses écrits,
> Et contre Emmanuel arma son éloquence[**];
> Il vit, comme un néant, les hautes dignités,
> Et préféra l'honneur d'oracle de la France,
> A tout le vain éclat des titres empruntés.

[1] Madame Lemaistre était une femme d'un grand mérite et d'une grande
piété, même avant d'être à Port-Royal; elle avait été l'amie de Louise de
Bourbon, la première femme du duc de Longueville. Par suite de cette
amitié, elle avait consenti à être la gouvernante de sa fille unique, et l'avait
assistée elle-même, pendant une grossesse qui faillit coûter la vie à cette
princesse et qui donna le jour au comte de Dunois. La mère d'Antoine Lemaistre se fit chérir et respecter dans cette illustre maison : les serviteurs
l'y aimaient autant que les maîtres. Elle y soignait les malades et y soula-
geait toutes les souffrances. — Son élève ne suivit pas toutes ses inspirations. La duchesse de Longueville était morte en 1637. Le duc avait
épousé, en 1642, Anne-Geneviève de Bourbon, et, si on en croit M. Cousin, il lui apportait pour belle-fille « une personne presque de son âge, d'un
caractère tout différent du sien, assez belle, spirituelle, mais dépourvue de

[*] Allusion à ses Philippiques contre le roi Philippe II. — 1592. In-8.
[**] Allusion à la *Première Savoisienne.* — 1601. In-8 réimprimé à Grenoble en 1630 avec
la deuxième.

déjà passionnées pour Dieu. Il y apprit tout à la fois ce qui devait le faire avocat et solitaire. Il y trouva un mélange de savoir, d'éloquence, de piété et d'ardeurs.

Au commencement du règne de Louis XIII, quand la guerre

toute sensibilité, qui devint bientôt le censeur de sa belle-mère et son ennemie dans le sein de la famille, et jusqu'auprès de la postérité dans les mémoires aigrement judicieux qu'elle a laissés sur la Fronde. »

Au moment où madame Lemaistre mourut, mademoiselle de Longueville était dans la Fronde* et n'avait pas encore épousé le duc de Nemours. Elle avait vingt-cinq ans. C'est à elle que, de son lit de mort, madame Lemaistre écrivit une admirable lettre que je ne résiste pas au désir de transcrire ici, parce qu'elle donne une haute idée de la mère d'Antoine Lemaistre; on n'y trouve pas le portrait que M. Cousin a fait de cette princesse, en l'opposant à celui de son héroïne, mais on y trouve un souffle très-vif de Port-Royal, un grand sentiment de charité, une douce et fière attente de la mort, et, si mademoiselle de Longueville était digne d'écouter un tel langage, elle avait au moins autant de sensibilité que son illustre belle-mère. Voici cette lettre :

Lettre de la sœur Catherine de Saint-Jean à mademoiselle de Longueville.

« Mademoiselle, me trouvant dans le lit de la mort, après avoir reçu les derniers sacrements et donné la bénédiction à mes enfants, je n'ai pu oublier une personne dont la naissance m'ôte la hardiesse de la mettre de ce nombre, mais à qui mon affection fait tenir la même place dans mon cœur, pour lui dire les choses que je n'espère plus lui pouvoir jamais dire, puisque vous avez trouvé bon que j'en prisse la liberté. Je sais, mademoiselle, que vous trouverez plusieurs personnes qui vous diront plusieurs belles choses, mais qui ne se soucieront guère de votre salut. Il vous doit être précieux sur toutes choses, puisque vous vous devez regarder comme une personne que Dieu a donnée par miracle à une bonne et sainte mère, qui vous a nourrie avec des soins non pareils, pour vous conserver dans la grâce de votre baptême. Il paraît que Dieu veut continuer ce miracle sur vous, puisqu'il vous donne la marque de ses enfants en vous envoyant de si grandes afflictions depuis votre plus grande jeunesse, et qu'à l'âge où vous êtes à cette heure, qui est le plus dangereux de la vie, il vous a donné la plus grande, la plus sensible et la plus fâcheuse affliction qui pouvait vous arriver, et avec des circonstances si particulières, qu'il est étonnant comment vous l'avez pu supporter. C'est une occasion unique, mademoiselle; si vous la laissez passer sans vous convertir à Dieu, elle vous deviendrait tout à fait inutile. Songez, s'il vous plait, que, quand la paix se-

* Époque de la prison des Princesses, 1650.

religieuse était apaisée sur les champs de bataille et dans les rues, les esprits avaient gardé sur ces matières un grand emportement. Le pouvoir temporel des papes était vivement soutenu dans des livres et dans des pamphlets; sur ce terrain les

rait en France, que toutes choses y seraient dans la tranquillité et dans les réjouissances de ce temps-ci, et que vous fussiez dans la même affliction; si vous aviez seulement une pensée de vous trouver dans les lieux de divertissement, à cause seulement que le monde, fort injuste en toutes choses, y trouverait à redire, vous aimeriez mieux mourir que de le faire. Oh! ce que vous feriez avec tant d'exactitude pour ne pas choquer le monde, ne le ferez-vous pas pour le salut de votre âme, pour témoigner que vous êtes chrétienne, et que vous ne portez pas ce nom en vain, et que vous confessez Jésus-Christ devant les hommes afin qu'il vous confesse devant son Père?

« La profession de chrétienne, mademoiselle, vous oblige, puisque Dieu vous a donné du bien, d'en prendre les soins nécessaires afin qu'il soit bien administré. Je sais que vous avez des gens de bien dans votre conseil, mais je sais bien aussi que ce n'est pas à eux mais à vous qu'il a donné ce bien, et que ce sera à vous qu'il en demandera compte.

« C'est donc à vous, mademoiselle, aussitôt que vos partages seront faits, de vous faire donner un plan de tous vos villages, pour en savoir toutes les maisons et tout ce qui en dépend, afin de connaître l'état de l'église, du presbytère et du curé, et, si vous êtes patronne, de prendre conseil de gens de piété et de suffisance pour y mettre de bons pasteurs, prendre garde si le revenu de la cure est suffisant, et s'il ne l'est pas, y contribuer. — Vous aurez, s'il vous plaît, soin des ornements de l'église, voir en quel état ils sont pour faire les choses dans la décence où elles doivent être.

« Vous ferez, s'il vous plaît, faire un état de tous les habitants, de leurs qualités, de leurs moyens et de leur prudhommie, comme aussi un état des pauvres personnes qui, par l'âge ou les maladies, sont dans l'impuissance de gagner leur vie, afin de les nourrir jusqu'à leur mort; des pauvres enfants laissés orphelins de père et de mère, pour en avoir le même soin jusqu'à ce qu'ils soient en état de gagner leur vie; et ce qu'il y a de pauvres, outre cela, qui ne peuvent pas gagner leur vie tout le long de l'année, qu'il y ait un fonds pour subvenir à leurs nécessités.

« Il faut qu'au premier bail qui sera fait tout cela soit réglé, afin que, par l'avis de deux personnes sages, le receveur donne les choses nécessaires pour cela, afin qu'ils ne soient point obligés d'aller à Paris. Vous tâcherez d'avoir, dans la province, la connaissance de quelque gentilhomme de piété et d'esprit qui vous informe de tout ce qui se passe, principalement de la jésuites tenaient résolûment la campagne, malgré les arrêts du Parlement et les soupçons flétrissants qui les avaient atteints, à l'occasion de la mort du feu roi. — Dans l'année 1625, l'une de leurs sentinelles avancées, François Garasse, publia en latin

manière dont vos receveurs traiteront vos sujets, afin que, s'ils les traitent bien, dans les premiers baux, ils soient préférés à tout le monde.

« Il y a à cette heure, mademoiselle, une chose qui regarde le bon ménage, que je vous pourrai bien conseiller, quoique je ne l'aime pas beaucoup, qui est, pendant votre affliction, de retrancher toutes sortes de superfluités sur votre personne, pour en pouvoir faire des charités, dont le besoin est si grand de tous côtés, que cela fait saigner le cœur. Il reste une chose à vous dire, mademoiselle, à quoi je n'aurais jamais pensé sans l'état où je me trouve; mais j'ai eu peur que vous n'eussiez à rendre compte à Dieu d'une injustice qui a été faite, dont vous n'êtes nullement la cause, mais que vous pouvez réparer, et en même temps exécuter les dernières volontés de feu madame votre mère. C'est sur le sujet de la personne qui a eu l'honneur d'être auprès de vous en même temps que moi, et qui s'y est encore rencontrée il y a peu de mois. Je crois m'être déjà donné l'honneur de vous dire que l'intention de madame votre mère ayant été de lui donner deux mille livres, quand elle a été morte, on n'y a jamais voulu penser, quoique j'en aie parlé à M. le vicomte, qui était très-bien informé de l'intention de madame. Je n'ai pas de peine à vous dire, mademoiselle, combien cette affaire est injuste, puisque ce sont six années de services retenues à une pauvre fille qui avait quitté la religion pour se mettre dans le monde, à condition qu'après dix-huit mois de service, on lui donnerait trois fois cette somme. Mais, après six ans de service, ne lui en ayant voulu donner que le tiers, on ne lui a enfin rien donné du tout; et cette pauvre fille s'est vue réduite à être reçue dans une maison pour rien du tout, qui croyait que ses longs services auraient bien mérité quelque chose. Je crois que vous voyez assez, mademoiselle, que, madame votre mère ayant eu cette intention qu'elle a manifestée dans son testament, vous êtes obligée d'acquitter sa conscience. C'est une chose que jamais le monastère ne vous demandera, à quoi on ne s'est jamais attendu, et j'écris ceci à l'insu de votre mère, et par la personne qui m'a confessée pour me disposer à la mort.

« Voilà, mademoiselle, ce que mon affection sincère pour votre salut, qui durera en moi autant que la vie, et au delà de cette vie, m'a obligée de vous dire. Je vous supplie de considérer toutes ces choses devant Dieu, qui doit être servi des grands aussi bien que des petits, et devant lequel vous comparaîtrez un jour, comme je suis prête de le faire dans peu de temps. Donnez-vous à lui, mademoiselle, c'est le seul maître digne de posséder tout le cœur

un gros livre sur les *vérités capitales de la religion;* la Sorbonne
le censura, et son auteur, faisant ce que plus d'une fois les jésuites ont fait, oubliant ses fausses théories, ses excès d'opinion et de langage, alla mourir à Poitiers, comme un véritable
serviteur de Dieu, en soignant des pestiférés.

Cependant quelques âmes, sans se mêler directement à ces
querelles, protestaient contre les doctrines qui inquiétaient
l'autorité royale et causaient dans l'obéissance et dans les
mœurs un dangereux relâchement. On peut dire que si le jansénisme lui-même devint dans la suite un excès, il fut, à l'origine, une sentimentale et pieuse protestation contre les oublis
et la turbulence de l'Église. Déjà les filles de M. Arnauld étaient
retirées à Port-Royal avec leur mère; elles avaient à l'envi
vaincu la nature; Lemaistre avait assisté, vivant ou conçu, à
cette scène du guichet que M. Royer-Collard cite avec raison
comme une des grandes pages de la nature humaine. La mère
Angélique s'était en ce moment si bien rapprochée de son Dieu
et éloignée de la terre, qu'elle avait pu tenir son cœur fermé
devant les larmes de ses proches et rester une année sans embrasser sa mère. — Habitués que nous sommes aux passions
humaines, nous ne nous étonnons pas de leurs emportements;
nous comprenons et nous allons au théâtre admirer les excès
de l'amour! n'y a-t-il donc pas, je le demande, plus de grandeur et de véritable poésie dans l'amour exclusif d'un Dieu qui
ne trompe jamais? et, si l'on a trouvé des louanges pour les
pères qui ont sacrifié en même temps leurs enfants et leur
cœur à leur patrie, n'en doit-on pas davantage à ceux qui, sans

des princesses comme vous, qui ne sont grandes à ses yeux que lorsqu'elles
sont humbles, justes, charitables, chrétiennes. Demandez-lui cette grâce, et
n'omettez aucune des choses qui vous peuvent servir pour l'obtenir; c'est ce
que je lui ai demandé et lui demanderai toujours pour vous jusqu'au dernier
soupir, ayant une affection toute particulière pour votre vrai bien, comme
celle qui a vécu et qui meurt, » etc., etc.

réserve, victorieux d'eux-mêmes, donnent à Dieu leur âme
entière avec les trésors qui la remplissent et qui rendent le
don d'autant plus précieux? L'abbé de Saint-Cyran, Jean Du-
vergier de Hauranne, devint l'apôtre de ces saintes violences.
C'était un homme d'une rare puissance sur les cœurs; il avait
refusé les dignités de l'Église pour ne pas enchaîner la liberté
de son esprit amoureux de la controverse, et sans doute aussi
pour se donner une séduction de plus auprès des âmes qu'il
voulait dominer et conduire. — Le 12 janvier 1626, Balzac
écrivait à l'abbé de Saint-Cyran une admirable lettre qui laissait voir le caractère tout-puissant du prêtre auquel elle était
adressée et montrait les coups déjà portés par le jansénisme,
avant même qu'il eût son nom, à l'autorité établie : « Si c'est
la force qui fait les rois, lui disait le grand prosateur, et le hasard qui donne les pères, la raison mérite bien une autre sorte
d'obéissance... il est impossible de s'estimer et de vous connaître... rendez-moi mon avis, que vous m'emportez par force,
et ne nous ôtez pas la liberté de conscience que le roi nous a
donnée! »

Antoine Lemaistre devait être un jour la proie de ce vaillant
esprit. — Quand il commença à plaider, Dieu occupait déjà sa
maison, et presque tous les siens étaient au couvent ou dans la retraite. — Ses succès, si bien faits pour remplir le cœur d'une
mère, furent plus admirés du public que de ses proches. Sa
tante, la sœur Agnès, aurait bien mieux aimé qu'il eût été « l'a-
vocat de Dieu. » Pour ceux qui ne sont plus au monde, les plus
nobles joies de la terre, celles que donnent l'esprit et la conscience, sont sans aucun pouvoir; elles n'arrivent pas jusqu'à
ces cœurs endurcis par la piété et tendus vers le ciel. Lemaistre
était au milieu de sa carrière, qui dura à peine huit ans; il avait
déjà une grande et précoce célébrité, et il était tout entier aux
triomphes de sa parole. En général, nous n'allons à Dieu, plus

ou moins vite, avec plus ou moins d'éclat, que quand le monde a résisté à nos désirs et trompé nos espérances. Lemaistre va éprouver au milieu, et je puis bien dire au plus fort de ses succès, un cruel mécompte. Tout, en ce jeune homme, préparait une noble passion. Il n'avait pas épuisé son adolescence dans de vaines caresses, ni fatigué son cœur dans des chaleurs passagères. Au moment où il plaidait pour Marie Cognot, il aima une jeune fille, la nièce d'un de ses confrères, et voulut l'épouser. Il ne m'est pas donné de pénétrer, à l'aide de documents écrits, dans le secret de cette passion, mais on devine aisément ce qu'elle dut être : elle ne prit pas naissance, comme il arrive souvent, à côté du cœur, dans le plaisir, la vanité, ou l'ardeur des sens; elle ne se présenta pas non plus avec les airs prétentieux et platoniques de l'amour réduit en maximes à l'hôtel de Rambouillet; elle avait la sincérité d'un sentiment naturel qui avait surgi dans une âme tendre et qui voulait se satisfaire dans le mariage. Au moment de conclure et de se procurer un bonheur mondain, Lemaistre vit se dresser devant lui la piété exclusive, intolérante, mystique, presque sans entrailles, de sa sainte famille. Saint-Cyran avait déjà les yeux sur lui et méditait la conquête de ce virginal et brillant orateur. — Ce fut la mère Agnès qui ouvrit le feu sacré des exagérations contre le mariage projeté de son neveu. Elle lui écrivait, le 28 avril 1634, du Tard, où elle avait été envoyée par M. Zamet, pour gagner Cîteaux à Port-Royal; et, sans se réjouir des éclatants succès qu'il obtenait au barreau, elle l'attirait violemment à elle, voulant le faire venir à Dieu. « Les nouvelles que nous apprenons de vous, lui disait-elle, nous apportent une extrême consolation avec l'espérance que nous avons que la libéralité de la grâce vous rendra toujours plus parfait, sa continuation et son accroissement étant une même chose. Nous avons vu ici de vos œuvres qui surpassent les premières; vous

êtes heureux à rencontrer des sujets de piété, et plût à Dieu
que vous eussiez à traiter des choses plus justes et plus saintes,
prises dans les choses divines et non humaines; je m'assure
que vous y auriez encore meilleure grâce, et que vous réussiriez
plus heureusement à plaider la cause de Dieu, que les créatures ne veulent pas reconnaître pour père, que celle d'une
fille que sa mère ne veut pas avouer pour son enfant. — Mais
on ne se fait pas avocat de Dieu par soi-même; il faut être
choisi de lui et appelé comme Aaron. » — Elle termine en
ajoutant : « Je vais demander à Jésus-Christ qu'il vous fasse
avocat de son conseil, afin que vous l'emportiez par-dessus
votre aïeul, qui l'a été d'un roi qui n'est plus, ni lui aussi, et
vous le serez toujours de celui qui ne finit jamais! »

Quand elle sait que son neveu, déjà fortement attaché au
monde par ses succès, veut s'y unir à jamais par le mariage,
elle combat ce projet comme un ange rebelle, et cherche à
étouffer la nature sous les flots de la grâce. Lemaistre, qui
a bien déjà un pied dans l'Église, mais dont le cœur reste
encore au dehors, lui écrit avec respect, et, faisant parler la
nature, lui dit « qu'il n'est pas en son pouvoir de mettre tant
de cendres sur son feu qu'il n'en sorte quelque bluette. » A
cette soumission incomplète, la mystique s'exalte et lui répond :

« C'est la troisième fois que vous m'accusez d'avoir fait injure au vénérable sacrement dont vous entreprenez la défense,
fermant votre cœur et vos yeux à l'explication que je vous ai
donnée, que je ne regardais que votre particulier, qui portez,
ce me semble, le nom de l'Agneau écrit sur le front pour être
des cent quarante mille qui le suivent partout où il va. Dans
cette pensée, à laquelle j'ai donné tant de créance que je l'ai
mise pour un article du symbole, non de ma foi, mais de mon
espérance et de ma charité, ai-je eu tort de m'écrier contre le

dessein que vous me disiez avoir de vous lier à une créature et d'entrer dans un état qui n'est pas de vrai souillé, parce que Dieu l'a sanctifié, mais d'une sanctification beaucoup moindre que celui qui vous est offert, comme j'ai toujours supposé pour fondement de mes reproches. »

Lemaistre, dans cette lutte, avait pour lui son cœur, sa raison, sa renommée, et cependant il fut vaincu par les ardeurs de cette foi envahissante et belliqueuse. — Il fit un dernier effort, et provoqua une nouvelle lettre de la mère Agnès, où l'on ne trouve même plus l'affection cachée sous la passion religieuse ; la tante a disparu ; sa voix, auparavant adoucie, a le ton d'une colère sèche et dévote, et il semble que ce n'est plus Dieu qui l'agite, mais un ennemi qui en prend le visage et qui la rend cruelle et visionnaire ; elle lui écrit, le 11 juin 1634 :

« Mon très-cher neveu, ce sera la dernière fois que je me servirai de ce titre. Autant que vous m'avez été cher, vous me serez indifférent, n'y ayant plus de reprise en vous pour y fonder une amitié qui soit singulière. Je vous aimerai dans la charité chrétienne, mais universelle ; et, comme vous serez dans une condition fort commune, je serai pour vous dans une affection fort médiocre. Vous voulez devenir esclave, et avec cela demeurer roi dans mon cœur.—Cela n'est pas possible... Vous direz que je blasphème contre ce vénérable sacrement auquel vous êtes si dévot ; mais ne vous mettez pas en peine de ma conscience, qui sait bien séparer le saint d'avec le profane, le précieux de l'abject, et qui enfin vous pardonne avec saint Paul, et contentez-vous de cela, s'il vous plaît, et sans en demander des approbations et des louanges. — Mais, en écrivant ceci, je relis votre lettre, et, comme me réveillant d'un profond sommeil, j'entrevois je ne sais quelle lumière au milieu de ces ténèbres et quelque chose de caché et de mystérieux dans des paroles qui paraissent si claires et si communes. —

Je commence à douter que cette histoire de vos amours, que vous me racontez si au long (sans considérer que je n'ai point d'oreilles pour entendre ce discours), ne soit une énigme tirée des paraboles de l'Évangile, où l'on fait si souvent des noces, particulièrement une où il n'y a que des vierges qui soient appelées. A ce petit rayon de clarté qui me paraît maintenant, mon esprit se développe et se met en devoir d'expliquer vos paroles et de regarder d'un meilleur œil cette excellente fille qui a ravi votre cœur. Vous dites qu'elle est la plus belle et la plus sage de Paris, et vous devriez dire du paradis, puisqu'elle est sœur des anges. Oh! qu'elle est belle! qu'elle est sage!... Serai-je si heureuse d'avoir bien rencontré dans mon explication, et quelle excuse vous ferai-je, mon cher neveu, de vous avoir traité si indignement au commencement de cette lettre qui avait bandé mes yeux pour m'empêcher de voir la lumière en plein midi, ayant mille fois plus de sujets de croire que vous cherchiez les choses qui sont au ciel que non pas celles qui sont sur la terre! Qui vous a jamais entendu dire une parole, hormis celle que j'ai interprétée si grossièrement (dont je meurs de honte), qui ne ressentît l'amour des choses saintes? »

Dans une autre lettre, la mère Agnès s'attache à son rêve comme font les esprits malades, et, du milieu de sa vision, devenue sincère, elle s'écrie : « Vous voulez épouser la chasteté ; que ne m'avouez-vous votre secret, puisque Jésus-Christ m'en a donné la connaissance ! »

Cette sécheresse de cœur, ce détour vraiment jésuitique, destiné à troubler son âme, affligèrent profondément Lemaistre. Il communiqua son chagrin à son impitoyable tante dans ces lignes émues, éloquentes et fières : « Ma très-chère tante, si je n'avais appelé de vos paroles, vous n'auriez point reçu de moi de réponse. La première page de votre lettre m'a piqué si vivement, que j'ai été plus de quinze jours à la lire, ne trouvant point de ligne qui ne m'arrêtât et ne me parût injurieuse. — Les bornes que j'ai mises à ma lecture en ont mis aussi à ma douleur. Ne pouvant diminuer la grandeur de vos injures, j'ai voulu en diminuer le nombre. Je ne lirai le reste qu'après que vous m'aurez appris qu'il est moins aigu que le commencement. En attendant, permettez que j'examine non pas votre lettre, mais votre invective contre mon dessein de me marier. Vous me dites d'abord que ce sera la dernière fois que vous m'écrirez avec ce titre de *très-cher neveu*, que je vous serai désormais aussi indifférent que je vous étais cher. Quoi! ma très-chère tante (car je ne cesserai pas de vous écrire avec ce titre), vous serai-je indifférent parce que je serai marié? Le mariage est-il un crime? Ne serai-je plus votre neveu, ni chrétien, ni vertueux, parce que je serai marié? Si j'ai maintenant quelque probité, suis-je assuré de la perdre? Et le sacrement qui peut me rendre digne des faveurs de Dieu me rendra-t-il indigne des vôtres? Il est vrai que la condition du mariage n'est pas si excellente que celle de la virginité et du sacerdoce; mais vous n'ignorez pas, ma chère tante, qu'il vaut mieux, comme cela arrive quelquefois, avoir une vertu extraordinaire dans une condition qui d'elle-même est fort commune, qu'une probité ordinaire dans une condition qui de soi est très-élevée. La virginité seule ne sauve personne, et ce n'est pas notre condition, mais notre vie, qui nous ouvre le ciel ou l'enfer! »

Le rôle de la mère Agnès étonne notre froideur, et peu s'en faut qu'il ne nous indigne; cependant nous savons par Montaigne que saint Hilaire, évêque de Poitiers, en fit autant et plus avec sa fille : « Ce fameux ennemi de l'hérésie arienne, étant en Syrie, fut averti qu'Abra, sa fille unique, qu'il avait par deçà avec sa mère, était poursuivie en mariage par les plus apparents seigneurs du pays, comme fille très-bien nourrie, belle, riche et

en la fleur de son âge; il lui écrivit qu'elle ôtât son affection
de tous ces plaisirs et avantages qu'on lui présentait, qu'il lui
avait trouvé en son voyage un parti bien plus grand et plus
digne, un mari de bien autre pouvoir et magnificence, qui
lui ferait présent de robes et de joyaux de prix inestimables.
Son dessein, ajoute Montaigne, était de lui faire perdre l'appé-
tit et l'usage des plaisirs mondains, pour la joindre toute à Dieu;
mais à cela le plus court et le plus certain moyen lui semblant
être là mort de sa fille, il ne cessa par vœux, prières et oraisons, de faire requête à Dieu de l'ôter de ce monde et de l'appeler à soi, comme il advint; car bientôt après son retour elle
lui mourut, de quoi il montra une singulière joie[1]..»

Entre Lemaistre et sa tante, la victoire resta aussi du côté de la
religion exaltée, et la mère Agnès retint pour Dieu seul « son cher
neveu; » elle lui ferma d'une main violente la porte des joies ter-
restres, qu'instinctivement il voulait ouvrir, et, pour l'empêcher
d'aimer une créature mortelle, elle le menaça de sa haine, de sa
colère et de son Dieu, étrange effet de l'amour divin, qui nous
retire du milieu des hommes et nous fait principalement éviter
ce qui les rend heureux. Lemaistre ne connut donc pas le monde
par ses véritables attraits; un des Pères de l'Église, qu'il a déjà
fréquenté, qu'il fréquentera bien davantage dans sa retraite,
saint Jean Chrysostome, faisant le portrait de Stagyre, élève
très-haut la félicité du mariage et parle de jeunes débauchés,
tristes dans le plaisir, devenus heureux dans le mariage avec
de doux enfants. La mère Agnès comprenait bien cette grande
séduction, ou plutôt elle la devinait; elle savait qu'il n'est pas
de démon, fût-ce même celui de la tristesse, qui ose affronter
le voisinage des petits enfants, et elle ne voulait pas pour son
neveu de cette félicité que Pascal appellera languissante. Le

---

[1] Montaigne, liv. Ier, ch. xxxii.

jour où Lemaistre céda à ses impérieux désirs, il fit la moitié
du chemin qui conduisait à la vallée de Chevreuse; il ne vit
plus rien autour de lui qui méritât de l'enchaîner au monde.
Il avait des amis; mais il n'était pas, comme Montesquieu,
amoureux de l'amitié. Il avait rencontré Balzac, et celui-ci l'a-
vait aimé au point d'écrire : « Je suis si glorieux de votre amitié, que je ne me fais plus valoir que par là.» Mais rien, si ce n'est
leur célébrité commune, ne devait rapprocher ces deux hommes:
l'un avait une âme ardente, supérieure même à tout l'éclat
de son esprit; l'autre avait le cœur indifférent et froid; il s'était
lié avec le père Garasse, le provocateur des jansénistes; il avait
été l'intime ami, l'inséparable compagnon de ce Théophile,
qu'on pouvait prendre, à ses débauches et à ses façons d'agir,
pour un des fils de l'Athénien Conon; dans ces liaisons que le
hasard ou le plaisir avaient fait naître, il ne s'était pas préparé
à l'affection d'un homme tel que Lemaistre. En aucune matière il ne pensait comme lui, et surtout il sentait autrement.
Il prit un moment l'air d'Alceste, parce que le cardinal de Richelieu lui refusa un évêché, et il se retira dans ses terres, au
milieu d'une solitude que ne cessèrent pas de peupler l'orgueil
et l'amour de la renommée. Comme Lemaistre, il ne se maria
point; mais il est curieux d'apprendre de lui-même quelles raisons l'en empêchèrent, et de voir ainsi toute la distance qui séparait son cœur de celui qu'il appela néanmoins son ami; ce
n'est pas la mère Agnès qui eût ainsi motivé le célibat de son
neveu; elle était à mi-chemin du ciel, tandis que Balzac montre,
en parlant comme il va le faire, l'âme la plus égoïste et la plus
froide :

« Je ne veux point, dit-il, être en peine de compter tous les
jours les cheveux de celle que j'épouserai, afin qu'elle ne donne
de ses faveurs à personne, ni craindre que toutes les femmes
qui la viendront voir ne soient des hommes déguisés. L'exemple

de notre voisin me fait peur, qui a mis au monde tant de muets, de borgnes et de boiteux, qu'il en pourrait remplir tout un hôpital. Je ne veux point être obligé d'aimer des monstres à cause que je les aurai faits, et, quand je serais assuré de ne point faillir en cela, je me passerai bien d'avoir des enfants qui désireront ma mort, s'ils sont méchants, qui l'attendront, s'ils sont sages, et qui y songeront quelquefois, encore qu'ils soient les plus gens de bien du monde[1]. »

Lemaistre paraît avoir été encore l'ami du chancelier Séguier, qui, moralement, ne le valait pas. Il y a des hommes qui aiment sincèrement, et par l'effet d'une noble nature, les jeunes renommées, qui sont ravis de voir, suivant la belle expression du poëte, le fruit de l'âge dans une fleur de jeunesse[2]; mais il y en a d'autres qui, placés par le hasard ou par la fortune à une hauteur qui laisse apercevoir toute la petitesse de l'homme, croient ressembler à Mécène, parce qu'ils remarquent le talent. Le chancelier Séguier n'avait qu'à gagner en s'attachant Lemaistre; il paraissait aimer l'éloquence en aimant ce jeune et éclatant orateur; il se ménageait en même temps un louangeur brillant et naïf.

C'était, quant à lui, un homme sans grandeur; il avait, en 1633, remplacé comme garde des sceaux le marquis de Châteauneuf, par la volonté de Richelieu; il était devenu de la même manière chancelier de France à la mort de M. d'Aligre; ce qui l'avait désigné au choix du cardinal, c'était en partie son nom, qui avait déjà cent ans d'illustration dans le parlement; mais il avait de plus une de ces âmes souples devant la puissance, inflexibles devant la faiblesse, sans générosité ni tendresse, qui sont tout le contraire de celles qu'il faut avoir quand

---

[1] Lettre XII, liv. III.
[2] *Frutto senil in sul giovenil fiore.* (Pétrarque.)

on rend la justice ou quand on la provoque. Dans un temps d'agitation intellectuelle, de disputes morales, de grandeur politique, il aima l'argent, et fut soupçonné de s'être enrichi par de méchants moyens. Ayant tremblé devant Richelieu, il tremblait encore devant Louis XIV enfant, et, dans cette fameuse séance du Parlement du 7 septembre 1645, où l'avocat général Omer Talon parla longuement contre les dix-neuf édits présentés, bien qu'il fût obligé de conclure à leur enregistrement, le chancelier Pierre Séguier parut ce qu'il était. Les magistrats, avant d'obéir, avant d'enregistrer les lois qui créaient des offices et des impôts, hésitaient et mettaient en avant leur conscience. Le chancelier se chargea de les vaincre en leur disant « qu'il y avait deux sortes de consciences, l'une pour les actions particulières et l'autre pour les affaires de l'État; la première, étroite et rigide; la seconde, large et s'accommodant à la nécessité. » L'historien qui rapporte ces paroles y fait ce commentaire : C'était là, dit-il, une de ces vérités que les plus austères mettent en pratique, mais qui, formulées en axiomes, ne manquent jamais de révolter les moins scrupuleux. Lemaistre n'eût pas accepté cette facilité, voisine de la complaisance et de la corruption; c'est elle qui avait, sous ce règne, donné des magistrats tels que Laffemas, Marca, Laubardemont, Miromesnil et d'autres. Il faut la répudier comme la mortelle ennemie de la justice; au milieu d'une société qui s'abandonne à l'ambition et aux richesses, c'est par l'inflexibilité de sa conscience que le magistrat, digne de ce nom, se doit distinguer et ennoblir. Les politiques en penseront ce qu'ils voudront; mais la doctrine du chancelier Séguier obscurcit sa mémoire et fait une tache de plus à son nom. Il s'en faut bien cependant que tout le monde l'ait jugé ainsi; Lemaistre lui-même, chargé, il est vrai, de le louer, lorsqu'il devint chancelier, ne lui trouva que des vertus, et, pour employer son langage, *le*

champ de ces vertus était si vaste, qu'il put l'explorer trois fois
sans l'épuiser. Mais on connaît le secret de ces louanges : il n'est
pas d'homme puissant qui ne soit loué, et, s'il arrive aux plus
nobles caractères de dépasser en ce cas la mesure, c'est qu'on
se passionne pour son sujet et qu'on embellit autant qu'on le
peut et sans scrupule ce qu'on doit faire trouver beau. D'ailleurs,
Lemaistre ne voyait pas le chancelier Séguier comme nous le
voyons sur l'horizon éclairci de l'histoire; c'était pour lui un
protecteur, un ami, un grand magistrat, qui avait un amas
d'aïeux, qui partageait le pouvoir de Richelieu, puisqu'il exécu-
tait ses combinaisons profondes, qui enfin touchait au trône.
Ainsi s'explique ce long et triple éloge qui créa à M. Séguier
une dette de reconnaissance envers Lemaistre, dette qui ne fut
pas payée. Si, au lieu d'être prononcé devant le Parlement, ce
discours l'avait été devant l'Académie, Boileau l'eût admiré,
et là, comme au Palais, Patru aurait trouvé son maître. Je vais
en citer une partie, afin qu'on juge, non plus l'avocat, mais
l'écrivain. Il y a, sur les ancêtres du chancelier, des pages
précieuses pour ses descendants, et qui même aujourd'hui pa-
raîtraient académiques : « Ç'a été, dit Lemaistre, en ce Parlement, que messire Pierre Séguier, aïeul de M. le chancelier,
sorti de la noble et ancienne famille des Séguier du Languedoc,
dont il y a eu des sénéchaux de Guercy et des présidents au parlement de Toulouse, commença de faire paraître sa suffisance
en la charge d'avocat général, il y a près de cent ans. Ç'a été en
ce lieu même qu'il a prononcé des paroles dignes de la grandeur des juges qui les ont ouïes, de l'intérêt de l'État qu'il a
défendu, et de la majesté du prince pour lequel il a parlé.

« Il se voit par vos registres, qui sont les plus fidèles témoins
des choses passées, que ses actions publiques lui ont donné

---

¹ Cet éloge fut fait au Parlement, au grand Conseil et à la Cour des aides
(janvier 1636).

rang entre les premiers hommes de son siècle, et que la prudence et le courage avec lesquels il parla sur le sujet du différend du pape Jules III et du roi Henri II lui ont fait mériter aussi justement les louanges de la postérité que les applaudissements de ses auditeurs.

« On aperçoit dans ses discours la renaissance des lettres humaines en ce royaume. Il a été l'un de ceux qui, à l'exemple de Caton, ne se sont pas contentés de l'éloquence de leur siècle, qui ont formé de plus belles idées que celles qu'ils avaient reçues, et excité l'émulation de leurs successeurs, après avoir surpassé les ouvrages de leurs pères.

« Il acquit une telle réputation de science et de probité dans les fonctions éclatantes et laborieuses de cette charge, que le roi Henri II récompensa ses travaux de celle de président de la Cour, voulant qu'après avoir servi de langue à la vérité, il fût l'un des plus nobles organes de la justice.

« Honneur que non-seulement il méritait, mais qu'il n'obtint que par son mérite[1]; qu'il n'acheta qu'avec le prix de sa suffisance et de sa vertu, avec cet or divin dont parle Platon, que le soleil ne forme pas dans la terre, mais que Dieu répand du ciel dans les âmes héroïques.

« Durant l'espace de près de trente ans qu'il a exercé cette dignité si relevée, le Parlement a souvent emprunté son éloquence pour rendre raison de ses délibérations à trois de ses souverains, et vos registres nous apprennent qu'il n'a pas moins su parler aux rois que juger les particuliers; qu'il émut le cœur du roi Charles IX par la sincérité de ses discours; qu'il persuada son esprit par la gravité de ses paroles, et qu'il le mit même dans l'admiration et dans le silence par la modeste générosité de ses réponses.

[1] Boileau ne disait donc pas vrai quand il disait :
L'argent seul au Palais peut faire un magistrat.

« Mais il ne s'est pas contenté d'être sage dans l'administration des choses civiles; il a particulièrement étudié cette haute
philosophie que Socrate n'a pas fait descendre du ciel en terre,
mais que Dieu même y a apportée. Il a élevé ses désirs et ses
espérances au-dessus du monde. Il s'est efforcé de connaître
Dieu, qui, par sa grandeur, est inconnu aux hommes, et de
connaître l'homme, qui, par sa vanité, est inconnu à soi-même.
Il a tracé pour ses enfants les préceptes de cette divine connaissance. Il leur a laissé un testament semblable à celui des
anciens patriarches, où il n'ordonne pas le partage de ses biens,
mais leur montre le chemin de leur salut, où il ne les appelle
qu'à la succession des richesses éternelles.

« Sa piété a été en quelque sorte récompensée dès ce monde
par le nombre de ses enfants, par leurs honneurs et par leur
vertu. Il laissa six fils, qui tous montèrent aux charges... Le
premier, qui fut conseiller et depuis président aux enquêtes de
cette Cour, employa sa science et ses travaux à l'exercice de sa
charge et à l'utilité publique. — Il n'établit son bonheur qu'à
procurer celui des autres; il ne vécut que pour sa patrie, et ne
chercha de gloire qu'en ce Parlement, où la justice trouve la
sienne.

« Messire Pierre Séguier, le second de ses enfants, fut aussi
conseiller en cette Cour, et, quelque temps après, lieutenant
civil, et ensuite second président de cette Grand'Chambre. Vos
registres sont pleins des harangues éloquentes qu'il a prononcées devant les rois, portant la parole pour le Parlement, et
dans les assemblées où il a eu l'honneur de présider. Il se peut
dire avec vérité que la grandeur de son esprit et de sa vertu a
égalé celle de sa charge, et vous savez, messieurs, qu'il en a
soutenu si généreusement la dignité contre les entreprises
de ceux qui la voulaient abaisser, qu'il conserva les présidents de ce Parlement dans la possession d'avoir séance devant

tous les premiers présidents des parlements de ce royaume.

« Le troisième de ses enfants, qui fut messire Jérôme Séguier, a été grand maître général des eaux et forêts de France. Dans l'administration de cette charge, il a eu les yeux aussi clairvoyants que les mains pures, et, dans le cours de sa vie, il n'a point cru d'affaires plus importantes que les devoirs du christianisme, ni de plus nobles occupations que les exercices de la charité. Il a recherché la compagnie des misérables avec le même soin que les autres tâchent de l'éviter. Les douleurs des affligés lui ont été précieuses. Il a révéré les chaînes des captifs, et les malheurs des innocents lui ont tenu lieu de choses sacrées. — Il a eu pour fils M. le président Séguier, qui est aujourd'hui le cinquième président au mortier de ce même nom, dont je ne veux rien dire davantage, sinon qu'il rend de très-grandes preuves et de sa suffisance dans les affaires et de sa probité dans les jugements, et qu'aux Grands-Jours de Poitiers[1] il augmenta la splendeur de la justice par l'éloquence de son discours; qu'il n'y présida pas moins par son esprit que par sa charge, et qu'il ne pensa qu'à punir les criminels, qu'à étouffer les violences et à faire cesser les désordres, qui étaient restés après la guerre, comme l'agitation après la tempête.

« L'Église et le Parlement ont partagé les fonctions de la vie du quatrième des enfants de messire Pierre Séguier. Il a été doyen de l'Église de Paris, et conseiller en cette Grand'Chambre.... Aussitôt qu'il posséda la dignité de doyen, il termina, par sa prudence et par sa douceur, les différends qui avaient duré plusieurs années entre le chef et les membres de cette vénérable compagnie... La réputation de son zèle et de sa doctrine le fit nommer par le roi à l'évêché de Laon; mais il imita la modestie des anciens Pères de l'Église en le refusant. Lui seul se crut

---

[1] Septembre 1634. M. l'avocat général Talon y était avec le président Séguier.

indigne de cet honneur, dont tout le monde le jugeait digne.

« Le cinquième de ses enfants fut messire Antoine Séguier, l'une des plus grandes lumières de cette Cour, qui, poussé d'une ardeur aussi juste que généreuse, et suivant les traces si honorables que son père lui avait marquées, voulut, avant que de posséder ses charges, faire voir qu'il les méritait, et monter par les mêmes degrés au comble des mêmes honneurs.

« Ce fut, messieurs, en ce barreau si fameux, qui renouvelle après tant de siècles la majesté de cette ancienne éloquence, autrefois la gloire d'Athènes, l'ornement de Rome et l'admiration de l'univers, et qui fait fleurir, dans une monarchie de douze cents ans, la science de la parole, qui ne dominait jadis que dans les seuls gouvernements populaires; ce fut, dis-je, en ce barreau, que M. Antoine Séguier voulut éclater avant que de rechercher l'honneur des magistratures, et parler pour les particuliers, afin d'apprendre à parler pour le roi même. Il crut qu'il ne serait point indigne du fils d'un président de la Cour de paraître avec éminence dans ce champ si glorieux du raisonnement et du discours, de persuader la justice à des juges avant que de la rendre à des parties, et de régner sur les esprits par la force invincible de la parole, avant que de régner sur la vie et sur les biens par l'autorité souveraine des jugements.

« Après avoir plaidé sept ou huit ans avec une très-grande réputation, il fut maître des requêtes, lieutenant civil et conseiller d'État avec l'approbation de tout le monde, et entra, par un mérite universellement reçonnu, dans la charge d'avocat général, où il ne combattit plus pour l'honneur de la victoire, mais pour la seule défense de la vérité.

« Ainsi, messieurs, la nature, qui, par un heureux effort, rassemble des trésors d'esprit en quelques familles, comme des mines d'or en certaines terres, par une perfection de ses grâces, y rend les miracles ordinaires; le père et le fils ont possédé toutes les rares qualités qui sont nécessaires pour soutenir cette charge si difficile et si importante.

« Ils ont eu cette clarté de jugement qui dissipe les ténèbres du mensonge, qui découvre aux yeux des juges l'éclat de la vérité; cette vive éloquence qui n'est pas tant l'ouvrage de l'art que le chef-d'œuvre de la nature... Messire Antoine Séguier entra de cette charge en celle de président de la Cour, où il fut le troisième de ce nom, et où l'on vit deux frères posséder cet honneur en même temps. — Je passerai sous silence sa parfaite intégrité dans l'administration de la justice, d'autant que cette vertu est si universelle et si ordinaire dans ce Parlement, que ceux qui la conservent le plus n'en méritent presque pas de louanges particulières.

« Je ne parlerai point aussi de son courage à s'élever contre les injustes et les violents, parce que la générosité a toujours été si naturelle à ceux de cette maison, qu'ils peuvent l'exercer autant par inclination que par vertu.

« Je me contenterai de vous dire que ces éminentes qualités portèrent le feu roi Henri le Grand à le choisir pour son ambassadeur vers la république de Venise, en un temps où il fallait remplir cette charge d'une personne de rare mérite; il le jugea aussi habile dans la politique que dans la justice; et, lorsqu'il lui déclara le choix qu'il avait fait de lui, il ajouta ces mêmes paroles qui lui étaient beaucoup plus avantageuses que l'ambassade: *Vous êtes entré dans mon affection comme moi dans mon royaume, malgré la résistance et les calomnies de vos ennemis et de vos envieux!*

« Mais toutes ses vertus excellentes ont cédé à sa haute piété, que ce Parlement a vue, que Paris a ressentie, que la France a admirée, qui n'était pas renfermée dans le cercle *si étroit* des dévotions ordinaires, mais avait la même étendue que la charité, qui n'a point de bornes, qui était *agissante* comme le doit être la piété d'un grand magistrat, et qui lui a fait employer des sommes immenses en des fondations qu'il a voulu être comme une source perpétuelle de biens qui se répandît par une succession de temps infini sur les pauvres de tous les siècles ; de sorte, messieurs, qu'il n'a pas seulement soulagé les misères présentes, mais encore les futures; il a entendu les gémissements de ceux qui n'avaient pas même de voix pour se plaindre; il a essuyé les larmes de ceux qui n'avaient pas encore des yeux. — Il a voulu être le père des orphelins, l'appui de la faiblesse des veuves et le protecteur de la chasteté des vierges. Il a tâché d'établir des ports pour ceux qui feraient naufrage, de conduire les ruisseaux de sa charité sur les terres les plus stériles, et de faire comme tomber une manne dans les déserts.— Enfin, messieurs, il a déclaré une guerre sainte à la nécessité de ses citoyens. Il a voulu que ses richesses particulières devinssent publiques; il s'est acquis l'admiration des sages, l'amour des peuples et les prières des affligés.

«Mais j'ai tort de m'étendre sur cet endroit de sa vie. La voix des pauvres, qui ressentent et qui publient ses bienfaits, est plus éloquente que tous les discours, et, sans qu'on le loue après sa mort, sa mémoire sera bienheureuse tant qu'il y aura des malheureux.

« Le sixième des enfants de messire Pierre Séguier fut messire Jean Séguier, père de M. le chancelier. Quoiqu'il ait été le dernier dans l'ordre de la naissance, il a été l'un des premiers dans celui de l'esprit. — Les malheurs de son siècle n'ont servi qu'à rendre sa suffisance et sa générosité plus signalées. Il a trouvé dans l'agitation de la France l'affermissement de sa vertu, et toute sa vie a été un exemple de piété envers Dieu, de fidélité envers le roi, de zèle envers le public, et de charité envers les misérables. Il fut honoré de la charge de maître des requêtes par le roi Henri III, et ensuite il entra dans celle de lieutenant civil, où il rencontra des occasions de servir aussi glorieuses pour lui que les troubles qui les ont produites étaient funestes pour le royaume.

« Lorsque ce prince fut presque enveloppé dans cette horrible sédition qui fut suivie de tant de guerres, qu'il se vit assiégé jusque dans le Louvre, et qu'il fut obligé de se retirer du milieu de ses États comme il eût fait du milieu des terres de ses ennemis, messire Jean Séguier, lieutenant civil, partit le même jour pour suivre le roi dans un accident si déplorable, et abandonna sa maison. — Il crut que Paris lui serait un lieu de bannissement, puisqu'il n'y verrait plus le visage de son prince... Il accompagna depuis le roi Henri III aux états de Blois, et, après la fin tragique de ce grand prince, qui méritait plutôt une vie immortelle qu'une mort précipitée [1], il suivit le feu roi Henri IV lorsque ce glorieux monarque ne pouvait faire encore que des compagnons de sa mauvaise fortune.

« Il mena avec soi toute sa famille. Il voulut que ses enfants, dont quelques-uns sont nés durant les voyages de Sa Majesté, apprissent, du lieu même de leur naissance, à être fidèles toute leur vie... Le feu roi, n'ayant point alors d'autres récompenses pour ses fidèles sujets que des éloges de leur fidélité, le loua publiquement en diverses occasions, et, s'efforçant de lui donner quelque emploi, il lui commanda d'exercer la justice dans Saint-Denis et dans Mantes, comme il eût fait dans Paris, voulant que sa dignité retrouvât les honneurs que sa vertu lui avait fait perdre. — Ce fut là, messieurs, qu'il travailla puissamment, avec quelques autres serviteurs du roi, pour accompagner de ses soins les armes de Sa Majesté, pour dompter la rébellion dans les esprits lorsque ce grand prince domptait les rebelles, pour désarmer les volontés des peuples, pendant que

---

[1] Cet éloge de Henri III est assez curieux dans la bouche de Lemaistre et assez rare dans l'histoire.

ce conquérant désarmait les bras des séditieux, pour épargner
les larmes de sa patrie, le sang de ses frères et les sueurs de
son maître.

« Le crédit et l'autorité qu'il s'était acquis dans Paris par
l'exercice de la charge de lieutenant civil, que lui et ses frères
avaient possédée plus de vingt ans, lui donna moyen de servir
le roi très-utilement dans la réduction si salutaire de cette première ville du royaume.

« Il est vrai que cet honneur lui est commun avec beaucoup
de grands personnages qui, à l'imitation de la nature, rassemblaient leurs forces pour sauver le cœur de la monarchie; mais
il y eut cela de particulier que ce fut lui qui, par ses secrètes
intelligences, étant alors à Saint-Denis, près du roi, conclut,
dans son logis, le Traité de la réduction, et prépara cette grande
journée qui nous sera toujours plus mémorable que celle des
plus grandes batailles, qui a été d'autant plus signalée qu'elle
ne fut point sanglante, que la piété publique a rendue sainte par
les actions de grâce qu'elle renouvelle tous les ans, et que
l'on peut dire presque avoir été le premier jour du règne de
Henri le Grand.

« Aussi Sa Majesté lui témoigna qu'elle avait tant de confiance en lui, qu'elle voulut qu'il l'accompagnât toujours dans
cette entreprise et qu'il fût toujours près de sa personne. — Ce
fut lui qui, comme lieutenant civil, rétablit dans Paris l'heureuse tranquillité qui acheva cette importante conquête. Il
étouffa le bruit des armes par les applaudissements des peuples
à peine réconciliés. Il fit voir l'image de la paix lorsqu'on
voyait encore celle de la guerre. Il fit ouïr dans une ville surprise des acclamations de joie. Il fit rendre presque au même
moment l'obéissance au souverain, le respect aux lois, l'exercice aux arts, et la liberté à tout le monde. — Il ne restait
pour couronner une si belle vie qu'une mort aussi glorieuse.

Il la rencontra, messieurs, avec l'extrême douleur des siens, le regret des gens de bien et les gémissements des pauvres, pour lesquels il se sacrifia lui-même. Car, s'efforçant d'arrêter le cours de la maladie contagieuse, qui était alors très-violente dans Paris, et supportant pour cela des travaux excessifs, il prit le mal qui finit ses jours.

« Certes, il était digne de lui, qu'après avoir vécu pour Dieu et pour son pays, il mourût pour la gloire de l'un et pour le service de l'autre; qu'après s'être exposé aux misères des guerres civiles pour porter les citoyens à se remettre dans l'obéissance, il s'abandonnât à la corruption de l'air pour leur conserver la vie, qu'il ne prît pas moins de part au salut de Paris malade qu'il avait fait à la réduction de Paris rebelle.

« S'il put avoir quelque déplaisir en mourant pour un sujet qui lui servait de consolation, ce fut de laisser ses enfants dans un âge où la conduite d'un père leur était si nécessaire. Mais il eut cette satisfaction dans sa douleur, qu'il les laissait entre les mains d'une mère admirable... Il avait épousé madame Marie de Tudert, dont la vertu n'est pas moins illustre que la naissance, qui, faisant remarquer en sa personne la sagesse d'une femme, l'affection d'une mère et la piété d'une veuve, renouvelle l'exemple des Olympiade, des Paule et des Mélanie, qui ne vit maintenant dans sa sainte solitude que des mêmes objets dont les anges se nourrissent dans le ciel, et n'a nulles pensées pour ce monde, quoiqu'elle y ait un fils chancelier de France.

« Elle est sortie de la famille, si noble et si ancienne, des Tudert, dont je me contenterai de dire qu'il y a eu depuis plus de deux cents ans trois maîtres des requêtes de père en fils, lorsqu'il n'y en avait que quatre en France; un évêque de Châlons, célèbre dans son siècle par sa probité et par sa doc-

trine, et qui même fut employé par le roi Charles VII à la né-
gociation du traité d'Arras; un premier président du parlement
de Bordeaux, lequel fut commis par le roi Louis XI pour l'établir et en exerça le premier la première charge; un président
aux enquêtes de cette Cour, trois conseillers en ce Parlement,
et deux doyens de l'église de Paris...

« Messire Jean Séguier eut deux fils, dont l'aîné est monsieur le chancelier; — le second est messire Dominique Séguier,
qui a été conseiller en ce Parlement et doyen de l'église de
Paris, et est maintenant évêque d'Auxerre et premier aumônier
de Sa Majesté. — De très-équitable juge il est devenu très-sage
prélat. — Il procurait aux peuples une félicité humaine; maintenant il leur en procure une divine, et le roi peut dire de lui
ce que l'empereur Valentinien disait d'un excellent archevêque,
qui avait été magistrat, qu'il se réjouissait de ce que, l'ayant
jugé digne du soin de la fortune et des biens de ses sujets,
Dieu depuis l'avait jugé digne de la conduite de leurs âmes! »

Quant au chancelier son ami, Lemaistre, qui vient de peindre toute sa famille, l'élève jusqu'aux nues et dépasse en éloges
tout ce que produira plus tard l'usage académique; il lui trouve
même de la modestie, tant son amitié l'aveugle et tant la solennité l'inspire; pour parler de cette douce vertu, que le chancelier n'eut jamais, il enfle sa pensée et tourmente son style
au point de dire :

« Comme l'on rehausse les digues des rivières, lorsqu'on les
voit grossir extraordinairement, afin d'empêcher qu'elles ne
se débordent et ne ruinent la campagne, de même M. le
chancelier, voyant ses dignités croître jusqu'au plus haut
point où elles peuvent monter, a fait un rempart de sa modestie pour empêcher que ce torrent d'honneurs et de gloire,
qui emporte presque tous les esprits, ne se répande jusque
sur son âme et n'en *corrompe la pureté.* »

CHAPITRE XXIV

Lemaistre connut donc l'amour et l'amitié, mais son cœur ne se livra tout entier ni à l'un ni à l'autre de ces sentiments. Il échappa aussi à cet autre piége, que le monde lui tendit sous la forme la plus attrayante, le goût de la grandeur et de la gloire. Pour lui, en effet, la gloire pouvait être une réalité, bien qu'il ne vécût pas dans un temps où l'éloquence la donnât très-vite. Il y a d'ailleurs en ce monde peu de jouissances

comparables à celles que procurent les triomphes de la parole;
elles élèvent l'âme et la remplissent; elles sont de beaucoup
supérieures à celles qui viennent des autres genres de domination; il y a en elles un mélange de poésie, de fécondité, de
commandement et d'ivresse. Dieu seul peut détacher l'homme
de la recherche d'un pareil bien. Aussi l'aperçoit-on qui de
bonne heure occupe, retient, embrase celui qu'il veut gagner.
Par sa volonté suprême, la conversion de ce jeune avocat se
prépara au milieu même des succès et se fit ensuite insensiblement. Lemaistre « quitta, avec les autres voluptés, celle qui
vient de l'approbation du monde, parce qu'il avait démêlé
l'immortel d'avec le périssable. »

On a cherché ailleurs la cause de cette retraite si imprévue pour le vulgaire, si contraire à l'orgueil, si peu humaine
enfin. Les âmes communes, adonnées à la terre, ne pouvaient
la comprendre. Ce qui l'avait décidée s'était passé au-dessus
d'elles; mais elles voulurent ramener à leur niveau ce sublime
effet. Un savant et spirituel jésuite, celui qui a si finement
critiqué les *Femmes savantes*, dans une lettre adressée au comte
de Bussy-Rabutin, l'un des amis de madame de Sévigné, le
père Rapin[1], attribue à un dépit d'amour la retraite de Lemaistre. Tallemant des Réaux, qui veut absolument, contre
toute vérité, que Lemaistre ait eu une jeunesse « gaillarde, »
rabaisse encore cette grande action, en lui donnant pour cause
le dégoût des plaisirs épuisés et les fatigues de la conscience.
D'autres affirmeront que, son ambition n'étant pas satisfaite, ce
jeune avocat sans rival a cherché un refuge contre les injustices
du pouvoir dans une éclatante solitude. Il aurait voulu devenir
avocat général au parlement de Paris; on lui aurait seulement offert cette charge au parlement de Metz, et, ne pouvant être ce

---

[1] Auteur d'une histoire du Jansénisme.

qu'étaient M. Jérôme Bignon, son ami, M. Omer Talon, dont il
excitait l'envie, il aurait renoncé à l'usage de cette parole éloquente que tout le monde admirait et que le roi eût été bien
coupable de ne pas mettre à son service. Enfin ses amis eux-
mêmes, le chancelier Séguier par exemple, supposèrent qu'il
était devenu fou. Aucun ne sut lire dans cet admirable cœur,
si ce n'est peut-être Balzac écrivant à Chapelain : « Les causes
secondes n'ont aucune part en cette conversion, comme vous
diriez un mauvais succès en amour, un rebut des supérieurs,
ou quelque autre disgrâce de cette nature. »

Sans doute le chemin ordinaire qui conduit à Dieu ou bien
qui y ramène est jonché des débris de nos cœurs. C'est celui
qu'avaient parcouru les illustres convertis d'Afrique et de Dal-
matie, saint Augustin et saint Jérôme. C'est aussi par là qu'a-
près une vie de dissipation et d'erreurs le grand abbé de
Rancé est allé au cloître et à la pénitence. Le plus souvent
Dieu agit sur les cœurs troublés par une infortune, trahis
dans leurs espérances, déçus dans leurs amours ou dans leur
ambition, ayant épuisé sans bonheur tous les plaisirs humains.
L'un des esprits les plus brillants de notre siècle, celui-là même
qui a écrit la vie de l'abbé de Rancé, raconte avec un charme
éloquent et religieux comment, éloigné de Dieu par les ardeurs
et les fautes de sa jeunesse, il y est revenu sous le coup de la
douleur que lui causa la mort de sa mère. M. de Chateaubriand avait quitté sa patrie et ses proches, et il courait au
delà des mers, préparant ses premiers poëmes dans ses premières rêveries. Sa mère, septuagénaire, mourait en prison sur
un grabat après avoir vu périr ses enfants sous le glaive faussé
d'une loi sanguinaire; elle avait en mourant prié une de ses
filles, prisonnière comme elle, de ramener à la religion son
« René, » qui s'en était éloigné.

« Le souvenir de mes égarements, dit M. de Chateaubriand,

au moment d'écrire son plus beau livre, le *Génie du christianisme*, répandit sur les derniers jours de ma mère une grande
amertume; elle chargea une de mes sœurs, madame de Farcy,
de me rappeler à cette religion que j'avais oubliée... Quand la
lettre me parvint au delà des mers, ma sœur elle-même n'existait plus; elle était morte aussi des suites de son emprisonne-
ment; ces deux voix sorties du tombeau m'ont frappé; je n'ai
point cédé, j'en conviens, à de grandes lumières surnaturelles;
ma conversion est sortie du cœur; j'ai pleuré et j'ai cru[1]. »

De son côté, l'amour déçu a peuplé les cloîtres; le dix-septième siècle surtout a vu de grands et de mémorables exemples
de ces conversions. L'amour de *Célimène*, cet amour frivole,
superficiel, plein d'exigences et sans le moindre renoncement,
a blessé bien des cœurs et fait plus d'un Alceste. Ce serait un
beau livre, l'Iliade du cœur humain, celui qui rassemblerait
toutes ces déceptions, toutes ces amertumes, ces âmes atten-
dries par l'amour, ayant cru trouver en lui le suprême bonheur
cherché même ici-bas, et réfugiées ensuite dans le sein de Dieu.
Rien ne montrerait davantage combien il y a loin du périssable
à l'immortel, et combien l'amour lui-même a de peine à remplir longtemps un grand cœur. — Mais toutes ces causes que
je pourrais avouer, puisque chacune d'elles a son genre de
beauté, sont restées étrangères au parti que prit Lemaistre de
quitter le barreau et le monde, et de chercher, pour vivre avec
Dieu, un endroit isolé. — Il y avait alors au-dessus des querelles religieuses, et à côté de l'éclat naissant du grand règne,
si je puis ainsi parler, un goût prononcé pour Dieu, et l'amour
de ses perfections exaltait la piété. — Les jeunes filles les plus
belles, les plus riches, les plus heureuses, quittaient avec ravissement les joies entrevues du monde, après avoir lu le *Che-*

---

[1] Préface du *Génie du christianisme*.

min de perfection de sainte Thérèse. Des hommes lisant saint Augustin faisaient comme elles. S'il y avait de la grandeur dans l'air, il y avait dans le sentiment religieux beaucoup d'amour et d'extase. — C'était le temps où vivait saint François de Sales, celui où allait vivre Fénelon. — A côté de la politique et des vices, ou, pour parler plus justement, au-dessus de tout cela, il s'était formé comme un firmament de morale épurée, de vertus, d'abnégations, d'ardente piété, et, au sommet de ce firmament, on voyait briller saint Vincent de Paul, le précepteur du cardinal de Retz, cet élève si longtemps révolté, mais qui lui-même finit par se rendre à Dieu.

Ce fut cette religion qui, aidée par l'abbé de Saint-Cyran, parvint, sans beaucoup de peine, à arracher Lemaistre à la gloire, et à soumettre entièrement son cœur. Il avait, pour s'élever de terre, les deux ailes dont parle Corneille :

La pureté de cœur et la simplicité[1].

La mort de sa tante, madame d'Andilly, ne fut que l'occasion de sa retraite. Il y a sans doute un drame dans cette soirée pendant laquelle Saint-Cyran, au chevet de la mourante, ayant devant lui Antoine Lemaistre, prononça les prières des agonisants. Quand Lemaistre l'entendit qui disait de cette voix puissante et faite pour la domination : *Proficiscere anima christiana de hoc mundo in nomine Dei omnipotentis qui te creavit*, il fondit en larmes, vaincu par la douleur et par l'émotion religieuse. — Un peu plus tard, Saint-Cyran récita cette prière : « *Miserere, Domine, gemituum*, etc. : ayez pitié, Seigneur, de ses gémissements et de ses larmes; et, comme elle n'a de confiance en rien qu'en votre miséricorde, admettez-la à la grâce

[1] *Trad. de l'Imit.*, liv. Ier, ch. xiv.

de votre réconciliation ! » A ce moment, la malade expira. Lemaistre sortit dans le jardin et y pleura longtemps. — Il an-
nonça presque aussitôt son intention de quitter le monde et
d'imiter sa mère et ses tantes, depuis longtemps déjà retirées
au couvent. — Saint-Cyran, pour mieux assurer sa victoire, et
aussi pour la déguiser, ne voulut pas accepter tout de suite cette
conversion qui devait faire tant de bruit. Madame Arnauld
d'Andilly était morte dans la nuit du 24 août 1637. Lemaistre
resta encore au Palais quelques mois, et ne s'en sépara complétement et pour toujours que le 16 décembre suivant. — Quatre
heures après qu'il avait pris cette résolution qui mettait fin à
ses succès, et je puis bien dire une dernière fois à sa gloire, il
écrivait à son père, dont il n'avait pas connu les caresses, et il
lui ouvrait son âme. C'est là qu'on trouve le vrai miroir de
cette conversion, c'est là qu'on voit cette âme entièrement dé-
pouillée des soins et des grandeurs du monde. Lemaistre aurait pu, s'il avait suivi les habitudes de son temps ou même du
nôtre, quitter le Palais pour l'Église et agrandir dans la chaire,
en la rendant sacrée, sa profane éloquence. Mais il serait alors
confondu avec beaucoup d'autres, tandis que sa conversion,
telle qu'elle est, le laisse sans rival. — Cette lettre à son père
a un autre côté qu'il faut aussi remarquer; sa piété ne lui fait
pas oublier ses devoirs de respect et d'obéissance; il y a bien
loin, sans doute, de son cœur à celui de son père, qui a fait
souffrir sa mère et changé son Dieu; mais il sent qu'un fils
sans obéissance ne serait pas un fils chrétien, et, comme il eût
écrit à son père au moment de se marier, il lui écrit au moment de s'isoler du monde : « Monsieur mon père, Dieu s'é-
tant servi de vous pour me mettre au monde, et m'ayant obligé
de vous rendre tout le respect que l'on doit à un père, je vio-
lerais l'ordre de la Providence et les devoirs de la nature, si je
ne vous faisais savoir la résolution qu'*il m'a fait prendre par*

sa bonté infinie, et que je n'ai exécutée que depuis quatre heu-
res seulement; il y a plus de trois mois que j'avais dessein de
quitter ma profession pour me retirer dans une solitude et y
passer le reste de mes jours à servir Dieu. Mais, mes amis
m'ayant empêché de me déclarer dès lors pour éprouver si c'é-
tait un mouvement du ciel ou de la terre qui me portait à ce
changement, ils ont reconnu enfin avec moi que le temps affermissait cette pensée dans mon cœur au lieu de la détruire; elle
venait de celui qui seul est le maître de nos volontés, et qui les
change quand bon lui semble. Je quitte le monde parce qu'il
le veut, comme vous-même le quitteriez et votre religion encore s'il le voulait, *et sans que j'aie eu des révélations particu-*
lières, ni des visions extraordinaires, je suis seulement la voix
qui m'appelle dans l'Évangile à faire pénitence de mes péchés.
Car je vous déclare comme à mon père que je ne quitte point
le Palais pour me mettre en l'Église *et m'élever aux charges*
que la vertu et l'éloquence ont acquises à tant de personnes.

« Je n'entre pas non plus dans un monastère, Dieu ne m'en
ayant pas inspiré la volonté; mais je me retire dans une maison particulière, pour y vivre sans ambition et tâcher à fléchir,
par les actions de pénitence, le Dieu et le juge devant qui tous
les hommes doivent comparaître. Ce dessein vous étonnera
sans doute... Il y a six mois que j'étais aussi peu disposé à le
prendre que vous l'êtes aujourd'hui (Lemaistre se trompait
lui-même), et sans que nul homme de la terre m'en ait parlé,
sans qu'aucun de mes amis s'en soit pu douter avant que je lui
aie dit : *Je me suis senti persuadé par moi-même,* ou, pour mieux
dire, par les sentiments que Dieu, qui parle au cœur et non pas
aux oreilles des hommes, a mis en moi.—Si, à l'exemple d'un fils
aîné (il songe déjà au prosélytisme) qui quitte le monde, n'ayant
que trente ans lorsqu'il vivait avec plus d'éclat dans une profession honorable, lorsqu'il avait diverses espérances d'une

fortune très-avantageuse, lorsqu'il était honoré d'une amitié particulière de quelques grands du royaume ; si, dis-je, cet exemple vous pouvait toucher, j'en aurais une plus grande joie que celle que vous eûtes lorsque je naquis. Mais c'est à Dieu à faire ces miracles. Mes paroles ne peuvent rien, et vous savez d'ailleurs que je n'ai jamais fait le prédicateur avec vous. Je vous dirai seulement ce que vous savez sans doute mieux que moi, que ce n'est pas faiblesse d'esprit d'embrasser la vertu chrétienne, puisqu'une personne qui n'a point passé jusqu'ici pour faible et qui est encore le même qu'il était lorsqu'il eut l'honneur de vous voir la dernière fois, se résolut à changer ces belles qualités d'orateur et de conseiller d'État en celles de simple serviteur de Jésus-Christ ; c'est, monsieur mon père, votre très-humble et très-obéissant fils et serviteur, A. LE-MAISTRE. — Ce 16 décembre 1637. »

Huit jours plus tard Lemaistre écrivait, à la même occasion, à son grand ami le chancelier Séguier, qui le proclamait fou de renoncer aux honneurs, et cette lettre jette encore une vive clarté sur l'âme du converti :

« Monseigneur. Dieu m'ayant touché depuis quelques mois et fait résoudre à changer de vie, j'ai cru que je manquerais au respect que je vous dois et que je serais coupable d'ingratitude si, après avoir reçu de vous tant de faveurs extraordinaires, j'exécutais une résolution d'une telle importance sans vous rendre compte de mon changement. Je quitte, monseigneur, non-seulement ma profession, que vous avez rendue très-honorable et très-avantageuse, mais tout ce que je pouvais ou espérer ou désirer dans le monde, et je me retire dans une solitude pour faire pénitence et pour servir Dieu le reste de mes jours. — Après avoir employé dix ans à servir les hommes, je ne crois pas, monseigneur, être obligé de me justifier de cette action, parce qu'elle est bonne en soi et nécessaire à un pécheur tel

que je suis. Mais je pense qu'afin de vous éclairer entièrement
sur tous les bruits qui pouvaient courir de moi, je dois vous
découvrir mes plus secrètes intentions et vous dire que je renonce aussi absolument tant aux charges ecclésiastiques qu'aux
civiles, *que je ne veux pas seulement changer d'ambition*, mais
n'en avoir plus du tout; que je suis encore plus éloigné de
prendre les ordres, de *prêcher* et de recevoir des bénéfices, que
de reprendre la condition que j'ai quittée, et je me tiendrais
indigne de la miséricorde de Dieu si, après tant d'infidélités
que j'ai commises envers lui, j'imitais un sujet rebelle qui, au
lieu de tâcher de fléchir son prince par ses soumissions et par
ses larmes, serait assez présomptueux pour vouloir s'élever de
lui-même aux premières charges du royaume. Je sais bien,
monseigneur, que, dans le cours du siècle où nous sommes, on
croira me traiter avec faveur que de m'accuser seulement d'être
singulier; mais j'espère que ce qui paraîtra folie devant les
hommes ne le sera pas devant Dieu, et que ce me sera une consolation à la mort d'avoir suivi les lois les plus pures de l'Église
et la pratique de tant de siècles. Que si cette pensée me vient
de ce que j'ai moins de lumières et plus de timidité que les
autres, j'aime mieux cette ignorance respectueuse et craintive,
qui a été embrassée des plus grands hommes du christianisme,
qu'une science plus hardie et qui me serait plus périlleuse.
Quoi qu'il en soit, monseigneur, je ne demande à Dieu d'autre grâce que celle de vivre et mourir en son service, de n'avoir
plus de commerce avec le monde qui m'a pensé perdre, et dé
passer ma vie dans une solitude comme si j'étais dans un monastère. Voilà, monseigneur, ma déclaration tout entière de
la vérité de mes sentiments. Les extrêmes obligations dont je
vous suis redevable ne me permettent pas de vous en faire une
moins expresse et moins fidèle; et l'honneur d'une bienveillance aussi particulière que celle que vous m'avez témoignée

m'engageait à vous assurer que je ne prétends plus de fortune que dans le monde qui dure toujours, afin que votre *extrême affection* pour moi ne vous porte plus à m'en procurer dans celui-ci... Mais, quelque solitaire que je sois, je conserverai toujours le ressouvenir de vos faveurs, et je ne serai pas moins dans le désert que j'ai été dans le monde, monseigneur, votre très-humble et très-obéissant serviteur. — Ce 25 décembre 1637. »

Cette conversion causa à la famille de Lemaistre une joie ineffable. — Ses tantes et sa mère furent dans le ravissement; depuis longtemps séparée du monde, madame Lemaistre, « loin de prendre aux succès de son fils une molle complaisance, recevait avec froideur les applaudissements qu'on lui prodiguait de toutes parts[1]; » elle était de ces mères qui, les yeux toujours tournés vers le ciel, n'accordent rien aux joies de la terre. Quand les autres sont fières de la beauté, du courage, du talent, de la gloire de leurs fils, celles-ci vont jusqu'à souhaiter la perte de ces biens, dans l'espoir que le malheur rapprochera de Dieu l'être qu'elles adorent. Ne sait-on pas que, quand la mère de Fouquet apprit que son fils venait de tomber du Capitole, où ses grâces et son mérite l'avaient fait monter, et qu'il était arrêté par ordre du roi, malgré la mort qui le menaçait, elle s'écria : « C'est à présent, mon Dieu, que j'espère le salut de mon fils! » Parmi les membres de sa famille, Lemaistre ne rencontra qu'un ennemi de sa conversion, son oncle, le sage abbé de Saint-Nicolas, qui fut depuis évêque d'Angers.

Mais, dans le monde, cet événement, qui, comme Lemaistre lui-même l'avoue dans sa lettre au chancelier, fit très-grand bruit, fut diversement jugé. Les uns parlèrent d'ambition déçue, les autres d'amour trahi, les plus indulgents de folie. L'hôtel

---

[1] Fontaine.

de Rambouillet s'émut à cette nouvelle. L'une des femmes qui
en faisaient le charme, et qui était assez spirituelle pour parler
de sa laideur et de son célibat forcé, mademoiselle de Scudéri,
l'accueillit avec ardeur et le loua sans mesure. — Elle n'était
pas indigne de comprendre cette grande union d'une belle âme
avec son Dieu. — Parlant, il est vrai, de l'amour humain, elle
avait exprimé cette belle pensée : « Il faut de la vertu pour
être capable de ces grands attachements... Après tout, la
vertu est d'un assez doux usage dans le monde, et je ne sais
comment la plupart des femmes hasardent leur réputation à si
bon marché. » Enfin, elle était de celles que Ninon, jalouse
ou plutôt dédaigneuse de leur pureté, appelait les jansénistes
de l'amour. — Gomberville, qui était ou qui allait être académicien, crut devoir monter sa lyre pour célébrer ce beau
renoncement, et il fit ce quatrain, qui sans doute ne lui coûta
guère :

> Te dirai-je ce que je pense,
> O grand exemple de nos jours !
> J'admire tes nobles discours,
> Mais j'admire plus ton silence !

Beaucoup de gens se croyant ses amis et s'imaginant être des
sages essayèrent de détourner Lemaistre de sa solitude, et lui ré-
pétèrent « ce beau mot de quoi se couvre l'ambition et l'avarice,
que nous ne sommes pas nés pour notre particulier, ains pour
le public[1]. » Mais Montaigne avait déjà répondu lui-même à
ce sophisme : « La solitude me semble avoir plus d'apparence
et de raison à ceux qui ont donné au monde leur âge plus actif
et fleurissant, suivant l'exemple de Thalès. — C'est assez vécu
pour autrui; vivons pour nous au moins ce bout de vie; ra-
menons à nous et à notre aise nos pensées et nos intentions.

---

[1] Montaigne, liv. Ier, ch. xxxviii, de la Solitude.

Ce n'est pas une légère partie que de faire sûrement sa retraite.., Puisque Dieu nous donne loisir de disposer de notre
délogement, préparons-nous-y; plions bagage, prenons de
bonne heure congé de la compagnie; dépétrons de ces violentes
prises qui nous engagent ailleurs et éloignent de nous. Il
faut dénouer ces obligations si fortes, et meshui aimer ceci
et cela, mais n'épouser rien que soi : c'est-à-dire le reste
soit à nous, mais non pas joint et collé en façon qu'on ne le
puisse dépendre sans nous écorcher et arracher ensemble
quelques pièces du nôtre. La plus grande chose du monde est
de savoir être à soi. » — Il y a dans cette réponse un peu
d'égoïsme mêlé à la sagesse; mais où Montaigne a deviné Lemaistre et donné en des mots charmants le secret de sa retraite,
c'est quand il dit un peu plus loin, ayant critiqué ceux qui dans
la solitude songent encore à la gloire : « L'imagination de
ceux qui, par dévotion, recherchent la solitude, remplissent
leur courage de la certitude des promesses divines en l'autre
vie, est bien plus sainement assortie. Ils se proposent Dieu,
objet infini en bonté et en puissance; l'âme a de quoi y ras-
sasier ses désirs en toute liberté; les afflictions, les douleurs,
leur viennent à profit, employées à l'acquêt d'une santé et réjouissance éternelles; la mort, à souhait, passage à un si parfait
état; l'âpreté de leurs règles est incontinent aplanie par l'ac-
coutumance; et les appétits charnels, rebutés et endormis
par leur refus, car rien ne les entretient que l'usage et exercice. — Cette seule fin d'une autre vie heureusement immortelle mérite loyalement que nous abandonnions les commo-
dités et douceurs de cette vie nôtre; et qui peut embraser son
âme de l'ardeur de cette vive foi et espérance, réellement et
constamment, il se bâtit en la solitude une vie voluptueuse et
délicieuse, au delà de toute autre sorte de vie! »

Mais Richelieu, quoique évêque, ne pensait pas comme Mon-

taigne, et il trouva mauvais que le jeune avocat qui l'avait si
bien loué quittât le monde et l'ambition. Le jansénisme à sa
naissance troublait déjà sa domination; il devinait dans Saint-
Cyran un homme qui voulait gouverner les consciences, comme
lui-même gouvernait les volontés; l'évêque d'Ypres, Corneille
Jansénius, venait d'écrire pour le roi d'Espagne un livre contre
la France, et il était uni avec Saint-Cyran par les liens d'une
étroite amitié, d'une foi commune et d'une égale ardeur. — A
la retraite de Lemaistre, Richelieu laissa éclater la colère que
lui causaient ces turbulences religieuses et morales. Il supposa
et fit supposer des visionnaires et des visions. Il avait déjà
prouvé, d'une façon sanglante, à sa manière, qu'il n'aimait ni
les controversistes ni les prêtres qui semblaient avoir sur les
âmes une influence surnaturelle; il avait livré à l'orthodoxie
la tête d'Urbain Grandier; il y avait donc d'inquiétantes menaces dans ce mot de visionnaires, que Voiture applique au
grand Arnauld, dans des vers que je cite, tant ils sont mauvais
et curieux :

> Certes, c'est un grand cas, Icas[1],
> Que toujours tracas ou fracas
> Vous faites d'une ou d'autre sorte. -
> C'est le diable qui vous emporte
> Et vous fait faire incessamment
> Votre métier de Négroment!
> Croyez-moi, laissez la magie;
> Suivez plutôt l'astrologie.
> C'est mal faire d'être sorcier,
> Et cela n'est pas cavalier.

La menace ne tarda pas à être suivie d'effet : le 14 mai 1638,
Saint-Cyran fut arrêté, enlevé de sa maison et conduit à Vincennes. On lui reprochait surtout d'avoir abusé de sa puissance

---

[1] Réponse de Voiture à une lettre de M. Arnauld, édit. de 1729, vol. II,
p. 190. Icas était un nom donné à Arnauld.

de séduction pour détourner du chemin de la gloire l'ami du chancelier Séguier, l'Hortensius du barreau. Aussi de sa prison écrivit-il tout de suite à son cher disciple : « Je n'ai pas douté que votre retraite ne fût un des chefs de mon accusation... Je n'ai garde de m'en plaindre, puisque cette accusation me flatte un peu et me donne lieu d'espérer plus que jamais en la miséricorde de Dieu. »

Cependant Lemaistre s'était présenté dans l'asile qu'il avait choisi, non loin de son aïeule, de sa mère, de ses cinq tantes, « comme un mendiant et comme un pauvre chien, » heureux de partager avec ces pieuses créatures, qui l'avaient devancé, l'esprit d'humilité, de pauvreté et d'obéissance. Sa solitude fut aussitôt complète, et il ne laissa même pas arriver jusqu'à lui les plus grandes tentations de sa vie passée; il ne fut tout de suite occupé qu'à s'humilier, souffrir et dépendre de Dieu. Ses clients essayaient de le voir sans y parvenir; Saint-Cyran lui-même ne pouvait entr'ouvrir pour cet objet la porte qu'il avait fermée sur son éclatant élève. Balzac n'était pas plus heureux, et, dès le mois de février 1638, il écrivait vainement à Lemaistre :

« Je ne tiens point secrète notre amitié; elle est trop honnête pour être cachée, et j'en suis si glorieux, que je ne me fais plus valoir que par là. M. Jamin sait ma bonne fortune et a grande envie de vous connaître. Il a cru que, par *mes adresses*, il pourrait arriver à votre cabinet. Ceux qui avaient vu tonner et éclairer Périclès dans les assemblées étaient bien aises de le considérer dans un état plus tranquille et de savoir si son calme était aussi agréable que sa tempête... Je baise les mains à toute l'éloquente famille. »

A cette époque, le ciel envoya à Lemaistre son frère, M. de Séricourt, qui avait suivi la carrière des armes. Ce jeune homme était, au mois de janvier 1635, sous les ordres de son oncle le mestre de camp général Pierre Arnauld, dans Philisbourg, me-

nacé par les armées impériales. Il avait avec lui peu de Français et quelques soldats allemands; chargé de défendre la place
contre le comte de Gallas, il l'essaya courageusement, fut trahi
par les Allemands, se porta lui-même au combat et ne céda
qu'à la supériorité des forces ennemies. Réfugié dans le palais
de l'archevêque de Trèves, il y fut arrêté et fait prisonnier malgré sa capitulation. On le conduisit à Esslingen, d'où il parvint
à s'échapper trois mois plus tard. A peine avait-il repris sa place
dans les rangs de l'armée, que la France essuya presque partout
des revers. Le prince de Condé et le maréchal de la Meilleraie,
« ce petit-fils d'un médiocre avocat, » ne pouvaient parvenir
avec les meilleures troupes à s'emparer de Dôle, et, du côté de
la Picardie, la frontière de France était envahie. Le comte de
Soissons, le duc de Chaulnes, le maréchal de Brezé, reculaient
devant les Espagnols et avaient déjà laissé prendre la Capelle
(juillet 1635). M. de Séricourt était à ce désastre, et il s'était
replié sur Corbie. La France éprouva alors la plus vive et la
plus cruelle inquiétude. Croyant Paris menacé et pour donner
le signal de la résistance, le roi alla s'établir au château de
Madrid. Heureusement l'orage fut écarté. Le comte de Soissons reprit Corbie au mois de novembre, et M. de Séricourt
rentra à Paris. Mais déjà et dans le cours de cette campagne
Dieu l'avait touché et le destinait à la pénitence. Il l'avait pris
au milieu des combats comme son frère au Palais et dans les
luttes oratoires, comme sa mère dans les chagrins de la vie
privée, ses tantes dans la fraîcheur et l'éclat de leur jeunesse.
Quand, au commencement de l'année 1638, il alla voir Antoine Lemaistre dans sa solitude, il lui montra pourtant quelque
étonnement; celui-ci lui dit en l'embrassant :

« Ne me reconnaissez-vous pas bien, mon frère? voilà ce
monsieur Lemaistre d'autrefois; il est mort au monde, et il ne
cherche plus qu'à mourir à lui-même. J'ai assez parlé aux

hommes dans le public, je ne cherche plus qu'à parler à Dieu.
Je me suis tourmenté fort inutilement à plaider la cause des
autres, je ne plaide plus que la mienne dans le secret de ma
solitude. J'ai renoncé à tout. Il n'y a plus que mes proches qui
partagent encore mon cœur. Je voudrais qu'il plût à Dieu d'é-
tendre sur eux les grandes grâces qu'il m'a faites. Vous, mon
frère, qui paraissez si surpris de me voir en cet état, me ferez-vous le même honneur que quelques-uns me font dans le
monde, qui croient et publient que je suis fou ? »

M. de Séricourt, qui avait déjà senti la grâce, lui répondit :
« Non, sûrement, mon frère, je ne vous ferai pas cet honneur. Nous avons été élevés d'une manière si chrétienne, que
nous ne pouvons ignorer qu'il y a de sages folies. Je mets la
vôtre de ce nombre. Depuis qu'on m'a dit cette nouvelle à l'armée, j'ai souhaité bien des fois de pouvoir vous imiter. Je ne
vous cèle pas que je venais ici plus qu'*à demi rendu;* mais ce
que je vois achève tout ! »

Lemaistre reprit : « Que prétendais-je *avec toute mon éloquence*, et que prétendez-vous vous-même par tous vos travaux
et vos combats ? Jamais je ne me suis trouvé plus heureux que
lorsque je n'ai plus endossé ma robe; vous éprouveriez sans
doute le même bonheur, si vous vouliez renoncer à l'épée. »

Les deux frères quittèrent Paris et allèrent habiter l'abbaye
déserte de Port-Royal-des-Champs. Ils y trouvèrent tout de suite,
dans l'humilité et le renoncement, cette béatitude que Montaigne a si éloquemment dépeinte sans l'avoir jamais connue.
Ils se livrèrent avec ardeur à la lecture des Pères de l'Église,
lecture qui, suivant la pensée d'une femme distinguée, morte
récemment[1], remonte l'âme et fait croire à l'éternité. — Ils
apaisèrent dans des travaux rustiques et dans des prières assi-

---

[1] Madame de Tracy.

dues les derniers murmures de leurs sens. Ils connurent ces joies que Dieu réserve aux âmes dégagées du monde, que donne la poésie de la nature, et dont une de leurs tantes, la sœur Anne-Eugénie Arnauld, faisait une si touchante peinture quand elle disait, parlant de sa solitude : « Toutes choses me consolaient; il me souvient qu'ayant une fois l'esprit tout abattu, je fus toute ravie en voyant seulement les étoiles, et une autre fois en entendant sonner nos trois cloches, qui faisaient une douce harmonie ! »

Mais ceux qui conduisent les hommes aiment les vertus communes, et se servent beaucoup des vices. Si ce sont des esprits puissants, dominateurs, accomplissant de grands desseins et écrasant les théories sous l'éclat de leur pratique, ils craignent ou ils méprisent les idéologues et les rêveurs; ils ramènent violemment à eux, ou du moins ils l'essayent, ceux qui s'en éloignent pour se rapprocher de Dieu. — Il y avait d'ailleurs, il faut en convenir, dans ces élans vers le cloître une critique muette, mais d'autant plus grave, des mœurs du temps. Comme bientôt l'inimitable Alceste sera le blâme humain des vices de son âge, les solitaires de Port-Royal étaient la sainte critique du leur. Richelieu ne devait pas la souffrir même sous cette forme. Joignez à cela la naissance de Louis XIV et les menaces que chaque jour l'impérieuse Marie de Hautefort faisait au roi de se retirer dans un cloître, vous aurez plusieurs raisons, sans compter celles de la théologie, pour expliquer la persécution qui va un moment disperser Port-Royal. — Quand l'abbé de Saint-Cyran avait été arrêté, Lemaistre, qui avait d'abord écrit directement au cardinal, mais sans oser envoyer la lettre, voulut intéresser ce ministre dans la querelle religieuse déjà commencée; il l'invita à poursuivre avec eux l'erreur qui menaçait l'Église, et il osa écrire cette phrase à son adresse : « S'il ne le fait pas, il donnera sujet de croire qu'il aime moins l'Église, qui est le royaume de Jésus-Christ, que la France, qui n'est que le royaume d'un prince, et qu'il ne se soucie pas autant de la qualité de chrétien, de prêtre, d'évêque, de cardinal, que de celle de Français et de premier ministre d'État. » Ce trait justement porté blessa Richelieu et l'engagea à dire que Lemaistre était un visionnaire. M. Singlin[1] défendit vainement son jeune pénitent et le compara à saint Paulin, évêque de Nole, qui, prisonnier des barbares, priait ainsi Dieu : « Seigneur, garde-moi de sentir cette perte (il avait perdu sa liberté et Nole avait été prise), car tu sais qu'ils n'ont encore rien touché de ce qui est à moi. » Le chancelier Séguier, sans doute en souvenir de leur amitié, envoya Laubardemont demander à Lemaistre compte de ses visions et de sa solitude. Cet intendant de justice n'avait du magistrat que le nom; il s'était longuement préparé, et il avait obtenu à Loudun une célébrité sanglante. Il s'était fait une spécialité contre les visionnaires, et il savait chercher des aveux dans la torture. — Envoyer un pareil homme interroger Lemaistre sur des visions considérées comme des crimes, c'était de la part du cardinal le procédé ordinaire de sa justice, de la part du chancelier, c'était l'oubli d'une étroite amitié et un cruel outrage. Mais l'entreprise n'eut pas le même résultat qu'à Loudun : Laubardemont ne fut pas inondé du sang de M. Lemaistre livré au bourreau, mais il fut couvert de ridicule. Comme il demanda au prévenu s'il n'avait pas de visions, afin de le faire brûler s'il en avait eu, celui-ci lui répondit qu'il en avait, « que, quand il ouvrait une des fenêtres de sa chambre, qu'il lui montra du doigt, il voyait le village de Vaumaurier, et que, quand il ouvrait l'autre, il voyait celui de Saint-Lambert, que c'étaient là toutes ses visions. » — C'était pour

---

[1] M. Singlin avait remplacé, comme directeur de Lemaistre, l'abbé de Saint-Cyran, emprisonné à Vincennes.

la justice, imprudemment mêlée à cette affaire de conscience,
une amère défaite. Mais les magistrats comme Laubardemont
ne sont jamais vaincus, surtout quand ils ont tort : ils effacent
le ridicule qui les frappe sous la violence et sous l'iniquité.
Cette inquisition toutefois ne pouvait aller jusqu'au sang. On
se borna à chasser Lemaistre de sa retraite. Il se réfugia avec
son frère et quelques autres à la Ferté-Milon, regrettant sa vallée de Chevreuse, et le disant en vers :

> Lieux charmants, prisons volontaires !
> L'on me bannit de vos sacrés déserts,
> Ce suprême Dieu que je sers
> Fait partout de vrais solitaires.

Quand les idées qu'on éloigne ou qu'on fusille [1] ont une véritable valeur, elles grandissent dans la persécution. A la Ferté-
Milon Lemaistre et ses amis firent des prosélytes, non par leurs
prédications, mais par leurs exemples. —Ils y furent reçus
par dom Julien Warnier, prieur de l'abbaye de Saint-Lazare,
et s'y firent chérir. — Ils y répandirent, sur le berceau de
Racine, la poésie d'Esther et d'Athalie. Quand au bout de
treize mois ils revinrent à Port-Royal, ils avaient conquis la
mère Agnès, la tante de Racine, et plusieurs autres.

A partir de ce moment, Lemaistre s'enfonce plus que jamais
dans la pénitence : il se couvre de bure, se livre aux travaux
des champs et du ménage; il aurait pu prêcher, il laisse ce soin
à M. Singlin, beaucoup moins éloquent que lui; il ne veut rien
faire qui lui rappelle son ambition et sa gloire. Il administre
les intérêts temporels de Port-Royal, fait les provisions, conclut
les marchés, dresse et soutient les comptes, pendant qu'à côté
de lui son oncle, M. d'Andilly, se livre « au soin des jardi-

---

[1] Expression du général Foy.

nages que Xénophon attribue à Cyrus[1], » et fait faire des progrès à la culture du poirier. Il apprit l'hébreu par ordre de Saint-Cyran, afin de traduire les psaumes, et il perdit dans cette étude une partie de sa santé. Il ne lisait que les Pères et traduisait le *Traité des offices* de Cicéron, sans doute parce que cet admirable livre était la préface de la morale chrétienne écrite par un païen. Mais nulle tentation d'ailleurs ne le détourna de son complet renoncement. Il y eut dans Port-Royal des rôles brillants, il se garda bien de les prendre. Quand son petit oncle, le grand Arnauld, se jeta, quelques mois avant la mort de Saint-Cyran, dans l'arène échauffée déjà par le dernier mot de Jansénius et la censure d'Urbain VIII, et qu'il publia (août 1643) son livre de la *Fréquente Communion*, Lemaistre entendit silencieusement le bruit de ce combat. Il aurait eu pourtant bien des raisons pour s'y mêler. Sous les exagérations théologiques, relatives à la grâce, c'était au fond le commencement de cette grande dispute morale dans laquelle Pascal prendra bientôt parti. — La princesse de Guéméné avait eu l'imprudence de confier à la marquise de Sablé la preuve écrite de l'inconcevable tolérance de son directeur le père Nouet, et la matière des *Provinciales* était trouvée. Cependant la reine mère ordonna à Arnauld d'aller défendre son livre à Rome. Mais la Sorbonne, l'Université, le Parlement, tout ce qui était gallican, souleva l'incompétence de ce tribunal étranger; le Parlement s'assembla et réclama avec éclat le jugement du livre accusé. On se battit dans Amiens. La reine insista; le cours de la justice fut suspendu... Quelle cause à plaider pour Lemaistre devant ce Parlement, après la mort de Richelieu, à la veille de ces longues turbulences qui allaient précéder le grand règne! —Il aimait mieux, pendant ce temps,

---

[1] Montaigne.

accompagner le procureur de Port-Royal devant le bailli de Poissy, et défendre contre un marchand de moutons les intérêts de la communauté. Il avait pris le nom de Drancé. On raconte qu'il retrouva, pour cette si petite et si singulière occasion, sa parole depuis si longtemps inutile. — Son adversaire l'interrompait sans cesse et malhonnêtement, comme un marchand de moutons qu'il était; le bailli fit taire le plaideur en lui disant avec plus d'esprit que Racine n'en a accordé aux juges de ce temps là : « Tais-toi, laisse parler ce marchand; s'il fallait vider ce différend à coups de poing, je crois bien que tu en battrais une vingtaine comme lui; mais on ne se bat ici qu'avec les armes de la raison et de la justice, et c'est par ces armes qu'il aura tes moutons, car il te les a bien payés. » S'adressant ensuite à celui qui avait si bien parlé, et qu'il croyait être un marchand, le bailli lui dit : « Je vois bien que vous n'avez pas toujours fait ce métier-là; vous avez les expressions à votre commandement. Croyez-moi, laissez votre commerce, suivez le barreau, et j'ose vous répondre que vous y acquerrez autant de gloire que le célèbre Lemaistre. »

CHAPITRE XXV

Lemaistre eut un grand chagrin de la mort de M. de Saint-Cyran, qui suivit de près celle du cardinal et du roi. Il augmenta à cette occasion sa pénitence et ses travaux. Occupé à labourer la terre et se reposant de ce dur labeur dans l'éducation des enfants, appartenant plus que jamais à Dieu, il vit de sa retraite naître cette émeute de vanités, d'intérêts frivoles, de passions légères, de rancunes et de jalousies personnelles, qui s'appela la Fronde parce qu'elle eut d'abord l'air d'un jeu. Il put savoir que, dans ces orages artificiels où la liberté publique n'était pour rien ou pour bien peu de chose, le Parlement, qu'il avait autrefois charmé par son éloquence, tint et

porta tour à tour le drapeau de la révolte et de l'autorité. Là
étaient ses anciens amis, ses rivaux, ses admirateurs. M. Talon
grandissait dans cette politique et obtenait même, si on en
croit le cardinal de Retz, toujours un peu suspect, de grands
succès oratoires. La chambre de Saint-Louis avait une tribune
au lieu d'un barreau. Le sang coulait dans Paris au nom du vieux
Broussel[1], l'un des plus honnêtes, mais l'un des plus obscurs conseillers de cette Grand'Chambre devant laquelle Lemaistre avait
si souvent plaidé. Le nom de Condé, devenu si glorieux par le
grand coup d'essai de Rocroy, s'abaissait dans des combats de
rue. Les lettres et la religion, la magistrature et la galanterie, re
crutaient également pour la Fronde. L'élève de Saint-Vincent de
Paul y faisait un grand bruit d'intrigues et de paroles. Les
femmes s'y jetaient pour y trouver l'agitation, le succès ou
l'amour. Le peuple essayait sa puissance, qui devait être un jour
si terrible, dans cette salle des Pas-Perdus où Lemaistre avant
l'audience rassemblait ses idées et se préparait à plaider. Les
procès eux-mêmes avaient pris l'air de l'émeute. On voyait un
jour aller de chambre en chambre, une requête à la main, suppliante et mal accueillie, la mère du héros de Rocroy, la fille
du connétable de Montmorency, la sœur du duc Henri, la dernière femme que Henri IV avait aimée. Toutes ces grandeurs,
toutes ces petitesses, ce bruit, cet éclat, ces victoires, ces défaites, tout cela se passait à côté de Port-Royal, sans émouvoir
beaucoup les pieux solitaires. Ils ne songeaient qu'à défendre
leur asile et leurs personnes contre les partisans ou les malfai-
teurs qui pouvaient les troubler. Lemaistre, à cet effet, montait

---

[1] Broussel avait été notamment rapporteur d'une cause très-intéressante,
plaidée par Gaultier et rapportée dans le recueil de ses plaidoyers sous ce
titre : Contre une citation *in causâ matrimonii consummati.* Gaultier plaidait contre une veuve Levesque, dont il fait une espèce de Ninon bourgeoise,
d'une beauté « qui l'avait rendue célèbre dans tout Paris. »

la garde à la porte de l'abbaye, armé jusqu'aux dents et prêt
à faire feu sur un mazarin comme sur un frondeur. En même
temps, le monde assistait à cet horrible drame qui mit Cromwell sur le trône des Stuarts. Il y avait de toutes parts de fu-
nèbres ou d'émouvants spectacles. On eût pu croire que, pour
un grand et noble esprit, ce n'était plus l'heure de la solitude,
mais celle de se donner au public. Rien pourtant ne troubla
Lemaistre dans son imperturbable renoncement. Il· ne sortit
pas de cette bouche si éloquente, et qui avait si souvent agité
les hommes, une parole terrestre; de sa plume il ne tomba que
de saints travaux. Pendant que le cardinal de Retz croyait traduire Salluste et imiter Catilina, Lemaistre traduisait le traité
de la *Mortalité* de saint Cyprien pour la duchesse de Luynes,
la fille de M. Louis Séguier, cousin du chancelier, celle qui, retirée avec son mari à Port-Royal, y fit bâtir le château de Vau-
murier. Il faisait un recueil des plus beaux endroits des Pères
sur la *virginité* et sur la *viduité*, traduisait le traité du *Sacerdoce*
de saint Jean Chrysostome, écrivait humblement sous la dictée
de ses tantes et de son petit oncle, et ne s'occupait de l'impression
de ses plaidoyers que pour éviter les faussaires[1]. C'est dans ce
recueillement et ces pieuses études qu'il vit successivement arriver à Port-Royal toutes ces émigrées de l'amour, de l'ambition
et de la Fronde la princesse de Gueméné, madame de Liancourt,
la duchesse de Longueville, mademoiselle des Vertus et tant
d'autres qui, en venant à Dieu, entendaient changer d'émotions.
Quelques-uns de ses anciens confrères l'y rejoignirent et l'en-
tourèrent d'affection en l'admirant. Il eut la douleur, à la fin
de l'année 1650 et à quelques mois d'intervalle, de perdre sa
mère et son frère, M. de Séricourt. Mais Dieu lui réservait avant
sa mort de grandes consolations et les seules joies qu'il pût

---

[1] On avait déjà publié plusieurs faux plaidoyers de Lemaistre.

goûter. Port-Royal se peupla de magistrats, d'hommes d'État, d'écrivains, de savants et d'évêques. Lemaistre apprit un jour que, dans une cellule voisine de la sienne, se trouvait cet admirable enfant, devenu un homme, dont le génie avait débuté par des calculs géométriques et qui allait faire du jansénisme, dans un livre belliqueux et irréfutable, la cause de la raison, de la sincérité, de l'éternelle morale, Pascal enfin. Mais toutes ces conquêtes faites sur les cœurs et sur les esprits amenèrent contre ceux qui les faisaient une nouvelle persécution. Le clergé de Saint-Sulpice refusa l'absolution à M. le duc de Liancourt, devenu janséniste. Antoine Arnauld, qui était le Condé de la doctrine, qui avait l'ardeur du lion, *insani leonis vim*, se précipita de nouveau dans la lutte et porta des coups violents. La Sorbonne finit par le censurer. Le nouveau pape condamna, dans des termes exprès et solennels, les cinq propositions de Jansénius déjà condamnées. Les solitaires étaient menacés jusque dans leur repos matériel. Le roi, qui avait déjà commencé à vouloir être obéi, leur trouvait des affinités avec le Parlement et la Fronde. Le miracle qui retint la vie de la jeune sœur de Pascal ramena un moment l'Église à la douceur et parut apaiser la querelle. Lemaistre avait pris part à ces dernières disputes, quoique habituellement il ne se portât pas de lui-même au combat et préférât l'obscurité. Il répondit au rabat-joie des jansénistes, au père Annat, pendant que Nicolle réfutait Saint-Sorlin. Dans les dernières années de sa vie, il fit un pèlerinage à Clairvaux, au tombeau de saint Bernard. On ne pourrait trop dire ce que l'âme de ce grand apôtre du douzième siècle dut ressentir à la vue de ce pénitent qui avait renoncé à l'éloquence et vécu d'humilité. Saint Bernard est l'une des plus grandes figures de l'Église catholique. Il a, d'une main puissante, appuyé sur la tradition, refoulé l'hérésie naissante et fait taire les premières agitations de la philosophie. Il a vaincu dans Abailard la raison qui cherche à vaincre et qui se relèvera plus tard de sa défaite. — Son éloquence avait le feu divin. Il avait servi Dieu, non dans la retraite, mais avec un incomparable éclat, sur tous les champs de bataille où la religion était attaquée. Après avoir terrassé le lion, il avait abattu le dragon [1]. Si l'Église avait toujours eu pour l'aimer et pour la défendre de tels cœurs et de telles bouches, la réforme n'eût jamais triomphé, et le tombeau du grand moine n'eût pas été visité par un adepte de Jansénius. — Ce qui toutefois rapprochait de saint Bernard le pénitent déjà blanchi de Port-Royal, qui venait l'invoquer, c'étaient une égale ardeur pour Dieu, un égal foyer d'éloquence, et le même mépris des joies humaines.

Lemaistre allait mourir ; la pensée de la mort ne devait pas l'inquiéter. Pour lui comme pour Népotien, il s'agissait à peine de changer de demeure ; mais le propre des âmes purifiées est de ne se jamais croire assez pures. Aussi Lemaistre écrivait-il à sa tante, la mère Agnès, ces paroles si mélancoliques et si injustes pour lui-même :

« J'avoue que je tremble quand je considère les jugements de Dieu. — Je ne craignais point de mourir dans le fort de mon mal, et je suis maintenant dans l'effroi, sachant combien j'ai de vieux et de nouveaux péchés à expier. — Il me semble quelquefois qu'il me serait utile d'être emprisonné pour la vérité, et en même temps je ne me sens aucune force pour supporter la prison avec un cœur vraiment chrétien. — Enfin, je vois mes misères, mes devoirs et mon impuissance. — Les plaidoyers me reviennent dans l'esprit. — Il me semble que j'y ai horriblement offensé Dieu, qu'il m'en a châtié par ma maladie, que ce châtiment n'est rien, y ayant plus senti sa miséricorde que sa justice... »

---

[1] Ce lion était l'antipape Pierre de Léon; le dragon était Abailard.

Dans les derniers mois de 1658, au moment où Cromwell venait de rendre à Dieu son âme orageuse, Lemaistre s'éteignit paisiblement en quatre jours (4 novembre). A ce moment il regarda la mort en face, et rien ne dérangea son dernier entretien avec Dieu. Il prit pour lui ces admirables paroles de la mère Angélique mourante :

« Je l'ai vue entrer (la mort) sans larmes, quoique les autres en répandissent beaucoup, parce que Dieu m'occupait l'esprit et l'accablait des vérités de la foi, qui anéantissent la créature devant la majesté divine, et font estimer pour rien tous les intérêts qu'on se peut imaginer. »

Sa mort parut à Port-Royal des Champs « un plus grand mal que tout ce dont on menaçait depuis longtemps les pieux solitaires. » En l'apprenant, l'académicien Gomberville s'écria : « Le grand orateur de la langue française parle maintenant la langue des anges ! » — Son ami M. Hamon lui fit en latin une épitaphe que je veux traduire :

« Ci-gît Antoine Lemaistre, neveu de Robert Arnauld d'Andilly. Quand tout le monde vantait son éloquence, il se déroba à l'admiration du monde, méprisa l'éclat du barreau et toutes les espérances que le temps lui offrait, évita les honneurs qui le cherchaient, se cacha dans cette solitude, muet aux hommes afin de parler à Dieu... il dédaigna les richesses... Mais ce qui était plus difficile, ce grand artiste en l'art de dire ne méprisa pas moins l'éloquence, ayant appris de Dieu qu'on le touche davantage et qu'on est plus écouté au ciel par l'humilité du silence. — Aussi ne voulut-il plus ni être entendu ni entendre, il ferma ses sens pour concentrer toute la force de son âme sur la vérité céleste. — Aimant les pauvres dans cette solitude, il y aima aussi la pauvreté, pratiqua la patience dans les plus rudes travaux, la joie dans les opprobres, la sobriété, l'oubli de soi-même, la charité envers les autres, toutes ces vertus qui sont les auxiliaires de la discipline de Dieu. — Il fut admirable dans la pénitence, et il n'aima pas moins ardemment la grâce dont il célébra la puissance. »

A ces louanges si méritées et qui venaient d'un ami le monde mêla les siennes, et Lemaistre fut loué dans d'assez mauvais vers, qu'il faut cependant citer, parce qu'ils appartiennent à sa mémoire :

> Le très-sage monsieur Lemaistre,
> Qui d'avocat s'était fait prêtre,
> Abandonnant pour les autels
> Les biens fragiles des mortels
> Et les honneurs de conséquence
> Que méritait son éloquence,
> Qui jadis, dans le Parlement,
> Éclatait si divinement
> Quand il se mêlait des affaires,
> Est décédé, depuis naguères,
> Dans le Port-Royal, ce dit-on,
> Auquel lieu, ce second Platon
> A fait une fin si chrétienne
> En disant par cœur mainte antienne,
> Que les confrères dudit lieu,
> Très-zélés serviteurs de Dieu,
> Jugeant, selon sa sainte vie,
> Que la Parque a trop tôt ravie,
> Présument, sans difficulté,
> Que dans les cieux il est monté.
> J'aimerai toujours sa mémoire
> D'autant que son art oratoire
> Maintint autrefois chez Thémis
> Le bon droit d'un de mes amis
> Par la vigueur incomparable
> D'un plaidoyer plus qu'admirable,
> Suivi d'un succès très-heureux
> Dont cet orateur généreux

Et vertueux par excellence
N'accepta prix ni récompense.
Que puisse-t-il abondamment
Le recevoir au firmament,
Où le Saint-Esprit nous conduise
Quand sur nous la mort aura prise !

CHAPITRE XXVI

Le Palais pendant que Lemaistre est à Port-Royal — Gaultier plaide les plus
grandes causes. — Le *mordant* Gaultier. — Il a pour client le prince de Condé.
— Il fait un grand portrait du cardinal de Richelieu, flétrit sa mémoire et sa
politique. — Ce ministre a décimé les plus illustres familles de France, pris
le bien d'autrui, violenté la justice et répandu partout l'image de la mort. —
Voyant que sous lui il n'était permis ni de parler ni de se taire, le peuple
se mit à pleurer, et le renversa ainsi. — Belle image. — Lictorius Tergus. —
Une esquisse du prince de Condé par Gaultier. — De quoi faire une statue de
Lemaistre.

Depuis que Lemaistre avait quitté le Palais, il s'y était plaidé
de grandes et mémorables causes dont le bruit ne paraît même
pas être arrivé jusqu'à lui; il serait cependant intéressant de
savoir ce qu'il pensa de la mort d'Auguste de Thou, du rôle
joué dans ce procès par son ancien ami le chancelier Séguier
et par l'intendant de justice qui l'avait interrogé lui-même
quelques années auparavant sur ses visions. Claude Gaultier,
son ancien rival, plaidait, quoique déjà vieux, les causes les
plus dramatiques et les plus graves. — Ayant pour client le
prince de Condé et plaidant contre la duchesse d'Aiguillon, il
avait osé flétrir la mémoire du cardinal de Richelieu; en faisant
allusion aux rapports du cardinal avec une courtisane, il

avait dit : « Ce Samson perdait toute sa force dans les bras de cette Dalila. »

Plus tard il eut encore l'occasion de mal parler de Riche- lieu, et il ne la laissa pas échapper. Il s'agissait d'un bénéfice, du prieuré de la Charité, pris à un conseiller du parlement de Paris, nommé Payen, et donné au cardinal de Lyon. Le con- seiller, revenu de l'exil, revendiquait son bénéfice. Gaultier di- sait pour lui :

« Il n'est pas nécessaire, messieurs, que je vous prouve par des exemples recherchés quelle était la violence de défunt M. le cardinal de Richelieu ; c'était un ministre absolu et impérieux qui faisait tout fléchir sous ses lois, et, abusant de la puissance qu'il avait usurpée dans l'État, il faisait des malheureux de tous ceux qui résistaient à ses injustes volontés.

« Si quelque chose flattait son ambition, il forçait ceux qui la possédaient de la lui abandonner, et, semblable à Thémisto- cle, qui, demandant de l'argent à ceux de l'île d'Andros, leur dit qu'il leur présentait deux dieux, celui de la force et de la per- suasion, il persuadait en forçant, et il pratiqua durant tout le cours de son ministère ce que cet illustre Grec ne fit qu'une seule fois en sa vie. — Ce fut de cette manière qu'il voulut ar- racher à M. Payen le prieuré de la Charité ; il le lui fit deman- der ; M. Payen refusa ; on le menace alors, on l'intimide ; mais il répond qu'il est au-dessus de cette terreur, et que, comme il n'espérait ni ne craignait rien de ce ministre, il laissait vo- lontiers agir sa colère.

« Cette fermeté, qu'on n'attendait pas, irrita ce cardinal, et son esprit dangereux forma le projet de la perte de M. Payen. *C'était la politique du temps* ; s'il ne fait que supposer un crime, il en a les moyens en main : *c'est par là qu'il a désolé les plus illustres familles de France* ; et c'est par l'effet de cette tyran- nie fatale qu'il a fait des plaies mortelles à l'État et qui sont

encore toutes sanglantes. M. Payen a beau se flatter de son innocence, le ministre n'épargnera rien pour le rendre criminel,
et, quand il aura épuisé ses inventions pour donner couleur à
quelque faux crime, s'il connaît que cette voie ne lui puisse pas
réussir, il en trouvera d'autres dont M. Payen ne se pourra garantir que par la fuite.

« *Criminé pulsatus falso, si crimina desunt,*
« *Accitus conviva perit.* »

Gaultier, en continuant, reproche à Richelieu d'avoir à ce
sujet arraché un arrêt à la justice; il dit tout cela devant
M. de Lamoignon, qui a succédé à Matthieu Molé comme premier président du parlement de Paris, et il couronne son tableau par ces vives paroles, qui ne sont pas indifférentes à
l'histoire :

« Que n'ai-je des paroles assez énergiques, dit-il, pour exprimer comme il faut l'indignité d'un ministre qui a laissé des
plaies à l'État dont il ne guérira jamais, et que ne puis-je
donner autant de force à ma plainte que le sujet qui la produit
nous cause de ressentiment et de douleur ! C'est le souhait que
faisait un ancien dans une pareille rencontre par ces paroles
toutes éloquentes : *Vellem mihi hoc loco ad exequendam rerum
indignitatem, parem negotio eloquentiam dari, scilicet ut tantum
virtutis esset in quærimonia, quantum doloris in causâ*; et il
ajoute ces belles paroles, qui semblaient être faites pour notre
sujet : *Ubique terror captivitatis, ubique imago mortis, et tantæ
fuerunt miseriæ superstitum, ut infelicitatem vicerint mor-
tuorum.* Voilà, messieurs, le fidèle portrait de ce temps d'injustice et de tyrannie; partout on ne voyait que la terreur des
prisons, l'image de la mort s'offrait en tous lieux, et ceux à
qui l'on laissait la vie étaient accablés de tant de calamités,
qu'elles surpassaient de beaucoup le malheur des morts . Au

milieu de tant de misères, il n'était pas permis de se plaindre, il fallait, pour la sûreté de sa vie, étouffer en soi-même ses justes ressentiments, et une parole échappée dans le fort de la douleur était punie du dernier supplice. Celui dans Élian qui défendit à ses sujets l'usage de la parole trouva enfin matière de soupçon dans ce silence, parce que les signes muets plus dangereux semblaient expliquer la parole, de sorte qu'il passa jusqu'à ces excès de tyrannie que d'interdire l'usage des yeux et des mains; un de ses sujets, plus libre et plus impatient que les autres, voyant qu'il n'était permis ni de parler ni de se taire, se mit à pleurer; par là il excita les larmes communes, et le ciel, touché de cette douleur universelle, en fit cesser la cause aussitôt. L'histoire rapporte de *Lictorius Tergus* que *etiamsi fato functus universæ plebis sententiâ damnatus est;* il en faut dire autant de ce ministre; pendant sa vie tout le peuple l'adorait en tremblant; mais, à peine venait-il de rendre le dernier soupir que la voix publique l'a condamné. »

Dans une autre occasion, Gaultier, plaidant de nouveau pour le prince de Condé, voulant faire maintenir à son profit et contre l'opposition du duc de Lorraine, la donation que le roi lui avait faite des terres de Stenay, Clermont, Dun et Jamets, fit de ce héros une assez belle peinture et eut un moment d'éloquence qui le rapproche de Lemaistre :

« Vous venez, dit-il, d'entendre qu'en même temps que l'on a si promptement étalé les noms glorieux de ces grandes journées consacrées à la victoire des batailles de Rocroy, de Fribourg, de Nortlingue et de Lens, l'on nous a d'un même ton reproché le triste objet de nos troubles domestiques de l'année 1649, où l'on a fait le récit funeste des maux passés et une peinture horrible de l'amas de nuages qui avaient couvert la face de la terre, des tonnerres grondants qui avaient mis le ciel tout en feu; on nous a fait voir un vaisseau battu de la tempête, entr'ouvert et menacé de l'abîme des eaux... C'est ainsi que l'on a caché le venin de l'aspic sous les fleurs, que l'on a voulu déshonorer le plus beau titre de reconnaissance qui ait jamais paru avec plus d'éclat et de satisfaction publique dans le monde, pour avoir également assorti la grâce du bienfait au choix du mérite, et, par une action si juste et si noble, effacé tous les traits de la malignité et de l'envie; peut-on écouter avec patience et sans indignation que l'on ait dit que l'on avait récompensé les services d'un grand prince par le don de choses qui ne coûtaient rien au roi, un don forcé, un don de rien, un don de tromperie et d'illusion? Un sang si précieux, exposé à tant de périls, un bras qui dans les combats a fait trembler tant d'ennemis, un courage qui porte partout la fureur du soldat, qui le suit à la victoire, ou ne reçoit de prix que celui de l'honneur et de la gloire, ou appelle toujours une reconnaissance répondante à la bonté et à la majesté d'un souverain qui donne en roi et épanche ses grâces à pleines mains, et à la dignité et haute réputation de celui qui, en recevant le bienfait, n'en considère pas tant la valeur qui l'enrichit que le choix qui l'honore. Pour répondre par un noble sentiment digne de lui, *Malo Augusti judicium quam beneficium*, le jugement d'Auguste m'est beaucoup plus cher et plus précieux que son présent.

« N'attendez point ici des éloges magnifiques pour dresser des autels à la vertu la plus pleine et la plus achevée que la nature ait jamais formée; le silence, qui est l'effet de la modestie et de la modération de ce prince, anime plus puissamment les paroles en la bouche de tout le monde; il faut pourtant que je lui fasse violence, et que ces beaux vers m'échappent sur un si grand sujet :

« *Quem non ambitio impotens*
« *Nec unquàm stabilis favor*
« *Vulgi præcipitis movet;*

« *Quem non lancea militis*
« *Nec strictus domuit Chalybs,*
« *Qui tuto positus loco*
« *Infra se videt omnia.* »

Malgré tout, et quoique ces dernières citations indiquent un progrès dans le talent de Gaultier[1] et montrent bien qu'on avance dans le grand siècle, le barreau a depuis longtemps perdu dans Lemaistre son plus grand avocat; la religion le lui a pris pour en faire la plus humble, la plus pure, la plus noble conscience de son siècle. On prodigue de nos jours bien des triomphes, on élève bien des statues : si par hasard on voulait en élever une à l'éloquence et à la grandeur morale, j'ai l'espoir (puissé-je ne pas me tromper!) d'en avoir fourni la matière.

[1] Gaultier plaida aussi dans ce célèbre procès de *Tancrède supposé*, qui jeta sur le nom des Rohan une tache que le temps seul a pu laver.

FIN.

TABLE DES CHAPITRES

CONTENUS DANS CE VOLUME

CHAPITRE XXI

CHAPITRE XXII

CHAPITRE XXIII

CHAPITRE XXIV

FIN DE LA TABLE DES CHAPITRES.

PARIS. — TYP. SIMON RAÇON ET COMP., RUE D'ERFURTH, 1.

ERRATA

———

Page 73, ligne 1re de la note, *au lieu de :* Voiture, *lisez :* Malherbe.

Page 123, ligne 16, *au lieu de :* d'une âme et d'un esprit faibles, *lisez :* d'une âme et d'un esprit flexibles.

Page 213, ligne 28, *au lieu de :* ils ont du même coup tiré la matière, *lisez :* trié la matière.

Page 231, ligne 12, *au lieu de :* l'originalité du patriotisme, *lisez :* l'originalité, le patriotisme.

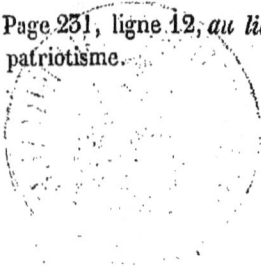